元代专门史六种

元代风俗史话

陈高华 著

中国社会科学出版社

图书在版编目（CIP）数据

元代风俗史话/陈高华著.—北京：中国社会科学出版社，2020.10
（2021.12重印）
（元代专门史六种）
ISBN 978-7-5203-2550-9

Ⅰ.①元… Ⅱ.①陈… Ⅲ.①风俗习惯史—中国—元代
Ⅳ.①K892

中国版本图书馆 CIP 数据核字（2018）第 108996 号

出 版 人	赵剑英
责任编辑	耿晓明
责任校对	杨 林
责任印制	李寡寡

出　　版	中国社会科学出版社
社　　址	北京鼓楼西大街甲 158 号
邮　　编	100720
网　　址	http://www.csspw.cn
发 行 部	010-84083685
门 市 部	010-84029450
经　　销	新华书店及其他书店
印　　刷	北京明恒达印务有限公司
装　　订	廊坊市广阳区广增装订厂
版　　次	2020 年 10 月第 1 版
印　　次	2021 年 12 月第 2 次印刷
开　　本	710×1000　1/16
印　　张	23
插　　页	2
字　　数	398 千字
定　　价	108.00 元

凡购买中国社会科学出版社图书，如有质量问题请与本社营销中心联系调换
电话：010-84083683
版权所有　侵权必究

读史治史六十年

（代序）

一

我出生在浙江温岭一个教师家庭，初中、高中是在上海复兴中学、新沪中学度过的。1955 年 9 月，我考入北京大学历史系。当时反胡风斗争和"肃反"运动已经过去，学校教学秩序比较稳定，强调学生以学习为主。1956 年中央提出"向科学进军"，更增加了学习的气氛。但是这种情况没有持续多久，1957 年春天开始"大鸣大放"，接着便是"反右派斗争"，继之而来的是"双反"运动，拔白旗插红旗，批判资产阶级教育思想，基本上是停课进行的。1958 年夏天，北大历史系三、四年级的学生和部分教师，分赴各地，参加国家民委主持的三种丛书（民族史、民族志、民族地方自治概况）编写工作，我被分配到新疆调查组，调查编写哈萨克族社会历史。一年左右的时间，跑遍了新疆北部广大地区。1959 年夏天，回到学校。这时"大跃进"的热潮已经退去，学校重新安排课程，争取在我们毕业以前多补一些课，同时要求学生自行选择"专门化"。我选择的是中国古代史，以为可以定下心来读点书了。同学们都很努力，都希望在离校前多学一些知识。当时系里开设了不少课程，给我留下深刻印象的一门课是"中国古代史史料学"，由擅长各时期历史的教授分段讲授，如翦伯赞讲秦汉史史料，邓广铭讲宋史史料，邵循正讲元史史料等。80 年代前期，我和陈智超同志邀集历史所部分研究人员编写《中国古代史史料学》，成为大学历史教材，即由于当年听课的启发，感觉这门课对于初学者具有特殊的重要性。

但是好景不长，1959 年秋天，又开始了"反右倾"斗争，继之而来的是学习《列宁主义万岁》三篇文章，与苏修论战，其间还有批判马寅初人口论，学校里正常的教学秩序再一次被打乱，毕业论文的写作不再提起，取而代之的是集体编书，当时认为这是防止知识分子修正主义化的重要途径。开始是各专门化选择一个项目，后来觉得这样还不够革命，于是整个年级一百来人齐上阵，共编一部书，题目叫做《马克思主义史学在中国的发展》。大家热情很高，日夜奋战，数易其稿，但最后是不了了之，成了一堆废纸。

  回顾一下大学五年的历程，留下了颇多的遗憾。五年的时间，大部分是在政治运动和民族调查中度过的，书读得很少，教学计划中的不少课程没有学过。名义上是大学毕业生，实际上是不合格的。当然，应该看到，这一段大学生活，也是有收获的。从学校设置的政治理论课程和政治运动中，我和同学们对于马克思主义的理论，有了初步的认识，这在以后工作中，一直发挥着重要的作用。而参加少数民族社会历史调查，更使我大开眼界，对于民族问题在现实生活和历史上的重要性，开始有所了解。从此以后，我对民族问题以及民族史研究，一直有浓厚的兴趣。此外，尽管运动频繁，与老师接触不多，但北大特有的学术气氛，仍可以从他们的课堂讲授和零星接触中有所感受。学术气氛的熏陶对于初学者是至关紧要的，往往能在不知不觉中影响他们以后的道路。从北大老师们的身上，我懵懵懂懂地领会到治学的艰辛和乐趣，从内心滋长了从事研究工作的强烈愿望。

  毕业后，我分配到哲学社会科学学部历史研究所工作。哲学社会科学学部是中国科学院下属的几个学部之一，中国社会科学院的前身，在"文化大革命"中以简称"学部"闻名遐迩。我到历史所的时间是1960年9月，当时历史所同样大兴集体编书之风，新来者也立即被卷入这一热潮之中。历史所最重要的集体科研项目是郭沫若先生主编的《中国史稿》，动员了所内的主要力量，还有外单位的同志。力量不可谓不强，进展却相当缓慢。1961年以后，国民经济遇到困难，进行调整，科研工作也采取了相应的措施，领导向年轻人提出了打基础的要求。对于我这样在大学期间没有认真受过训练的人来说，打基础当然特别重要。但是，如何才能打好基础，却是心中无数。可幸的是，历史所有一批学识渊博的前辈学者，又有不少奋发向上的青年伙伴，他们给了我种种教导、启发和帮助，使我能较快地走上独立从事研究的道路。

  我初到历史所时，所领导曾向我征求个人意愿。我因大学四年级参加过民族调查，遂对民族历史产生兴趣，听说历史所设有民族史组，便报名参加。历史所为什么会设立民族史组呢？原来，1955年前后，中、苏、蒙三国协议共同编写《蒙古通史》，中方出席会议的代表是翁独健、韩儒林、邵循正三位先生。会议决定，由中方组织力量，整理有关汉文资料。历史所设立民族史组便是为了承担这一任务，翁独健先生则被指定为民族史组的负责人。1959年以后，中苏关系恶化，共同编书的计划作废，但民族史组却一直保存了下来。翁先生是我国著名蒙古史学者，早年毕业于燕京大学，后来到美国和法国留学，新中国成立后曾任北京市教育局局长，后任中央民族学院历史系主任，兼任历史研究所研究员。虽然社会工作繁忙，翁先生很重视年轻人的培养，他经常到组里来，有时还找我们这些年轻人到家里谈话，循循善诱，指导制订研究计划，讲述历史研究的方法。正是在翁先生的启迪下，我用了两三年时间，比较系统地阅读了元代的各种文献，对前人的研究成果有了一定的了解，同时开始了整理资料和专题研究的训练。

翁先生特别重视资料工作，他认为资料工作是研究工作的基础，只有学会资料的搜集、整理，才能做好研究工作。而资料的搜集应力求彻底、穷尽，即使不可能真正做到，也要以此为目标。对于资料，要认真加以整理，严格分辨原始资料和转手资料。对于研究工作，翁先生强调在了解前人研究基础上认真选题，立论必须言之有据，切忌空泛，论文写作应该交代以往研究情况及文献出处，等等。后来才知道，这些都是外国大学历史系一门课"史学方法"的基本内容，但是院系调整以后我国历史系都没有这门课。实际上，"史学方法"就是讲史学研究的一些基本训练，当时的年轻人缺乏的就是基本训练，翁先生为我们补上了这门课。他的指点，使我少走了许多弯路。

在翁先生的具体指导下，我和杨讷等同志一起编纂元代农民战争的资料，同时着手做一些专题研究。我们努力按照翁先生的意见全面系统搜集资料，多方扩大资料的范围，于是有许多新的发现。特别是地方志和金石志中大量有关农民战争的记载，是前人所未曾利用过的。这为我们研究农民战争打下了很好的基础。我写的几篇元末农民战争的论文，对地主阶级的动向、农民起义的口号加以讨论，提出了不同于前人的一些看法。在这些论文中，我力求用历史唯物主义理论对各种资料进行分析，比起以前的同一领域研究，有所进展，因而也得到了学术界的重视。翁先生又要求我们，在农民战争之外，另择一题目做研究。杨讷同志选择元代村社，我则选择元代盐政。杨讷同志的《元代村社研究》完成以后，发表在《历史研究》上，迄今仍是这一问题的权威之作。我选择盐政，是因在辑集元末农民战争资料时，发现淮东张士诚、浙东方国珍起事，均与盐政有关。只有弄清元代盐政，才能更深刻地认识元末农民起义发生的原因。在研究元代盐政时，我严格按照翁先生讲述的治学方法进行，首先查阅以往研究成果，其次全面系统搜集资料，然后对资料进行分析，拟出写作大纲，最后按科学规范写出论文。《元代盐政及其社会影响》一文，先后三易其稿，翁先生和组内同志提出过很多宝贵意见。这篇论文的完成，可以说使我得到一次严格的科学训练。

以上一些工作，是在1961—1963年进行的。从1964年起，我接连参加劳动锻炼（在山东龙口）和农村"四清"（在山东海阳，北京房山），一直到"文化大革命"爆发，才回到历史所。

二

"文化大革命"爆发后，研究工作完全停顿。"文化大革命"后期，逐渐有所松动，大家半公开或不公开地恢复了部分研究工作。揪出"四人帮"，十一届三中全会的召开，改革开放方针的确定，使整个社会面貌发生了巨大的改变，历史研究也呈现出前所未有的繁荣局面。

20世纪70年代中期到80年代前期，我参加《中国史稿》的编写工作，负责元代部分。在准备写作时发现，元代经济史的研究是我国学术界的薄弱环节，除了蒙思明先生关于元代社会阶级关系的研究之外，其他几乎可以说是一片空白。日本学术界在这方面有相当可观的成绩，但也有许多不能令人满意之处。过去的通史著作，述及元代社会经济时，不是一笔带过，就是引用一些史料，草草了事。经济是基础，如果对一个时代的经济状况不能正确地说明，便无法对该时代的政治、文化作出合理阐述。正是基于这样的认识，我便集中精力对元代经济史的一些重要问题作一些探索。

众所周知，《元史·食货志》和其他正史的《食货志》一样，是研究元代经济史的基本资料。历来涉及元代经济者，无不以《元史·食货志》为据。但是，试以《元史·食货志》和其他正史中的《食货志》相比较，便会发现其中颇有不同。其他正史的《食货志》大体都是"史官"将各种资料融会贯通以后执笔成文的，而《元史·食货志》则是将元朝官修政书《经世大典》《六条政类》中有关篇章加以删削而成的。一方面，应该看到，《元史·食货志》保存了元朝政书若干篇章的本来面目，从史源学的角度来说，有很高的价值。另一方面，这种编纂方式，也造成明显的弱点，具体来说是：（1）政书中没有的篇章，《元史·食货志》中也没有。例如一般正史《食货志》中放在首位的"版籍"（"户口"）、"田制"，《元史·食货志》就没有。赋役中的役法，是封建国家加在编户齐民身上的沉重负担，历代相承，元代亦不例外，但是《元史·食货志》却缺乏记载。（2）对政书的记载删削不当，以致无法理解或引起误解。例如，元朝在农村立社，《元史·食货志》记此事，说："其合为社者，仍择数社之中，立社长官司长以教督农民为事。"到底是谁"教督农民"，是不清楚的。《经世大典》此篇原文已佚，幸好元代法律文书《通制条格》《元典章》中保存有关法令的原文，作："选立社长，官司并不得将社长差占别管余事，专一照管教劝本社之人。"显然，《元史》编者在删削时，多留了"官司长"三个字，以致文意不通。

有鉴于以上情况，我的元代经济史研究，可以说分两个方面：一个方面是探索《元史·食货志》中缺乏记载的重大问题，例如户籍和役法，先后写出了元代户等、军户、站户以及役法研究等论文。另一方面是以《元史·食货志》中有关记载为基础，认真考辨、补充，这方面的作品有税粮制度、和雇和买、海外贸易等。我还对元代城市史做过一些研究，先后完成《元大都》和《元上都》（与史卫民合作）两书，城市经济的论述，在两书中占有很大的比重。《元大都》一书译成日文后在日本出版，国内还出版了蒙文译本，近年又出了英文译本。

参加《中国史稿》的编写，使我感到对有元一代史事的了解很不全面，需要补课，于是便在力所能及的范围内，对元史的各个领域，选择一些专题，作多方面的探索。其中一项是元代画家资料的辑录。本来，绘画史的研究，属于美术史范畴，是专门之学。我对绘画史完全是个外行，在阅读众多有关元代绘画史的研究作品之后，深感元代绘画在中国绘画史上占有承前启后的重要地位，也是元代文化中引人注目的组成部分。同时又感觉到，以往的研究者，由于专业的局限，在资料的利用上，往往是不全面的，有的还有错误。于是不揣冒昧，着手进行这方面的工作。力求穷尽，仍是我辑录元代画家资料的指导方针，同时努力区别原始资料和转手资料。最后完成的《元代画家史料》一书，引用的文献达170余种，其中有不少是前人所未利用过的。我以这些资料为依据，结合自己对元朝社会历史的了解，给每个画家写了简单的介绍，其中对元代绘画史研究中一些常见的观点，提出自己的看法。例如，以往研究中，不少人认为，生长于马上的蒙古君王不喜欢汉族传统绘画，废除了宋代的画院，影响了画家的出路。我则认为，在元代，有相当多的君主、贵族喜欢绘画，因而某些人便以此作为进入仕途的捷径。又如，有些研究者认为，元代不少名画家采取与元朝不合作的态度，寄情山水，作画表达自己这种感情。我则认为，元代著名画家中的多数人或是元朝的官员，或是元朝的臣民，真正反对元朝的只是少数，因此大多数以山水为题材的作品很难说蕴藏有什么政治倾向、不满情绪。我的这些看法基于我对元代士人动向的基本估计。在我看来，元朝统一以后，大多数士人已经接受了元朝统治的事实，不满者有之，反抗者很少。元朝中期以后，绝大多数士人已视元朝为合法的统治了。对于古代绘画的研究，我觉得应把它看成社会意识形态的一个组成部分，必然受各个时代政治、经济条件的制约，也就是说，不了解一个时代的政治、经济，就很难对该时代的意识形态（包括绘画在内）作出适当的实事求是的分析。

1976年"文化大革命"结束新时代开始时，我已年近四十。1988年是我"知天命"之年。在这十余年间我有不少社会工作，但仍争取时间努力著述。元史是我研究的重点，有如上述。1987年我将此前自己所写的元史研究论文、札记辑成一书，名为《元史研究论稿》，由中华书局出版。除了元史研究以外，这一时期我还做了一些其他方面的研究工作。

一是海外交通史研究。20世纪70年代泉州湾古代沉船的发现，激起了学术界研究中国古代海外交通的热潮。围绕这一主题，我作了一些探索，写出几篇论文。例如，印度马八儿人孛哈里的研究。日本学者桑原骘藏的《蒲寿庚考》，是论述中国海外交通的权威著作。书中根据韩国史籍《东国通鉴》，讲述了马八儿王子孛哈里的事迹。马八儿是当时印度南部的一个国家，马八儿王子孛哈里侨居中国泉州，元帝赐高丽女子蔡氏与他为妻，这起跨国婚姻把印度、中国、朝鲜半岛联系了起来，是饶有传奇色彩的故事。桑原以为孛哈里可能是波斯湾怯失（Kish）岛人，是波斯伊儿汗合赞的使者。我根据元人刘敏中《不阿里神道碑》（《中庵集》卷4）、《元史》马八儿等国传等有关记载指出，孛哈里即不阿里，是马八儿国的宰相，因国内矛盾，投奔元朝，忽必烈将宫中高丽女子蔡氏许配与他，从此，在泉州定居。后来，他因蔡氏之故，曾派人向高丽国王献礼品。这样，孛哈里其人其事，都在中国文献中得到证实，并且纠正了桑原氏的错误。在中外关系史的研究中，文献资料的发掘，是至关紧要的。一定意义上可以说，没有新资料的发现，中外关系史的研究，就难以有大的进步。这是我在研究实践中深深体会到的。我还和其他同志一起写作了《宋元时期的海外贸易》（陈高华、吴泰）和《海上丝绸之路》（陈高华、吴泰、郭松义）两书。中国海外交通史一直是我关注的领域，我努力为这个学科的发展做出一点贡献。

二是继续画家史料的整理，先后编写出版了《宋辽金画家史料》（1984年出版）和《隋唐画家史料》（1987年出版）两书。编纂的原则、体例和《元代画家史料》完全相同，力求穷尽原始文献，并将一个时代的绘画同该时代的政治、经济密切联系起来加以考察。这几种《史料》常为画史研究者征引。国家文物鉴定委员会主任委员傅熹年先生认为书画鉴定要重视题跋、题画诗等文献资料："陈高华先生撰《隋唐画家史料》《宋辽金画家史料》《元代画家史料》，搜集了大量的这方面的资料，对我们了解这方面材料有很大的帮助。"（《中国书画鉴定与研究·傅熹年卷》，故宫出版社2014年版，第24页）原来曾打算进一步扩大范围，编著明代的画家史料，但由于各种原因，这项工作只开了个头，没有进行下去。

三是中亚史的研究。我在大学学习期间曾到新疆参加民族调查一年，对中亚的历史产生了浓厚的兴趣，20世纪80年代又曾参加联合国教科文组织主持的《中亚文明史》编委会，兴趣和工作需要促使我关注中亚史的研究。根据自己的条件，我先后编成《元代维吾尔哈剌鲁资料辑录》和《明代哈密吐鲁番资料辑录》两书。两书所辑录的资料，相当多是新的发现，很有价值。元、明两代西域史研究常苦于汉文资料的不足，这两本书可以说有填补空白的意义。在浩如烟海的元、明两代文献中寻觅西域史料，有大海捞针的感觉，每有所得，常为之狂喜。至今思之，仍觉欣然。在搜集整理元、明两代西域史料的基础上，我写了几篇有关的论文。

四是和陈智超同志一起，邀请历史所的一部分研究人员，共同撰写《中国古代史史料学》（1984）。此书被不少大学历史系列为参考教材，有一定的影响。

在古籍整理方面，我也做了一些工作，有《人海诗区》《滋溪文稿》等。

三

20世纪80年代末期起，也就是在50岁以后，我的研究范围有所调整，仍以元史为研究重点，但对其他领域已很少涉及。十余年间，我致力于元代专门史的写作，和史卫民同志合作，先后撰写出版了《中国政治制度通史·

元代卷》（1996）、《中国经济通史·元代经济卷》（2000）和《中国风俗通史·元代卷》（2001）三部著作，还写了一些论文。

《中国政治制度通史》是中国社科院政治学所白钢同志主持的国家社科基金重点项目成果。"元代卷"的绪论和投下分封、监察、司法、人事管理等章由我执笔。元代政治制度，已往的研究成果颇多，我们必须在前人研究的基础上，有所进步。原来史卫民同志在这方面有较多的积累，而我对元代政治制度则没有多少研究，承担这一工作后内心颇为不安，只能努力探索，力求有所突破。1992年，我应聘为日本京都大学人文科学研究所外国人研究员，根据所方的要求，我承担"中国近世（元明时代）政治与社会之研究"，需要在应聘期间（半年）交出一篇论文。这个课题和元代政治制度史的写作任务是基本一致的。我利用这一机会认真读书，了解日本史学界的研究动态，写出了《元代的审判程序和审判机构》这篇近5万字的长文，发表在该所刊物《东方学报》上。这一段经历对《中国政治通史·元代卷》的完成起到了很好的作用。

20世纪80年代后期，历史研究所和其他科研单位一起，承担了国家社科基金项目《中国古代经济史》，我负责元代卷。为了完成这一任务，我感到自己还要对经济史研究中的一些薄弱环节努力探索，为此先后写出元代商税、酒税、水利、土地登记等一系列论文。土地登记和土地籍册，是封建时代土地制度的重要组成部分。自汉迄唐，政府最看重的是户籍的编制，土地只是作为附带项目登记在户籍册中，当时的户籍具有地籍和税册的作用。宋代以后，私有土地日益发达，地籍逐渐取得了和户籍平行的地位。严格说来，宋、元是这种变化的过渡时期，元代的户籍登记，包括土地在内。但与此同时，开端于南宋的多种土地籍册，在江南一些地区普遍建立起来。历来研究中国土地制度史者，注意到了唐、宋之际的这一变化，但是对于元代的情况，却往往略而不谈。我的有关论文，回答了这一问题，同时也说明元代江南的土地制度，是前代的延续，并未因改朝换代有大的变化。此外，新发现的资料，促使我对南方的税粮制度重新进行论证，提出一些新的看法，如江南民田税粮数额的估计，便修正了我过去的论断。

20世纪80年代中期起，社会生活史的研究，逐渐在我国学术界兴盛起来。人们的社会生活，诸如衣食住行、生老病死等，与一个时代的政治、经济、文化有着极其密切的关系，而在新中国成立以后很长一段时间内，社会生活史的研究遭到冷落，元代社会生活史的研究，更可以说是一片空白。我想在这方面作一些努力。最初引起我注意的是刘子健先生关于马球的论述。刘先生是美籍华人，长期从事宋史研究，卓有成就。马球是中国古代盛行的一种体育运动，在唐代曾风行一时。唐代以后的马球状况，历来不为人们所注意。刘先生论文的题目是《南宋中叶马球衰落和文化的变迁》，把马球的盛衰和文化变迁联系起来，企图"说明中国传统社会，怎样受君主制度的影响，忽略了体育"。我觉得刘先生的出发点是很好的，但他认为元代马球"反倒消失"则是不对的。元朝蒙古君主"以马上得天下"，他们怎会废除马球这种马上运动呢？而且，不少记载也可以证明元代马球仍是流行的，只是刘先生不曾注意罢了。不仅如此，至少在明代前期马球仍是存在的，甚至在宫廷中流行。在此以后，我用较多的精力注意元代饮食史，先后对元代的酒、茶、舍里别等有所论述。在探讨元代饮食时，一是注意饮食与当时中外、国内各民族文化交流的关系，例如蒸馏酒的出现、葡萄酒的流行和舍里别的传入等；二是确定元代饮食在中国古代饮食文化发展过程中的地位。徐海荣、徐吉军同志主编的多卷本《中国饮食史》中"元代的饮食"，便由我执笔（约10万字）。20世纪末，上海文艺出版社邀请我和徐吉军同志主编多卷本《中国风俗通史》，其中元代卷由我和史卫民同志撰写。除了原有的一些成果以外，我还对元代巫术、东岳崇拜、天妃崇拜、禳灾习俗、称谓习俗等诸多问题加以研究，陆续写成论文，这些问题大多前人未曾触及，从而使该书内容比较充实。（今辑为《元代风俗史话》）

除了以上三部元代专门史著作及有关论文的写作外，这十余年间我还和陈尚胜同志合作，撰写出版了《中国海外交通史》（1997）。此书延续了以往的研究，对中国古代海外交通的发生、发展和演变作了简要的系统的叙述。

进入21世纪，我已步入花甲之岁，新世纪开端这十几年的工作主要是集中于元代文化史、妇女史、佛教史、法律文献等的研究。新中国成立前的历史著作在谈到元代文化时，基本都持否定的态度，认为元代除杂剧、散曲外，没有什么可取的文化。直到20世纪50年代这种看法仍很流行。这种观点后来逐渐得到修正，但仍缺乏认真梳理元代文化的著作。我与张帆、刘晓两位年轻同志合作出版的《元代文化史》，可以说在一定程度上弥补了这方面的缺憾。妇女史研究近几十年方兴未艾，但还存在不少薄弱环节，也有不少问题的讨论有待深入。我与其他同志共同主编出版了《中国妇女通史》10卷，其中的"元代卷"由我本人执笔，涉及元代妇女的政治生活、日常生活、文化生活、宗教信仰、服饰等方方面面。元代是中国佛教史发展的一个重要阶段，我早年曾发表过一些这方面的文章，近年来因单位课题研究需要，我又开始关注这方面的研究，发表了一些论文。我对法律文献的关注，主要是《元典章》。我主持的《元典章》读书班从20世纪末开始，持续了十几年，参加者有历史所和北京大学的研究人员、教师和研究生，还有国外的研究生和进修教师。《元典章》是一部元代法律文书的汇编，内容涉及元代社会生活各个方面，对研究元史乃至中国古代社会，都具有很高的价值。但此书文字大多用当时的公文体，不易阅读；特别是，其中有不少所谓"硬译文体"（将蒙语直译成汉语）书写的公文，更难理解。我们用集体的力量，先对此书的"户部"加以整理，以后再扩展到其余部分。2011年出版了此书点校本，先后获得古籍优秀图书奖和中国出版政府奖。我希望通过《元典章》的整理，激发年轻学者的研究兴趣，同时对自己也有所促进。元代后期法典《至正条格》残卷在韩国庆州被发现后，很快也引起我的极大兴趣，发表了一些这方面的文章。

四

20世纪中国的元史研究，经过几代人的不懈努力，到现在已粗具规模。开创这门学科的是中国史学界的几位大师：王国维、陈垣、陈寅恪诸先生，继之而起的是翁独健、韩儒林、邵循正、蒙思明、吴晗诸先生，四五十年代有杨志玖、蔡美彪诸先生。60年代以后成长起来的中青年学者，大多是翁、韩、邵、蒙、杨、蔡诸先生的门下。20世纪上半期，元史被认为是冷僻的学问，研究者甚少，作品寥寥。到八九十年代，随着中青年学者的成长，我国的元史研究已面目一新，足以与其他断代史、专门史研究并驾齐驱了。前辈学者说过，元史是"不中不西之学"。从20世纪初以来，元史研究便是一门国际性的学问。过去我们的研究落后，不受重视，现在在国际学术活动中有自己的独立的声音，足以引起他人注意了。

我所做的一些元史研究工作，都是在师友们教导、关心、帮助、鞭策下进行的，由于原来基础较差，加上主观努力不够，成绩有限，常感惭愧。至于史学的其他领域，如中亚史、绘画史等，虽曾涉猎，成绩更少。回顾自己走过的道路，如果说有什么经验体会的话，那就是：（1）必须高度重视资料的搜集和整理。"史料即史学"是不对的，但是史学研究必须以史料为基础，离开史料就无所谓史学。对于史料，必须力求全面、系统地掌握，既要熟悉已知的史料，还要下大力气去发掘未知的新史料。很多老问题的解决和新问题的提出，都有赖于对已知史料的重新认识和新史料的发现。我的每一篇论文都力求有不同于前人的新史料，有些论文的写作，即得益于新史料的发现。在史料上要有所突破，始终是我在研究工作中的座右铭。（2）必须坚持以历史唯物主义为指导。马克思主义历史唯物主义关于经济基础与上层建筑、生产力与生产关系、阶级与阶级斗争的理论，对于历史研究，具有极其重要的意义。迄今为止，没有任何一种其他学说可以取代历史唯物主义理论。我自己的研究工作，从一开始关于农民战争的探讨，到近年的法制史研究，都力求用历史唯物主义来分析各种历史现象，以后仍将继续这样做。（3）必须努力学习其他相关学科的理论、方法。学科之间相互渗透，已成为当前科学发展的趋势。历史学以人类社会历史为研究对象，从经济基础到上层建筑，无所不包，更需要了解其他学科的理论、方法以及研究成果，才能把自身的研究，推向前进。我在研究工作过程中，经常遇到一些问题，迫使自己进行各种学科理论、方法的补课，深深感到这种补课的重要性。由于种种原因，我的补课缺乏系统性，起的作用也不够理想。衷心希望年轻的研究者重视这一问题，不断开阔眼界，不断改正思维方式，只有这样，研究工作才能出现新的飞跃。

　　研究历史虽然辛苦，但乐趣无穷。搜集资料、写文章的乐趣在于获得新的发现、新的体会，这也是我今天依然坚持研究的动力。现在客观条件比过去好多了，年轻人只要努力肯定会一代比一代强。六十年的学术经历使我相信，我国的元史和整个中国史研究，在 21 世纪一定会取得更为辉煌的成就。

陈高华
2011 年首发于中国社会科学网
2016 年春修订

目 录

第一编 元代饮食简史

第一章 元代的食品原料生产 ……………………………（3）
  第一节 粮食 ……………………………………………（3）
  第二节 副食 ……………………………………………（11）

第二章 元代的食品加工 …………………………………（30）
  第一节 粮食加工 ………………………………………（30）
  第二节 菜肴烹饪 ………………………………………（45）
  第三节 其他食品加工 …………………………………（54）
  第四节 油脂、调味品和料物 …………………………（58）

第三章 饮料之一：茶 ……………………………………（66）
  第一节 茶的生产 ………………………………………（66）
  第二节 名茶种类 ………………………………………（68）
  第三节 制茶与饮茶 ……………………………………（75）
  第四节 蒙古人与茶 ……………………………………（82）

第四章 饮料之二：酒 ……………………………………（86）
  第一节 马奶酒 …………………………………………（86）
  第二节 葡萄酒 …………………………………………（89）
  第三节 粮食酒 …………………………………………（93）
  第四节 蒸馏酒（阿剌吉酒） …………………………（98）

第五章　饮料之三：其他饮料 ……………………………（102）
　　第一节　舍儿别（渴水） ………………………………（102）
　　第二节　奶和奶制品 ……………………………………（105）
　　第三节　汤 ………………………………………………（108）
　　第四节　树奶子 …………………………………………（110）

第六章　元代的饮食生活和饮食著作 ……………………（112）
　　第一节　饮食方式 ………………………………………（112）
　　第二节　饮食业和宴会 …………………………………（118）
　　第三节　饮食著作 ………………………………………（125）

第七章　元代的盐业 ………………………………………（130）
　　第一节　盐业生产概况 …………………………………（130）
　　第二节　盐务管理机构和盐户 …………………………（140）
　　第三节　盐的运销 ………………………………………（158）
　　第四节　盐价和盐课 ……………………………………（175）

第二编　元代殡葬史

第八章　丧葬程序 …………………………………………（185）
　　第一节　导论 ……………………………………………（185）
　　第二节　汉人的殡葬 ……………………………………（192）
　　第三节　居丧与祭祀 ……………………………………（199）
　　第四节　蒙古人的丧葬 …………………………………（205）
　　第五节　回回和其他族的丧葬 …………………………（214）
　　第六节　收埋孤老及无名尸体 …………………………（217）

第九章　殡葬习俗 …………………………………………（221）
　　第一节　火葬的流行 ……………………………………（221）
　　第二节　风水与丧葬 ……………………………………（230）
　　第三节　佛、道二教对丧葬的影响 ……………………（238）

第四节　厚葬和盗墓 …………………………………………（244）

第十章　墓地和墓室 ……………………………………………（250）
　　第一节　墓地 ………………………………………………（250）
　　第二节　墓室的形制 ………………………………………（255）
　　第三节　墓室的壁画和砖雕 ………………………………（263）
　　第四节　义冢、普同（普济）塔、生茔（寿函）和衣冠冢 ……（273）

第十一章　葬具和随葬品 ………………………………………（279）
　　第一节　棺椁 ………………………………………………（279）
　　第二节　墓志铭和神道碑 …………………………………（281）
　　第三节　基督教徒、伊斯兰教徒墓碑 ………………………（289）
　　第四节　随葬品 ……………………………………………（294）

第三编　元代的信仰

第十二章　元代的天妃崇拜 ……………………………………（307）
　　第一节　元代天妃庙宇的分布 ……………………………（307）
　　第二节　元朝政府尊崇天妃的措施 ………………………（310）
　　第三节　元代天妃崇拜兴盛的原因 ………………………（314）

第十三章　元代的东岳崇拜 ……………………………………（317）
　　第一节　泰安东岳庙及庙会 ………………………………（317）
　　第二节　北京东岳庙 ………………………………………（322）
　　第三节　东岳庙的神祇 ……………………………………（326）

第十四章　元代的禳灾活动 ……………………………………（329）
　　第一节　旱灾 ………………………………………………（329）
　　第二节　水灾及其他 ………………………………………（334）
　　第三节　禳灾活动 …………………………………………（337）

第十五章　元代的巫觋和巫术 …………………………（341）
　　第一节　以巫为医……………………………………（341）
　　第二节　以巫为害……………………………………（344）
　　第三节　算命相面占卜………………………………（346）

后　　记 ………………………………………………（351）

第一编

元代饮食简史

第一章 元代的食品原料生产

第一节 粮食

一 粮食结构的基本情况

元代的粮食品种有稻、麦、粟、黍、豆等。

中国的粮食生产,较早就形成了北麦南稻的局面。元代的情况仍是如此。北方农业区以种大、小麦为主,但在灌溉条件较好的地区,水稻生产亦有一定规模。江、淮以南,以种植水稻为主。但自唐、宋以来,大、小麦的种植也逐渐普遍。特别是北宋灭亡,中原居民大批南下,他们习惯于面食,进一步推动了江南的大、小麦种植。粟在北方相当普遍。黍主要产于北方。豆则南、北均有。大体来说,北方农业区的居民以麦类加工而成的面食为主,南方则以稻米加工品为主。粟、黍、豆类在粮食结构中占次要地位。

元代北方农业生产粗放,粮食产量有限,元朝都城大都(今北京)居民百万,附近地区的粮食生产难以满足需要。为此,元朝政府每年通过海道从江南调运大批粮食至大都,供居民食用,最多时达300多万石。江南粮食是大都居民食粮的主要来源,"百司庶府之繁,卫士编民之众,无不仰给于江南"[①]。北运的江南粮食都是稻米,因此,大都虽然位于北方,但大都居民却是以稻米为主食的。

边疆地区各族依地理环境不同,分别种植麦、稻、粟、黍、豆等。

二 稻米

元代著名学者王祯说:"稻之名不一,随人所呼,不必缕数。稻有粳、

[①] 《元史》卷九三《食货志一·海运》。

秫之别，粳性疏而可炊饭，秫性黏而可酿酒。"① 稻米可以分为两大类，不黏供平时食用的是粳米，有黏性可以酿酒的是秫米（糯米）。粳在有些文献中写作秔，又有籼，也是不带黏性的，早稻为籼，晚稻为粳。也就是说，粳既可以是不带黏性的稻米的通称，也是晚稻米的专称。有些地方还有"大稻秔，小稻籼"之说②。由江南北运到大都的粮食，有"糙粳""白粳""香糯"之分，"糙粳"应该就是籼米③。在大都出售时则有白粳米、白米、糙米之分，价格各不相同，差别很大。糙米显然就是籼米，白米应是粳米中质量较次者④。粳米（秔米）和籼米都有不同的品种。镇江路（今江苏镇江）"大稻之种十有六"，"小稻之种六"，"糯之种亦有九"。"江南稻种甚多，不可枚举，然兹土之所宜者，大率不过此数种也。"⑤

同是稻米，质量相差很大。粳米胜于籼米，而粳米中最好的是香粳米，"一种有小香稻者，赤芒白粒，其米如玉，饭之香美，凡祭祀延宾，以为上馔，盖贵其罕也"⑥。元朝宫廷中备"有数种（香粳米、匾子米、雪里白、香子米），香味尤胜诸粳米"⑦。这种香粳米是某些地区专门生产上供的，江浙行省婺州路（路治今浙江金华）每年指定上贡香粳米 33 石⑧。据当时人记述："金华有嘉种，玉灿含芳香。土人昔启端，每岁赋其乡。颇闻播种初，行者避畎疆。敛收毕充纳，老稚不敢尝。……园好中式度，缄封谨缣囊。……及兹幸充数，扬帆上天仓。"⑨ 这种高品质的香粳，完全为宫廷享用，种植它们的百姓是不敢尝的。

元代稻的种植以江南为最盛，北方中原地区如大都、山西南部、兴元（今陕西兴元）和河南部分地区，稻的生产亦有一定规模。江南居民以稻米为主食，中原部分地区居民的食物构成中，稻米亦占一定比重。在边疆少数民族地区，云南种植水稻相当普遍。追随忽必烈出征云南的刘秉忠写道：

---

① 王祯：《农书·百谷谱集之一·水稻》，王毓瑚校，农业出版社 1981 年版。
② 至顺《镇江志》卷四《土产·谷》。
③ 《元史》卷九三《食货志一·海运》。
④ 《元史》卷九六《食货志四·赈恤》。镇江路秋租有粳米、白粳米、籼米之分，见至顺《镇江志》卷六《赋税·秋租》。
⑤ 至顺《镇江志》卷四《土产·谷》。
⑥ 《农书·百谷谱集之一·水稻》。
⑦ 忽思慧：《米谷品》，《饮膳正要》卷三。
⑧ 万历《金华府志》卷七《贡赋》。
⑨ 吴师道：《送人贡粳米入京》，《吴礼部集》卷二。

"鳞层竹屋倚岩阿，是岁秋成粳稻多。""远近树分山障列，纵横水入稻畦流。"① 说明云南水稻种植已有相当规模。入元以后，政府在当地大力提倡农业，进一步促进了水稻的发展。云南西北的丽江路（主要居民为磨些人，即今纳西族）出产粳、糯②。较为先进的大理、善阐等路（今大理、昆明），主要居民为白人（即今白族），"白夷有田，皆种稻"③。金齿（今傣族）居地"土宜稻"④。可见元代云南平原地区水稻种植已相当普遍。

三 麦

麦分小麦、大麦、荞麦、青稞麦数种（图1-1）。

图1-1 《饮膳正要》卷二"春宜食麦"插图

大、小麦，北方所种极广。这里所说的北方，指淮河以北广大农业区。

---

① 刘秉忠：《峡西》《鹤州南川》，《藏春诗集》卷一。
② 《元一统志》卷七《云南诸路行中书省》，赵万里校辑本，中华书局1966年版，第560页。
③ 陶宗仪：《称地为双》，《辍耕录》卷二九，中华书局1959年版。
④ 王恽：《中堂事记中》，《秋涧文集》卷八一。

黄河中下游（包括今河南、山西、河北、山东广大地区）、关中平原、河西走廊，都是小、大麦产地。漠北草原、东北辽阳行省以及天山南北，也有部分地区种植二麦。在淮河以南，很多地区都是稻、麦并重。不少土地稻、麦轮作，旱地种麦甚多。麦在粮食中所占比重，可以镇江路为例，每年征收的夏税中，有大麦8600余石，小麦12000余石，秋粮则有各类米（粳、籼、糯）140000余石①。又如集庆路（路治今江苏南京）税粮，稻米318000余石，大、小麦3500余石②。由这两项统计，既可看出麦在南方农作物中仅次于稻的重要地位，又说明麦的产量与稻米相差甚远。南方多数地区大概如此。西南的四川、云南，麦的种植也相当普遍。

大、小麦亦有不同品种。镇江"大麦之种有二：曰春，自十月至正月皆可种，然又早熟；曰黄秆，后熟。小麦之种有三：曰赤谷，曰白壳，曰宣州。"③大麦比小麦早熟，故诗人有"小麦青青大麦黄"之句④。

大、小麦之外，又有荞麦。荞麦生长期短，适宜间作或套作，"种之则易为工力，收之则不妨农时，晚熟故也"。"北方山后诸郡多种。""山后"指今山西、河北两省邻接草原地区。"中土、南方农家亦种。"⑤镇江在大、小麦之外，"又有荞麦，秋花冬实，亦堪作面"⑥。可作为南方部分地区出产荞麦的例子。

元代农学著作《农桑辑要》中说："青稞麦，与大麦同时熟，面堪作麨及饼饦，甚美。"⑦另一部农学著作《农书》中说："世又有所谓青稞麦，不过名与大、小麦颇异耳。"⑧两者所说的青稞麦，原是中原的一种农作物，与今天藏族食用的青稞麦显然不同。元代官方文献记载说，西番（指藏族居住地区）僧人携带"青麦、盐货等物"⑨。"青麦"则无疑是现在藏族食用的青稞麦。

---

① 至顺《镇江志》卷六《赋税》。
② 至正《金陵新志》卷七《田赋志》。
③ 至顺《镇江志》卷四《土产》。
④ 释善住：《自阳山归舟中作》，《元诗选初集·谷响集》，中华书局1987年版。
⑤ 《农书·百谷谱集之二·荞麦》。
⑥ 至顺《镇江志》卷四《土产》。
⑦ 缪启愉：《播种》，《元刻农桑辑要校释》卷二，农业出版社1988年版。
⑧ 《农书·百谷谱集之一·大小麦》。
⑨ 《经世大典·站赤》"至元三十年十二月"条，见《永乐大典》卷一九四一九，中华书局影印本。

四 粟、黍、穄、粱

（一）粟

粟在古代被视为"五谷之长，中原土地平旷，惟宜种粟"①。在北方，夏季收麦，秋季则收粟，大多数地区都同时种植麦、粟。黄河中下游地区、河西走廊、宁夏平原、天山南北、辽阳行省的南部，都有粟的种植。中原地区的粮食作物，大、小麦占首位，其次便是粟。元代陕西民屯48所，种地5000余顷。至正二年（1342）实收粮7万余石，其中大、小麦49000余石，粟17000余石②。可知粟在北方农作物中的重要地位。元朝政府在北方农村征收税粮，以粟为准，"全科户丁税每丁粟二石，驱丁（奴隶）粟一石，地税每亩粟三升"③。政府将农村居民每50户编为一社，社立义仓，各家按人口数每口留粟一斗，作为备荒之用④。赋税、义仓均以粟为准，固然有受传统影响的一面，但粟的产量较多也是重要的原因，否则就无法实行。

两淮地区，种粟相当普遍。元朝统一全国以后，将两淮荒田募民耕种，"岁得粟数十万斛"⑤。江南的旱地、山地，种粟甚多。云南的不少地方亦有粟出产⑥。但四川南部、湖南则很少种粟。蒙古军向川南进攻时，有人建议"舟米数千石"随军而行，理由是"此去多稻，而求粟无有"，带着粟米可供病者食用⑦。元军南下，至元"十三年，诏以湖南戍军多疾，恐坐不习食稻，俾公（王均，时为襄阳总管府判官）舟粟若干万斛如湖南"⑧。蒙古军（元军）来自北方，习惯以粟为食，不喜欢吃稻米，所以军中要准备粟米，供病者食用，有利于健康的恢复。由此既可知当时四川南部及湖南不（或很少）出产粟米，又可见南、北饮食习惯之差异。

（二）黍

黍主要产于江、淮以北，"北地远处，惟黍可生，所谓当暑而种，当暑

---

① 《农书·百谷谱集之一·粟》。
② 李好文：《设立屯田》，《长安志图》卷下。
③ 《元史》卷九三《食货志一·税粮》。
④ 《通制条格》卷一六《田令·农桑》，浙江古籍出版社1986年版。
⑤ 《元史》卷一六六《罗璧传》。
⑥ 《元一统志》卷七《云南诸路行中书省》。
⑦ 姚燧：《汪公神道碑》，《牧庵集》卷一六。
⑧ 姚燧：《王公神道碑》，《牧庵集》卷二一。

而收"①（图1-2）。大都地区出产黍，有"糯黍，即黄黍，米宜酝酒。小黍，宜食。秫黍，粒大而谷壳厚"②。漠南草原的察罕脑儿（白海，在坝上，今属河北张北）"苦寒，入夏始种粟、黍"③。辽阳行省的大宁路（路治今内蒙古宁城境内）土产"黍"④。南方亦有一些地方产黍。如浙东的庆元路（路治今浙江宁波）⑤、浙西的嘉兴路（路治今浙江嘉兴）⑥等。云南的姚安路（路治今云南姚安）也产黍。一般来说，南方产黍主要在山区。

图1-2　《饮膳正要》卷二中"冬宜食黍"图

（三）稷

稷，又作穄，"其苗、茎、穗、叶，与黍难别……种治之法，与黍俱同"⑦。黍、稷是同种谷物，只是稷的米质黏性弱，不如黍强。"其米疏爽，

---

① 《农书·百谷谱集之二·黍》。
② 《析津志辑佚·物产》。
③ 《元史》卷一三六《拜住传》。
④ 《元一统志》卷二《辽阳等处行中书省》。
⑤ 至正《四明续志》卷五《土产·五谷》。
⑥ 至元《嘉禾志》卷六《物产》。
⑦ 《农书·百谷谱集之二·穄、粱秫》。

可炊煮作饭。时诸谷未熟，可以接饥，其色鲜黄，其味香美。然所种特少，为农家之稀馔也。"① 穄又称糜子。陕西北部出产糜子②。宁夏亦集乃路（路治今内蒙古额济纳旗）也有糜子③。在南方，江西临江路（路治今江西清江县西南临江）"宜黍、稷、粳稻"④。浙、闽交界的山区多畲田，"火种饶黍、稷"⑤。但总的来说，穄的种植是有限的。

（四）粱

粱，"有赤粱，有白粱。……其禾茎叶似粟，其粒比粟差大。……炊之，香美胜于粟米"⑥。粱是粟的特别好的品种。大都路龙庆州（今北京延庆县）设有龙庆栽种提举司，"秩从五品，管领缙山岁输粱米，……以奉上供"。"缙山"就是龙庆的原名⑦。可见当地专门生产粱米，供宫廷之需。兰州（今甘肃兰州）亦产粱米⑧。此外还有蜀黍，"春月种，宜用下地。……其子作米可食，余及牛马，又可济荒，其梢可作洗帚，秸秆可以织箔、夹篱、供炊，无可弃者"⑨。蜀黍就是高粱。粱和蜀黍的种植都是有限的。

五　豆类、芝麻

（一）豆类

豆类也是粮食作物。主要分大豆、小豆、豌豆三类。元代的农学著作说，大豆分白、黑、黄三种，"其大豆之黑者，食而充饥，可备凶年，丰年可供牛马料食。黄豆可作豆腐，可作酱料。白豆，粥饭皆可拌食。三豆色异而用别，皆济世之谷也"。"小豆有菉豆、赤豆、白豆、豇豆、䅟豆，皆小豆类也。""䅟豆"一般认为是黑小豆。豌豆在"百谷之中，实为先登，蒸煮皆可便食，是用接新，代饭充饱。……此豆五谷中最宜耐陈，不问凶丰，皆可食用，实济饥之宝也"⑩。以上是元代农学著作中有关豆类的记述。元代大都

---

① 《农书·百谷谱集之二·穄、粱秫》。
② 《长安志图》卷下《设立屯田》。
③ 李逸友：《黑水城出土文书》，科学出版社1991年版，第20页。
④ 梁寅：《明农轩记》，《石门集》卷一，清乾隆刊本。
⑤ 贡师泰：《过仙霞岭》，《玩斋集》卷一，清乾隆南湖书塾刻本。
⑥ 《农书·百谷谱集之二·穄、粱秫》。
⑦ 《元史》卷八七《百官志二》。
⑧ 《元一统志》卷四《陕西等处行中书省》。
⑨ 《农书·百谷谱集之二·蜀黍》。
⑩ 《农书·百谷谱集之二》。

的方志记载，"豆之品"有"黑豆、小豆、绿豆、白豆、赤豆、红小豆、豌豆、板豆、羊眼豆、十八豆"①。镇江方志记载，"豆亦有大、小之分。大豆其色有青、黄、黑、紫、褐之异，其名有雁来青、雁来枯、痴黄、半夏黄之别。小豆亦有赤、绿、白、黑四种。又有江豆、豌豆、佛指豆、十六粒豆、蚕豆（隔岁种之，蚕熟时可采），黑白豆（蔓生篱落间，采其荚蒸食甚美，白者可入药）"②。总之，豆的品种众多，都可供食用，既可代饭，也可作菜蔬。

豆的种植，遍布南北各地。黄河中下游、关中地区、长江流域、淮河两岸以及沿海地区，到处都有豆的踪迹。辽阳行省大宁路亦种豆③，但其他边远地区似不多见。江南的集庆（路治今江苏南京）、镇江（路治今江苏镇江）、嘉兴（路治今浙江嘉兴）等路每年征收的税粮中，都有相当数量的豆（黄豆），可见豆的种植在当地农业生产中占有相当的比例④。

元代记载中常见一种回回豆，据记载，它"出在回回地面，苗似豆，今田野中处处有之"⑤。宫廷饮食中使用最多的豆便是回回豆。"回回地面"指伊斯兰世界。明代著名学者李时珍说，回回豆就是前代的回鹘豆，"即豌豆"⑥。实际上它应是鹰嘴豆。

（二）芝麻

芝麻（胡麻）是油料作物，亦可食用，"取其油，可以煎烹，可以燃点，其麻又可以为饭"⑦（图1-3）。芝麻的种植，在南北相当普遍。特别是新垦荒田时，当年"漫种黍、稷或脂麻、绿豆，耙劳再遍，明年乃中为谷田。今汉沔、淮颍上，率多创开荒地，当年多种脂麻等种，有收至盈溢仓箱速富者"⑧。辽阳行省大宁路兴中州产芝麻⑨。陕西延安路宜君县（今陕西宜君）产胡麻⑩。在南方，"麻有二种，曰胡麻，曰白麻，胡麻可饭，白麻可

---

① 《析津志辑佚·物产》。
② 至顺《镇江志》卷四《土产》。
③ 《元一统志》卷二《辽阳等处行中书省》。
④ 至正《金陵新志》卷七《田赋志》；至顺《镇江志》卷六《赋税》；至元《嘉禾志》卷六《赋税》。
⑤ 《饮膳正要》卷三《米谷品》。
⑥ 《本草纲目》卷二四《谷部·豌豆》，人民卫生出版社1982年版。
⑦ 《农书·百谷谱集之二》。
⑧ 《农书·农桑要诀之二·垦耕篇》。
⑨ 《元一统志》卷二《辽阳等处行中书省》。
⑩ 《元一统志》卷四《陕西等处行中书省》。

压油，土人亦以之荐茶。"① 庆元路（路治今浙江宁波）产芝麻②。广州亦产芝麻③。

图1-3　《饮膳正要》卷二中的"秋宜食麻"插图

第二节　副食

一　副食结构的基本情况

一般来说，副食可以分为肉食、乳品、菜蔬和果品四大类。肉食的内容丰富，又可分为：（1）家畜肉，有羊肉、豕肉、牛肉、马肉等；（2）家禽肉，有鸡、鹅、鸭等；（3）野生动物肉，有鹿、獐、山鸡、兔、天鹅、塔剌不花（土拨鼠）等；（4）水产品，有各种鱼类和贝壳类食品。

元代各民族的生产、生活方式不同，副食结构也有差异。从事农业为主的民族，如汉族，副食以菜蔬为主，加以肉类、果品；而以畜牧为主的民族，如蒙古族，则以肉食和乳制品为主，很少甚至不吃蔬菜和果品。而在各

---

① 至顺《镇江志》卷四《土产》。
② 至正《四明续志》卷五《土产》。
③ 大德《南海志》卷七《物产》，见《永乐大典》卷一一九〇七。

个民族内部，贫、富有别，副食结构又有很大的不同。以汉族为例，富人副食以肉类为主，而穷人则只能以菜蔬度日，有的甚至连蔬菜也吃不起。以京师大都来说，一面是"玉食罗膻荤"，"富馔有臭肉"[1]；另一面是"经纪生活匠人等"，"菜则生葱、韭、蒜、酱、干盐之属"[2]，形成鲜明对比。

副食加工需要各种调味品和油脂，本节中亦将对此加以叙述。

二 家畜肉

（一）羊肉

元代食用的家畜肉，以羊肉最为重要。在元代以前，北方农业区的肉食便以羊肉为主，北宋宫廷"止用羊肉"[3]。到了元代，大批蒙古人和色目人迁入北方农业区，蒙古人和色目人多数都习惯于吃羊肉，因而羊肉在肉食结构中更为重要（图1-4）。元朝皇帝的"御膳"，每日"例用五羊"，末代皇帝顺帝"自即位以来，日减一羊"，即每日用羊四只，被认为是贤明之举[4]。记录宫廷饮食的著作《饮膳正要》，内有"聚珍异馔"一门，其中有70余种以羊肉作主料或辅料，为总数的十分之八左右。另载"食疗"方61种，内有12种与羊肉有关[5]。朝廷举行大宴会，主要供应羊肉。南宋灭亡后，太皇太后和小皇帝一行来到大都，"每月支粮万石钧，日支羊肉六千斤"[6]。高丽贵族一行来到大都，日支供应标准，米、面、柴、钞之外，另有羊肉五斤[7]。驿站来往的官员，正使供应标准是每日米一升，面一斤，羊肉一斤，酒一升[8]。国学开学，"以羊若干，酒若干樽，烹宰以燕祭酒、司业、监丞、博士、助教、典籍等官"[9]。可见官方供应的肉食是羊肉。大都民间，亦普遍食用羊肉。富家子弟早上起来"先吃些醒酒汤，或是些点心，然后打饼熬羊肉，或白煮着羊腰节胸子"。举行宴会首先要买"二十只好肥羊，休买母的，都要羯的"，然后才是其他肉类的食品。送生日礼物是"到羊市里""买一

---

[1] 胡助：《京华杂兴诗》，《纯白斋类稿》卷一。
[2] 《析津志辑佚·风俗》。
[3] 李焘：《续资治通鉴长编》卷四八〇。
[4] 杨瑀：《山居新语》，《武林往哲遗著》本。
[5] 《饮膳正要》卷一《聚珍异馔》，卷二《食疗诸病》。
[6] 汪元量：《湖州歌九十首》，见孔凡礼《增订湖山类稿》卷二，中华书局1984年版。
[7] 《经世大典·站赤》，见《永乐大典》卷一九四一八。
[8] 《经世大典·站赤》，见《永乐大典》卷一九四一六。
[9] 《析津志辑佚·风俗》。

个羊腔子"。平时则用煮熟的"干羊脚子""就酒"①。"羊腔子"是宰杀后去头和内脏的羊身子,"干羊"应是羊宰杀后风干而成。大都的情况在北方有代表性。江淮以南,羊肉在肉食结构中亦占重要的地位,但似不如北方那样突出。

图 1-4 《饮膳正要》中的"禽兽变异"插图

(二)猪肉

猪肉在食用家畜肉中亦占重要地位。元代中期,王结为顺德路(路治今河北邢台)总管,向百姓发布《善俗要义》,其四是"育牝牸",即羊牛;其五是"畜鸡豕",他说:"鸡豕蕃息,上可以供老者之养,下可以滋生理之事也。"② 可见养猪食肉在北方农村相当普遍。猪肉在南方的肉食结构中更为重要。集庆(今江苏南京)、镇江等城市都有专门以屠宰出售猪肉为业的屠户③。有的人食"惟豕肉"④。至元十九年(1282)四月二十三日,"中书

---

① 《朴通事谚解》,第6、121页;《老乞大谚解》,第224页。《朴通事》和《老乞大》是高丽王朝时代后期的汉语教科书,其中有大量反映元朝社会生活的资料。两书均有《奎章阁丛书》本。
② 《文忠集》卷六,《四库全书》本。
③ 孔齐:《屠刽报应》《金陵二屠》,《至正直记》卷二,上海古籍出版社1987年版。
④ 孔齐:《不食糟辣》,《至正直记》卷三。

参知政事阿里奏：'江南省、台、按察司、宣慰司、路、府官署，但凡遣使就给铺马札子，又使臣不食豕肉、鱼、雁、鹅、鸭等，必须羊肉。江南羊价每日计钞七八十贯，实害站赤'。奉旨：'可即移文省谕，毋令出给，铺马札子使臣到馆，有豕肉即与之，无则与饭，其地必多鱼，亦可与之，无则亦不必与。至如羊肉、鹅、鸭、飞禽等，不得与之。此二事速令截日罢去。'"①可知江南羊肉供应较少，比不上猪肉，而羊肉价格显然亦较高。

（三）牛肉、马肉

牛肉、马肉也是比较常见的用于膳食的家畜肉，比羊肉、猪肉都要贵重一些，常用于宴会。"内外官员士庶之家，凡是婚姻庆贺一切宴会，往往宰杀马牛食用。"②

三　有关屠宰家畜的法令

元朝政府曾对食用家畜肉颁布过不少法令。至元九年（1272）世祖下令："大都为头汉儿城子里"，不许杀羊羔，违者重罚。至元二十八年（1291）世祖有旨："休杀羊羔儿吃者。杀来的人根底打一十七下，更要了他的羊羔儿者。"至元三十年又有旨："今后母羊休杀者。"③忽必烈一再下令禁止屠杀羊羔和母羊，主要出于繁殖羊只的考虑，但也说明为了供应市场屠宰的羊只数量很大，才会引起统治者的关心；忽必烈时代还有一道奇特的禁令。至元十六年（1279）十二月下旨："成吉思降生，日出至没，尽收诸国，各依风俗。这许多诸色民内，唯有这回回人每言俺不吃蒙古之食上，为天护助，俺收抚了您也，您是俺奴仆，却不吃俺底茶饭，怎生中？么道，便都吃。若抹杀羊呵，有罪过者。么道，行条理来。……如今直北从八里灰田地将海青来底回回每，'别人宰杀来的俺不吃'，么道，搔扰百姓每来底上头。从今已后，木速鲁蛮回回每，术忽回回每，不拣是何人杀来的肉交吃者，休抹杀羊者。"④木速鲁蛮回回指伊斯兰教徒，术忽回回指犹太教徒，他们的习惯是只吃同一宗教信徒屠宰的牲畜；而且屠宰用断喉法，即所谓"抹杀羊"，

---

① 《经世大典·站赤》，见《永乐大典》卷一九四一八，中华书局影印本。
② 《元典章新集·刑部·头匹》，台北故宫博物院影印本。
③ 《元典章》卷五七《刑部十九·禁屠杀》。
④ 《元典章》卷五七《刑部十九·禁屠杀》。《元史》卷一〇《世祖纪七》：至元十六年十二月"丁酉，八里灰贡海青回回等，所过供食，羊非自杀者不食，百姓苦之。帝曰：'彼吾奴也，饮食敢不随我朝乎！'诏禁之"。

而蒙古人则习惯剖腹杀之。"别人宰杀来的俺不吃",是引用回回人的言语。忽必烈认为,回回人是蒙古的臣民,"却不吃俺底茶饭,怎生中?"下令"不拣是何人杀来的肉交吃者",而且不许他们"抹杀羊"。据波斯史家记载,当时对违反禁令仍然"抹杀羊"的回回,"就以同样方式把他杀死,并将其妻子、儿女、房屋和财产给予告密者"。一时告密之风大盛,众回回人心惶惶,"事情到了大部分木速蛮(即木速鲁蛮)离开汉地的地步",以致影响税收,海外珍贵货物也运不进来。不久以后,忽必烈被迫取消了禁止"抹杀羊"的命令①。

牛是耕田运载的重要工具,马是运输、作战的重要工具。元朝政府对屠宰牛、马严加控制。中统二年(1261)是忽必烈称帝的第二年,他下令说:"凡耕佃备战,负重致远,军民所需,牛、马为本。往往公私宰杀,以充庖厨货之物,良可惜也。今后官府上下公私宴会并屠肆之家,并不得宰杀牛、马,如有违犯者,决杖一百。"只有因病倒毙及不堪使用的马、牛,在申报所在官司后方许开剥②。这一禁令在元代曾反复重申。民间亦有类似的舆论:"牛、马之为畜,最有大功于世,非奉祀先圣及有故(谓天子圣节之宴)则不食。……若买善杀者则违国典……违国典非臣也。"③ 但是私下偷宰之事不断发生。散曲作家姚守中有一篇作品名为《牛诉冤》,写道:"感谢中书部,符行移诸处。所在官司,禁治严明,遍下乡都,里正行,社长行,叮咛省谕,宰耕牛的捕获申路。"然而,屠户仍私下宰杀,"应捕人在旁边觑,张弹压先抬了膊项,李弓兵强要了胸脯",剩下的部分才予发售④。可见禁屠牛、马的命令并没有真正执行。当然,禁令的一再颁布,至少使牛、马难以公开宰杀和发售,因此,牛肉、马肉在食用家畜肉中的比例相对来说是不大的。

元朝政府对于家畜的屠宰还有时间上的限制。早在蒙哥汗七年(1257),便下令:"按月初一日、初八日、十五日、二十三日这四个日头,不拣是谁但是有性命的,背地里偷杀的人每,不断按答奚那什么。"⑤ 意思是说,在每月的初一、初八、十五、二十三日私自宰杀动物的,都要判罪,按答奚是蒙

---

① [波斯] 拉施特:《史集》第二卷,商务印书馆1985年版,第346—347页。
② 《元典章》卷五七《刑部十九·禁屠杀》。
③ 孔齐:《议肉味》,《至正直记》卷三。
④ 姚守中:《牛诉冤》,隋树森编《全元散曲》,中华书局1964年版,第319—321页。
⑤ 《元典章》卷五七《工部十七·禁刑》。

语 alda—qu 的音译，意为断没家产人口①。至元十七年（1280），元朝政府规定，"正月、五月里各禁断十个日头宰杀来"，而且在第二年继续实行②。三十年（1293）九月，忽必烈下旨："五月初一日至月终，除上都不禁外，大都并各路禁断宰杀。"③ 至大四年（1311）十一月九日，"纳牙失里班的答八哈奏：'西天田地里在先传流将来的道理说呵，三月初八日佛降生的日头，当月十五日佛入涅槃的日头，这日头真个显验，且的剌纳儿经文里有，西天田地里这日头里不教宰杀做好事有来。三月初三日皇帝圣节有。一就自三月初一日为始至十五日，大都为头各城子里禁断宰杀半月，羊畜等肉休教入街市卖者，也休教买者。不拣几时做常用断屠呵，皇帝洪福根底的重大福有'。么道，奏呵。……奉圣旨：'那般者，是大好事勾当有。这里都省里行与各行省各城子里文书者，每年三月里常川禁断宰杀半月者，断屠的日头其间，羊畜等肉休教入街市卖者。'么道，圣旨了也。"④ 违反禁屠令的处罚，则与蒙哥汗时代有较大的变化，改为"决二十七下"⑤。

可见元代禁屠的时间有多种。蒙哥汗规定的初一、初八、十五、二十三日，应即后来的"每月四斋日"⑥，在元代是一直实行的。这大概是受佛教影响做好事。至元十七年规定的正月、五月"各禁断十个日头"，原因不明，后来是否继续，是不清楚的。至大四年规定三月初一至十五禁屠，是为仁宗祈祷，在仁宗死后应即停止。其他皇帝有无类似规定不清楚。

四 家禽肉和野生动物肉
（一）家禽肉

元代饲养供食用的家禽，主要有鸡、鸭、鹅等。至元八年（1271）元朝设立司农司，专门管理农桑水利。同年颁布"农桑之制十四条"（即"立社条画"），规定："近水之家许凿池养鱼并鹅鸭之类……以助衣食。"⑦ 王结的

---

① 方龄贵：《〈通制条格〉释词五例》，见《内陆亚洲历史文化研究》，南京大学出版社1996年版，第188—192页。
② 《通制条格》卷二八《杂令·屠禁》。
③ 《元典章》卷五七《刑部十七·禁刑》。
④ 《通制条格》卷二八《杂令·屠禁》。
⑤ 《元典章》卷五七《刑部十七·禁刑》。
⑥ 同上。
⑦ 《通制条格》卷一六《田令·农桑》。

《善俗要义》中要百姓"畜鸡豕","养鱼鸭"①。鸡、鸭、鹅一类家禽,都是农家的副业,既可食用,亦可出售增加收入,所以政府加以提倡。王祯说,一家"若养二十余鸡,得雏与卵,足供食用,又可博换诸物,养生之道,亦其一也。""鹅、鸭之利,又倍于鸡,居家养生之道不可阙也。"②

鸡、鹅、鸭一类家禽,南北均有畜养,但各地出产有所不同。镇江"鸡有大、小数种"。镇江所属金坛县"子鹅肥美,特异他处,初生无百日即可食"。鸭则"土人罕蓄之"③。而昌国州有鸡、鸭而无鹅④。较大城市的市场上都有家禽出售,如大都有鹅鸭市⑤,显然便是专门销售鹅鸭的市场。

(二) 野生动物肉

野生动物肉在元代的肉食结构中亦占有相当的比例。野生动物包括野兽和野禽,一般都通过狩猎而获得。当时狩猎所得供食用的野兽,有熊、鹿、狐、兔、野猪、黄羊、土拨鼠等,野禽有天鹅、野鸡等。

蒙古人喜欢狩猎,狩猎所得的野生禽兽,是他们食物的一个重要来源。在草原田野上大规模追捕野兽,当时称为"打围"。凡是放鹰追捕野兽、野禽,则称为"飞放"。元朝历代皇帝都热衷于"打围""飞放",皇帝每年前往上都开平(今内蒙古正蓝旗境内)避暑,都要举行"打围"。每次"打围"捕获的动物,少则数千,多则上万。如元成宗时有一次捕获"青兕黄羊以万筹"⑥。每年春天皇帝都要到大都附近的柳林(今北京通州南)"飞放"。柳林当时多湖泊沼泽,"天鹅来千万为群",皇帝指挥有关人员加以包围,放海东青(鹰的一种),捕捉天鹅,"乃大张宴会以为庆也,必数宿而返"⑦。入居农业区的蒙古贵族、士兵,仍然经常从事"打围""飞放"活动。大江南北很多地方都被划为"禁地""围场",如"中都(今北京,后改大都)四面各五百里地内",都是"禁地",只许皇帝属下的"打捕人户""打捕",其他"不以是何人等,不得飞放打捕鸡兔"⑧。成宗大德元年(1297)进一

---

① 王结:《善俗要义》,《文忠集》卷六。
② 《农书·农桑通诀集之五·畜养篇》。
③ 至顺《镇江志》卷四《土产》。
④ 大德《昌国州志》卷四《叙物产》。
⑤ 《析津志辑佚·城池街市》。
⑥ 王恽:《董侯承旨扈从北回……书六绝》,《秋涧文集》卷三二。
⑦ 《析津志辑佚·物产》。
⑧ 《通制条格》卷二八《围猎》。

步扩大,"自大都八百里以里……打捕兔儿的人每有罪过者"①。山东的"禁地"面积很大,包括"益都府、济南府、般阳路、宁海州、泰安州、东平府等七个城子有,这七处野物禁有,田地相邻直至蛮子田地哏宽有"②。"蛮子田地"指原来南宋控制的淮河以南地区,意思是说"禁地"宽广,一直到"蛮子田地"边上。"蛮子田地"内有无"禁地"不很清楚,但是蒙古贵族、官员、士兵在"蛮子田地里飞放打围底多有",对百姓骚扰很大③。

猎取野生动物是蒙古贵族、官员的一项特权,一般百姓在"禁地"打猎被抓获就要没收马匹、弓箭,甚至判刑。但在灾荒的年头,元朝政府有时便开放"禁地",允许百姓"打捕野物",作为救济的一种措施。至元二十八年(1291)八月,"中书省奏:'咸平府那里每这几年田禾不曾收来,百姓每生受的其间,野物的不教禁约,教养百姓每喉嗉急呵,怎生?'么道,那里的宣慰司官人每说将来有。俺商量得,依他每言语不教禁约呵,怎生?商量来。么道,奏呵。"忽必烈同意,"教采打食者"。同年武平路因"今年田禾不收,百姓饥饿有"。元朝政府规定:滦河以西"打围的禁断者","河东里教百姓每采捕野物"。至元三十年,元朝政府将山东"禁地"作了调整,将多余出来的地面"与穷暴忍饥的百姓每养喉嗉急",等等④。"喉嗉"指肚子,"养喉嗉急"即吃饱肚子之意。

总的来说,元代北方农业区人口稀少,荒地甚多,除了政府圈定的"禁地"外,还有不少荒地、山林孳生各种禽、兽,一般百姓可以捕猎,以收获之物作为维持生计的手段。江、淮以南,人口密度较高,但山林、田野中亦有不少野生动物出没,常被捕获作席上的菜肴。元末溧阳(今江苏溧阳)人孔齐说,他的父亲平时只吃豕肉和河鱼,"羊、牛、鸡、鹅则间进之,然止于一味而已。冬月则麂、野凫和萝卜及蒸鸭子和鲟鲊常进。……野味惟鹿、獐、玉面狸、山鸡之雄者、鹌鹑、斑鸠之类,余不多食"。他的母亲"喜啖山獐及鲫鱼、斑鸠、烧豕肋骨"⑤。溧阳是比较富庶之地,人们食用的"野味"品种亦相当可观。由此可以想见,野生动物在农业居民的肉食中亦占有相当大的比重。

---

① 《元典章》卷三八《工部十七·违例》。
② 《通制条格》卷二八《围猎》。
③ 《元典章》卷三八《工部十七·飞放》。
④ 《通制条格》卷二八《杂令·围猎》。
⑤ 孔齐:《不食糟辣》《喜啖山獐》,《至正直记》卷三。

宫廷饮食著作《饮膳正要》中记录可以食用的野兽有黄羊、野马、象、野驼、熊、麋、鹿、野驴、獐、野豕、獭、虎、豹、麂、麃、麝、狐、犀牛、狼、兔、土拨鼠、獾、野狸、黄鼠、猴；野禽有大金头鹅（也可失剌浑）、小金头鹅（出鲁哥浑）、不能鸣鹅（剌儿乞剌）、花鹅（阿剌浑），以上统称为天鹅；雁、雌鹅、水札、野鸡、山鸡、野鸭、鸳鸯、鸂鶒、鹁鸽、鸠、鸮、寒鸦、鹌鹑、雀①。土拨鼠是草原特有的动物，"煮食之宜人。生山后草泽中，北人掘取以食，虽肥煮则无油，汤无味，多食难克化，微动气"②。铁木真在发迹以前便曾"打捕土拨鼠、野鼠吃着过活了"③。13世纪中期前往蒙古的教士鲁不鲁乞说，蒙古人不吃"长着长尾巴的老鼠"，"他们吃睡鼠和各种长着短尾巴的老鼠。那里也有很多土拨鼠（他们称之为索古尔 Sogur），在冬季，这些土拨鼠二十个或三十个一群，聚集在一个地洞里，冬眠达六个月之久；他们大量地捕捉这种土拨鼠"④。元代太庙祭祀用牲中有"塔剌不花"，下注"其狀如獾"⑤，即土拨鼠。这是蒙古人特有的一种食用野生动物。黄羊"朔方山野中广有之，毛黄红色，疏而长，小耳，两角亦尖小，成数群常百数。上位驾回，围猎以奉上膳。其肉味精美，人多不敢食"⑥。"其种类数等，成群至于千数，白黄羊生于野草内，黑尾黄羊生于沙漠中。"⑦ 黄羊也是元朝太庙祭祀用牲之一。天鹅主要分布在大都东南的柳林。"天鹅，又名驾鹅，大者三五十斤，小者廿余斤，俗称金冠玉体干皂靴是也。每岁大兴县管南柳林飞放之所，彼中县官每岁差役乡民，广于湖中多种茭菰，以诱之来游食。其湖面甚宽，所种延蔓，天鹅来千万为群，俟大驾飞放海青、鸦鹘，所获甚厚，乃大张宴会以为庆也，必数宿而返。"⑧《饮膳正要》记载的其他野兽、野禽，大多既活动于草原，也可以在农业地区田野山林沼泽中发现⑨。当时的大都地区就有多种野兽、野禽，可以捕食，例如，

---

① 《饮膳正要》卷三《兽品》《禽品》。
② 《饮膳正要》卷三《兽品》。
③ 《蒙古秘史》卷二，内蒙古人民出版社1980年版。
④ ［英］道森：《出使蒙古记》，吕浦译，中国社会科学出版社1983年版，第118页。按这里所记土拨鼠的蒙古名称为"索古尔"，似有误。
⑤ 《元史》卷七四《祭祀志三》。
⑥ 《析津志辑佚·物产》。
⑦ 《饮膳正要》卷三《兽品》。
⑧ 《析津志辑佚·物产》。
⑨ 记载中一个例外是有犀牛，疑非中国出产。

麝，"又名香子……大小不等，今西山在处咸有之，肉味脆美"。"山鸡，辽东人养，方才十日即赶令入山，但候九、十月间即自山捕而归，一一扭死，带毛鸡入京中货之。其色黑，味与家鸡同。"据此，则山鸡介乎家禽与野禽之间。"角鸡，味清洁而美，其毛尖而有纹，堪画。"① 另据《饮膳正要》记载，角鸡是山鸡的一种，"味尤胜诸鸡肉"②。在农业地区，常见的食用野生动物有兔、鹿、獐、狸、雁、山鸡、鹌鹑等。

南宋灭亡后，小皇帝北上，元朝宫廷中设宴招待，菜肴中有"驼峰""天鸡（天鹅）""胡羊肉（黄羊肉）""蒸麋""烧麂""烧熊肉""鹌鹑""野雉鸡"③。平日的宫廷饮食中，野味也占很大比重，以后将会说到。

五 鱼类和其他水产品

（一）鱼类

鱼类可以分为淡水鱼、海洋鱼两大类。沿海居民捕捞的海鱼，主要有石首鱼（黄鱼）、鳓鱼、比目鱼、鲻鱼、鲳鱼、海鳗、鮠鱼（河鲀）、鲨鱼、鲥鱼、带鱼等。内陆江河湖泊中出产的淡水鱼有鲤鱼、鲫鱼、鲟鱼、鲂鱼、鲢鱼、鳙鱼、鲭鱼、鳊鱼、鳜鱼、鳅鱼等。浙东沿海一带，"至四月、五月，海郡民发巨艘入洋山竞取石首鱼"④。可知当时已掌握鱼汛的规律，进行海洋捕捞，而在海洋渔捞中，石首鱼占有重要的比例。其次是鳓鱼、带鱼、海鳗、鲻鱼等。鲥鱼、鮠鱼（河鲀）生活于海洋、河流之间，味道鲜美，是比较名贵的食品。鲥鱼"三月出扬子江中，鳞烂白如银，味极肥美，然多骨而速腐。"河鲀"出扬子江中，初春时甚贵……烹炮失所辄能害人，岁有被害而死者，然人嗜之不已"。当时对河鲀的习性以及烹调去毒的方法，已积累了相当丰富的经验。淡水鱼中以鲤鱼、鲫鱼、鲢鱼、鳙鱼、鲭鱼比较普遍。在诸种淡水鱼中，鲟鱼"出扬子江中，大者长丈余，鼻端有脆骨四分身之一，两颊有肉"，是比较名贵的品种。⑤ 似应指现在所说的中华鲟。民间"凿池养鱼"相当普遍，人工养殖的鱼类主要有鲢鱼、鲤鱼、鳙鱼（花鲢）、鲭鱼等。"辽阳东北海河中"出产有阿八儿忽鱼和乞里麻鱼。阿八儿忽鱼

---

① 《析津志辑佚·物产》。
② 《饮膳正要》卷三《禽品》。
③ 《增订湖山类稿》卷二。
④ 至正《四明续志》卷六《土产》。
⑤ 至顺《镇江志》卷四《土产·鱼》。

"大者有一二丈长",乞里麻鱼"大者有五六尺",都应是鲟鱼一类①。"辽阳东北海河"应指黑龙江、松花江一带。有的阿八儿忽鱼重达千斤②。有的记载中所说"大则以三车载之""以祀太庙"的"哈八鱼",显然就是阿八儿忽鱼③。据记载,阿八儿忽鱼"肥美人""脂黄,肉粗,无鳞骨,止有脆骨",乞里麻鱼"肥美人,脂黄,肉稍粗"④(图1-5)。

图1-5 元代壁画中的卖鱼、宴饮场面

(二) 其他水产品

海洋和江河湖泊中还出产蟹、虾和各种软体类水产,蚬、蚌、蛏、蛤、螺、牡蛎、江珧、鱿鱼、乌贼、海参、淡菜、海蛇等,也都是人们捕捞食用之物。有些沿海地区的居民还利用海滩进行养殖。庆元(今浙江宁波)地区,"海人众取(江珧)苗种于海涂","采(蚶)苗种之海涂,谓之蚶田"⑤。元末移居庆元地区的孔齐说:"海滨有蚶田,乃人为之,以海底取蚶

---

① 《饮膳正要》卷三《鱼品》。
② 《元史》卷一六九《刘哈剌八都鲁传》。
③ 《析津志辑佚·物产》。
④ 《饮膳正要》卷三《鱼品》。
⑤ 至正《四明续志》卷五《土产·水族》。

种置于田，候潮长。"① 养殖江珧、蚶，是为了自己食用或出售。

水产品一般保鲜期很短，渔民除自己食用外，就在产地或附近村镇、城市中行销。时人有诗："螺湖石层江水平，大船小船满东津，举罾出鱼辄数十，落日光射金鳞鳞。枫桥烟起新酒熟，共穿小鱼饮西邻。大鱼虽肥且勿食，明朝卖与城中人。"② 便是描写渔民卖鱼的生活。大都有鱼市③，集庆（今江苏南京）亦有鱼市④，长兴（今浙江长兴）有锦鳞行，也是经营水产品的行业⑤。说明大、中城市中都有专门的水产品市场和店铺。水产品中有相当一部分盐腌或曝晒后运往远处出售，这在后面将会说到。

六 蔬菜

（一）人工蔬菜

对于主要从事农业的民族来说，无论富贵贫贱，饮食中都离不开菜蔬。"夫养生必以谷食，配谷必以蔬茹，此日用之常理，而贫富不可阙者。"元代蔬菜品种很多，《饮膳正要》登载的有 46 种⑥；《农书》所载"蓏属"共 13 种，"蔬属"共 19 种，两属的大多数都是蔬菜⑦。《饮食须知》记载有 70 余种⑧。元代的地方志，如《析津志》《（至顺）镇江志》《（至正）四明续志》《（至元）嘉禾志》《（大德）南海志》等，都有关于当地蔬菜品种的记载。总起来说，元代蔬菜品种应在 70 种以上。南北通行、比较常见的约 20 种，有菘（白菜）、萝卜、茄子、瓠、冬瓜、黄瓜、芥、菠薐（菠菜）、莴苣、苋菜、芋、韭、姜、葱、蒜、薤、葵、菌子（蘑菇）、芹等，其中尤以菘（白菜）、萝卜、茄子、冬瓜、黄瓜、瓠、芋、莴苣、葱、蒜、韭、姜、薤等最为普遍。

菘（白菜）是南北普遍食用的一种蔬菜。诗人咏大都居民冬季生活时写

---

① 《至正直记》卷四《海滨蚶田》。
② 刘诜：《庐陵十景·小洲暮渔》，《桂隐诗集》卷二。
③ 《析津志辑佚·城市街市》。
④ 至正《金陵新志》卷四《疆域志》。
⑤ 《吴兴金石记》卷一三《重修东岳行宫记》碑阴。
⑥ 见《饮膳正要》卷三《菜品》。
⑦ 《农书·百谷谱集》之三、四、五。
⑧ 《饮食须知》卷三《菜类》。其中有些是野菜，有些则是海菜（如鹿角菜、石花菜、海苔等），后者实际上不能算蔬菜。

道："霜菘雪韭冰芦菔。"① 草原的上都，江南的镇江、湖州和濒海的广州，都有菘的种植②。

茄子有不同的品种，紫茄"在在有之"，青茄、白茄等"中土颇多，南方罕得"。"茄视他菜为最耐久，供膳之余，糟腌豉腊，无不宜者。"因而种植很广③。

菠薐就是菠菜，是"四时可用之菜"④。唐代由尼婆罗（尼泊尔）传入中国以后，遍布南北。

萝卜"可广种，成功速而为利倍"。元代"在在有之"，"南北所通，美者生熟皆可食，腌藏腊豉，以助时馔，凶年亦可济饥"⑤。诗人咏萝卜说："熟登甘似芋，生荐脆如梨。老病消凝滞，奇功真品题。故园长尺许，青叶更堪齑。"⑥

冬瓜"今在处园圃皆莳之"，"此瓜耐久，经霜乃熟，又可藏之弥年不坏，今人亦用为蜜煎，其犀用于茶果，则兼蔬果之用矣"⑦。

黄瓜"生熟皆可食，烹饪随宜，实夏秋之嘉蔬也"。

瓠"有甘、苦二种，甘者供食，苦惟充器耳。……累然而生，食之无穷，最为嘉蔬，烹饪无不宜者"⑧。镇江的瓠"有圆、长二种，而北土所产皆圆，味甘。……又一种名瓢，又名葫芦，不可食"⑨。瓢（葫芦）就是味苦的瓠。

芋也是"在在有之"，"宜蒸食，亦中为羹腥"，"以之度凶年，济饥馑，助谷食之不及"⑩。

韭"至春其芽早出，长可二三寸，则割而易之，以为尝新韭。城府士庶之家，造为馔食，互相邀请，以为嘉味。剪而复生，久而不乏，故谓之'长生'。实蔬菜中易而多利，食而温补，贵贱之家，不可阙也"。"至冬，移根藏于地屋荫中，培以马粪，暖而即长，高可尺许，不见风日，其叶黄嫩。谓

---

① 欧阳玄：《渔家傲·南词》，《圭斋文集》卷四。
② 许有壬：《上京十咏·白菜》，《至正集》卷一三；至顺《镇江志》卷四《土产》；至元《嘉禾志》卷六《物产》；大德《南海志》卷七《物产》。
③ 《农书·百谷谱集之三·蓏属》。
④ 《农书·百谷谱集之五·蔬属》。
⑤ 《农书·百谷谱集之三·蓏属》。
⑥ 许有壬：《上京十咏·芦菔》，《至正集》卷一三。
⑦ 《农书·百谷谱集之三·蓏属》。
⑧ 同上。
⑨ 至顺《镇江志》卷四《土产》。
⑩ 《农书·百谷谱集之三·蓏属》。

之韭黄，比常韭易利数倍，北方甚珍之"①。明初，刘崧由江南来到北方，写下《北平十二咏》（朱元璋改大都为北平），其中之一咏韭黄："都人卖韭黄，腊月破春光。土室方根暖，冰盘嫩叶香。十金酬好价，一筯惬初尝。何以江南种，青春雪里长。"② 正是上述"北方甚珍之"的具体说明。

胡荽也叫芫荽，就是现在的香菜，"子、叶皆可用，生熟皆可食，甚有益于世也"③。

姜"辛而不荤，去邪辟膻，蔬茹中之拂士也，日用不可阙"④。

多数菜蔬"惟宜采鲜食之，经日则不美，惟蒜久而味不变，可以资生，可以致远"。"旅途尤为有功，炎风瘴雨之所不能加，食饸腊毒之所不能害。""夏月食之解暑，辟瘴气；北方食饼肉，不可无此。"蒜薹亦"可为蔬"⑤。可知当时人已经认识到了蒜有消毒防病的功效。

"葱之为物，中通外直，本茂而叶香，虽八珍之奇，五味之异，非此莫能达其美。"⑥ 葱有大株型和小株型之分。据元代镇江地方志记载，当地"葱有数种，有实而秧种者，谓之青葱；无实而分种者，谓之科葱。抽茎高二尺余，歧生而作花者，谓之楼子葱"⑦。楼子葱属于大株型，青葱、科葱属于小株型。大株型就是今天北方的大葱⑧。

和姜、葱、蒜相近的有薤，也有辛辣的气味，就是藠子，"本出鲁山平泽，今处处有之"。"医者目之为菜之珍。"⑨

蒿苣有"数种，有苦苣，有白苣，有紫苣，皆可食。……其茎嫩，如指大，高可逾尺，去皮蔬食，又可糟藏，谓之莴笋，生食又谓之生菜，四时不可阙者"⑩。

菌子也是南北兼有的食物。"中原呼菌为'蘑菇'，又为'莪'。又一种谓之'天花'。……虽南北异名，而其用则一。"⑪ 有的文献则将菌子、蘑菇

---

① 《农书·百谷谱集之五·蔬属》。
② 刘崧：《北平十二咏》，《槎翁诗集》卷四。
③ 《农书·百谷谱集之五·蔬属》。
④ 《农书·百谷谱集之三·蔬属》。
⑤ 《农书·百谷谱集之四·蔬属》。
⑥ 同上。
⑦ 至顺《镇江志》卷四《物产》。
⑧ 《农书》关于葱的介绍有不准确的地方，参看《东鲁王氏农书译注》，第130页。
⑨ 《农书·百谷谱集之四》。
⑩ 《农书·百谷谱集之五》。
⑪ 《农书·百谷谱集之四》。

（菰）、天花分为三种①，菌子有野生，亦可利用枯朽的树木人工种植，获利甚博。"今深山穷谷之民，以此代耕，殆天茁此品，以遗其利也。"② 云南出产的鸡𡨎，也是菌子一类，以味美闻名，在元代亦已见于记载③。

葵菜在中国古代是"百菜之主，备四时之馔"，元代"南北皆有之"④，但其重要性显然已远不如前代。到明代，李时珍修《本草纲目》，葵已不在"菜部"而在"草部"。李时珍说："古者葵为五菜之主，今不复食之，故移入此。"⑤ 可见，葵的这种变化，发生在元、明之际。

还有一些蔬菜，主要产于南方或北方。如蔓菁，又名芜菁，叶、根均可食用。"蔬茹之中，惟蔓菁与罗卜可广种，成功速而为利倍。然蔓菁北方多获其利，而南方罕有之。"⑥ 蒲笋，"味甘无毒，补中益气，活血脉"⑦。大都等处都有出产。"蒲，叶长，春月其芽可食，俗谓之蒲笋。"⑧ 元代有的诗篇提到蒲笋，视为美味。南方特有的菜蔬，有竹笋、茭白等。

（二）野菜

以上所说各种菜蔬，大多是人工栽植的，但蒲笋、竹笋、茭白则一般是野生的。元代食用的菜蔬，以人工栽培为主，但野菜也占相当的比例。元代地方志记载大都物产，其中有野菜四十余种，如壮菜（升麻）、蕨菜、山蔓菁、马齿苋等，"京南、北、东、西山俱有之，土地所宜，在端午前俱可食，午节后伤生"⑨。高丽朝的汉语教科书中记载，大都居民叫孩子"拔野菜去，拔将小蒜、田菁、荠菜、芒荠，都拔将来，把芒荠来煮吃"。"着那丫头菜市里买将些山菜来，买些拳头菜、贯众菜、摇头菜、苍术菜来，我们大家尝新。"⑩ "山菜"也是野菜。可见大都居民对野菜是很感兴趣的。镇江地方志"蔬"门亦载几种野菜。荠"乃野生"；蕨"生山石间，芽如握拳，色紫，叶稍舒则不可食"；苋"有家苋，有野苋……又名马齿苋，亦野生，近人多

---

① 《饮膳正要》卷三《菜品》。
② 《农书·百谷谱集之四》。
③ 《饮食须知》卷三《菜类》。
④ 《农书·百谷谱集之四》。
⑤ 《本草纲目》卷一六《草部》。按，至顺《镇江志》、大德《南海志》、《饮食须知》均将葵列于菜类。
⑥ 《农书·百谷谱集之三》。
⑦ 《饮膳正要》卷三《菜品》。
⑧ 弘治《保定府志》卷七《食货三·土产》，这是明代的记载，元代亦应相同。
⑨ 《析津志辑佚·物产》。
⑩ 《朴通事谚解》卷中，第205—206页。

采之以充蔬茹"①。元末饮食著作《饮食须知》中也记录了荠菜、马齿苋等野菜数种，其中有现在流行的香椿苗、莼菜。总之，野菜在元代是颇为流行的，富人以此调换口味，穷人则采摘野菜食用以减轻负担。

（三）胡萝卜和回回葱

元代还有两种蔬菜是应该特别提及的。一种是胡萝卜。明代李时珍说，胡萝卜"元代始自胡地来，气味微似萝卜，故名"②。但是南宋江浙的地方志中已提及此物，说明李时珍的说法不太确切③。胡萝卜来自海外是没有问题的，最初传入可能是宋代，到了元代随着中外经济文化交流的加强而广泛传播开来。镇江地方志记载："又有一种名胡萝卜，叶细如蒿，根长而小，微有荤气，故名。"④ 宫廷饮食著作亦载此物，称："味甘平，无毒，主下气，调利肠胃。"⑤ 从此胡萝卜成为我国菜蔬中一个重要品种。另一种是回回葱。此物元代才开始见于我国记载，顾名思义应自"回回"（伊斯兰世界）传来。"其形如扁蒜，层叠若水精葱，甚雅，味如葱等，腌藏生食俱佳。"大都附近的"荨麻林最多"⑥。从上述记载和《饮膳正要》所载图像⑦看来，回回葱大概就是现在的洋葱。荨麻林在今天河北万全境内，离大都不远，是来自中亚的回回工匠集中居住之地。回回葱显然是回回工匠喜爱的食品，很可能便由他们带来，传播到各处。

（四）蔬菜的种植与流通

一般人家都在房前屋后自行栽种蔬菜，供家庭食用。元代中期文学家马祖常长期在大都做官，他在家中亦"治方一畛地，横纵为小畦者二十一塍……杂芦菔、蔓菁、葱、薤诸种，布分其间"。"菜熟苋羹，以侑廪米之馈馏。"⑧ 高丽汉语教科书记大都居民有菜园，"买些菜子儿，后园里种时好。……种什么菜来？萝卜、蔓青、莴苣、葵菜、白菜、赤根菜、园荽、蓼子、葱、蒜、薤、荆芥、薄荷、茼蒿、水萝卜、胡萝卜、芋头、紫苏都种

---

① 至顺《镇江志》卷四《土产》。
② 《本草纲目》卷二六《菜部·胡萝卜》。
③ 绍定《澉水志·物产门·菜》。
④ 至顺《镇江志》卷四《土产》。
⑤ 《饮膳正要》卷三《菜品》。
⑥ 《析津志辑佚·物产》。
⑦ 《饮膳正要》卷三《菜品》。
⑧ 马祖常：《小圃记》，《石田先生文集》卷八，中州古籍出版社1991年版。

来"①。可见大都人家种菜之普遍。许有孚诗《蔬圃》②，黄玠诗《时雨既洽，园蔬并茂》③，提到的蔬菜有诸葛菜（蔓菁）、萝卜、芋、葵、菘、韭、黄瓜、瓠等。二人一在河南，一在江浙，说明自行种菜之风到处盛行。也有一些农民，种菜为了出售。据农学家王祯说："家有其种（指蒜），多者收一二顷，以供岁计。"④"凡近城郭园圃之家，种（韭）三十余畦，一月可割两次，所易之物，足供家费。积而计之，一岁可割十次。"⑤说明已有以出售为目的的菜农。大都有菜市三处，供应市民的需要⑥。其他城市中亦应有类似的市场。

七　果类

元代水果种类繁多。王祯《农书》"果属"门载有 23 种，其实该书"蓏属"所载"莲藕""西瓜""甜瓜""芡"（鸡头）、"菱"（菱）通常也都归入果类⑦。《饮膳正要》"果品"所载共 39 种⑧。《饮食须知》"果类"所载共 53 种⑨。元代各种方志中亦有果类的记载。《析津志》"果之品"有 12 种⑩。至元《嘉禾志》"果之品"有 23 种⑪。大德《南海志》"果"门所载最多，有 65 种⑫。大德《昌国州志》"果实"门载 21 种⑬。至顺《镇江志》"果"门载 28 种⑭。至正《四明续志》"果实"门载 17 种⑮。

综合各书记载，元代南北普遍出产的果类有梨、桃、李、梅、杏、枣、栗、柿、葡萄、西瓜、石榴、枇杷、木瓜、甜瓜、桑葚等。由于气候和其他自然条件的关系，不少水果只能在江、淮以南和北方部分地区生长。如橘，

---

① 《朴通事谚解》卷中，第 204—205 页。
② 许有孚：《蔬圃》，《元诗选》初集丙集，中华书局 1986 年版。
③ 黄玠：《时雨既洽，园蔬并茂》，《弁山小隐吟录》卷一。
④ 《农书·百谷谱集之四》。
⑤ 《农书·百谷谱集之五》。
⑥ 《析津志辑佚·城池街市》。
⑦ 《农书·百谷谱集》之三、六、七、八。
⑧ 《饮膳正要》卷三。
⑨ 《饮食须知》卷四。
⑩ 《析津志辑佚·物产》。
⑪ 至元《嘉禾志》卷六《物产》。
⑫ 大德《南海志》卷七《物产》。
⑬ 大德《昌国州志》卷四《叙物产》。
⑭ 至顺《镇江志》卷四《土产》。
⑮ 至正《四明续志》卷五《土产》。

"南方之珍果","生南山川谷,及江浙荆襄皆有之"。橙,"唐、邓间多有之,江南尤甚,北地亦无此种"。唐、邓在今天河南的南部。荔枝,"北方无此种",主要生长在岭南、福建和四川。龙眼,"木性畏寒,北方亦无此种","福州、兴化、泉州有之,比荔枝特罕"。橄榄,"生岭南及闽、广州郡,性畏寒,江浙难种"①。杨梅主要产于江浙,"越(指绍兴)之杨梅著名天下,而奉化所产,不减于越"②。产于南方的还有无花果、宜母(柠檬)等。

不少水果已成为地区特产。见于记载的有北方的"御黄李"③,江南建宁的均亭李,北方的"肉杏"("金刚拳")④,温州、台州的柑橘,福建、广东的龙眼、荔枝,以及上面提到杨梅,都是有名的果品。宣城(今安徽宣城)木瓜,闻名天下,"宣城人种莳最谨,始实则簇纸花薄其上,夜露日曝,渐而变红,花文如生。本州以充土贡,故有'天下宣城花木瓜'之称。"⑤但其结实似有周期性,"宣城产木瓜最佳,其父老相传,唐末不生实,至宋初生。靖康中忽不生,至绍兴后又生。宋末咸淳末不生,国初始生。今自甲午年又不生,于今无木瓜,合药甚难得"⑥。"甲午年"是至正十四年(1354)。大都的栗,"小而味最甘",而且种植很广,成为大都果品的一个特色⑦。在边疆地区,火州(今新疆吐鲁番)的葡萄最有名。

出产果类最多的是岭南广东、广西地区,因为这一带气候炎热,既有温带的水果,又有热带的各种果品。大德《南海志》所载65种"果"中,有很多是其他地区没有或罕见的,如波罗蜜、蕉子(应即香蕉)、宜母子(黎檬子,即柠檬)、人面子、橄榄等。宜母子是制造饮料舍里别的重要原料,后面将会说到。蕉子"味香而甜,佳者出增城,有青芽蕉、黄芽蕉,青芽虽甚熟且腐,而色不变,最为香美"。人面子"核如人面,去核沃糖,可寄远,

---

① 《农书·百谷谱集》之六、七、八。
② 至正《四明续志》卷五《土产》。
③ 《农书·百谷谱集之六》。按,《析津志》数处提到"御黄子",用作太庙祭品。应即"御黄李"。见《析津志辑佚》,第219、225页。又,《朴通事》记各种果品,有"玉黄子",应即"御黄子(李)"。见《朴通事谚解》卷上,第12页。
④ 《农书·百谷谱集之六·梅杏》。按,《朴通事》载:"如今却早有卖的拳杏么?"疑即指"金刚拳杏"。见《朴通事谚解》卷上,第15页。
⑤ 《农书·百谷谱集之八·果属·木瓜》。按,至顺《镇江志》卷四《土产》载:"木瓜,实小而酢,人家园馆中或种之,比宣城则为劣矣。"
⑥ 孔齐:《宣城木瓜》,《至正直记》卷三。
⑦ 《析津志辑佚·物产》。

其仁香味，过于榄仁"。元朝政府编纂的《大元一统志》，在记载两广物产时提到，蕉子"番禺、南海、东莞、清远并有，美香而甘"①。人面子，"春华，夏实，秋熟，皮味甘酸，食有核如胡桃，两边似人面"。此外还有椰子，"如瓜，其壳中有肉如熊白，味似胡桃，内有浆一斤，清如水，甜如蜜，饮之愈渴。堪为酒器，皮堪缚船。土人多种。今广西诸郡皆有之，惟州（指郁林州）为最"②。其实椰子盛产海南，但元代海南文献缺乏，因而没有这方面的记载。

  元代文献中提到一些外来的果品。一种是八担仁，"味甘，无毒……其果出回回田地"③。"八担"实际上是波斯语的音译，原意为杏。此果唐代已传入中国，有记载说："偏桃出波斯国，波斯呼为婆淡。……状如桃子而偏，故谓之偏桃。其肉涩不可啖，核中仁甘甜，西域诸国并珍之。"④"婆淡"即"八担"的异译。这种果品在元代大概仍由"回回田地"输入中国⑤。元代的"回回田地"泛指西亚、非洲信奉伊斯兰教民族居地，包括今天的伊朗、阿拉伯国家在内。还有一种必思答，"味甘，无毒，调中益气，其果出回回田地"⑥。

---

① 《元一统志》卷九《江西等处行中书省》。
② 《元一统志》卷一〇《湖广等处行中书省》。
③ 《饮膳正要》卷三《果品》。
④ 《本草纲目》卷一八《木篇》，"四部丛刊"本。
⑤ 大德《南海志》所载《舶货》中有"巴淡子"，疑即八担仁，见此书卷七。
⑥ 《饮膳正要》卷三《果品》。

第二章 元代的食品加工

第一节 粮食加工

一 原粮的加工

各种粮食作物收获后,所得原粮,要做不同的处理。稻、麦先要脱壳。脱壳以后的稻米才可食用。麦子则需加工去麸,然后成面粉。粟、黍等亦须经一定的加工。脱壳的工具,主要是砻。加工稻米的工具,主要有杵臼、碓、碾等;加工麦子的工具,主要是磨(图2-1)。杵臼是用手握杵舂米,碓是"舂器",用石,即以简单的机械装置,依靠人的重量带动石杵加工稻米,节省人力(图2-2)。碾是石制工具,有的利用人力,有的利用畜力(图2-3)。民间的碓、碾一般都比较简单,但当时有埛碓,"一埛(指

图2-1 王祯《农书》中的磨

舂米容器）可舂米三石，功较常碓累倍。始于浙人，故又名浙碓。今多于津要、商旅辏集处所，可作连屋置百余具者，以供往来稻船货粜粳糯"。"磨'多用'畜力挽行，或借水轮；或掘地架木，下置镈轴，亦转以畜力，谓之'旱水磨'，比之常磨特为省力。凡磨上皆用漏斗盛麦，下之眼中，则利齿旋转，破麦作麸，然后收之筛罗，乃得成面。世间饼饵自此始矣"[1]。

图2-2 王祯《农书》中的碓

图2-3 王祯《农书》中的辊辗

元代北方河渠旁，多有权势之家设置碾磨，利用水力进行粮食加工（图2-4）。如怀孟路（路治河内，今河南沁阳）广济渠，全长六百七十七

---

[1] 《农书·农器图谱集之九·杵臼门》。

里，经过五县，"引沁水以达于河"。修成"二十余年后，因豪家截河起堰，立碾磨，壅遏水势"①。大都通惠河也是人工开凿而成，以通漕运，"今各枝（指元朝贵族）及诸寺观权势，私决堤堰，浇灌稻田、水碾、园圃，致河浅妨漕事"②。可见水碾、水磨之盛。这些水磨、水碾显然不只是满足权豪之家本身生活的需要，主要应是一种经营牟利的活动。

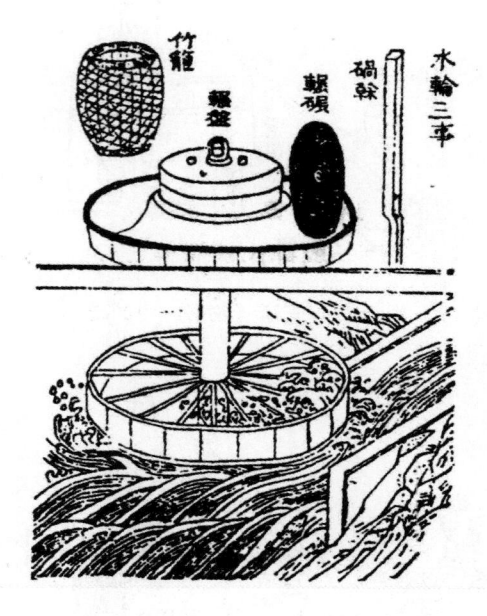

图2-4 王祯《农书》中的水轮三事

大都除通惠河的水碾外，"西山斋棠村有水磨，日夜可碾三十余石"。又有碾坊，"以牛、马、驴、骡拽之，每碾必二三匹马旋磨，日可二十余石"。又有旱碾，"半边石槽，如月样，数人相推，力难而未熟"。还有纺纱碾、引卢纱碾等名目③。杵臼仍然相当普遍，因为对解决一家一户吃饭比较方便（图2-5）。诗人胡助写他在大都的生活时说："近午不出门，舂米始朝饭。"④ 既可见小官（他当时在翰林院任职）生活之清苦，又可知一般家庭

---

① 《元史》卷六五《河渠志二·广济渠》。
② 《元史》卷六四《河渠志一·通惠河》。
③ 《析津志辑佚·物产》。
④ 胡助：《京华杂兴诗》，《纯白斋类稿》卷一。

仍以自己舂米为主。大都的地方志亦说："都中自以手杵者，甚广。"① 宫廷中粮食加工则另有一番气象。宫廷中食用的米称为圆米，经过特殊的加工。"计粳米一石，仅得圆米四斗"②。精加工舍弃比例之大是惊人的。宫廷中的磨亦与众不同，"国朝尚食局上供面磨，磨置楼上，机在楼下，驴之蹂践，人之往来，皆不相及，且远尘土臭秽。……乃巧人瞿氏所作也"③。

图2-5 王祯《农书》中的杵臼图

二 稻米食品

稻米主要加工成为饭或粥供食用。稻谷"舂而为米，洁白可爱，炊为饭食，尤为香美"。但在稻米中，主要用来炊饭的是粳米④。粥又称水饭。贫穷人家吃粥是为了节约粮食，"都（大都）中经纪生活匠人等……早晚多便水饭"⑤。杂剧《东堂老劝破家子弟》描写富家子弟扬州奴破产后，一家住在窑中，饥寒交迫，无奈只好出门，想找旧相识"寻些米来"，"熬粥汤吃"⑥。这里的描写是生活的真实反映。但富贵人家和老、弱、病人吃粥，则作为保

---

① 《析津志辑佚·物产》。
② 《元史》卷一二五《铁哥传》。
③ 《山居新语·国朝尚食局》。
④ 《农书·百谷谱集之一·水稻》。
⑤ 《析津志辑佚·风俗》。
⑥ 秦简夫：《东堂老劝破家子弟》，《元曲选》。

健食品，常以米和肉、蔬菜、果实、药物或滋补品同熬。在宫廷中，作为"食疗"之用的有羊骨粥、猪肾粥、枸杞羊肾粥、山药粥、酸枣粥、生地黄粥、荜拨粥、良姜粥、吴茱萸粥、莲子粥、鸡头粥、桃仁粥、萝卜粥、马齿菜粥等①。民间流行的保健医学著作《寿亲养老新书》登载的粥名更多，有四十余种，部分与宫廷中的粥名相同。将宫廷与民间加以综合，可以分为以下几类：

（1）加入肉类的粥。肉粥以动物食材居多，有羊骨粥、猪肾粥、枸杞羊肾粥、鹿肾粥、乌鸡膏粥、雀儿粥、雌鸡粥、羊肉粥、羊脊粥、鹿头肉粥、猪蹄粥。与鱼类同熬的有鲤鱼脑髓粥、鲫鱼粥、鲤鱼粥。

（2）加入蔬菜的粥。有山药粥、萝卜粥、马齿菜粥、蔓菁粥、薤白粥、紫苏粥、马齿实伴葱豉粥。

（3）加入果实的粥。有酸枣粥、莲子粥、鸡头粥、桃仁粥、郁李仁粥。

（4）加入药材的粥。有生地黄粥、荜拨粥、竹叶粥、良姜粥、吴茱萸粥、苍耳子粥、栀子仁粥、石英水煮粥、椒面粥、桂心粥、麦门冬粥、陈橘皮粥、豉心粥、桑耳粥、阿胶粥、滑石粥、牡丹粥、苎麻粥、苏麻粥、茯苓粥、枸杞叶粥。药材主要是植物，但阿胶用驴皮制成，石英水煮粥所用石英、磁石，滑石粥所用滑石，则是矿物②。

元代的粥多种多样，被认为是食疗的一种有效手段。以上列举的各种粥，都是用米同熬的，多数用粳米，也有一些用糯米。除了米和粥名表明的肉、菜、果、药材之外，往往还掺入其他材料，以求更好达到食疗的效果。例如宫廷中的羊骨粥，在"羊骨一副全者捶碎"之外，还要加陈皮、良姜、草果、生姜。猪肾粥在猪肾、粳米之外，再加草果、陈皮、缩砂。糯米有黏性，偶尔用来做饭、粥，常用作造酒的材料，制作粽子、米团等食品。

三 小麦食品

"小麦磨面，可作饼饵，饱而有力，若用厨工造之，尤为珍味。"③ 小麦磨成面粉，可以加工的食品种类很多，常见的有面条、馒头、蒸饼、烧饼、

---

① 《饮膳正要》卷二《食疗诸病》。

② 陈直撰，元邹铉续增：《寿亲养老新书》，上海古籍出版社1990年影印本，主要内容是老人养生之方，亦涉及各种疾病的食疗方法，以上粥名除见于《饮膳正要》外，分见此书卷一《食治老人诸疾方》、卷二《妇人小儿食治方》。

③ 《农书·百谷谱集之一·小麦》。

馄饨、扁食（饺子）、馉子等。以面条来说，宫廷饮食中有春盘面、皂羹面、山药面、挂面、经带面、羊皮面等①。民间经常食用的面条有水滑面、经带面、索面、托掌面、红丝面、翠缕面、山药面、勾面等。面条的制作方法有两种：一种是在面粉内加入适量的油、盐，和水成团，擀成薄饼，切成条形，煮熟后再加浇头，或在各种汤汁中煮成食用。上面所说的索面和挂面应是一回事，即擀好后晒干的面条。所谓水滑面就是现擀现煮的面条。经带面则是"擀至极薄，切如经带样"的面条，煮好后"泼汁任意"，也就是可以加浇各种卤汁②。水滑面、经带面并没有严格的区别，所以高丽的汉语教科书中又有"水滑经带面"之称③。宫廷中的经带面便以羊肉和蘑菇为卤，加胡椒、盐、醋调和。还有"细水滑"一名，是以"白面六斤作水滑"，另以羊肉、鸡儿（一个，熟切丝）和半斤蘑菇作卤，加胡椒、盐、醋调和④。宫廷饮食中的春盘面也属于这一种，即在面煮熟后，浇以羊肉、羊肚、羊肺、鸡子和韭黄、蘑菇等物制成的卤。另一种是将其他食品研成泥，或取其汁、肉，和入面中，再将面擀开，切成条形，煮熟后即可食用，有的还要加卤。如宫廷中的山药面，便是"用山药三斤煮熟研泥成面"，另以羊肉打卤。民间的山药面亦同。红丝面则是以鲜虾"擂烂"，和入面中。翠缕面是以嫩槐叶研汁，和入面中。勾面则用萝卜煮烂和面。如此等等⑤。

和面条相近的有馉子、馎饦、拨鱼，都要在沸水中煮熟而后食用，因而同称为"湿面食品"⑥。馉子又写作棋子、棋子。宋代开封、杭州饮食中均有此名，在"面食名件"之列⑦。元代馉子显然是前代的延续。关于馉子的制作，历来说法不一。实际上，直到近代山东民间还有棋子面，是一种面片，它与一般用手抻揪的面片区别在于用刀切割成一定形状⑧。以"棋子"为名，原来应是其形状似棋子，但是后来发展成多种形状，仍以"棋子"为名。元代宫廷中有"水龙馉子"，用"白面六斤，切作钱眼棋子"。"其形状

---

① 《饮膳正要》卷一《聚珍异馔》。
② 《居家必用事类全集》庚集《饮食类·湿面食品》。
③ 《朴通事谚解》卷下，第324页。
④ 《饮膳正要》卷一《聚珍异馔》。
⑤ 《居家必用事类全集》庚集《饮食类·湿面食品》。
⑥ 同上。
⑦ 《梦粱录》卷一六《面食店》；《东京梦华录》卷四《食店》。
⑧ 邓广铭：《宋代面食考释——棋子面》，《中国烹饪》1986年第4期。

应如钱眼"（方块）①。高丽汉语教科书中所记大都饮食有象眼棋子、柳叶棋子，显然也是以其形状命名的②。棋子用面制作时常加一些调味品，如蜀椒、胡椒、茴香、肉豆蔻等，有的还要掺入其他食物（山芋、木瓜等），或在沸汤内煮熟食用，或以肉、蔬菜制成汁，再将棋子加入，煮熟后连汁食用。上述"水龙棋子"，便以羊肉、鸡子、山药、胡萝卜等作汁，再将棋子加入，吃用时还要以胡椒、盐、醋调和③。民间的"山芋面棋子"是以生山芋（芋头）研烂绞过、苎麻根去皮捣烂，研匀和大麦面一起，"细切如棋子大，于葱、薤羹汁内煮熟，旋食之"④。而"羊肉面棋子"则以小麦面、肉豆蔻、毕拨、胡椒、蜀椒"拌匀，以水和作棋子。用精羊肉四两细切，炒令干。下水五升，入葱薤白各五茎细切，依常法煮肉，以盐、醋调和。候熟，滤去肉，将汁煮棋子，空腹热食之"⑤。其他如木瓜面棋子，制法与山芋面棋子同；豕肾棋子，制法则类似羊肉面棋子。比较有特色的是米心棋子，以凉水和面，加盐，"擀至薄，切作细棋子，以密筛隔过。再用刀切千百次，再隔过。粗者再切"。煮熟后入凉水盆内搅转，"捞起，控干"。浇以"麻汁加碎肉、糟姜末、酱瓜末、黄瓜末、香菜等"⑥。

　　馎饦在古代农书《齐民要术》中已有记载，是水煮面片。宋代欧阳修说："汤饼，唐人谓之不托，今俗谓馎饦矣。"⑦ 可见馎饦就是汤饼。元代民间食品中有山芋馎饦、玲珑馎饦、油面、鸡子馎饦、赤石脂馎饦、黄雌鸡馎饦、椒面馎饦等多种名目，都是以各种物料加入面中，擀开后下锅煮熟食用。例如，山芋馎饦是将煮熟的山芋（现在的芋头）擂烂，和入面中，擀开后"阔细任意"，煮熟后"汁任意"。玲珑馎饦则在面中加入"剉碎"的"羊肾生脂"，"擀切作阔面，下锅煮"⑧。椒面馎饦则是"以（蜀）椒末和面搜作之，水煮，下五味调和食之"⑨。馎饦与棋子的制作大体相似，其区别是棋子有一定形状，而馎饦的形状可以随意而作。宫廷饮食中有"山药饦"，

---

① 《饮膳正要》卷一《聚珍异馔》。
② 《朴通事谚解》卷下，第325页。
③ 《饮膳正要》卷一《聚珍异馔》。
④ 《寿亲养老新书》卷二《治妊娠诸病方》。
⑤ 《寿亲养老新书》卷二《治血气诸病方》。
⑥ 《居家必用事类全集》庚集《饮食类·湿面食品》。
⑦ 欧阳修：《归田录下》，《欧阳文忠公集》卷一二七。
⑧ 《居家必用事类全集》庚集《饮食类·湿面食品》。
⑨ 《寿亲养老新书》卷一《食治冷气诸方》。

以"面二斤，山药二斤，煮熟研泥搜面作饦"，另以羊骨、萝卜、葱白等物"同煮取汁澄清滤去粗"。再以饦入汁中煮熟即可食用①。这种"饦"应该就是馎饦的简称。

"拨鱼"的制作，现在民间尚存。它是一种简便的食品，即将面调成糊状，拨入沸水中，煮熟即可食用。面糊入沸水形似鱼，因此得名。如"山药拨鱼"，便以"白面一斤，豆粉四两，水搅如稠煎饼面，入擂烂熟山药，同面一处搅匀，用匙拨入滚汤，候熟，爊子汁食之"。爊（臊）子汁就是肉汁。玲珑拨鱼则"以肥牛肉或羊肉半斤，碎切如豆，入糊搅匀"，其余制法同"山药拨鱼"②。

可以归入"湿面食品"的还有扁食和馄饨。扁食就是饺子。高丽的汉语教科书中记，使臣来到驿站，命站中人员"将那白面来，捏些扁食"。又记大都午门外饭店备有各种食品，其中亦有扁食③。可见颇为流行。馄饨是将面和好以后，"搙色（折断）为小剂。豆粉为粹（防止面团黏合的生面），骨鲁捶擀圆，边微薄，入馅，蘸水合缝。下锅时，将汤搅转，逐个下，频洒水。……候熟供。馅子荤素任意"④。吏部郎中乔仲山"家制馄饨得法，常苦宾朋需索"⑤。馄饨也是人们喜爱的食品。

另一类面制食品，是蒸熟后食用的，在当时称为"干面食品"，有馒头、包子、角儿、奄子、兜子、稍麦、经卷儿、𬱖饼（蒸饼）等。馒头、包子、𬱖饼、经卷儿都是用小麦面发酵后制作的。宫廷饮食著作中记："𬱖饼（经卷儿一同）"以白面、小油、小椒、茴香和成。"隔宿用酵子、盐、减温水一同和面，次日入面接肥，再和成面，每斤作二个入笼内蒸。"⑥ 𬱖饼又作蒸饼，也就是前代的炊饼，没有馅的发面食品。大都"诸蒸饼者五更早起，以铜锣敲击，时而为之"。"经纪生活匠人等，每至响午，以蒸饼……为点心。"⑦ 元代杂剧中亦有"蒸饼"的记载。一个贼人"在蒸作铺门前过，拿

---

① 《饮膳正要》卷二《食疗诸病》。
② 《居家必用事类全集》庚集《饮食类·湿面食品》。
③ 《朴通事谚解》卷中、卷下。
④ 《居家必用事类全集》庚集《饮食类·湿面食品》。
⑤ 陶宗仪：《馄饨方》，《辍耕录》卷二四，中华书局1959年版。
⑥ 《饮膳正要》卷一《聚珍异馔》。
⑦ 《析津志辑佚·风俗》。

了他一个蒸饼"①。一对穷夫妻，想吃"水床上热热的蒸饼"②。这些都说明蒸饼是常见的大众化的食品，"蒸作铺"显然是制作并出售蒸饼一类食品的店铺，"水床"就是指蒸锅上的笼屉。经卷儿就是现在通行的花卷，其制作方法与䭆饼基本相同，这就是上引"䭆饼（经卷儿一同）"的意思。当然，两者的形状是有区别的。高丽汉语教科书中记大都饭店有"麻尼汁经卷儿"③，就是现在的麻酱花卷。

当时的馒头是将面粉发酵后，"擀作皮，包馅子"，"然后入笼床上，蒸熟为度"④。包子制作方法大体相同。宫廷饮食中有仓馒头、鹿奶肪馒头、剪花馒头、天花（菌类）包子等⑤。仓馒头是以"羊肉，羊脂、葱、生姜、陈皮，各切细"，加入"料物、盐、酱，拌和为馅"。其他馒头、包子亦均有馅。民间的包子、馒头亦有多种名目，所用除羊肉、豕肉外，还有鱼肉⑥。元代的一篇散曲描写牛被宰杀后，牛肉"或是包馒头待上宾，或是裹馄饨请伴侣"⑦。说的是牛肉馅馒头。高丽的汉语教科书中提到羊肉馅馒头⑧。既然同是有馅的发面制品，为什么有馒头和包子之别？这个问题尚有待研究，有人认为"可能以形体大小为区别"⑨。稍麦也见于高丽的汉语教科书⑩，就是现代的烧卖，也是有馅、蒸熟后食用的面食，但形状与包子、馒头有别。

角儿、兜子、奄子也是比较流行的面制食品。宫廷饮食中有水晶角儿、酥皮奄子、撒列角儿、时萝角儿、荷莲兜子等名目⑪。民间有鹅兜子、杂馅兜子、蟹黄兜子、荷莲兜子等⑫。高丽的汉语教科书中提到水精角儿⑬。至元十一年（1274）二月，大都路（路治今北京）居民"潘贵等买吃角子、烧饼，不肯还钱"，引起一场刑事案件⑭。可见角子（儿）与烧饼同为大众

---

① 佚名：《崔府君断冤家债主》，《元曲选》。
② 张国宾：《相国寺公孙合汗衫》，《元曲选》。
③ 《朴通事谚解》卷下，第324页。
④ 《居家必用事类全集》庚集《饮食类·干面食品》。
⑤ 《饮膳正要》卷一《聚珍异馔》。
⑥ 《居家必用事类全集》庚集《饮食类·干面食品》。
⑦ 姚守中：《（中吕）粉蝶儿·牛诉冤》，《全元散曲》，中华书局1984年版，第321页。
⑧ 《朴通事谚解》卷下，第323页。
⑨ 谈铭永：《说蒸饼》，《明报月刊》1986年第8期。
⑩ 《朴通事谚解》卷下提到稍麦粉汤、素酸馅稍麦。
⑪ 《饮膳正要》卷一《聚珍异馔》。
⑫ 《居家必用事类全集》庚集《饮食类·干面食品》。
⑬ 《朴通事谚解》卷下，第323页。
⑭ 沈仲纬：《刑统赋疏》。

化食品。宫廷饮食中的水晶角儿"用豆粉作皮包之";酥皮奄子"用小油、米粉与面同和作皮";撒列角儿"白面作皮";时萝角儿"用白面、蜜与小油拌入锅内,滚水搅熟作皮",荷莲兜子"豆粉作皮"。民间的饮食著作记载,兜子是"每粉皮一个,切作四片,每盏铺一片,放馅,折掩盖定,笼内蒸熟供"。馅则各异。各种角儿则都是擀皮包馅之后,"捏成角儿",熟后食用的。可以认为,兜子、角儿都是包馅的面粉制品(也可以用豆粉制作或掺入适量的豆粉),但是形状有别,兜子是"折掩盖定",而角儿则是"捏成角儿"的。兜子是蒸熟的,角儿有的蒸熟食用,有的则是烤熟的。奄子的具体形状不详。南宋时,杭州饮食中有馎子、江鱼兜子、市罗角儿、诸色角儿[①],馎子显然与奄子是一回事,"市罗角儿"就是时萝角儿,可见元代的此类食品都是前代的延续。

  还有一类面制品,是烤、煎后食用的。上述角儿中有不少便是烤熟食用。如撒列角儿,"鏊上炮熟"[②]。"驼峰角儿","入炉嫩烰熟供"。烧饼的制法是:"每面一斤,入油半两,炒盐一钱,冷水和搜,骨鲁槌砑开,鏊上烰得硬,煻火内烧熟极脆美。"这里说的是两种情况,一种是在鏊上烙,这样的烧饼硬;一种是放在热灰中煨熟,极脆美。还有一种名为白熟饼子,掺有部分发酵的面和饧、蜜等,"用骨鲁槌擀开,入红炉烰熟,鏊中亦可。擀饼入蜜少许不脆硬"[③]。实际上亦可归入烧饼一类,其制作方法一种是在炉中烤熟,一种是在鏊上烙。宫廷中有黑子儿烧饼、牛奶子烧饼。黑子儿即黑芝麻[④]。据高丽的汉语教科书记载,大都烧饼有芝麻烧饼、黄烧饼、酥烧饼、硬面烧饼等名目[⑤]。芝麻烧饼是表面上沾有芝麻;酥烧饼因面中掺有较多的油脂,烤熟后发酥。硬面烧饼应是未加其他物料的普通烧饼,黄烧饼不详。烧饼是大众化的食品,大都"经纪生活匠人等"在午间常以此为点心[⑥]。高丽的汉语教科书记载高丽商人前往大都经商,路上遇到"汉儿"商人,一起到了离大都不远的夏店。众人商量:"咱们吃些什么茶饭好?"高丽商人说:"我高丽人,不惯吃湿面,咱们吃干的如何?"同伴说:"这们时,咱们买些

---

① 吴自牧:《梦粱录》卷一六《荤素从食店》;周密:《市食》《蒸作从食》,《武林旧事》卷六。
② 《饮膳正要》卷一《聚珍异馔》。
③ 《居家必用事类全集》庚集《饮食类·从食品》。
④ 《饮膳正要》卷一《聚珍异馔》。
⑤ 《朴通事谚解》卷下。
⑥ 《析津志辑佚·风俗》。

烧饼，炒些肉吃了。"买的烧饼有些是冷的，便吩咐饭店伙计："热的留下着，我吃，这冷的你拿去。炉里热着来。"① 这段有趣的描述，说明烧饼是常见的食品，也证明了上面所说"湿面""干面"是当时流行的说法。

煎饼，"白面二斤半，冷水和成硬剂，旋旋添水调作糊，铫盘上用油摊薄煎饼"，制法和现在的煎饼相同。煎饼亦可用豆粉。以蛋黄、蛋清分别加豆粉调和，摊成煎饼，色呈金黄和银白，便称为金银卷煎饼。煎饼可以加馅再煎食用②。高丽的汉语教科书中提到"煎饼"，又有"软肉薄饼"一名③，可能就是煎饼加上煮得很烂的肉，就成为"软肉薄饼"。

此外，小麦亦可在脱壳以后，煮成粥饭食用。宫廷饮食中有小麦粥，便是用小麦仁煮成的，"或炊作饭，空腹食之"④。元代贫苦农民的生活是"麦饭稀稀野菜羹"⑤，麦饭应该就是小麦仁煮成的饭。

四　其他粮食食品

大麦"可作粥饭，甚为出息"⑥。也就是说在脱壳以后，加水煮成粥、饭食用。宫廷饮食中的大麦汤，便是用"大麦仁二升，滚水淘洗净"，和羊肉等物煮熬而成的。大麦亦可磨成面粉，加工食用。宫廷中有大麦筹子粉，以大麦粉和豆粉混合制成⑦。民间食疗方有半夏拨刀，以大麦面和半夏、桂混合制作⑧。总的来说，大麦在食用方面和小麦相差很大，用途有限。

荞麦分布地区很广，在北方山后地区，荞麦"治去皮壳，磨而为面，摊作煎饼，配蒜而食。或作汤饼，谓之'河漏'，滑细如粉，亚于麦面，风俗所尚，供为常食"⑨。这里讲的是两种食用方法：一种是像小麦面一样，"摊作煎饼"；另一种是像"汤饼"（面条）一样，"谓之'河漏'"。"河漏"又作"合落""饸饹""合酪"。元代杂剧《西游记》中村农请社火前来表演，

---

① 《老乞大谚解》卷上，第110页。
② 《居家必用事类全集》庚集《饮食类·从食品》。
③ 《朴通事谚解》卷下。
④ 《饮膳正要》卷一《聚珍异馔》。
⑤ 元淮：《农家》，《金囡集》卷一。
⑥ 《农书·百谷谱集之一·大小麦》。
⑦ 《饮膳正要》卷一《聚珍异馔》。
⑧ 《寿亲养老新书》卷二《妇人小儿食治方》。
⑨ 《农书·百谷谱集之二·荞麦》。

"请他吃分合落儿"，"粞子面合落儿带葱薤"①。"粞子面"就是荞麦面。"河漏""滑细如粉"，实际上形状类似面条，是将荞麦面粉揉和成团后，用木制工具压挤而成的，一直到现在，北方不少地区仍有此食品。荞麦"中土、南方农家亦种，但晚收。磨食，溲作饼饵，以补面食，饱而有力，实农家居冬之日馔也"②。煎饼、河漏的制作在淮河以北都很普遍，但在江、淮以南则似少见。大都有软粞子饼③，说明江、淮以北亦用荞麦面制作干面食品。

粟一般用来煮粥、饭食用。宫廷食疗中的荆芥粥、麻子粥都用白粟米④；民间食疗的人参粥、竹沥粥、雀儿粥、粟米粥也用粟米。黍"可以酿酒，又可作馔粥，黏滑而甘，此黍之有补于艰食之地也"。"赤黍米黄而黏，可蒸食，白黍酿酒，亚于糯秫。"⑤ 这就是说，黍米除煮粥、饭外，还可以蒸食。大都"有以黄米作枣糕者，多至二三升米作一团，徐而切破，称斤两而卖之"⑥。应即指此。民间食疗有黍米粥⑦。粱米常用来熬粥，宫廷饮食中有粱米淡粥，即用粱米熬成，其他如乞马粥、汤粥，亦用粱米⑧。民间食疗诸方中，用青粱米的为数甚多⑨。

豆类加工食用的方法多种多样。"其大豆之黑者食而充饥。黄豆可作豆腐，可作酱料。白豆、粥、饭皆可拌食。"小豆中的菜豆，"人俱作豆粥、豆饭，或作饵为炙，或磨而为粉，或作曲材。其味甘而不热，颇解药毒，乃济世之良谷也"⑩。其他如赤豆、白豆、豇豆、豌豆等，亦可作粥、饭。宫廷饮食中大量使用豆粉。水晶角儿、荷莲兜子均用豆粉作皮。大麦筭子粉用"大麦粉三斤、豆粉一斤同作粉"，糯米粉揭粉用"糯米粉二斤与豆粉一斤同作揭粉"，鸡头粉雀舌馎饦"用鸡头粉二斤、豆粉一斤同和切作馎饦"；鸡头粉血粉"用鸡头粉二斤、豆粉一斤、羊血和作揭粉"；鸡头粉搊面"用鸡头粉二斤、豆粉一斤、白面一斤同作面"；鸡头粉揭粉"用鸡头粉二斤、豆粉一

---

① 吴昌龄：《西游记》，见《元曲选外编》，中华书局1959年版，第648—649页。
② 《农书·百谷谱集之二·荞麦》。
③ 《析津志辑佚·风俗》。
④ 《饮膳正要》卷一《聚珍异馔》。
⑤ 《农书·百谷谱集之二·黍》。
⑥ 《析津志辑佚·风俗》。
⑦ 《寿亲养老新书》卷一《食治养老益气方》。
⑧ 《饮膳正要》卷一《聚珍异馔》。
⑨ 《寿亲养老新书》卷一《食治养老益气方》。
⑩ 《农书·百谷谱集之二·小豆》。

斤同作挡粉"；鸡头粉馄饨"用鸡头粉二斤、豆粉一斤作枕头"；以上是以豆粉和大麦粉、糯米粉、鸡头粉混合作粉、挡粉、面、枕头（馄饨皮）加工食用。所谓"粉""挡粉"，应该就是今天粉丝一类食品①。在民间饮食中，豆粉可做煎饼、山药拨鱼等②。制作豆粉的，应是菉豆，也可能有其他豆。还有豌豆，"蒸者，皆可便食……今山西人用豆多麦少磨面，可作饼饵而食"③。此外还有回回豆，宫廷饮食中使用很广，常用来与羊肉、草果等一起熬汤，再加入他物。与回回豆有关的，大多应是外来的食品。

元代杂剧中常见"粉汤馒头"之名。如，"我的馒头粉汤蒸的熟"，"先请些儿粉汤……请个馒头儿看"④。"这早晚搭下棚，宰下羊，漏下粉，蒸下馒头。"⑤ 两种高丽汉语教科书中都提到"粉汤馒头"，《朴通事》说，宴会时上汤，第七道是粉汤馒头。光禄寺衙门"好汤食"，吃酒以后，"吃稍麦粉汤"⑥。《老乞大》记，"做汉儿茶饭"，"第七道粉汤馒头"⑦。"粉汤"是与馒头或稍麦搭配的。粉是"漏下"的，显然是指菉豆粉丝而言。因此，当时流行的粉汤，应是粉丝汤，也就是上面所说宫廷饮食中的"粉"或"挡粉"。

五　蒙古族和其他民族的主食

原来生活在草原上的蒙古人，以肉、乳为主要食物，几乎不吃粮食。与周围农业地接触较多后，粮食在他们的饮食中所占比重逐渐增大。13世纪40年代到达蒙古的教皇使节说："他们既没有面包，也没有供食用的草本植物、蔬菜或任何其他东西，什么也没有，只有肉……他们把小米放在水里煮，做得如此之稀，以致他们不能吃它，而只能喝它。他们每个人在早晨喝一二杯，白天他们就不再吃东西，不过，在晚上，他们每人都吃一点肉，并且喝肉汤。"⑧ 当然，这讲的是一般人的生活，贵族将领不在此列。到了50年代，西方使节鲁不鲁乞在他的关于蒙古的报道中说："至于他们的食物，

---

① 《饮膳正要》卷一《聚珍异馔》。
② 《居家必用事类全集》庚集《饮食类》。
③ 《农书·百谷谱集之二·豌豆》。
④ 佚名：《冻苏秦衣锦还乡》，《元曲选》。
⑤ 武汉臣：《散家财天赐老生儿》，《元曲选》。
⑥ 《朴通事谚解》卷上、卷下。
⑦ 《老乞大谚解》卷下。
⑧ ［英］道森：《出使蒙古记》，第17页。

我必须告诉您,他们不加区别地吃一切死了的动物。……他们用一只羊的肉,可以供给五十个人或一百个人吃。"在夏天,蒙古人只喝奶。在旅途中,他们早上能喝到小米粥,晚上有肉吃。到达蒙哥汗营帐时,供给他们的是羊肉和小米。做礼拜时,给教士们炒过的小米吃。鲁不鲁乞曾看见蒙哥汗喝"一种流质食物,这是一种面糊做成的食物,可使头脑舒适"。后来,为他们提供了面粉。蒙哥汗回到哈剌和林(蒙古国的都城,在今蒙古国额尔德尼昭附近)宫殿,外来的教士向他献上"两小块祝福过的面包和水果",他吃了一块,把另一块送给别人。哈剌和林城的"东门出售小米和其他谷物,不过,那里难得有这些谷物出售"[①]。从鲁不鲁乞的记载来看,到13世纪中期,粮食在草原上的蒙古人饮食结构中已有一定地位,但所占比例仍是很小的。另一方面,13世纪上半期,许多蒙古人因战争及其他原因迁居中原及其他农业地区,他们的饮食方式受到农业地区居民的影响,粮食比重有所增加。窝阔台汗元年(1229)十一月颁布的圣旨,要各州城向"使臣人等"供应饮食,标准是"每人日支肉一斤,面一斤,米一升,酒一瓶"。九年(1237)八月的圣旨说,使臣到城,"应付诸牛马、殺狐等肉,不肯食用,须要羊肉,纵与羊肉,却又称瘦"。圣旨重申原来的规定,不许随便索要[②]。显然,进入农业区以后,物质生活条件起了变化,饮食生活方式不能不相应发生变化。蒙古国朝廷的这些规定,正是反映了这一变化。

忽必烈登基(1260),以大都为都城,大批蒙古人来到农业地区,来到城市,他们的饮食生活方式必然发生变化。粮食在他们的饮食结构中所占比重日益增大。但是,由于蒙古人原来很少吃粮食,除了熬粥以外谈不上有什么加工方式。来到农业地区和城市以后,他们的粮食加工方式,受汉族的影响最大,其次则受回回(来自中亚和西南亚信奉伊斯兰教的民族)和其他民族的影响。写作于元代中期(1330)的宫廷饮食大全《饮膳正要》中所开列的粮食加工品种,以汉族传统食品为主,如面条、蒸饼、烧饼、角儿、兜子等,也有不少回回食品,如秃秃麻食。又有"搠罗脱因""系畏兀儿茶饭",畏兀儿就是今天维吾尔族的祖先。还有一些主食品种,显然不是汉族食品,但难以断定其来源。例如"马乞","系手搓面,或糯米粉、鸡头粉亦可"。用"白面六斤作马乞",加羊肉炒成。还有前面提及不少以回回豆

---

① [英]道森:《出使蒙古记》,第115、151、179、187、193、197、203页。
② 《经世大典·站赤一》,见《永乐大典》卷一九四一六。

子和草果、羊肉熬汤的粉、挡粉、面、血粉，也应是其他民族的食品。宫廷如此，其他内迁的蒙古人也应如此。至于仍然生活在草原上的蒙古人，他们的饮食方式变化不大，吃的粮食仍是有限的。

  元代大批回回人东来，大江南北都可以看到他们的踪迹。回回人是今天回族的祖先。他们带来了自己独特的饮食方式。元代杂剧《郑孔目风雪酷寒亭》中描写回回人家"吃的是大蒜臭韭、水答饼、秃秃茶食"。"那婆娘和了面，可做那水答饼，煎一个，吃一个。"① 水答饼显然是油煎面饼。"水答"的含义有待研究。秃秃茶食就是上面所说的秃秃麻食，"系手撇面，补中益气"，用羊肉炒，加各种调料②。高丽的汉语教科书中亦有记载，《老乞大》记"汉儿茶饭"第六道为"灌肺、蒸饼、脱脱麻食"③。《朴通事》记使臣到驿站，站上供应白面，除了扁食之外，"撒些秃秃么思"④。民间饮食著作中亦载有此物："秃秃麻失，如水滑面，和圆小弹剂，冷水浸，手掌按作小薄饼儿，下锅煮熟，捞出过汁，煎炒酸肉，任意食之。"并将它收在"回回食品"之列⑤。秃秃茶食、秃秃麻食、脱脱麻食、脱脱麻失均为同音异译（tutumaš），"这是一种14世纪突厥人中普遍食用的面条……当今阿拉伯世界的烹饪书籍中也都有其名"⑥。从上面几条资料可以看出，秃秃麻食在当时是流行的，上至宫廷，下及民间，不仅蒙古人而且汉人（杂剧中"那婆娘"就是汉人）都喜欢食用。可能因为在汉人中已普遍流行，所以《老乞大》的"汉儿茶饭"中将它也列入了。民间饮食著作的"回回食品"中的"设克儿匹剌""八耳塔""哈尔尾""古剌赤""即你匹牙"都是用面粉或豆粉加蜜及各种果仁制作的糕点类食物，此外还有"卷煎饼"和"糕糜"，前者是以各种果仁细切，"用蜜、糖霜和，加碎羊肉、姜末、盐、葱调和作馅，卷入煎饼，油炸焦"。制作方法和汉族传统煎饼相似，但馅兼有甜、咸，另有特色。后者是将"羊头煮极烂，提去骨，原汁内下回回豆，候软，下糯米粉，成稠糕糜。下酥、松仁、胡桃仁，和匀供"。这是一种米粉糊。上面几种"回回食品"名称用音译，这两种名称则是用汉文食品名称意译了。但

---

  ① 杨显之：《郑孔目风雪酷寒亭》，《元曲选》。
  ② 《饮膳正要》卷一《聚珍异馔》。
  ③ 《老乞大谚解》卷下。
  ④ 《朴通事谚解》卷中。
  ⑤ 《居家必用事类全集》庚集《饮食类》。
  ⑥ ［美］保罗·D. 布尔勒：《13—14世纪蒙古宫廷饮食方式的变化》，陈一鸣译，载《蒙古学信息》1995年第1期。

是这些食品似乎在当时并未为其他民族广泛接受。

上面说到宫廷饮食中有畏兀儿人的"搠罗脱因",它以"白面六斤和按作钱样",加羊肉、羊舌、山药、蘑菇、胡萝卜、糟姜,"用好酽肉汤同下炒,葱、醋调和"。和秃秃麻食很相似①。但是除此以外我们对畏兀儿人的粮食制作可以说一无所知。民间饮食著作中的"女直(真)食品"有"柿糕""高丽栗糕"两种。前者用糯米一斗,大干柿五十个同捣为粉,加于煮枣泥拌捣,用马尾罗筛过,上甑蒸熟,再加入桃仁、胡桃仁杵成团,用蜜浇食。后者将栗子阴干去壳捣为粉,再加糯米粉拌匀,蜜水拌润,蒸熟食用②。两种都属于糕点一类,可以算是粮食的加工品。"高丽栗糕"顾名思义应是高丽的食品,显然是女真人从高丽学得,时间一长,成了本民族有代表性的食物。

第二节　菜肴烹饪

一　宫廷菜肴

元代宫廷菜肴,在《饮膳正要》中有详细记载。它以蒙古传统食物和回回食品为主,吸收了其他民族的一些菜肴。以肉类制品为主,肉类中又以羊为主。

在宫廷饮食中,羊的各部位都可用于菜肴的制作。羊肉应用最广,各种汤、羹都可用羊肉熬成,有十余种之多。羊皮、羊肝、羊肚、羊心、羊肺、羊尾子、羊胸、羊舌、羊腱子、羊腰子、羊苦肠、羊头、羊蹄、羊血、羊脂、羊髓、羊辟膝骨、羊肾、羊骨,可以说除了羊毛、羊角以外,羊身上的一切,都被用来制作菜肴。其中比较有特色的是用羊皮制作的"盏蒸""羊皮面",用羊血制成的"血丝",用羊肝制成的"肝生",以及"柳蒸羊"等。"盏蒸"是"将羊背皮或羊肉,加草果、良姜、陈皮、小椒、杏泥等物同炒,五味调匀,"入盏内蒸,令软熟,对经卷儿食之"。"羊皮面"实际上不是一般所说的面条,而是以"羊皮二个将洗净煮软",加羊舌、羊腰子、蘑菇、糟姜,"用好肉酽汤或清汁下,胡椒一两、盐、醋调和"。"血丝"是以"羊血同白面依法煮熟",加生姜、萝卜、香菜、蓼子,"用盐、醋、芥

---

① 《饮膳正要》卷一《聚珍异馔》。
② 《居家必用事类全集》庚集《饮食类·女直食品》。

末调和"。"肝生"实际上是生肝,以"羊肝一个水浸切细丝",生姜、萝卜、香菜、蓼子各切细丝,"用盐、醋、芥末调和"。"柳蒸羊"是"于地上作炉三尺深,周回以石,烧令通赤,用铁笆盛羊上,用柳子盖覆土封,以熟为度"①。其他记载中有"烧羊火炕"一名,和"柳蒸羊"应是一回事②。用此法制成的羊肉极烂,"不消割切与煎熬",到口就化③。

宫廷饮食中其他家畜制品不多,只有"豕头姜豉""攒牛蹄""马肚盘""牛肉脯""驴头羹""驴肉汤""乌驴皮汤"数种。家禽制品有"攒鸡儿""炒鹌鹑""芙蓉鸡""生地黄鸡""乌鸡汤""炙黄鸡""黄鹏鸡""青鸭羹"等,为数亦有限。野生动物和鱼类在宫廷菜肴中占有相当的比重。以野生动物制作的菜肴有"鹿头汤""熊汤""炒狼汤""盘兔""攒雁""烧雁""烧水札""鹿肾羹""鹿蹄汤""狐肉汤""狡肉羹""野鸡羹""鹁鸽羹""狐肉羹""熊肉羹""野猪肉""獭肝羹"。以鱼类制作的菜肴有"团鱼汤""鲤鱼汤""鱼弹儿""姜黄鱼""鱼脍""鲫鱼羹"。

利用羊身各部分制作的菜肴,有的明显是蒙古传统食品,如"颇儿必(即羊辟膝骨)汤"、"米哈讷关列孙"(用羊后脚制作);有的应来自西亚,如"炙羊心""炙羊腰",都以玫瑰水浸咱夫兰(阿魏)的汁,"入盐少许",将羊心或羊腰子"于火上炙,将咱夫兰汁徐徐涂之,汁尽为度"。这种汁显然是波斯人或阿拉伯人的习惯。又如"马思答吉汤""沙乞某儿汤",都应是回回食品④。但还有不少与羊有关的菜肴,其来源难以断定,有些很可能是蒙古、回回饮食传统混合的产品,有些则可能是蒙古、回回与汉族饮食习惯的混合。例如回回豆子与羊肉同熬,无疑出于"回回"的传统;而添加羊肉内脏,则为了适应蒙古人的口味;再添加某些蔬菜、调料,则又是汉族食品的制作手段。

其他几种家畜肉制作的菜肴,有的似可认为来自汉族,如"豕头姜豉"和几种与驴有关的菜肴;有的则难以断定其来源。以家禽制作类的菜肴,应以来自汉族的居多。但如"芙蓉鸡",名称显然来自汉族,制作时在鸡儿、

---

① 以上均见《饮膳正要》卷一《聚珍异馔》。
② "文宗后尝椎杀周王妃于烧羊火炕中。"(孔齐:《周王妃》,《至正直记》卷一,上海古籍出版社1987年版)
③ 见元代耶律铸《行帐八珍诗·软玉膏》。作者说:"软玉膏,柳蒸羔也,好事者名之。"(《双溪醉隐集》卷六)
④ "马思答吉"即西域芸香,见后。"沙乞某儿"即蔓菁根。由两名可知应是"回回食品"。

鸡子之外，加上羊肚肺、胡萝卜及生姜、杏泥等物，也是各种民族习惯的混合产品。鱼类菜肴中多数以鱼（鲤鱼、鲫鱼）加各种调味品煎、炒而成，无疑是汉族传统制作技术，但"团鱼汤"用羊肉熬汤，"鱼弹儿"（鱼丸子）以鲤鱼肉和羊尾巴（剁成泥）加调料做成丸子，显然是为适应蒙古人的口味而有所改造。以野生动物制作的菜肴，多数应是蒙古的传统饮食，当然也有所改进，例如"炒狼汤"，《饮膳正要》有所说明："古《本草》不载狼肉，今云性热治虚弱，然食之未闻有毒。今制造用料物以助其味，暖五脏，温中。"所用"料物"有草果、胡椒、哈昔泥、荜拨、缩砂、姜黄、咱夫兰。使用多种调味品，可见这种野生动物菜肴已有很大的改动。其他如"攒雁""烧雁""烧水札"以及与鹿有关的菜肴，可能源自汉族。应该说明的是，《饮膳正要》列举的菜肴，不能认为是宫廷饮食的全部。以鱼类菜肴而言，只有团鱼、鲤鱼、鲫鱼数种，而辽阳行省进贡的阿八儿忽鱼、乞里麻鱼等理应在宫廷饮食中有一席之地，却不见于此书。就野生动物而言，元朝皇帝每年春初要到大都东南柳林"飞放"，捕捉天鹅。这种动物理应是皇家庖厨的珍品，但在此书中也未涉及。忽必烈宴请南宋亡国小皇帝时有"杏浆新沃烧熊肉"，而此书所记有"熊汤""熊肉羹"而无"烧熊肉"[①]。凡此种种，都说明《饮膳正要》的记载并不是很完备的。这可能与它重视食疗有关。凡是作者认为食疗效果不明显的，就不列入了。

除了来自蒙古、回回、汉族的菜肴外，宫廷中还有其他民族的菜肴：一种是"河西肺"，以"韭六斤取汁，面二斤打糊，酥油半斤，胡椒二两，生姜汁二合"，"用盐调和匀"，灌入羊肺之内，"煮熟，用汁浇食之"。既名为"河西"，原来应是西夏（唐兀）人的食品。一种是八不儿汤，"系西天茶饭名"。这种汤以羊肉、草果、回回豆子、萝卜同熬成汤，滤净后在汤内加羊肉、萝卜和咱夫兰、姜黄、胡椒、哈昔泥、芫荽汁等多种调味品，还有"盐少许，调和匀，对香粳米干饭食之，入醋少许"。又有一种"撒速汤"，也"系西天茶饭名"，是用羊肉、草果、官桂、生姜、哈昔泥、石榴籽、胡椒等制成的。元代的"西天"指印度次大陆。这两种用多种调料制成的"西天茶饭"，无疑是印度次大陆的食品，在元代宫廷饮食中亦占有一席之地。

宫廷中的家禽、家畜、野生动物、鱼类菜肴，有相当一部分只加调料烹制，用得最多的是草果，其次是胡椒、姜黄、咱夫兰、官桂、哈昔泥、生

[①] 汪元量著，孔凡礼辑校：《湖州歌九十八首》，《增订湖山类稿》卷二。

姜、糟姜、小椒等。这些调料有的是回回饮食中常见之物，有的则用于汉族饮食，而在元代宫廷菜肴中常常混合使用。宫廷菜肴中也有一部分加上蔬菜同炒、熬，用得较多的是胡萝卜、萝卜、蘑菇、葱，其次有蔓菁、韭菜、黄瓜、瓠、台子菜、芫荽等，总的来说品种不多。而且，《饮膳正要》列举的菜肴，没有一种是单纯的蔬菜制品，有的从名称上看似乎是素菜，如"葵菜""瓠子汤""台苗羹"，实际上都有羊肉在内。以肉食为主，忽视蔬菜，是原来过着游牧生活的蒙古人的饮食特色。但是，蔬菜在宫廷饮食中的出现并占有一定比重，也反映出蒙古人在人居农业区和城市以后生活的变化。

二　民间菜肴

"民间"是相对于"宫廷"的广泛的概念。元朝疆域广阔，民族众多，各地区出产的物品千差万别，而有关的资料又不充分，对于当时民间的菜肴，只能作简略的说明。

民间的菜肴，可以分为荤、素两大类。荤菜中使用的家畜肉，以羊肉为主，猪肉次之，牛、马、驴肉又次之。各类家禽肉使用相当普遍。野生动物肉在北方菜肴中出现较多，南方亦常见。鱼类中海鱼制作的菜肴限于沿海地区，淡水鱼菜肴在全国都相当普遍。素菜包括蔬菜和某些豆类制品，在农业地区都很普遍，但食用蔬菜的品种因地而异。

《居家必用》的《饮食类》可以看成是当时民间比较通行的食谱。它将肉类菜肴分为"烧肉品""煮肉品""肉下酒""肉灌肠红丝品""肉下饭品""肉羹食品"等几类。所谓"烧肉"，包括蒸、烤两种制作方法。"肉下酒"是供下酒用的肉制品，类似现在的冷盘。"肉灌肠红丝品"和"肉下酒"实际上差不多。"肉下饭品"是吃饭时的荤菜。"肉羹食品"就是炖肉（鱼）汤。上述分类并不科学，每类下面所载菜肴名目多少不等，有些菜肴归类亦不合适，但由此大体可知当时菜肴的制作有蒸、煮、炖、炒、烤等多种方法，有"下酒""下饭"之分（图2-6）。

烤是将各种动物肉（羊、獐、鹿、野鸡、鹌鹑、水札、兔、塔剌不花等）"用签子插于炭火上，蘸油、盐、酱、细料物、酒、醋调薄糊，不住手勤翻，烧至熟。剥去面皮供"。另一种是"炉烧羁"，这种羊是"全身羊"，也就是将整只羊在炉中烧烤，显然和宫廷中的"柳蒸羊"是一样的。又有酿烧鱼、酿烧羊。前者是将鲫鱼剖开洗净，腹中加肉；后者是用羊腔，内实切细的腿脚肉和羊膘，再加料物；都以"杖夹烧熟供"。显然也是放在火上烧

图 2-6　山西平定出土的元代墓室壁画厨师图

熟的。蒸法可以"碗蒸羊"为例，将肥嫩羊肉切成片，放在盛水的碗内，加葱、姜、盐少许，用湿纸封碗面。将碗置于沸水上使碗内水沸，打开封纸加入酒、醋、酱、姜末，"再封碗慢火养"，"候软供"。

　　煮是制作肉类菜肴的重要方法。当时对煮各种动物（家畜、野生动物）肉已积累了颇为丰富的经验。羊肉要"滚汤下，盖定，慢火养"；"牛肉亦然，不盖"；马肉则"冷水下，不盖"。其他如獐肉、鹿肉、虎肉、驼肉、熊肉等，各有讲究。炖是将各种肉用"慢火养熟"，例如"爊鹅鸭"，是将物件洗净后先用香油炙烤，再放在"酒、醋、水三件中浸没"，加入调料，"慢火养熟为度"。"粉骨鱼""酥骨鱼"的制作亦类似，"粉骨鱼"要将加有料物的鱼放在水（"入酒半盏"）中，"慢火养半日或一夜"，"其骨如粉"。"酥骨鱼"则先将鱼"煎令皮焦"，放在铺箬叶的锅内，加入"料物水"（有各种调料物的水），"浸没，盘合封闭，慢火养熟，其骨皆酥"。各种"肉羹食品"（如"骨插羹""萝卜羹""炒肉羹""团鱼羹"等）或煮或炖。

　　《居家必用》中关于炒的菜肴很少，有代表性的是"川炒鸡"："每只洗净，剁作事件。炼香油三两，炒肉，入葱丝、盐半两，炒七分熟。用酱一匙，同研烂胡椒、川椒、茴香，入水一大碗，下锅煮熟为度。加好酒些小为炒。"又有"盘兔"：将肥兔一只，"煮七分熟，拆开，缕切。用香油四两炼熟，下肉，入盐少许，葱丝一握，炒片时。却将元汁澄清下锅，滚二三沸，入酱些小。再滚一二沸。调面丝，更加活肉两勺，滚一沸。看滋味，添盐、醋少许。若与羊尾、羊膘缕切同炒，尤妙"。宫廷饮食中亦有"盘兔"，制法是"兔儿二个，切作事件。萝卜二个切。羊尾子一个切片，细料物二钱。

右件用炒，葱、醋调和，下面丝二两调和"①。两相比较，大同小异。"盘兔"实际上就是炒兔肉，但宫廷制作时添加了萝卜。

烤、煮、蒸、炖、炒几种方法做成的菜肴，可以称之为热菜。高丽汉语教科书开列宴会上的菜肴，有烤的"烧鹅"，炒的"川炒猪肉""炮炒猪肚"，炖的"爌烂（䏑）蹄"，煮的"白炸鸡""爊鸽子弹"，蒸的有"蒸鲜鱼"②。可见这些制作方法在当时烹饪中是普遍得到应用的。

热菜之外，又有现在通常所说的冷盘，当时称为"肉下酒"和"肉灌肠红丝品"。有灌肠、灌肺、肉丝、水晶脍和生吃肺肝等。灌肠一类食品有"灌肠""马驹儿"等。"灌肠"是将"肥羊盘肠并大肠洗净，每活血勺半，凉水勺半，搅匀，依常法灌满"。蒸熟食用。"马驹儿"则是将马肠洗净，"将马肉、羊肉同川椒、陈皮、茴香、生姜、葱、榆仁酱一处剁烂，装入肠内"。"线扎煮熟，就宴上割块，又入芥末肉丝食之。"前者用羊血灌肠，后者用马肉、羊肉灌肠，实际上和今天西北少数民族的马肠子差不多。宫廷中有"马肚盘"，用"马肚肠一副，煮熟切，芥末半斤"，"将白血灌肠，刻花样，涩脾和脂剁心子攒成炒，葱、盐、醋、芥末调和"③。文字有难解之处，似是"白肉灌肠""煮熟"以后，再与他物炒成。就"白血灌肠"而言，显然与上述"灌肠"相近，是另一种类型马肠子。可以认为，灌肠有两种，一种灌血，另一种灌肉。"灌肺"是在洗净的羊肺内填入生姜汁、麻泥（芝麻糊）、杏泥（杏仁糊）以及白面、豆粉、熟油，再加盐和肉汁，"灌满，煮熟"，便可食用。它和宫廷中的"河西肺"类似。肉丝是将煮熟的羊肉、鸡肉等切成丝，加上其他食物、调料而成，属于这一类的食品有"松黄肉丝"（加松仁、黄瓜丝及调料）、"韭酪肉丝"（加稠酪、生韭等），"聚八仙"（鸡丝、羊肚丝、笋丝、姜丝等）。"水晶脍"是将猪皮加调料慢火煮，待皮软质取出，"细切如缕，却入原汁内再煮，稀稠得中，用绵子（纸）滤，候凝即成。脍切之，酽醋浇食"。实际上就是现在常见的肉皮冻。水晶形容猪皮冻透明得犹如水晶一般。类似的有"水晶冷淘脍"，是将猪皮熬成的汁浇在盘内，"如作煎饼，乘热摇荡，令遍满盘底。候凝，揭下，切如冷淘。簇生菜、韭、笋、萝卜等丝，五辣醋浇之"。这是切成面条（冷淘即冷面）一

---

① 《饮膳正要》卷一《聚珍异撰》。
② 《朴通事谚解》卷上。
③ 同上。

样加有调料的猪皮冻。

以上都是熟肉制品。还有生食的肉制品，如"肝肚生""生肺""酥油肺""琉璃肺""照脍"等。"肝肚生"是以"精羊肉并肝，薄批，摊纸上，血尽，缕切，羊百叶缕切，装碟内。簇嫩韭、芫荽、萝卜、姜丝，用脍醋浇"。"脍醋"是在醋内加葱、姜、酱、椒、糖、盐等物，专供生吃肉时用。它和宫廷中的"肝生"相似。"生肺"用的是獐肺、兔肺或山羊肺，洗净后冷镇，再灌入韭汁、蒜泥、酪、生姜汁、盐，"务要充满，就宴上割散之"①。"酥油肺""琉璃肺"灌入物品不同，前者"用蜜、酥加稠酪、杏泥、生姜汁同和"，后者用杏泥、生姜汁、酥、蜜、薄荷叶汁、酪、酒、熟油和匀灌入。然后冰镇，"就宴割散"。水产品亦可生食。"照鲙"实则生鱼丝，其制作方法是："鱼不拘大小，鲜活为佳，去头尾；肚皮，薄切，摊白纸上晾片时，细切如丝。以萝卜细剁，布纽（扭）作汁，姜丝少许，拌鱼鲙入碟。饤作花样。簇生香菜、芫荽，以芥辣醋浇。"《居家必用事类全集》之外，其他著作中亦载有生吃水产品之法。蚶子，"以生蚶劈开，逐四五枚，旋劈，排碗中，沥浆于上，以极热酒烹下，啖之，不用椒、盐等"。就是将滚烫的酒浇在蚶肉上，就可以吃，不用其他调味品。江珧（珧、瑶），"生取肉，酒净洗。细丝如筋头大，极热酒煮食之。或作缕生，胡椒、醋食之。椒、醋入糖、盐少许。冷供"。江珧肉（江珧柱）切成细丝用热酒"煮"了吃，实际上也是将酒浇在丝上，另一种办法是切成丝后蘸胡椒、醋吃②。

现存记载中提到素菜的不多。素菜应以蔬菜为主。当时食用蔬菜，一种是洗净后生吃，一种是用醋、糖等稍加浸泡便可食用。另一种经过较长时间的曝晒或盐腌，可以长期贮存。此外便是用炒、煮、蒸等法加工成为熟菜。曝晒或盐腌之法后面有专门的介绍。《居家必用事类全集》己集《饮食类》"蔬食"门主要介绍各种干、腌蔬菜之法，其中"芥末茄儿"稍有不同："小嫩茄切作条，不须洗，晒干，多着油锅内，加盐炒熟。入磁盆中摊开，候冷，用干芥末匀掺拌。磁罐收贮。"这是炒熟的一道菜，但仍作长期贮存的食品。画家倪瓒的菜谱中，"雪庵菜""醋笋""烧萝卜"可以列为蔬菜食品。"雪庵菜"是在青菜心上盖乳饼切片，再撒花椒末，浇酒加盐，

---

① 按照"酥油肺""琉璃肺"的制作，应是先灌入物品后再冰镇，较为合理。
② 倪瓒：《云林堂饮食制度集》，中国商业出版社1984年版，第11、13—14页。

"上笼蒸"熟。"酸笋"是先煮笋，将笋捞出，再"用笋汁，入白梅、糖霜或白沙糖、生姜自然汁少许，调和合味。和笋淹少时，冷啖"。"烧萝卜"则将萝卜切成四方块，将生姜丝、花椒粒撒在上面，再"用水及酒，少许盐、醋调和，入锅一沸，乘热浇萝卜上，急盖之，置地。浇汁应浸没萝卜"①。"雪庵菜"用蒸法，"酸笋"和"烧萝卜"都是用调味品、料物浸泡而成。

素菜的另一类是豆制品。豆腐仍是民间流行的食品。杂剧《看钱奴买冤家债主》描写悭吝的富翁贾仁，平时"一文不使，半文不用"，病重时想"破一破悭"，叫儿子"买一个钱的豆腐"。他的儿子说："一个钱只买得半块豆腐。"于是买了五文钱的豆腐②。可见豆腐是价格低廉的食品。另一种豆制品是豆芽菜："菜豆拣净，水浸宿。候涨，以新水淘，控干。扫净地，水湿，铺纸一重，匀掺豆，用盆器覆。一日洒水两次。须候芽长一寸许，淘去豆皮。沸汤焯，姜、醋、油、盐和食之，鲜美。"③

还有一种素食是面筋。麦"麸中洗出面筋，味甘，性凉，水油炒煎，则性热矣"④。由面筋可以制作多种菜肴。倪瓒的菜谱中有"煮麸干法"，"细麸"（细面筋）扯成小薄片，用甘草、酒少许加水煮干，取出甘草。再用紫苏面叶、橘皮片、姜片同麸略煮，将麸取出，再用熟油、酱、花椒、胡椒、杏仁末和匀，和麸揉拌，"令味相入"，晒干后放入坛子中封存，吃时取出⑤。这实际上是供下酒用的食品。类似的还有"膳（鳝）生"，即用面筋丝制作的假冒的生鳝丝；又有"素灌肺"，用"熟面筋，切肺样块，五味腌，豆粉内滚熟，合汁供"；以及酥烰鹿脯、炙脯、假鱼脍等⑥。

三 回回菜肴和女真菜肴

元代的"回回"指来自中亚和西南亚的信奉伊斯兰教的各族居民，他们的饮食别具特色。《居家必用事类全集》庚集《回回食品》载食品12种，其中"河西肺"顾名思义应是西夏唐兀人的食品，不应列入。"秃秃麻失"

---

① 倪瓒：《云林堂饮食制度集》，中国商业出版社1984年版，第9—10、17页。
② 郑廷玉：《看钱奴买冤家债主》，《元曲选》。
③ 《居家必用事类全集》己集《饮食类·蔬食》。
④ 《饮食须知》卷二《谷类》。
⑤ 《云林堂饮食制度集》，第10—11页。
⑥ 《居家必用事类全集》庚集《饮食类·素食》。

是湿面食品,"八耳塔""哈尔尾""设克儿匹剌""古剌赤""即你匹牙"是糕点一类食品,"卷煎饼""糕糜"亦可归入主食加工品一类。以上数种前面均有说明。还有"酸汤":"乌梅不拘多少,糖、醋熬烂,去渣、核。再入沙锅,下蜜,尝酸甜得所,下擂烂松仁、胡桃、酪熬之。胡桃见乌梅、醋必黑。此汁须用肉汁再调味,同煮烂羊肋寸骨、肉弹、回回豆供。"这是一种酸甜的肉羹。"海螺厮":"鸡卵二十个,打破,搅匀。以羊肉二斤细切,入细料物半两,碎葱十茎,香油炒作燥子。搅入鸡卵汁令匀。用醋一盏、酒半盏、豆粉二两调糊,同鸡子汁、燥肉再搅匀。倾入酒瓶内。箸扎口。入滚汤内煮熟。伺冷,打破瓶,切片,酥蜜浇食。"它以鸡蛋和燥(臊)肉为主要成分,用酒瓶作制作器具,别具特色。"哈里撒":"小麦一碗,捣去皮。牛肉四五斤或羊肉,切脔,同煮极糜烂。入碗摊开。浇羊尾油或羊头油。同黄烧饼供。加松仁尤妙。"这几种回回菜看都是以羊肉或牛肉制成的。

《居家必用事类全集》已集的《女直食品》共收6种,内柿糕、高丽栗糕已在前面"主食加工"部分述及。其余4种分别是"厮剌葵菜冷羹""蒸羊眉突""塔不剌鸭子""野鸡撒孙"。"厮剌葵菜冷羹"是一道以葵菜心、叶为主加有多种配料的荤素冷盘:"葵菜去皮,嫩心带稍叶长三四寸,煮七分熟,再下葵叶。候熟,凉水浸,拨拣茎叶另放,如簇春盘样。心、叶四面相对放。间装鸡肉皮丝、姜丝、黄瓜丝、笋丝、莴笋丝、蘑菇丝、鸭饼丝。羊肉、舌、腰子、肚儿、头蹄、肉皮皆可为丝。用肉汁、淋蓼子汁,加五味,浇之。""蒸羊眉突"就是蒸羊肉:"羊一口,捋净。去头、蹄、肠、肚等,打作事件(切成块)。用地椒、细料物、酒、醋调匀。浇肉上,浸一时许。入空锅内,柴棒架起,盘合泥封。发火,不得大紧。候熟,碗内另供原汁。"制作方法和中原的"锅烧肉"相似。"塔不剌鸭子":"大者一只,捋净,去肠、肚。以榆仁酱、肉汁调。先烧葱、油,倾汁下锅,小椒数粒。后下鸭子,慢火煮熟。折开,另盛汤供。鹅、鸭、鸡同此制造。""野鸡撒孙":"煮熟,用蒲上肉(脯子肉),剁烂。用蓼叶数片,细切,豆酱研,纽汁,芥末入盐,调滋味得所,拌肉,碟内供。鹌鹑制造同。"这实际上是冷盘。总的来看,"女直(真)食品"与中原汉族的食品相差不大,制作方法很相近。

第三节　其他食品加工

一　腌、干食品

将肉、蔬菜用盐腌制，或用酒糟、酱、醋等腌制，可保存较长的时间不变质，而且别有风味。有的食物采用晒干的办法，去掉水分，亦可保存较长时间。腌、干的加工方法，在元代颇为流行。腌、干食品，在元代饮食中占有不容忽视的地位。在《居家必用事类全集·饮食类》中记载颇多。下面即以此书所载为主，并以其他记载加以补充。

用盐腌制各种动物肉是很普遍的。常见的是腌猪、羊肉，其次是牛、獐、鹿肉等。各种肉腌制后用灶厨中烟熏（或用砻糠烟熏），便成为腊肉。各种肉切成条、段，用盐、酒、调料（川椒、葱）"同腌三五日，日翻五七次"，取出晒干，便成为肉脯，也就是各种肉干。家禽、飞禽如鹅、鸭、雁等，腌制的方法有所不同。在拔毛、剖腹去肠肚以后，每斤用盐一两，加入川椒、茴香、莳萝、陈皮等料物，"遍擦，腌半月后，晒干为度"。腌鱼的方法又有区别，将鱼剖腹去肠肚洗净控干后，加上盐、酒及料物，放入封闭的容器内，过一定时间便可食用。如果在腌上一定时间后取出晒干，便成为鱼脯（干）。鸭蛋也可用盐腌制，"不拘多少，洗净控干。用灶灰筛细二分、盐一分拌匀，却将鸭卵于浓米汤中沾湿，入灰盐滚过"。腌蛋之法，起源很早，在民间流行很广，是最常见的腌制食品之一。

糟制肉食常见的是糟鱼和糟蟹。糟鱼是以"大鱼片，每斤用盐一两，先腌一宿，使干。别入糟一斤半，用盐一分半和糟，将大鱼片用纸裹，却以糟覆之"。糟蟹之法有诗歌为证："三十团脐不用尖（水洗、控干、布拭），糟盐十二五斤鲜（糟五斤，盐十二两）；好醋半升并半酒（拌匀糟肉），可餐七日到明年（七日熟，留明年）。"也就是说糟蟹不用公蟹（尖脐），只用母蟹，糟后七日即可食用，一直可以保存到第二年。糟制之法对于家畜、家禽肉亦应适用，但是缺乏记载。

《居家必用事类全集》中关于酱制肉类只有"酱蟹""酱醋蟹"。酱制时要加盐、酒及其他调料，"酱醋蟹"还要加醋。酱制之法对于家禽、家畜肉亦应适用，但缺乏记载。

水产品保鲜期很短，时间稍长便会变质不能食用，鱼的腌制成为解决这一难题的重要手段。腌成以后可由产地运销各地。河南归德、邓州一带商人,"俱系黄河间采捕收买鱼货",用盐腌制后,"搬贩至江南诸州军等处货卖"。有的商人一次便贩运腌鱼2万斤①。元朝政府实行榷盐之法,盐是国家专卖的物品。东南沿海一带渔民需要大量的盐用来腌鱼,政府对于这一需要有特殊的供应办法②。

这一时期有一类称为"鲊"的食品,通常是将鱼或其他动物肉切成片,用盐腌"片时"或"过宿",将水控干,然后以各种调料(姜、橘丝、莳萝、茴香、红曲、葱丝等),米饭少许,有的还加适量的酒或油,一起放入瓷瓶内压实,然后用"箬叶盖,竹签插,覆罐,去卤尽即熟"。所谓"覆罐"是将瓷瓶(罐)倒过来放,使卤水流出来。常见的有"鱼鲊""玉版鲊""省力鲊""黄雀鲊""蛏鲊""鹅(猪、羊)鲊"等。鲊类食品取出后一般要煎炒才可食用。这种食品也可以保存较长的时间,而且别具风味。

多数蔬菜也是很难保鲜、容易腐烂的。腌制便是使蔬菜能长期食用的方法。腌制的蔬菜多种多样,腌制的原料有盐、酱、糟等。元代农学著作中记载:黄瓜,"或以酱藏为豉,盐渍为霜瓜";萝卜,"腌藏腊豉,以助时馔";茄子,"糟腌豉腊,无不宜者";甘露子,"可用蜜或酱渍之,作豉亦得"③。其实可以腌制的蔬菜并不止此,如竹笋、韭菜等均可腌制。元代官方文书中有"私盐淹泡鱼虾鲞鲒竹笋"的记载,可见沿海地区盐腌竹笋之盛行④。《居家必用事类全集》己集《饮食类》"蔬食"门开列的腌制蔬菜,有"腌韭花法"(即现在的韭菜花)、"腌盐韭法""造齑菜鲊"等。"造齑菜鲊"大概是最普通的盐腌菜法:"先将水洗净菜,拣去黄损者。每菜一科(棵)用盐十两,汤泡化,候大温,逐窠洗菜,就入缸。看天道凉暖,暖则来日菜即淹下,随即倒下者居上。一层菜,一层老姜,约菜百斤,老姜二斤。天寒迟一日倒。倒讫以石压,令水淹过菜。"现在民间的盐腌菜,大体仍是如此。又有用盐与其他调物混合腌制的"食香瓜儿""食香茄儿""食香萝卜""胡萝卜鲊""造茭白鲊""造熟笋鲊""造蒲笋鲊"等。所用物有莳萝、茴香、花椒、红曲等。

用糟腌制的有"糟瓜菜法""糟茄儿法""造糟姜法"等。用糟时必须加盐,有的还须"煮酒和糟、盐拌匀"。用酱腌制有"酱瓜茄法":"酱黄与

---

① 《元典章》卷二二《户部八·盐课·盐干鱼难同私盐》,台北故宫博物院影印本。
② 《元典章》卷二二《户部八·盐课·越界鱼鲞不拘》。
③ 《农书·百谷谱集之三·蓏属之四·蔬属》。
④ 《元典章》卷二二《户部八·盐课·盐法通例》。

瓜、茄，不拘多少，先以酱黄铺在瓷缸内，次以鲜瓜、茄铺一层，掺盐一层，再下酱黄，又铺瓜、茄一层，掺盐一层。如此层层相间。腌七日夜，烈日晒之，酱好而瓜儿亦好。……用盐时，相度酱与瓜、茄多少酌量。"酱黄就是用豆制成的黄酱。前引农学著作中说到黄瓜、甘露都可酱渍，是酱制菜蔬中比较著名的，迄今仍是如此。

农学著作中提到蔬菜可以"作豉""为豉"。豉是豆类发酵制成的调味作料。"作豉""为豉"就是以某些蔬菜和初步发酵的豆一起制作豉。《居家必用事类全集》己集《诸豉类》中已有"金山寺豆豉法"，先将黄豆蒸烂发酵，长出黄衣。再将菜瓜、茄子切块，和橘皮、莲肉、生姜、川椒、茴香、甘草、紫苏叶、蒜瓣等拌匀。在容器内，"先铺下豆黄一层，下物料一层，掺盐一层。再下豆黄、物料、盐各一层。如此层层相间，以满为度，纳实，箬封口，泥封固，烈日曝之"。半月之后打开倒水（茄、瓜中自然出水），拌匀，再密封，"晒七七日为度"。瓜、茄实际上成为豆豉的组成部分。豆豉也可以长期保存，它不是腌制的蔬菜，但又有类似之处。

上面说的是肉和蔬菜腌制之法。肉和蔬菜长期保存的另一种加工方法是晒干，主要用于部分鱼类和某些蔬菜。就鱼类来说，石首鱼"俗名黄鱼，曝干为白鲞"[①]。"破脊而枯者曰鲞，全其鱼而淹、曝者谓之郎君鲞。"鲳鯸"春晚最肥，腊而鬻之良"。比目鱼"舟人捉春时得之，则曝干为鯆"。海鳗（鳗鲡鱼）"冬月鯆之，名风鳗"。鮆鱼"夏初曝干，可以致远，又可为鲊"[②]。勒鱼"干者谓之干勒"[③]。曝干就是在阳光下晒干，这样制成的干鱼，"皆可经年不坏，通商贩于外方云"[④]。就蔬菜来说，菠薐"至春暮茎叶老时，用沸汤掠过，晒干，以备园枯时食用，甚佳"。莙莲，"或作菜干，无不可也"。菌子"曝干则为干香蕈"，是一种美味的食品[⑤]。鲜笋去皮，"沸汤焯过，晒干，收贮"，就是笋干。如果用"盐汤焯"，即是咸笋[⑥]。

---

① 《饮食须知》卷六《鱼类》。
② 至正《四明续志》卷五《土产·水族》。
③ 《饮食须知》卷六《鱼类》。
④ 至正《四明续志》卷五《土产·水族》。
⑤ 《农书·百谷谱集》之四、之五。
⑥ 《居家必用事类全集》己集《饮食类》。

二　果品加工

为了贮存和增加滋味，元代已对果品作多种方式的加工。

一种是通过曝晒制成果脯。如柰脯，"柰熟时，中破曝干，即成矣"。"枣脯法，切枣曝之，于如脯也"。桑葚，"曝干，平时可当果食，歉岁可御饥饿"。生柿"捴去厚皮，捻扁，向日曝干，内于瓮中，待柿霜俱出可食，甚凉"①。经过加工后便成为柿饼。一部元代杂剧中提到"松阳县软柔柔白璞璞蜜煎煎带粉儿压扁的凝霜柿饼"②。松阳县即今浙江遂昌，柿饼应是当地的名产。

另一种是用蜜或糖渍。冬瓜，"今人亦用为蜜煎"；橄榄，"蜜藏极甜"；余甘，"惟泉州有之……比之橄榄，酷相似，以蜜藏之亦佳"。木瓜，"以蜜渍食，亦甚益人。蜜渍之法，先切去皮，煮令熟，着水中，拔去酸味，却以蜜熬成煎藏之"③。其他水果蜜渍之法大体相同，也就是说，先要设法"拔去酸味"，然后与蜜同煎，或将蜜熬煎后浇在果品上，这样便可长期保存④。蜜渍果品，除上述几种之外，常见的还有姜、笋、杏、藕等。糖渍果品，常见有梅、杨梅、藕、木瓜等⑤。荔枝肉"以蜜熬作煎，嚼之如糖霜然，名为荔煎"⑥。糖渍果品所用方法有二：一是将果品和糖拌匀，"日中晒干"；二是拌匀后用火"煎"。元代一部杂剧中提到的蜜、糖渍果品，有"婺州府脆松松鲜润润明晃晃拌糖儿捏就的龙缠枣头"，"蜜和成糖制就细切的新建姜丝"⑦。

第三种是用火焙。"晒荔法，采下即用竹篱晾晒，经数日，色变核干，用火焙之，以核十分干硬为度。收藏用竹笼，箬叶裹之，可以致远。""晒龙眼法，采下，用梅卤浸一宿，取出晒干，用火焙之，以核干硬者为度，如荔枝法。"⑧

加工后的各种果品一般作为辅助食品。溧阳（今江苏溧阳）人孔齐的父亲"年及五十，齿及犨脱，肉食必细判，常时喜食糖蜜及时果，剩贮小奁，

---

① 《农书·百谷谱集》之三、六、七、八。
② 佚名：《逞风流王焕百花亭》，《元曲选》。
③ 《农书·百谷谱集》之三、六、七、八。
④ 参见《居家必用事类全集》己集《果实类·造蜜煎果子法》。
⑤ 《居家必用事类全集》己集《果实类》诸条。
⑥ 《农书·百谷谱集之七·果属》。
⑦ 佚名：《逞风流王焕百花亭》，《元曲选》。
⑧ 《农书·百谷谱集之七·果属》。

置之左右，日不可阙"①。这里所说的"糖蜜"，指的是糖、蜜渍的各种果品。加工的果品常作为招待客人之物，忽必烈的谋士刘秉忠曾受赐"木瓜百余对，遂多蜜煎之，每客至以此待食，日三五次"②。城市中有专门贩卖干鲜果品的小贩，穿巷入户③。

第四节　油脂、调味品和料物

一　食用油脂

元代的食用油脂可以分为动物性油脂和植物性油脂两大类。宫廷和民间饮食中常见使用"羊脂"，即羊的肥肉，高温化开就成为油。宫廷中的馒头、角儿、奄子、包子大多以羊肉、羊脂加上蔬菜、调料为馅④。民间的干面食品所用馅也要加入羊脂⑤。宫廷中广泛食用酥油，"牛乳中取浮凝熬而为酥"，就成了酥油。"取净牛奶子不住手用阿赤（系打油木器也）打取浮凝者为马思哥油，今亦云白酥油。"⑥ 马思哥油与酥油的制作方法是一样的，但较为纯净，颜色也有差别。这是蒙古人的传统方法。猪肉占有重要地位，在民间，食用的动物性油脂中除羊脂油外，猪油应占相当大的比重。《居家必用事类全集》记载"肉油饼""酥蜜饼"都用猪脂油、羊脂、羊脂油，便是一例⑦。

元代食用的植物性油脂有麻油（芝麻油）、豆油、菜油、杏子油、松子油等。麻油是从芝麻中提炼的⑧，又称香油，在烹饪中广泛使用⑨。例如"川炒鸡""盘兔"，都是将"香油炼熟"，下肉炒的。"燖鹅鸭"也是"每只洗净，炼香油四两，燖变黄色"的。民间制作的鱼包子、鹅兜子、杂馅兜子、蟹黄兜子等，馅都用香油，有的还加上羊脂、猪膘⑩。当时已发现麻油"过于煎熬者，性极热，勿用"⑪。现代科学已经证实脂肪不能加热过度。豆

---

① 《至正直记》卷三《不食糟辣》。
② 罗天益：《酸多食之令人癃》，《卫生宝鉴》卷二，人民卫生出版社1983年版。
③ 佚名：《逞风流王焕百花亭》，《元曲选》。
④ 《饮膳正要》卷一《聚珍异馔》。
⑤ 《居家必用事类全集》庚集《饮食类·干面食品》。
⑥ 《饮膳正要》卷二《诸般汤煎》。
⑦ 《居家必用事类全集》庚集《饮食类·从食品》。
⑧ 芝麻"取其油可以煎烹，可以燃点"。（《农书·百谷谱集之二·谷属》）
⑨ 《居家必用事类全集》一般均称"香油"，但己集《饮食类》"婺州腊猪法"称"芝麻油"。
⑩ 《居家必用事类全集》庚集《饮食类·肉下饭品》。
⑪ 《饮食须知》卷五《味类》。

油是从大豆中榨取的,元代《饮食须知》中说:"豆油,味辛甘,性冷,有微毒。多食困脾,发冷疾,滑骨髓。"① 可见已在食用之列。当时有"清油"之名,疑应是豆油②。菜油是从油菜籽中榨取的。油菜就是芸苔菜③。芸苔籽榨油,在唐宋时已见记载④。但元代的《农桑辑要》中却没有提到榨油之事,《农书》也只说"其子入药,功用颇多"⑤,可能还不普遍。松子油是"松子不以多少,去皮,捣研为泥","水绞取法熬成,取浮清油,绵滤净,再熬澄清"。杏子油是"杏子不以多少连皮捣碎","水煮熬取浮油,绵滤净,再熬成油"⑥。这两种油产量有限,只能供宫廷及贵族使用。此外,"回回食品"还用"回回油",大概是用回回豆榨取的⑦(图2-7)。

图2-7 王祯《农书》中的榨油图

二 调味品

食品加工离不开各种调味品和"料物"。元代杂剧中写道:"你说道少

---

① 《饮食须知》卷五《味类》。
② 《居家必用事类全集》己集《饮食类·江州岳府腌鱼法》。
③ 《饮食须知》卷三《菜类》。
④ 洪光柱:《中国部分食用植物油脂制取史》,《中华食苑》论文第一集,经济科学出版社1994年版,第146页。
⑤ 《农书·百谷谱集之四》。
⑥ 《饮膳正要》卷二《诸般汤煎》。
⑦ 《居家必用事类全集》庚集《饮食类》。

盐欠醋无滋味，加料添椒才脆美。"① 生动地说出了调味品和"料物"在食品加工中的重要性。

元代常见的调味品有盐、酱、醋、糖、蜜等。

（一）盐

盐有海盐、池盐、井盐之分，海盐又有煮制和晒制的不同。在各种调味品中，盐的用途最广。但各地出产的盐质量差别很大，有的"味甘"，有的"味苦"，有的较纯，有的掺有各种杂质。供应宫廷的盐称为"常白盐"，"此乃内府必用之物"，经过特殊的加工，用专门的船运送。一般百姓食用的则往往是"杂和沙土"的"不洁之盐"②。贾铭说："盐中多以矾、硝、灰石之类杂秽，须水澄复煎乃佳。河东天生成及晒成者无毒，其煎炼者不洁，有毒。"③ "河东天生成"指山西解州盐池（在今山西运城境内）出产的盐。可知当时人们已经注意到各种盐之间成分、质量的差别，而且主张对盐进行精加工，"水澄复煎"。名画家、美食家倪瓒记下了制作精盐之法："白盐饼子。用盐不拘多少，以水淘化。用筲箕铺粗纸于底，倾水在内，放净锅上。候水滴净，就煮，炒干。再入内。以生芝麻少许和之，捺实，火煅。候作汁，倾下石碗子内，作饼大小如意。"④

《居家必用事类全集》中亦有澄洗盐之法："先以缸盛水，次以梢箕盛盐于水中搅漉，好盐自隔箕儿下，垃圾、石土、粪草之类皆留其中。须臾，缸面上又有一层黑泥末，以搭罗掠去之尽。缸中皆净咸水，盐如雪，自澄于缸底，别以器盛起。"⑤

操作过程虽有差别，但都是将盐溶入水中使之与杂质分离。经过这样加工的盐，质量是比较好的。

（二）酱

酱主要用豆或面粉发酵制成。黄酱（分生、熟）以黄豆、黑豆和面制作，另有单以豆、面粉制作的豆酱、面酱。熟黄酱是以黄豆或黑豆炒熟后磨成细末，"每豆细末一斗，面一二斗，入汤和匀，切片子，蒸熟"，挂在芦席上以烈日晒干，然后加盐、水再晒而成。生黄酱则将豆在水中浸泡后入锅煮

---

① 关汉卿：《感天动地窦娥冤》，《元曲选》。
② 《元史》卷九七《食货志五·盐法》。
③ 《饮食须知》卷五《味类》。
④ 《云林堂饮食制度集》，第37页。
⑤ 《居家必用事类全集》己集《诸酱类·造酱法》。

烂,摊开,用白面拌匀,摊在芦席上,烈日晒干,加盐、水再晒而成。其他酱的制作方法大同小异。此外还有榆仁酱和大麦酱。前者以榆仁为原料制成。王祯在他的著作中征引东汉崔寔的《四民月令》:"二月,榆荚成,及青收,干,以为旨畜。色变白,将落,可作酱䜺。"王祯解释说:"即榆酱也。"① 可见榆仁酱的制作由来已久。《饮膳正要》说,"榆仁,味辛温,无毒,可作酱,甚香美,能助肺气,杀诸虫。"② 大麦酱则是以黑豆煮烂后拌以大麦面,其他程序与黄酱相似。酱是"开门七件事"之一,在烹饪中起着重要的作用。京城中"经纪生活匠人等"有时以酱下饭③。

倪瓒在他的饮食著作中记录了"酱油法":"每黄子一官斗,用盐十斤,足秤;水廿斤,足秤。下之须伏日,合下。"④ 只有黄子(豆饼上黄后捣碎)、盐、水的比例,缺乏详细的操作程序。但这是关于"酱油"的明确记载。从现存的记载来看,当时饮食用的都是酱,不是酱油。酱油的流行,时间要更晚一些。

(三) 醋

元代醋的原料主要是粮食,其次是果品。粮食中陈米、小麦、大麦、麦麸、糠、面粉均可制醋⑤。果品中可用来造醋的有桃、葡萄、枣等,所得便是桃醋、葡萄醋、枣醋⑥。各种醋中,"米醋乃良"⑦。"米醋为上,入药用"⑧。人们已认识到,醋"解鱼、肉、瓜、菜毒",有杀菌的功能⑨。生食鱼、肉、瓜、菜,常常加醋解毒。当时有一种"千里醋","乌梅去核,一斤许,以酽醋五升浸一伏时,曝干。再入醋浸,曝干。再浸,以醋尽为度。捣为末,以醋浸饦饼(即蒸饼)和为丸,如鸡头(芡实)大。欲食,投一二丸于汤中,即成好醋矣。"⑩ 这样的制品便于携带远行,故有"千里"之名。镇江金坛县出产的醋,"极酽且美",有名于时,是上供宫廷的贡品⑪。

---

① 《农书·百谷谱集之九·榆》。
② 《饮膳正要》卷三《米谷品》。
③ 《析津志辑佚》,第207—208页。
④ 《云林堂饮食制度集》,第1页。
⑤ 《居家必用事类全集》己集《造诸醋法》。
⑥ 《饮膳正要》卷三《米谷品》。
⑦ 《饮食须知》卷五《味类》。
⑧ 《饮膳正要》卷三《米谷品》。
⑨ 《饮食须知》卷五《味类》。
⑩ 《居家必用事类全集》己集《造诸醋法》。
⑪ 至顺《镇江志》卷四《土产》。

一直到现在，镇江醋仍是名优特产。

（四）糖

甜的调味品有糖、蜜和饧。糖是用甘蔗汁熬成的。《饮膳正要》说："甘蔗汁熬成沙糖。"① 广东许多地方都产蔗，"乡村人煎汁为沙糖"②。总的来说，蔗生长在南方，但当时北方亦有种植，至元十年（1273）由中央大司农司编纂并颁行的《农桑辑要》一书，许多内容辑自前代农书，但有关蔗的部分却是"新添"的③。其中说："如大都天气，宜三月内下种，迤南暄热，二月内亦得。"显然大都周围亦种蔗。此书还详细记述以蔗制糖的过程："将初刈倒秸秆，去梢、叶，截长二寸，碓捣碎，用密筐或布袋盛顿，压榨取汁。即舀铜锅内，斟酌多寡，以文武火煎熬。其锅隔墙安置，墙外烧火，无令烟火近锅。专一令人看视，熬至稠粘似黑枣，合色。"再"用瓦盆一只，底下钻箸头大窍眼一个，盆下用瓮承接。将熬成汁用瓢豁于盆内，极好者澄手盆，流于瓮内者，止可调渴水饮用。将好者止就用有窍眼盆盛顿，或倒于瓦罂内亦可，以物覆盖之，食则从便"④。这是简单分离糖蜜取砂糖的办法。全国统一以后，一种外来的技术提高了糖的质量，即用有碱性特征的植物灰将糖净化。意大利旅行家马可·波罗说："自建宁府（应为路，治今福建建瓯）行三日……抵温敢（Unguem）城。此城制糖甚多，运至汗八里城，以充上供。温敢城未降顺大汗前，其居民不知制糖，仅知煮浆，冷后成黑渣。降顺大汗以后，时朝中有巴比伦（Babylonie，指埃及）地方之人，大汗遣之至此城，授民以制糖术，用一种树灰制造。"⑤ 但是，有的外国学者认为，这种技术是由波斯人发明的。14世纪的记载，已有黑砂糖、白砂糖之别，而在白砂糖中有"绵白如粉者为糖霜"，大概类似今天的绵白糖⑥。在《居家必用事类全集》己集所载各种饮料中，需要甜味的一般用蜜，少数用砂糖、糖霜；而《饮膳正要》卷二《诸般汤煎》中，需要甜味的多数用白砂糖，其次是"砂糖""白砂蜜""蜜"，还有"白纳八（原注：系砂糖）"。可以认为，白砂糖当时还是比较贵重的，宫廷饮料中常用，民间则不多见。

---

① 《饮膳正要》卷三《果品》。
② 《元一统志》卷九《江西等处行中书省》。
③ 《农桑辑要》凡引用前代农书均注明出处，新增加的内容则以"新添"标明。
④ 缪启愉：《元刻农桑辑要校释》，农业出版社1988年版，第458页。
⑤ 《马可波罗行纪》中册，冯承钧译，中华书局1954年版，第601页。"温敢"今地说法不一，但在福建境内是可以肯定的。
⑥ 《饮食须知》卷五《味类》。

元朝中央政府设有砂糖局（又称大都造砂糖局①），"掌砂糖、蜂蜜煎造，及方贡果木"②。又有砂糖库，是收贮砂糖之所③。砂糖局煎造官（提点）从五品，砂糖库大使正六品，在同类机构中职品是比较高的，说明皇室对砂糖生产和贮藏的重视。在杭州亦设有砂糖局，离杭州有相当距离的处州路（路治丽水，今浙江丽水）"所产荻蔗，每岁供给杭州砂糖局煎熬之用"。负责的"糖官皆主鹘、回回，（尤忽，即犹太人）富商也"。主鹘又作术忽，即犹太人。他们利用这一机构敲诈勒索，"为害滋甚"，而制出的糖要比民间贵数十倍，因而被革除。官设的砂糖局所生产的糖，主要供宫廷及上层贵族、官僚消费，民间亦有糖的制造和出售，杭州的果木铺便出售砂糖④。

至元七年至十一年（1270—1274）间，大臣廉希宪"有疾，帝（忽必烈）遣医三人诊视，医言须用砂糖作饮，时最难得，家人求于外，阿合马与之二斤，且致密意。希宪却之曰：'使此物果能活人，吾终不以奸人所与求活也。'帝闻而遣赐之。"⑤ 阿合马是忽必烈最宠信的权臣。可见在全国统一以前，砂糖在北方还是罕见之物，只有宫廷和权臣家中才有。全国统一以后，南方大量出产甘蔗，为制糖提供了充分的原料，糖的食用也就普遍了。

（五）蜜

蜜是从蜂巢中割取的。元代在养蜂取蜜方面已有丰富的经验。"人家多于山野古窑中收取。盖小房，或编荆囤，两头泥封，开一二小窍，使通出入。另开一小门，泥封，时时开却，扫除常净，不令他物所侵。秋花凋尽，留冬月可食蜜，（蜜）脾割取作蜜、腊。"⑥ 蜜脾即巢脾，是由工蜂泌蜡造成的连片的巢房，为蜜蜂产卵、发育和贮蜜的场所。土法割蜜一般是用刀割下，以布包裹巢脾绞取所贮蜜汁，绞蜜后已毁的巢脾可以熬制提炼成黄腊⑦。割蜜时间各地不尽相同。"凡取蜜，夏、冬为上，秋次之，春则易发酸。川蜜温，闽、广性热，西南蜜凉，色白味甜。"⑧

---

① 《事林广记》别集卷一《官制类·随朝职品》。
② 《元史》卷八七《百官志三》。
③ 《事林广记》别集卷一《官制类·随朝职品》。
④ 杨瑀：《山居新话》，"李朵儿只左丞"条。
⑤ 《元史》卷一二六《廉希宪传》。
⑥ 《元刻农桑辑要校释》，第504页。
⑦ 《元刻农桑辑要校释》，第504页。王祯《农书·农桑通诀之五·畜养篇》同。鲁明善《农桑衣食撮要》亦有"割蜜"的记载。
⑧ 《饮食须知》卷五《味类》。"西南"疑有误。

元代饮食中，需要甜味时，或加蜜，或加糖。蜜的使用相当广泛，很多饮料中加蜜，果品用蜜腌煎，甜馅食品也常加蜜。用大麦芽和米加工制成的，饧则很少使用。

三　料物

"料物"在烹饪中有重要作用。《饮膳正要》所载有胡椒、小椒、良姜、茴香、莳萝（土茴香）、陈皮、草果、桂（皮）、姜黄、荜拨、缩砂、荜澄茄、甘草、芫荽子、干姜、生姜、五味子、苦豆（葫芦巴）、马思答吉、咱夫兰、栀子、哈昔泥等①。《饮食须知》所收有薄荷、荜茇（即荜拨）、草豆蔻（即草果）、红豆蔻（即良姜）、食茱萸、川椒、胡椒、小茴香、莳萝、桂皮、缩砂仁、白豆蔻等②。"料物"的共同功效是去腥解毒，帮助消化，增加食欲。"料物"中有些是香料，有些是药物，实际上很多香料亦可作药物用。

从产地来区分，多数"料物"是中国本土出产的，如陈皮、桂皮、薄荷、生姜、干姜、茴香、五味子、甘草等。还有相当一部分是从海外传入的。元代进口货物中，"料物"占有一定比重，如胡椒、白豆蔻、茴香、荜拨、荜澄茄等。《饮膳正要》中特别记述了几种外来的"料物"③：

> 马思答吉，味苦，香，无毒。去邪恶气，温中利膈，顺气止痛，生津解渴，令人口香（生回回地面，云是极香种类）。
> 咱夫兰，味甘平，无毒。主心忧郁积，气闷不散。久食令人心喜（即是回回地面红花，未详是否）。
> 哈昔泥，味辛温，无毒。主杀诸虫，去臭气，破邻痕，下恶除邪，解蛊毒（即阿魏）。
> 稳展，味辛温苦，无毒。主杀虫去臭，其味与阿魏同。又云即阿魏树根。淹羊肉，香味甚美。

明代学者李时珍在他的名著《本草纲目》中根据《饮膳正要》收录了

---

① 《饮膳正要》卷三《料物性味》。
② 《饮食须知》卷五《味类》。
③ 《饮膳正要》卷三《料物性味》。

"马思答吉"，但说："不知何状？"① 显然没有见过。成书于元代的《回回药方》中常见有"麻思他其"一名，即是"马思答吉"的异译，下注"即西域芸香"。同书又有"咱法兰"，则是"咱夫兰"的同名异译，下注"即番栀子花蕊"②。李时珍称之为"番红花"③。"马思答吉"前代未见记载，可能是元代开始传入的。"咱夫兰"大概就是宋代著作中的"蕃栀子"④。"哈昔泥"即阿魏，至迟在唐代已见记载。"稳展"是阿魏树根，前代未见记载。"咱夫兰""哈昔泥"在宫廷饮食中常作为"料物"使用，如"黄汤""炒狼汤"中都加一钱"咱夫兰"，"苦豆汤"用"哈昔泥"半钱，而"撒速汤"则用"哈昔泥"，"如回回豆小两个大"。"马思答吉"使用很少，有"马思答吉汤"，以羊肉、草果、官桂、回回豆子"同熬成汤，滤净，下熟回回豆子二合，香粳米一升，马思答吉一钱，盐少许，调和，匀下事件肉、芫荽叶"。实际上马思答吉不过一钱，却以它命名⑤。

除了上述香料、药材作为"料物"外，蔬菜中的葱、蒜、芫荽也常常起"料物"的作用。姜既是一种蔬菜，又是一种药物，也起"料物"的作用。芥子制成的芥末，味辛辣，也是常见使用的调味品。

宫廷中大多数菜肴都使用一种或更多的"料物"，有的多达七八种，如"猪头姜豉"用陈皮、良姜、小椒、官桂、草果、芥末和葱，"熊汤"用草果、胡椒、哈昔泥、姜黄、缩砂、咱夫兰，再以"葱、盐、酱一同调和"⑥。《居家必用事类全集》所载民间各种菜肴食品中，常见的"料物"是姜、椒、葱、茴香、芫荽等，反映出汉族饮食的特色。有的还用橘皮、橘丝，这是宫廷饮食中没有的。

---

① 《本草纲目》卷二六《菜部》。
② 《回回药方》是阿拉伯医书的译本，或据阿拉伯医书编译而成的著作，成书应在元代。现存残本四卷，藏北京图书馆。江润祥将残本影印问世，香港中国编译印务有限公司1996年第1版。"麻思他其""咱法兰"见该书第384页。他处尚有，不列举。
③ 《本草纲目》卷一五《草部》。
④ 周去非：《香门》，《岭外代答》卷七。
⑤ 《饮膳正要》卷一《聚珍异馔》。
⑥ 同上。

第三章　饮料之一：茶

第一节　茶的生产

一　茶的分布

元代，饮茶已成为全国各族、各阶层的一种流行嗜好。农学家王祯说："夫茶，灵草也。种之则利博，饮之则神清，上而王公贵人之所尚，下而小夫贱隶之所不可阙，诚民生日用之所资，国家课利之一助也。"① 元代民间谚语："早晨起来七件事，柴米油盐酱醋茶。"② 可知茶已是人们日常生活中不可缺少的物品。

王祯在他的著作《农书》中说，茶的生产，"闽、浙、蜀、荆、江湖、淮南皆有之"。这句话实际上是从前代有关著作中抄录的，但对元代大体上是适用的。从现存元代文献来看，当时的茶叶生产，主要集中在江浙（包括福建）、江西、湖广三省，其次是四川、云南等处。当时茶的生产，主要是在江、淮以南地区，元朝政府有关茶叶产销的规定，便称之为"江南茶法"。管理江南茶税的榷茶都转运使司设在位置适中的江州（今江西九江）。江南重要的产茶区，有浙西的湖州、常州，福建的建宁，浙东的庆元，江西的龙兴等。四川也是一个产茶区，川茶是北方茶叶的重要来源，至元五年（1268）"用运使白赓言，榷成都茶，于京兆、巩昌置局发卖。……六年，始立西蜀四川监榷茶场使司掌之。"③ 元代在四川设盐茶运司，兼管井盐和茶的产销。四川的雅州（今四川雅安）以产茶闻名，著名的蒙山就在其境内，但

---

① 《农书·百谷谱集之十·茶》。
② 元代杂剧中常用此语，如武汉臣《李素兰风月玉壶春》、佚名《月明和尚度柳翠》，见《元曲选》。
③ 《元史》卷九四《食货志二·茶法》。

后来雅州划归吐蕃等处宣慰司都元帅府①。此外如达州（今四川达州）"州南西山产茶"②。陕西金州石泉县有"茶园"③。广州路（路治今广州）"茶诸县并出"④。云南亦产茶，"金齿百夷"（今傣族）"交易五日一集，以毡、布、茶、盐互相贸易"⑤。

二　茶的产量和运销

元代茶和盐一样，都是国家专卖物资。政府设置专门机构，管理茶的销售。大体说来，茶的销售有两种形式：一种是政府收茶，给予茶户一定代价，然后"置局发卖。私自采卖者，其罪与私盐法同"。另一种是"官为置局，令客买引，通行货卖"。"每茶商货茶，必令赍引，无引者与私茶同。"⑥"引"就是政府机构颁发的销茶凭证。两者之中，以后一种为主。

至元十七年（1280），"每引收钞二两四钱五分，草茶每引收钞二两二钱四分。十八年，增额至二万四千锭"。一锭折合 50 两（贯），按此计算，茶税所得为 120 万两（贯）。上税的茶应为 50 万引左右。每引 90 斤，50 万引应为 4500 万斤。但是，到下一年茶课便"增二万锭"⑦，亦即 44000 锭，这就意味着上税的茶已达 90 万引左右，折合 8000 万斤左右。

至元二十六年（1289），元朝政府"增引税为一十贯"。元贞元年（1295），茶税收入达 83000 锭。至大四年（1311）为 171131 锭。皇庆二年（1313）更增至 192866 锭⑧。按此折算，上税的茶已近 100 万引。延祐五年（1318），元朝政府"用江西茶副法忽鲁丁言，立减引添课之法，每引增税为一十二两五钱，通办钞二十五锭。七年，遂增至二十八万九千二百二十一锭"。顺帝后至元二年（1336），江西茶运司上报说："本司岁办额课二十八万九千二百余锭，除门摊批验钞外，数内茶引一百万张，每引十二两五钱，共为钞二十五万锭。末茶自有官印筒袋关防，其另斤草茶由帖，每年印造一千三百八万五千二百八十九斤，该钞二万九千八十余锭。茶引一张，照茶九

---

① 《元史》卷六〇《地理志三》。
② 《元一统志》卷五《四川等处行中书省》，中华书局1966年版。
③ 《元一统志》卷四《陕西等处行中书省》。
④ 《元一统志》卷九《江西等处行中书省》。
⑤ 李京：《云南志略·诸夷风俗》。
⑥ 《元史》卷九四《食货志二·茶法》。
⑦ 同上。
⑧ 《元史》卷九七《食货志三·茶法》。

十斤。"100万引为9000万斤，加上另斤草茶1308万斤，则江西茶运司管辖范围内上税的茶已在1亿斤以上。加上直接上供宫廷的贡茶和四川、云南等地的茶，无疑为数更大。

元朝统一以后，全国人口登记在册的有1319万余户，5883万余口。以后再没有进行系统的调查登记。若以此数计算，每年每口平均饮茶应有2斤甚至更多，这是一个惊人的数字，事实上是不大可能的。元朝政府的"茶课"，是政府规定的指标，并不符合实际，"茶引课重数多，止于客旅兴贩，年终尚有停闲未卖者"①。即使如此，我们将它打个对折，平均全国人口饮茶亦在1斤以上。茶叶产量之巨，反映出当时饮茶之风的普及。当然，数量的巨大，必然带来质量的降低。

茶商从政府所设机构中买到茶引，便可到指定地点取茶，然后再运销四方。客商运茶到江北，要另行纳税②。由于茶叶生产过多，加上百姓穷困，买不起茶，以致茶叶滞销。元朝政府有时便采用强行派购的办法。买茶饮茶竟成了一项封建义务。

第二节 名茶种类

一 北苑茶和武夷茶

宋代，北苑茶享有盛名。五代十国时期，南唐政权在建州设茶坊，称为北苑。这是北苑茶得名的由来。宋代，建州改建宁军，元代又称建宁路，但"北苑"一名一直保留了下来。北苑茶的产地是建宁路属下建瓯县的凤凰山。元朝设建宁北苑武夷茶场提举所，"提领一员，受宣徽院札。掌岁贡茶芽，直隶宣徽"③。元朝宣徽院"掌玉食"，亦即宫廷的饮食。可知北苑茶和前代一样主要用来进贡，供宫廷消费及赏赐贵族、大臣之用。因此，当时人称北苑茶为御茶："御茶则建宁茶山别造以贡，谓之暾山茶。山下有泉一穴，遇造茶则出，造茶毕则竭矣。比之宋朝蔡京所制龙凤团，费则约矣。"④

---

① 《元史》卷九七《食货志五·茶》。
② 《元典章》卷二二《户部八·茶课·茶法》。
③ 《元史》卷八七《百官志三》。
④ 叶子奇：《杂制篇》，《草木子》卷三下。按，建瓯凤凰山麓有一小井，井水清冽甘甜，宋、元制北苑茶即用此水，见嘉靖《建宁府志》卷二〇《古迹·北苑茶焙》。按，近年在凤凰山麓焙前村发现一口枯井，名为"龙井"。即制茶之水井。见《宋代北苑茶事与遗址考证》，《农业考古》（中国茶文化专号）1997年第2期。

建宁茶场提举所的名称，既有北苑，又有武夷。武夷山名，在福建崇安县（今名同），也属建宁路。至元十六年（1279），江浙行省平章高兴经过武夷，制"石乳"数斤以献。这是元代武夷茶作为贡品的开始。后来高兴之子高久住任福建邵武路总管，就近在武夷督造贡茶，创设焙局，称为御茶园。顺帝至正年间，贡茶990斤[1]。可知武夷茶也称御茶。武夷茶作为贡品自元代始。

元朝政府对御茶的制作是很重视的，每到生产季节，都要专门派人去监督。例如林坚"尝奉旨监制茶品于闽，前为使者指以尚食，需索多端，民不胜扰。公以廉自律，复为疏其挠政者，民甚安之，颂其美于石"[2]。除了供应宫廷外，北苑茶和武夷茶也在民间流传。元代杂剧《吕洞宾三醉岳阳楼》中，茶坊主人郭马儿出场时说道："龙凤团饼不寻常，百草前头早占芳。采处未消峰顶雪，烹时犹带建溪香。"[3] 说的是北苑茶。诗人胡助长期在大都做小官，有《茶屋》诗二首，首句云："武夷亲采绿茸茸，满屋春香日正融。"说的正是武夷茶。这些记载，是北苑茶和武夷茶在民间流行的例证。

元代中期成书的《饮膳正要》，记录了宫廷中饮用的各种茶名，然而其中没有提到北苑茶和武夷茶。但值得注意的是，此书列有紫笋、雀舌茶："选新嫩芽蒸过，为紫笋。有先春、次春、探春，味皆不及紫笋、雀舌。"[4] 据明代记载，洪武二十四年（1391）九月，"诏建宁岁贡上供茶听茶户采进，有司勿与。天下产茶去处岁贡皆有定额，而建宁茶品为上，其所进者，必碾而揉之，压以银板大小龙团。上以重劳民力，罢造龙团，惟采茶芽以进。其品有四，曰探春、先春、次春、紫笋。置茶户五百，免其徭役，专事采植。既而有司恐其后时，常遣人督之，茶户畏其逼迫，往往纳赂。上闻之，故有是命"[5]。由此可见，《饮膳正要》所记探春、先春、次春、紫笋，正是建宁茶叶中的不同品种。当然，需要指出的是，紫笋、雀舌是以颜色、形状命名，其他名茶中亦有同样的名称，如下面将要说到的顾渚茶。可以认为，宫廷中的紫笋、雀舌，既有建宁的北苑茶、武夷茶，也有其他名茶。

---

[1] 《武夷山志》卷九下《溪南·御茶园》。
[2] 苏天爵：《林公墓志铭》，《滋溪文稿》卷二一，中华书局1997年版。
[3] 马致远：《吕洞宾三醉岳阳楼》，《元曲选》。
[4] 《饮膳正要》卷二《诸般汤煎》。
[5] 《明太祖实录》卷二一二。

二 顾渚茶和芥茶

和北苑茶齐名的是湖州的顾渚茶。顾渚是山名，元代属湖州路长兴州（今浙江长兴）。唐代顾渚茶便是贡品。"唐中叶以来，顾渚茶岁造万千斤，谓之贡焙。……其后每遇进茶，湖、常两郡守皆会顾渚，张宴赋诗，遂成故事。先朝重建茗，顾渚寥寂几三百载。"① 这是元人的叙述，"先朝"指宋朝。但宋朝顾渚茶的衰落，主要原因并不是由于宫廷"重建茗"，而是因为制茶专用泉水的枯竭。原来，顾渚茶制作依赖山侧的金沙泉水，该泉是优质的矿泉水，制茶效果特佳。宋代泉水枯竭，贡茶因而停造。"金沙泉不常出，唐时用此水制紫笋茶进贡。泉不常出，有司具牲币祭之，始得水，事讫即涸。宋末屡加浚治，泉迄不出。"入元以后，"中书省遣官致祭，一夕水溢，可溉田千亩"。至元十五年（1278）正月，忽必烈赐金沙泉名为瑞应泉②。金沙泉复出后，顾渚茶的生产随之恢复，再次成为贡品。元朝政府设常湖等处茶园都提举司，"秩正四品，掌常、湖二路茶园户二万三千有奇，采摘茶芽，以贡内府"。都提举司和建宁北苑武夷茶坊提举司一样，都归宣徽院管辖。都提举司下辖提领所七处，即乌程、武康德清、长兴、安吉、归安、湖汶、宜兴。顾渚茶的生产应归其中的长兴提领所管理③。元代诗人黄玠的《吴兴杂咏》（湖州在唐代曾称吴兴郡）中，有一首题为《顾渚茶》："夫概吴王渚，西山紫笋茶。水碾生绿尘，小角装金花。尽从天使去，供奉内人家。"④ 首句"吴王渚"指太湖。顾渚山在太湖之西。顾渚茶中精品色紫而形似笋，有"紫笋"之称，与北苑茶同。茶芽加工时用水硙碾成末，故称为"水碾生绿尘"。"小角"是茶叶的容器，"金花"疑是茶的标志。诗的末二句指顾渚茶用于进贡，供宫廷饮用。《饮膳正要》说："金字茶系江南湖州造进末茶。"⑤ "金字"疑与"金花"是相同的意思。这种来自江南湖州的末茶无疑就是顾渚茶。

元代散曲名家冯子振（字海粟）有小令《鹦鹉曲》，咏"顾渚紫笋"："春风阳羡微暄住，顾渚间苕叟吴父。一枪旗紫笋灵芽，摘得和烟和雨。

---

① 牟巘：《吴信之茶提举序》，《陵阳文集》卷一三。
② 《元史》卷一〇《世祖纪七》；《辍耕录》卷二六《瑞应泉》同。
③ 《元史》卷八七《百官志三》。
④ 《弁山小隐吟稿》卷上。
⑤ 《饮膳正要》卷二《诸般汤煎》。

[么]焙香时碾落云飞，纸上风鸾衔去。玉皇前宝鼎亲尝，味恰到才情写处。"① 可知顾渚茶中精品即称为紫笋。而"碾落云飞"，即碾制末茶之意。"玉皇"一句，显然指顾渚茶进贡而言。

长兴除了出产顾渚茶之外，还有一种岕茶。岕即指两山之凹平处，系长兴特有的方言，读作 kǎ（卡）。在山岕中出产的茶，称为"岕茶"。《饮食须知》中说："岕茶性微寒，久饮令人瘦，去人脂，令人不睡。"② 这可能是有关"岕茶"的最早记载，说明至迟在元末已引起人们注意。但"岕茶"受到推崇则是明代的事情③。

三　江南其他名茶

前引文献中说过，宋代名茶中有"毗陵之阳羡"。毗陵即常州。阳羡茶产于宜兴，元代属常州路。在元代阳羡茶仍在名茶之列，诗人吴克恭有《阳羡茶》之作，其中说："阳羡贡茶传四方。"④ 散曲名家乔吉描写贵族园林时写道："山中富贵相公衙，江左风流学士家，壁间水墨名人画，六一泉水阳羡茶。"⑤ 阳羡茶也是贡茶，只有富贵人家才能享受，身价非同一般。元朝设常湖等处茶园提举司，下辖有宜兴提领所，就是管辖阳羡茶生产的。

常、湖在地理区划上属于浙西⑥。浙东的名茶是日铸（日注）茶，产于绍兴的日铸岭。宋代的绍兴地方志书中说："日铸岭产茶奇绝。""日铸岭下有寺名资寿，其阳坡名油车，朝暮常有日，产茶绝奇，故谓之日铸。"⑦ 元代诗人柯九思写道："旋拆黄封日铸茶，玉泉新汲味幽嘉。殿中今日无宣唤，闲卷珠帘看柳花。"⑧ "黄封"指贡茶用黄色物件包裹。柯九思多才多艺，得到元文宗的赏识，任奎章阁鉴书博士，常在宫中收藏书画的奎章阁轮值，因而能喝到进贡的日铸茶。浙东的贡茶还有范殿帅茶。《元史·食货志》说这

---

① 冯子振：《鹦鹉曲》，《全元散曲》上册，中华书局 1984 年版，第 344 页。
② 《饮食须知》卷五《味类》。
③ 寇丹：《岕茶与明代茶文化》，《农业考古》（中国茶文化专号）1996 年第 4 期。
④ 顾嗣立编：《元诗选》三集，中华书局 1987 年版，第 465 页。
⑤ 乔吉：《（双调）水仙子·廉香林南园即事》，《全元散曲》，第 613 页。
⑥ 浙西七路一府，大体上相当于今江苏南部的大部分和浙江北部。
⑦ 嘉泰《会稽志》卷一七《日铸茶》。
⑧ 《草堂雅集》卷一《春直奎章阁二首》，陶氏涉园影印本。这首诗说明，宫中饮用玉泉山的泉水。对此，《饮膳正要》卷二《诸船汤煎》亦有记载："今西山有玉泉水，甘美，味胜诸泉。"一直到清代，宫中仍饮玉泉水。

种茶"无从知其始末"。记载宫廷饮食的《饮膳正要》中说："范殿帅茶，系江浙庆元路造进茶芽，味色绝胜诸茶。"① 可见《元史》编纂者没有见到《饮膳正要》。但《饮膳正要》并没有说明此茶产于庆元路何处。据元代庆元方志载："茶，出慈溪县民山，在资国寺冈山者为第一，开寿寺侧者次之。每取化安寺水蒸造，精择如雀舌细者入贡。"② 明代方志明确指出这就是范殿帅茶："造茶局。宋殿帅范文虎贡茶。元因之，就开寿寺置局。"③ 范文虎是南宋降将，曾任南宋殿前副指挥使，领禁军，故有殿帅之称。这种茶在明代仍是贡品。

宋代名茶中的双井茶，在元代仍然闻名于世。元代诗人柳贯作《洪州歌十五首》，其中之一是："旧闻双井龙团美，近爱麻姑乳酒香。不到洪都领佳绝，吟诗真负九回肠。"④ 可见双井茶在当时仍有一定声誉，但比起以上几种茶来，就有所逊色了。

四 诸茶杂考

除了上述几种名茶外，见于宫廷饮食著作《饮膳正要》"诸茶"的，还有"女须儿""西番茶""川茶""藤茶""燕尾茶""孩儿茶""温桑茶"。这些茶都不见于前代记载，这里就有关资料分别作一些说明。据《饮膳正要》记载，女须儿"出直北地面，味温甘"。元代所谓"直北地区"，应指今东北、蒙古及其以北之地。这些地区茶树无法生长，因而女须儿应是一种茶的代用品，有待进一步考索。同上书记载，温桑茶"出黑峪"。按，元代诗人宋本《上京杂诗》中云："塞垣蔬茹黑谷茶，芸桑叶子芍药芽。"⑤ 黑谷应即黑峪，黑谷茶应即温桑茶。据此则温桑茶应出产于上都（今内蒙古正蓝旗）一带。由上都到大都的道路有三条，其中东道经过黑谷，在缙山县（今北京延庆县）东北，今名黑峪口⑥，此地或即温桑茶出产之处。这一地区地处高寒，不可能生长茶树，亦应是一种代用品。诗人杨允孚在《滦京杂咏》中写道："毡房纳石茶添火，有女蹇裳拾粪归。"⑦ 诗后有注："纳石，鞑靼

---

① 《饮膳正要》卷二《诸般汤煎》。
② 至正《四明续志》卷五《草木》。
③ 天启《慈溪县志》卷一《县治》。
④ 《柳待制文集》卷六。
⑤ 宋本：《上京杂诗》，《永乐大典》卷七七〇二。
⑥ 参见陈高华、史卫民《元上都》，吉林教育出版社1988年版，第42页。
⑦ 《滦京杂咏》卷下。

茶。""滦京"即上都。上都位于滦水边，故有此名。这种叫作"纳石"的"靼鞑（蒙古）茶"，也许就是温桑茶①。

《饮膳正要》记，西番茶"出本土，味苦涩，煎用酥油"。前面提到《元史·食货志》记有"西番大叶茶"，两者显然是一回事。元代"西番"一词主要指藏族居住地区，这种"出本土"的西番茶，应是今四川西部藏族居住地区出产的茶。宋代雅州（州治今四川雅安）为出产茶叶之地，雅州所属名山县（今名同，在雅安东北）出产的茶称为名山茶，特别受到少数民族的欢迎，"蕃戎性嗜名山茶，日不可阙"②。元代，碉门（今四川天全，在雅安西北）是汉、藏交易的场所，"惟集郊关，日昃而归"。当地"民岁摘茗，官收籴之，为局自鬻"。后来官府"变其法，听民入券，自与羌市"③。这就是说，原来百姓种茶，都由政府统一收购，设立机构（局）卖给少数民族。后来由商人向政府交钱购买茶引（贩茶凭证），也就是"券"，便可自行贩茶，与少数民族贸易。元代在原雅州一带设碉门、鱼通、黎、雅、长河西、宁远宣抚司，和乌思藏纳里速古鲁孙等三路宣慰司（即前、后藏和阿里地区）同隶属于宣政院管辖，故亦在"西番"范围之内。"大叶茶"应即出产于这一带。

《饮膳正要》说，川茶、藤茶、夸茶"皆出四川"。"川茶"应是四川出产茶的通称。"夸茶"的"夸"，与"銙""胯"通，已见前述。"夸茶"并不是一种特殊品种的名称。至于"藤茶"，未见元代其他记载。近代浙江临海有藤茶，是从野生茶树中选出培植的，这种茶树叶片狭长似柳叶，枝条柔软似藤，因而有"藤茶"之名。藤茶长于高山之上，产量高，品质优良，当地居民常用来治病，既是饮料，又是药④。《饮膳正要》中的"藤茶"，很可能也是因此得名。《饮膳正要》中又说：燕尾茶"出江浙、江西"。显然不是以产地命名的茶，疑与雀舌一样，以形状命名。

除了《饮膳正要》所记"诸茶"外，比较著名的还有蒙茶、六安茶、湘潭茶等。蒙茶即蒙山出产的茶，蒙山在四川雅安，已见前述。蒙茶在唐代

---

① 北宋雍熙二年（985），"民造温桑伪茶，比犯真茶计直十分论二分之罪。"（《宋史》卷一八三《食货下五·茶上》）金章宗时，在河南设官制茶，前去视察的官员回来报告："渭州温桑，实非茶也。"（《金史》卷四九《食货志四·茶》）则河南一带宋、金时已有"温桑"之名，有待进一步查考。
② 《宋会要辑稿·职官》四三至七五。
③ 姚燧：《张公神道碑》，《牧庵集》卷二〇。
④ 何达兴：《兰田藤茶》，《农业考古》（中国茶文化专号）1996年第4期。

享有盛誉，元代仍在名茶之列。六安州属河南江北行省庐州路，即今安徽六安。六安瓜片在后代很有名，元代可能已初露头角。元代湘潭州属湖广行省潭州路（后改天临路，路治长沙）。湘潭附近的安化，在后代是紧压茶（茶砖）的重要产地。元代的记载说："蒙茶性温，六安、湘潭茶稍平。"①

五　孩儿茶和苦蓁

《饮膳正要》"诸茶"中有"孩儿茶，出广南"。其实这是元代开始从海外进口的一种药物，由一种树木的汁提炼而成棕黑色块状，可为医药中的收敛剂等用。"孩儿"可能是该物梵语名称 Khaira 的音译，"茶"则因其汁呈绿色，类似茶汁而得名。元代亦称为"乌爹泥"，则是此物泰米尔语名称的音译②。元代常以"孩儿茶"作解酒之物。诗人宋褧写道："别来应忆太禧白，醉后仍须乌迭泥。"作者自注："乌迭泥去疾，即孩儿茶，酒后嗜含之。"③ 值得注意的是，《居家必用事类全集》中载有"制孩儿香茶法"，将孩儿茶一斤（研极细，罗过用），和白豆蔻仁、粉草、沉香、寒水石、荜澄茄、麝香、川百药煎、梅花片脑，再用糯米煮成稠粥，拌和上述诸物，经过捶打，放在抹过白檀油的模子中压制后倒出，便成一定形状，再"放于透风处悬吊三日，刷光磁器贮"。制作方法和"腊茶"差不多。而且，"制孩儿香茶法"收在该书己集"诸品茶"门之内，可见把"孩儿茶"当作茶是当时颇为流行的看法。《饮膳正要》将它列入"诸茶"不是没有原因的。但无论从性质、功能和服用方法来看，它和茶都是不同的。还可以提到的是，《事林广记》卷七《别集》"茶"门没有"孩儿香茶"，而《居家必用事类全集》"诸品茶"中增加了这一内容，这正好说明孩儿茶是元代才从海外进口流行开来的。

当时又有苦蓁。"广南一种苦蓁，性大寒，胃冷人勿食。"④ 它"生宣化县大林中。岁春首发秀，季月采摘叶苗蒸熟，制磨成环，其味最奇。俗传邕乃南州，盛暑炎热，又兼烟瘴之地，苦蓁草叶相合，日食之如常，以避炎暑，稍压瘴气"⑤。这是"介乎我国原产普遍茶种与印度阿萨姆茶种之间的

---

① 《饮食须知》卷五《味类》。
② 苏继顗：《岛夷志略校释》，中华书局1981年版，第317页。
③ 《燕石集》卷九《送赵伯常淮西宪副》。
④ 《饮食须知》卷五《味类》。
⑤ 《元一统志》卷一〇《湖广等处行中书省·邕州路》。

一种茶树，属皋芦种，广东和日本所栽培的茶树，多属这一类。这种茶叶比普通茶叶约大三倍，叶圆形，叶肉较厚，茶味苦涩，南海地区又叫苦登茶"[1]。可知苦蓥是一种产于两广地区与我国普遍茶种不同的大叶茶。

第三节 制茶与饮茶

一 茗茶、末茶和蜡茶

元代的茶，从制作方法来说，可以分为三类。当时的农学家王祯说："茶之用有三，曰茗茶，曰末茶，曰蜡茶。"[2] 这里所说的"茗茶"，就是现在通行的散形茶。摘取嫩叶，锅炒杀青而成。"末茶"则是将茶叶采摘以后，蒸过捣碎而成。"先焙茗令燥，入磨细碾，以供点试。"唐、宋时期，通常将末茶压制成饼，饮时先将茶饼碾成碎末，然后饮用。王祯虽然没有提到茶饼，估计亦应如此，元代有不少诗文提到茶饼，可以为据。至于"蜡茶"，则是"末茶"中的精品。"蜡茶最贵，而制作亦不凡。择上等嫩芽，细碾入罗，杂脑子诸香膏油，调剂如法，印作饼子，制样精巧。候干，仍以香膏油润饰。其制有大小龙团带胯之异。此品惟充贡献，民间罕见之。"上述元代蜡茶的制作方式，与宋代并无区别。之所以用"蜡"名茶，是因为茶饼表面润饰香膏油，光滑如蜡。

元代宫廷贡茶以"末茶""蜡茶"为主。北苑茶制成龙凤团进贡，是宋朝的制度，元代依旧，到明初才废止，已见前述。武夷茶设局制造以后，造茶360斤，制龙团5000饼[3]。可知亦和北苑茶一样，制成龙团进贡。湖州金字茶是末茶，见前述。元代诗人卓元《采茶歌》写道："制成雀舌龙凤团，题封进入幽燕道。黄旗闪闪方物来，荐新趣上天颜开。"[4] 也是制成龙凤团入贡。元人《玉堂夜直》诗中有"宣赐龙凤上焙茶"之句，便是皇帝将贡茶龙凤团赐给了翰林学士[5]。但是，贡茶并不限于"末茶""蜡茶"，也有"茗茶"。前面说过，范殿帅茶是"茶芽"，无疑是散形茶。

---

[1] 李璠：《云南大叶茶与茶的起源》，《农业考古》（中国茶文化专号）1993年第4期。
[2] 《农书·百谷谱集之十·茶》。
[3] 《武夷山志》卷九下《溪南·御茶园》。
[4] 卓元：《采茶歌》，《皇元风雅》卷二八。
[5] 此诗收在唐元《筠轩集》卷六。按，《四库全书总目提要》卷一六七《集部·别集类二〇》疑此诗误收，非唐元作。这个怀疑是有道理的，因为唐元未曾在翰林任职。但此诗为元人作应无问题。

贡茶之外，民间行销的茶分为"末茶""草茶"二大类。元朝"置榷茶都转运司于江州，总江淮、荆湖、福广之税"。至元十七年，规定：末茶"每引收钞二两四钱五分，草茶每引收钞二两二钱四分。"① 到至元二十一年（1284），"草茶（每引）课作三两三钱三分，末茶添作三两五钱"②。所谓"草茶"，就是"茶芽"，亦即王祯所说的"茗茶"，也就是散形茶。元朝末年，叶子奇说："民间止用江西末茶，各处叶茶。"③ 所谓"叶茶"，也就是"草茶""茗茶"。

顺帝至正二年（1342），李宏上奏批评江州茶司的"贪黩之风"时说："茶户……碾磨方兴，吏卒踵门，催并初限。"④ 元代的制茶人户有"茶园磨户"之称⑤。在制作过程中使用碾磨，是"末茶"不同于"茗茶"的特点。将碾磨与制茶联系起来的记载颇多，如江州（今江西九江）道教太平宫，"创茶磨四所，凡四十二盘，于德化庄"⑥。可见元代"末茶"的制作仍占重要地位。从前面文献所记"末茶"税钱多于"草茶"，可知"末茶"一般应比"草茶"价贵，这是因为"末茶"的制作要比"草茶"复杂，花费劳动较多。很可能，这也正是"末茶"最终为"草茶"取代的原因。

二　饮茶方式

元代"茗茶"（草茶）、"末茶"这两种茶的饮用方式有所不同。

"茗茶"一般在水沸后投入，略煎片刻，便可饮用。王祯说："凡茗煎者择嫩芽，先以汤泡去熏气，以汤煎饮之，今南方多效此。"⑦《饮膳正要》说："清茶，先用水滚过，滤净，下茶芽，少时煎成。"⑧ 这里所说的"先用水滚过，滤净"，应即王祯所说的"先以汤泡去熏气"。总之，当时的散形茶仍须煮煎，然后饮用，和后代用开水泡饮不同。元末著名诗人杨维桢写有《鬻茶梦》一文，其中说："铁龙道人……命小芸童汲白莲泉，燃槁湘竹，

---

① 《元史》卷九四《食货志二》。
② 《元典章》新集《户部·延祐五年拯治茶课》。
③ 《草木子》卷三下《杂制篇》。
④ 《元史》卷九七《食货志五·茶》。
⑤ 《元典章》卷二二《户部八·茶课·私茶罪例、私茶》；卷二三《户部九·栽种·劝谕茶户栽茶》。
⑥ 姚燧：《太平宫新庄记》，《牧庵集》卷九。
⑦ 《农书·百谷谱集之十·茶》。
⑧ 《饮膳正要》卷二《诸般汤煎》。

授以凌霄芽，为饮供。"① 散曲名家乔吉有"煮茶芽旋撮黄金"之句②。孙周卿的《水仙子·山居自乐》中写道："亲眷至煨香芋，宾朋来煮嫩茶。"③ 都是以说明当时的"茶芽""嫩茶"用煮饮之法。

"末茶"则将茶先碾成末。碾茶用磨，有的也用茶臼④（图3-1），然后点水饮用。王祯说："然则末子茶尤妙，先焙芽令燥，入磨细碾，以供点试。凡点，汤多茶少则云脚散，汤少茶多则粥面聚。钞茶一钱匕，先注汤，调极匀，又添注入，回环击拂，视其色鲜白、著盏无水痕为度。其茶既甘而滑。南方虽产茶，而识此法者甚少。"⑤ 所谓"点"就是将沸水注入装有末茶的茶盏，"汤"就是煮沸的水。"粥面"是茶汤的表面，"云脚"即浮在茶汤表面的花沫。先在茶盏中放上一匙（钱匕）末茶，注入少量沸水，将茶末调匀（宋代称之为"调膏"），然后再加添沸水，用专门的工具茶筅（竹制）加以搅动，"回转击拂"，可以达到表面汤花"色鲜白"的效果。茶面汤花紧贴盏沿不退，这就叫作"著盏无水痕"。汤花退散，盏的内沿就会出现水的痕迹，称为"水脚"。

图3-1 赤峰元墓壁画中的茶臼

---

① 杨维桢：《鬻茶梦》，《东维子文集》卷三。
② 乔吉：《（双调）水仙子·瑞安东安寺夏日清思》，《全元散曲》，第623页。
③ 孙周卿：《水仙子·山居自乐》，《全元散曲》，第1065页。
④ 碾茶用磨，各种文献中常见。碾茶用石臼，可参看内蒙古赤峰元宝山元墓东壁画，上绘一男仆在案旁用茶臼碾茶（项春松：《内蒙古赤峰市宝山元代壁画墓》，《文物》1983年第4期）。
⑤ 《农书·百谷谱集之十·茶》。按，《农书》各种版本均作"钞茶一钱七"，"七"实为"匕"之误，"钱匕"是古代取药末的工具。见缪启愉《东鲁王氏农书译注》，第584页。

宋代"点茶"盛行，又有"斗茶"之说，"斗茶"是以"点茶"方式进行比赛。北宋时蔡襄《茶录》描写"斗茶"说："视其面色鲜白，著盏无水痕，为绝佳。"上引王祯所说，与蔡襄完全相同，可见是宋代"点茶""斗茶"的延续。王祯又说："蜡茶珍藏既久，点时先用温水微渍去膏油，以纸裹槌碎，用茶钤微炙，旋入碾罗。"王祯没有具体讲"蜡茶"点用之法，只讲了"蜡茶"的碾制过程，这是因为"蜡茶"和其他"末茶"在"点""斗"上并无区别。蒙古国名臣耶律楚材在西域时，有"敢乞君侯分数饼"和"黄金小碾飞琼屑，碧玉深瓯点雪芽"之句①，正是对"点茶"的描写。元代中期，陈泌诗："梁溪块雪照归船，载得《茶经》第二泉。为碾小龙倾一碗，更从何处觅飞仙。"②写的就是饮用"蜡茶"的情景。"小龙"指龙凤团饼，《茶经》是唐代茶圣陆羽的著作。陆羽将煎茶用水分为二十等，无锡惠山寺石泉水第二。诗中的"第二泉"即指此。以船载来惠山寺泉水，煮沸后点蜡茶，人们饮用，飘飘欲仙。张起岩诗："鱼眼才过蟹眼生，小团汤鼎发幽馨。三生灶鬼清无梦，一夜波神沸有灵。竹雪熟时浮乳白，松风响处断烟青。莫教移近销金帐，恐被羊羔酒染腥。"③"鱼眼""蟹眼"都是沸水冲泡末茶（蜡茶）后茶面汤花的不同形态。诗人周权有诗题为《懒庵以九江饼茶分饷，有诗次韵》，云："团香小饼分僧供，折足寒铛对客烹。"④说的也是茶饼碾成末后用沸水泡饮。这些元代不同时期诗人写作的篇章，足以说明"点茶"在当时文人中间仍是相当盛行的。

　　文人如此，民间又是如何呢？著名画家赵孟頫有《斗茶图》，描写的是民间斗茶的情况⑤（图3-2）。散曲作家李德载小令《（中吕）阳春曲·赠茶肆》中云："茶烟一缕轻轻飏，搅动兰膏四座香。""黄金碾畔香尘细，碧玉瓯中白雪飞。""龙团香满三江水，石鼎诗成七步才。"⑥他描写的是"点茶"的情况，所谓"兰膏"即前面所说沸水调和茶末之"膏"。杂剧《吕洞宾三醉岳阳楼》第二折，吕洞宾在茶肆中唱道："也不索采蒙顶山头雪，也

---

① 耶律楚材：《西域从王君玉乞茶因其韵七首》，《湛然居士文集》卷五，中华书局1986年版。
② 陈泌：《寄伯雨先生》，《诗渊》第2册，书目文献出版社1985年版。
③ 张起岩：《煎茶》，《西岩集》卷八。
④ 周权：《懒庵以九江饼茶分饷，有诗次韵》，《北山先生集》卷八。
⑤ 此图又名《斗浆图》，对图中表现的内容，学术界有不同的解释，请看沈从文编著《中国历代服饰研究》，第379—380页。
⑥ 李德载：《（中吕）阳春曲·赠茶肆》，《全元散曲》。

图3-2 赵孟頫《斗茶图》

不索茶点鹧鸪斑,比及你吸取扬子江心水,可强似汤生螃蟹眼。"① "蒙顶山头雪"指蒙山茶。"鹧鸪斑"指茶盏。宋代"点茶""斗茶"讲究用黑釉盏,"鹧鸪斑"因黑釉盏上有类似鹧鸪羽毛的斑点而得名,这种茶盏产于福建永和窑。"螃蟹眼"即"蟹眼",已见前述。这段唱词说的是"点茶"的情况,和上面一段散曲相印证,可见茶肆中"点茶"是很普遍的。内蒙古赤峰元宝山元墓东壁壁画中有一幅"生活图",上绘一人用石臼碾茶,旁有一案,案上陈列汤瓶、茶瓶、茶盏、茶筅等茶具,都是"点茶"必用的器具(见图3-1),可见家庭中日常也以"点茶"方式饮茶②。

总起来说,元代饮茶方式可以分为两种,一是"煎茶",二是"点茶"。前者是以茶芽和水同煎,后者以沸水冲泡茶末。应该指出的是,前者显然博得了文人、艺术家的越来越大的兴趣。以宋、元两代的文学作品中有关茶的描写相比较,可以发现,两者是有所区别的。宋代文人多有"点茶""斗茶"的诗篇,如苏轼、黄庭坚、梅尧臣等人的作品,都是脍炙人口的。而元代文人的诗词、散曲中,固然有关于"点茶""斗茶"的描写,但更多则是"煮茶芽"的记述。除了前面已经提到的以外,还可以举出一些例子。如:

---

① 马致远:《吕洞宾三醉岳阳楼》,《元曲选》。
② 见《内蒙古赤峰市元宝山元代壁画墓》,《文物》1983年第4期。

"有客来，汲清泉，自煮茶芽。"①"石鼎内烹茶芽，瓦瓶中添净水。"② 等等。可以说，"煮茶芽"已成为文人闲适生活的一项重要内容。前引王祯"南方虽产茶，而识此法（点茶）者甚少"的话，应理解为在南方"煮茶芽"已占了上风。因为，南方之人不"识"点茶是讲不通的。此外，还有一种值得注意的现象。在宋代，"点茶""斗茶"风行的同时是黑盏（黑釉盏）流行；到了元代，青白茶盏增多。这种变化无疑也反映出饮茶方式的改变③。总之，可以认为，元代是我国饮茶方式的一个转变时期，"点茶"仍然盛行，但"煎茶"日益增多，这种"烹茶芽"的"煎茶"方式可以说是明代点泡散形茶的先声。

三 香茶、花茶及其他

上面说的是纯粹饮茶之法。唐、宋时期，饮茶常加其他作料，如盐、姜、香料等。元代这种方法依然存在。宫廷中有"香茶"，系以白茶、龙脑、百药煎、麝香按一定比例"同研细，用香粳米熬成粥，和成剂印作饼"④。显然，其制作方法和"腊茶""末茶"一样。饮用时也须先碾细再用沸水点泡。散曲作家乔吉有《（双调）卖花声·香茶》一首："细研片脑梅花粉，新剥珍珠豆蔻仁，依方修合凤团春。醉魂清爽，舌尖香嫩，这孩儿那些风韵。"⑤"片脑梅花粉"是香料，"珍珠豆蔻仁"是药材，"香茶"便是用香料、药材和茶合成的，它有"醉魂清爽"的功效。民间日用百科全书型的类书《事林广记》中载有"脑麝香茶"和"法煎香茶"。前者以"脑子"和"麝香"置于茶容器中，达到"自然香透"的目的，后者则以"上春嫩茶芽"和菉豆、山药一同细磨，"别以脑、麝各半钱重，入盘同研，约二千杵，罐内密封，窨三日后，可以烹点，愈久香味愈佳"⑥。制作方法有所不同，但以上所说数种都可以称作香茶型，即是添加香料的茶。

另一种是以植物的花香来增益茶味，可以称为花茶型。花茶自宋代起源以来，在元代开始流行。《事林广记》中载有"百花香茶"，制法是："木犀

---

① 卢挚：《（双调）蟾宫曲》，《全元散曲》。
② 马致远：《马丹阳三度任风子》，《元曲选》。
③ 冯先铭：《从文献看唐宋以来饮茶风尚及陶瓷茶具的演变》，《文物》1963年第1期。
④ 《饮膳正要》卷二《诸般汤煎》。
⑤ 乔吉：《（双调）卖花声·香茶》，《全元散曲》。
⑥ 见《事林广记》别集卷七《茶果类》，中华书局1963年影印元至顺刻本。按，《居家必用事类全集》己集《诸品茶》所载相同。

（桂花）、茉莉、菊花、素馨等花，又依前法薰之。"① 所谓"前法"即制"脑麝香茶"之法，以花熏茶于容器之中。倪瓒的《云林堂饮食制度集》中有花茶制作方法：一种是"菊花茶"（茉莉花茶同），"以中样细芽茶，用汤罐子先铺花一层，铺茶一层，铺花、茶层层至满罐，又以花蜜（密）盖盖之。日中晒，翻覆罐三次。于锅内浅水慢火蒸之。蒸之候罐子盖热极取出，候极冷然后开罐取出茶，去花以茶。用建莲纸包茶，日中晒干。……如此换花蒸晒，三次尤妙"。一种是莲花茶，"就池沼中，早饭前初日出时，择取莲花蕊略破者，以手指拨开，入茶，满其中，用麻丝缚扎定。经一宿，明早连花摘之，取茶，纸包晒干。如此三次。锡罐盛，扎口收藏"。前者是以茶芽与花（菊花、茉莉）同晒蒸，后者则以茶芽放进莲花花苞之中，目的都是以花香熏茶。先有"煎茶芽"的流行才有花茶，但花茶的广泛流行，则是明代以后的事情。

用枸杞作为佐料也比较普遍。宫廷中有"枸杞茶"，即将枸杞和雀舌茶一起碾成细末，"每日空心用"②。《事林广记》中载有"蒙顶新茶"，是用"细嫩白茶""枸杞英""绿豆""米"一起"焙干，碾、罗合，细煎点，绝奇"③。还有一种"擂茶"，"将茶芽汤浸软，同去皮炒熟芝麻擂极细，入川椒末、盐、酥、糖饼，再擂匀细。如干，旋添浸茶汤。如无糖饼，以干面代之。入锅煎熟，随意加生栗子片、松子仁、胡桃或酥油同擂细，煎熟尤妙。如无草茶，只用末茶亦可。与芝麻同擂尤妙"④。"擂茶"在多数汉族地区已消失，但江西南部仍保存这一品种。具体来说，是将茶叶、芝麻、花生米并加入少量盐，放在擂钵中用擂槌碾碎成糊状，然后放在锅中加水煮而成。擂钵是碗状陶器，擂槌是坚韧的木棒。当地人喜爱"擂茶"，认为有生津止渴、健胃提神、疏肝理肺和治疗感冒的功效⑤。"擂茶"可以说是添加食物型作料的茶，在当时是颇为风行的。

---

① 见《事林广记》别集卷七《茶果类》，中华书局1963年影印元至顺刻本。按，《居家必用事类全集》己集《诸品茶》所载相同。
② 《饮膳正要》卷二《诸般汤煎》。
③ 见《事林广记》别集卷七《茶果类》。
④ 《事林广记》别集卷七《茶果类》。按，《居家必用事类全集》己集《诸品茶》亦载"擂茶"，但"糖饼"作"油饼"，无"或酥油"。末句作"如无芽茶，只用江茶亦可"。
⑤ 王和：《擂茶》，《农业考古》1991年第4期。

四 饮茶与佛教寺院

饮茶的发展,与佛教寺院有密切的关系。"和尚从来好吃茶,终朝每日采茶芽。"元代杂剧中的这两句话,说明当时寺院中饮茶之风的盛行①。元代寺院中常举行茶会,僧俗人等均可参加。茶会常由文人撰写榜文,公开告示,称为"茶榜"。蒙古国时期,耶律楚材撰《茶榜》,前言说:"今辰斋退,特为新堂头奥公长老设茶一钟,聊表住持开堂陈谢之仪,仍请知事大众同垂光降者。"② 这是为欢迎寺院新住持而举行的茶会。赵孟頫撰《请谦讲主茶榜》,榜文最后说:"舌头知味,鼻观通神,大众和南,请师点化。"③则是请谦讲主主持茶会。

日本南北朝时代,唐式茶会流行,一般认为最初是由元僧传到日本。开始只流行于禅林中,不久便在与禅宗关系很深的武士社会中流行开来④。唐式茶会的传入,对日本影响很大,导致了日本茶道的形成。如果没有元朝寺院中的茶会,也就不会有日本的唐式茶会。可惜的是,迄今为止对元代寺院中茶会的情况所知甚少。但从耶律楚材、赵孟頫所撰榜文来看,"黄金碾畔枥微尘",显然是末茶;"请陈斗品之奇功,用作斋余之清供",应是采取"斗茶"的形式。日本的唐式茶会也是这样的。

第四节 蒙古人与茶

一 宫廷饮茶

在现代蒙古人的生活中,饮茶(奶茶)是生活中不可缺少的内容。但蒙古人什么时候开始与茶发生关系,引起很多学者的兴趣。众所周知,早期生活在草原上的蒙古人,饮食是很简单的,马奶酒是他们的主要饮料。随着蒙古国不断向外扩展,蒙古人与其他民族的接触增多,他们的饮食生活也日益丰富起来。茶叶主要产于江、淮以南,但北方金朝统治下的地区,"上下竞啜,农民尤甚,市井茶肆相属"⑤。蒙古人控制原金朝统治下的北方地区以

---

① 佚名:《月明和尚度柳翠》,《元曲选》。
② 耶律楚材:《茶榜》,《湛然居士集》卷一三,中华书局1986年版。
③ 赵孟頫:《请谦讲主茶榜》,《松雪斋集》外集,《四部丛刊》本。
④ [日]木宫泰彦:《日中文化交流史》,胡锡年译,商务印书馆1980年版,第503—508页。
⑤ 《金史》卷四九《食货志四·茶》。

后，对于茶应该有所了解。而在忽必烈建立元朝、统一全国以后，江、淮以南产茶地区尽入版图，蒙古人对于茶无疑有更多的接触机会。但是，在现存的文献中，没有13世纪末以前蒙古人饮茶的明确记载①。

但是，有迹象表明，至迟在元朝统一以后，宫廷中已开始饮茶。这便是前代的贡茶仍在继续。如本章第二节所述，元朝负责宫廷饮食的宣徽院，下辖建宁北苑武夷茶场提举所和常湖等处茶园都提举司，其职责是"采摘茶芽，以贡内府"。常湖等处茶园都提举司是至元十三年（1276）设立的，亦即南宋都城临安被元军攻下之年。元朝政府一度"别置平江等处榷茶提举司，掌岁贡御茶"。后来撤销②。湖州顾渚茶的生产，也引起元朝政府的注意，前已述及。至元十五年，忽必烈赐金沙泉名为瑞应泉，可见他对顾渚茶的兴趣。建宁北苑武夷茶场提举所设置的具体时间不详，应是福建受元朝所辖以后，便在原有基础之上，设置北苑茶坊的管理机构③。特别值得注意的是范文虎进贡茶（范殿帅茶）和高兴制武夷"石乳"入献两件事，如果不是忽必烈和宫廷中喜好此物，他们二人是不会贸然采取这样的举动的。

元朝皇帝饮茶的明确记载自武宗海山始。"自至大（1308—1311）初，武宗皇帝幸柳林飞放，请皇太后同往观焉。由是道经邹店，因渴思茶。"属下用当地井水，"煎茶以进，上称其茶味特异内府常进之茶，味色双绝。……自后御用之水，日必取焉。所造汤茶，比诸水殊胜"④。从这段记载，可以知道武宗时"内府常进"茶作为饮料。众所周知，蒙古人传统习惯是用马奶子解渴，皇帝出行时必有挤奶专用的马群随同。武宗渴时不思马奶子而思茶，说明他已习惯于这种饮料。而且，他所饮的应是不加其他物料的清茶，这样才能发现邹店井水的"味色双绝"。《饮膳正要》一书，记载元朝宫廷饮食，其中列举各地进贡的名茶，反映出宫廷中饮茶风气之盛。

关于元代中晚期宫廷饮茶还有一些记载。名诗人马祖常诗："太官汤羊厌肥腻，玉瓯初进江南茶。"⑤ "太官"指负责宫廷饮食的官员。皇帝在饱食肥腻的食物以后，已习惯用茶来帮助消化。末代皇帝妥欢帖睦尔对饮茶有很

---

① 黄时鉴：《关于茶在北亚和西域的传播》，《历史研究》1993年第1期。
② 《元史》卷八七《百官志三》。
③ 武夷茶正式作为贡品为时较晚，当地的管理机构可能原来只称建宁北苑茶场提举所，后来加上"武夷"二字的。
④ 《饮膳正要》卷二《诸般汤煎》。
⑤ 马祖常：《和王左司竹枝词十首》，《石田文集》卷五。

大的兴趣。他的身边有"主供茗饮"的侍女，高丽女子奇氏便因担任这一职务而得以和皇帝亲近，因而受宠，成为元朝唯一的非蒙古族皇后[①]。顺帝经常在内殿与宠臣哈麻"以双陆为戏，一日，哈麻服新衣在侧，帝方啜茶，即噀茶于其衣"[②]。

宫廷饮食必然影响到民间，而茶作为一种止渴、消食的饮料，又正好适合喜好肉食的蒙古人需要，它为蒙古人接受并广泛流行是很自然的。从宫廷饮茶情况可以推断，自13世纪下半期起，蒙古人已对茶有所接触并发生兴趣，而到14世纪上半期，茶已成为蒙古人的一种重要饮料。

二 酥油茶

宫廷中饮茶方式，有清茶、香茶、枸杞茶，前面已分别提及，这些应是汉族中流行的。还有酥油茶，则是汉族中不曾有过的。

《饮膳正要》在记载"清茶""香茶"的同时，还记载了"炒茶""兰膏"和"酥签"。"炒茶，用铁锅烧赤，以马思哥油、牛奶子、茶芽同炒成。"所谓"马思哥油"是"取净牛奶子不住手用阿赤（系打油木器也）打，取浮凝者为马思哥油，今亦云白酥油"。"兰膏，玉磨末茶三匙头，面、酥油同搅成膏，沸汤点之。""酥签，金字末茶两匙头，入酥油同搅，沸汤点之。"所谓"玉磨末茶"，是以"上等紫笋五十斤，筛筒净；苏门炒米五十斤，筛筒净；一同拌和匀，入玉磨内，磨之成茶"[③]。"金字末茶"就是金字茶。"炒茶""兰膏""酥签"三者制作方法各有不同，但有一个共同点，那便是都加进了酥油。这种做法，反映了游牧民族的特色，很可能是受到藏族的影响。《饮膳正要》记有"西番茶"，下注："出本土，味苦涩，煎用酥油。""西番茶"产于藏族居住地区。藏族早在唐代已知饮茶，他们肯定很早就开始了酥油茶的制作。蒙古兴起以后，在13世纪40年代便与吐蕃地区建立了联系。自此以后，藏传佛教的领袖受到蒙古大汗和元朝皇帝的尊奉，藏族文化对蒙古族有很大的影响。藏族的酥油制作方法为蒙古族接受，是很自然的。

---

① 《元史》卷一一四《后妃传一》。
② 《元史》卷二〇五《哈麻传》。
③ 《饮膳正要》卷二《诸般汤煎》。

值得注意的是，酥油茶不但宫廷中有，还在民间流行。元代后期长期在大都做官的许有壬说："世以酥入茶为兰膏"，他为此写下了诗篇①。在杂剧《吕洞宾三醉岳阳楼》中，茶坊出卖各种茶汤，其中有"酥佥"，顾客喝了以后说道："你这茶里面无有真酥。"② 从这些记载可知酥油茶也为汉族所欢迎。汉族如此，蒙古族中间饮酥油茶一定更普遍。

元代流行的两种日用生活类书，一是《事林广记》，一是《居家必用事类全集》，以前书别集《茶果类·茶》和后书己集《诸品茶》相比较，后者多出了"兰膏茶""酥签茶"和"孩儿香茶"。这三者都是元代新出现的。这一事实，反映出后者成书较前者要晚。"孩儿香茶"已见前述。现将该书所载"兰膏茶""酥签茶"的制法引录如下：

> 兰膏茶。以上号高茶，研细一两为率。先将好酥一两半溶化，倾入茶末内，不住手搅。夏月渐渐添冰水搅。水不可多添，但一二匙尖足矣。频添无妨，务要搅匀，直至雪白为度。冬月渐渐添滚汤搅。春秋添温汤搅。加入些少盐尤妙。
>
> 酥签茶。将好酥于银石器内溶化，倾入江茶末搅匀。旋旋添汤搅，成稀膏子。散在盏内，却着汤浸供之。茶与酥看客多少用，但酥多于茶些为佳。此法至简且易，尤珍美。

这里记载的制作方法和《饮膳正要》相比，明显有一些不同。但有一点是相同的，那就是都用酥油和茶作为基本的原料。酥油茶实际上是元代饮茶的一种重要类型。它的传播和流行，是我国各民族之间文化、习俗互相影响的一个例子。后来，酥油茶在汉族饮食生活中消失了，但在蒙古族中间大概演变为奶茶，长期保存了下来。

---

① 许有壬：《咏酒兰膏次恕斋韵》，《至正集》卷一六，清宣统三年聊城邹氏石印乾隆刻本。
② 马致远：《吕洞宾三醉岳阳楼》，《元曲选》。

第四章　饮料之二：酒

第一节　马奶酒

一　马奶酒的制作

蒙古人原来过着游牧生活。他们最初饮用的酒是用马奶发酵制成的。

13世纪中期到达蒙古的欧洲教士鲁不鲁乞说："当他们收集了大量的马奶时——马奶在新鲜时同牛奶一样的甜——就把奶倒入一只大皮囊里，然后用一根特制的棒开始搅拌，这种棒的下端像人头那样粗大，并且是挖空了的。当他们很快地搅拌时，马奶开始发出气泡，像新酿的葡萄酒一样，并且变酸和发酵。他们继续搅拌，直至他们能提取奶酒。这时他们尝一下马奶的味道，当它相当辣时，他们就可以喝它了。……为了供贵族饮用，他们也用这种方法酿造哈剌忽迷思，即黑忽迷思。……他们酿造黑忽迷思时，搅拌马奶，直至奶中所有的固体成分下沉到底部，像葡萄酒的渣滓那样，而纯净的部分留在上面，像乳清或白色的发酵前的葡萄汁那样。渣滓很白，这是给奴隶们吃的，它具有强烈的催眠作用。纯净的液体则归主人们喝，它无疑是一种非常好喝的饮料，并且确实是很有效力。"[①] 同一时期前往蒙古的南宋使臣也有类似的记载："其军粮羊与沛（手捻其乳曰沛）。马之初乳，日则听其驹之食，夜则聚之以沛，贮以革器，頮洞数宿，味微酸，始可饮，谓之马奶子。""霆常见其日中沛马奶矣。……沛之法，先令驹子啜，教乳路来，却赶了驹子，人自用手沛下皮桶中，却又倾入皮袋撞之。寻常人只数宿便饮。初到金帐，鞑主饮以马奶，色清而味甜，与寻常色白而浊、味酸而膻者大不同，名曰黑马奶，盖清则似黑。问之，则云：此实撞之七八日，撞多则愈

---

① ［英］道森：《出使蒙古记》，第116—117页。

清，清则气不膻。"①

元朝统一以后，政府设太仆寺，管理马政。每年"征马五十酝都来京师。酝都者，承乳车之名也"。"每酝都，牝马四十"。"日酿黑马乳以奉玉食，谓之细乳"。"自诸王百官而下，亦有马乳之供，酝都如前之数，而马减四之一，谓之粗乳。"②"粗乳"显然就是质量较差的马奶酒。

二　马奶酒的流行情况

早期蒙古人只知制造和饮用马奶酒。随着蒙古国向外扩展，蒙古宫廷和上层人物饮用酒的种类增多，但是马奶酒仍然占有重要地位。鲁不鲁乞看到，在蒙古大汗的宫殿中有一棵大银树，上有管子，可以流出四种酒，其中之一是"哈剌忽迷思，即澄清了的马奶"。蒙哥汗举行盛大宴会时，"有一百零五辆车子和九十匹马装载着马奶"③。元朝建立后，宫廷和贵族都有专门的马奶供应。历朝皇帝的山陵，"各有酝都，取马乳以供祀事，号金陵挤马"④。太庙用"国俗旧礼"祭祀时，"太仆卿以朱漆盂奉马乳酹奠"⑤。"挏官马湩盛浑脱，骑士封题抱送来。传与内厨供上用，有时直到御前开。"⑥"内宴重开马湩浇，严程有旨出丹霄。羽林卫士桓桓集，太仆龙车款款调。"⑦"祭天马酒洒平野，沙际风来草亦香。白马如云向西北，紫驼银瓮赐诸王。"⑧从以上几首诗，可以看出宫廷中流行马奶酒的情况。"浑脱"指皮囊，常用来盛马奶酒。"太仆龙车"即指"酝都"而言。元朝皇帝在上都开平要举行马奶子宴⑨，还要举行祭祖仪式，"岁以七月七日或九日，天子与后素服望祭北方陵园，奠马酒，执事者皆世臣子弟"⑩。"祭天马酒洒平野"应即指此。总之，马奶酒在宫廷饮料中占有重要地位，凡是重大节庆或仪式都离不开它。马奶酒实际上已成为蒙古风俗的一个必不可少的组成部分。

---

① 彭大雅、徐霆：《黑鞑事略》。
② 《元史》卷一〇〇《兵志三·马政》。
③ ［英］道森：《出使蒙古记》，第194、221页。
④ 《元史》卷一〇〇《兵志三·马政》。
⑤ 《元史》卷七七《祭祀志六》。
⑥ 张昱：《辇下曲》，《张光弼诗集》卷三。
⑦ 杨允孚：《滦京杂咏》卷下。
⑧ 萨都拉：《上京即事五首》，《雁门集》卷六，上海古籍出版社1982年版。
⑨ 元朝皇帝每年到上都开平避暑，秋凉返回大都。开平位于今内蒙古正蓝旗境内。
⑩ 周伯琦：《立秋日书事五首》，《近光集》卷一。

马奶酒也是元朝皇帝赏赐臣下的礼物。"儒臣奉诏修三史,丞相衔兼领总裁。学士院官传赐宴,黄羊湩酒满车来。"① "修三史"指元顺帝时的丞相脱脱领衔修宋、辽、金三史。"湩"是乳汁,"湩酒"即马奶酒。"昔儿吉思之妻为皇子乳母,于是皇太后待以家人之礼,得同饮白马湩。时朝廷旧典,白马湩非宗戚贵胄不得饮也。"② 这里所说的"白马湩"应是"黑马湩"之误。"黑马湩"才是只有皇帝和宗戚贵胄享受的珍品。

早在成吉思汗时代,就设有"挏马官"③,其职责无疑是管理马奶酒的制造。蒙古有一种独特的"怯薛"制度,即大汗的禁卫军。"怯薛"轮番入值,每个成员都担任宫廷中的一定职务。中亚钦察人被蒙古征服,其中一部首领班都察"举族迎降","尝侍(世祖)左右,掌尚方马畜,岁时挏马乳以进,色清而味美,号黑马乳,因目其属曰哈剌赤"④。"哈剌"在蒙语中是"黑"的意思。由此亦可见蒙古统治者对马奶酒是何等的重视。

图4-1　《饮膳正要》卷一中的"饮酒避忌"插图

---

① 张光弼:《辇下曲》,《张光弼诗集》卷二。
② 《元史》卷一二二《昔儿吉思传》。
③ 《元史》卷一二二《铁迈赤传》。
④ 《元史》卷一二八《土土哈传》。

蒙古人喜爱马奶酒，常常饮用过度，导致疾病丛生（图4-1）。忽必烈就是个例子。他"过饮马湩，得足疾"，终生不愈，造成很大痛苦①。"过饮湩乳"造成吐泻或旧疾复发的病例在蒙古人中时有发生②。

受蒙古人影响，其他民族亦对马奶酒发生兴趣。契丹人耶律楚材，在13世纪上半期蒙古国政治生活中发挥过重要作用。他曾写诗向人"乞马乳"，诗中写道："天马西来酿玉浆，革囊倾处酒微香。""革囊旋造逡巡酒，桦器频倾潋滟觞。""顿解老饥能饱满，偏消烦渴变清凉。"他希望："愿得朝朝赐我尝。"③可见对马奶酒十分欣赏。元代后期，许有壬在朝廷中做官，经常来往于大都、上都之间。他的《上京十咏》之一是《马酒》，其中写道："味似融甘露，香疑酿醴泉。新醅撞重白，绝品挹清玄。"④在另一首记述他来往于两都之间的诗篇中，他写道："悬鞍有马酒，香泻革囊春。"⑤

总的说来，马奶酒流行于蒙古族以及其他民族的贵族、官僚中，在一般汉族居民中并无很大影响。特别在南方，几乎见不到马奶酒的踪迹。

第二节　葡萄酒

一　宫廷中的葡萄酒

果实可以制酒。元代果酒中产量最多、最受欢迎的是葡萄酒。蒙古国建立以后不久，成吉思汗便发动西征，征服了中亚的广大地区。中亚是盛产葡萄酒之地，随从西征的耶律楚材，在河中（阿姆河与锡尔河二河之间，以布哈拉和撒马尔罕为中心的地区）等地经常喝到葡萄酒："花开杷榄芙蕖淡，酒泛葡萄琥珀浓"；"葡萄架底葡萄酒，杷榄花前杷榄仁"⑥；"寂寞河中府，连甍及万家。葡萄亲酿酒，杷榄看开花"⑦。可以想见，蒙古的君主、贵族、将领一定也会接触到这种对他们来说是新奇的饮料。他们很快便喜欢上这种酒。欧洲教士在哈剌和林宫廷中看到一棵大银树，流出四种酒，其中之一便

---

① 《元史》卷一六八《许国桢传》。
② 罗天益：《卫生宝鉴》卷一五、一六，人民卫生出版社1987年版。
③ 耶律楚材：《寄贾搏霄乞马乳》《谢马乳复用韵二首》，《湛然居士集》卷四。
④ 许有壬：《上京十咏》，《至正集》卷一六。
⑤ 许有壬：《雨中桓州道中》，《至正集》卷一六。
⑥ 耶律楚材：《赠蒲察元帅七首》，《湛然居士文集》卷五。
⑦ 耶律楚材：《西域河中十咏》，《湛然居士文集》卷六。

是葡萄酒。蒙哥汗不止一次下令给教士发葡萄酒①。南宋使臣到草原时，"又两次到金帐中送葡萄酒，盛以玻璃瓶，一瓶可得十余小盏，其色如南方柿漆，味甚甜。闻多饮亦醉，但无缘多饮耳。回回国贡来"。南宋使臣特别记载葡萄酒，是因为江、淮以南无此物。所谓"回回国"，即指原在河中地区的花剌子模国，西征时已为蒙古所灭，此处沿袭旧称。

忽必烈建立元朝以后，葡萄酒与马奶酒并列为宫廷的主要用酒。元朝统一全国，南宋小皇帝一行来到大都，忽必烈连续设宴款待："第四排宴在广寒，葡萄酒酽色如丹。"小皇帝一行的生活受到照顾，拨给粮、肉，而且"御厨请给葡萄酒"。所以他们"客中忽忽又重阳，满酌葡萄当菊觞"②。皇帝在上都开平举行大宴会时，"诸王舞蹈千官贺，高捧葡萄寿两宫"③。"诸王驸马咸称寿，满酌葡萄饮玉锺。"④ "酮官庭前列千斛，万瓮蒲萄凝紫玉。"⑤ "酮官""千斛"指的是马奶酒，可见葡萄酒和马奶酒同是宴会的饮用酒。皇帝常以葡萄酒赏赐臣属，如至元十一年（1274），塔出攻南宋有功，忽必烈"赐蒲萄酒二壶"⑥。左丞相史天泽总大军攻南宋，途中生病，"帝（忽必烈）遣侍臣赐以葡萄酒"⑦。忽必烈器重侍读学士李谦，"饮群臣酒，世祖曰：'闻卿不饮，然能为朕强饮乎！'因赐蒲萄酒一钟，曰：'此极醉人，恐汝不胜。'即令三近侍扶掖使出"⑧。显然，赏赐葡萄酒是皇家的一项恩惠。

因此，宫廷中对葡萄酒的需要量是很大的。元代后期在朝中任职的杨瑀说："尚酝蒲萄酒，有至元、大德间所进者尚存。"⑨ 至元、大德是元世祖忽必烈、成宗铁穆耳的年号，相当于13世纪后半期至14世纪初。尚酝即大都尚酝局，"掌酿造诸王、百官酒醴"。另有大都尚饮局，"掌酿造上用细酒"⑩。上都开平亦设有同样的两个机构。由杨瑀所述，可知在14世纪中叶

---

① ［英］道森：《出使蒙古记》，第194、181、193页。
② 汪元量著，孔凡礼辑校：《湖州歌九十八首》，《增订湖山类稿》卷二。
③ 萨都拉：《上京杂咏》，《雁门集》卷六。
④ 朱有燉：《元宫词一百首》，见《辽金元宫词》，北京古籍出版社1988年版。
⑤ 袁桷：《装马曲》，《清容居士集》卷一五。
⑥ 《元史》卷一三五《塔出传》。
⑦ 《元史》卷一五五《史天泽传》。
⑧ 《元史》卷一六〇《李谦传》。
⑨ 《山居新话》"尚酝葡萄酒"条。
⑩ 《元史》卷八七《百官志三》。

尚酝局中收藏有不少储存期长达半个世纪甚至更久的各地进贡的葡萄酒，其名贵可想而知。

二 葡萄酒的产地和制作方法

《饮膳正要》说："葡萄酒益气调中，耐气强志。酒有数等，有西番者，有哈剌火者，有平阳、太原者，其味都不及哈剌火者田地酒最佳。"① 元代的"西番"，常指藏族地区，有时也指河西走廊以西地区，但"西番"葡萄酒，没有明确记载。比较清楚的是哈剌火者和山西出产的葡萄酒。

哈剌火者又译哈剌和州，就是现在新疆吐鲁番。在历史上，这一地区便以出产葡萄和葡萄酒闻名。元代的记载说："葡萄酒，出火州穷边极陲之地。酝之时，取葡萄带青者。其酝也，在三五间砖石甃砌干净地上，作甃磁缺嵌入地中，欲其低凹以聚，其瓮可容数石者。然后取青葡萄，不以数计，堆积如山，铺开，用人以足揉践之使平，却以大木压之，覆以羊皮并毡毯之类，欲其重厚，别无麴药。压后出闭其门，十日、半月后窥见原压低下，此其验也。方入室，众力拼下毡、木，搬开而观，则酒已盈瓮矣。乃取清者入别瓮贮之，此谓头酒。复以足蹑平葡萄滓，仍如其法盖，复闭户而去。又数日，如前法取酒，窨之，如此者有三次，故有头酒、二酒、三酒之类。直似其消尽，却以其滓逐旋澄之清为度。上等酒，一二杯可醉人数日。"② 这是元代文献中有关葡萄酒制作的最详细的记载。可以看出，这种方法是将葡萄捣碎，利用葡萄皮上带着的天然酵母菌自然发酵，这和前代常见的用粮食和葡萄混酿的方法是不一样的③。

波斯史家记载："其次为畏兀人之城哈剌火州之境。该处有好酒。"④ 可见哈剌火者的葡萄酒在当时名闻遐迩。武宗至大四年（1311）"宣徽院奏准；哈剌火拙根底葡萄酒，这几年交站般运有。为军情勾当的上头立下的站有，交运呵不中，交骆驼每般运。又，火拙根底西番地面里做官的、民户每献到葡萄酒，交自己的气力每识者，休教铺马里来"⑤。"哈剌火拙"即哈剌火者的异译。可见当地的葡萄酒大批运到大都，有的是地方进献，有的则是做官

---

① 《饮膳正要》卷三《米谷品》。
② 《析津志辑佚·异土产贡》。
③ 宋人朱肱《北山酒经》中记"蒲萄酒法"，用米和葡萄混酿，还要加酒曲。
④ ［波斯］拉施特：《史集》第2卷，第338页。
⑤ 《成宪纲要·驿站》，见《永乐大典》卷一九四二五，中华书局影印本。

的或民户自行进献。泰定元年（1324）二月，"高昌王亦都护铁木儿补化遣使进蒲萄酒"①。"亦都护"是畏兀儿人首领的头衔，高昌王则是元朝授予他的爵位。他所进献的应该就是哈剌火州地区出产的葡萄酒。文宗至顺元年（1330），"西番哈剌火州来贡葡萄酒"②。顺帝至正七年（1347）十月，"西蕃盗起，凡二百余所，陷哈剌火州，劫供御蒲萄酒，杀使臣"③。可见直到此时，哈剌火州葡萄酒仍是上进宫廷的贡品。而从这条记载看来，哈剌火州即在"西蕃"之地。前引文献说"西番"亦产葡萄酒，可能指哈剌火州以西地区而言。

山西安邑（今山西运城）"多蒲桃，而人不知有酿酒法"。金贞祐年间（1213—1216），"一民家避寇自山中归，见竹器所贮蒲桃在空盘上者，枝蒂已干，而汁留盎中，薰然有酒气。饮之，良酒也。盖久而腐败，自然成酒耳"④。此后安邑便以产葡萄酒闻名于世。蒙古统治北方农业区后，安邑葡萄酒便成了贡品。世祖中统二年（1261）六月，"敕平阳路安邑县蒲萄酒自今毋贡"⑤。可见在此以前一直进贡。事实上，"毋贡"的命令并未真正实行。成宗元贞二年（1296）三月，"罢太原、平阳路酿进蒲萄酒，其蒲萄园民恃为业者，皆还之"⑥。安邑属平阳路。可见山西在中统二年后仍进贡葡萄酒，而且山西葡萄酒生产的地区已不限于安邑，至少还有太原路。这和前引《饮膳正要》所说葡萄酒"有平阳、太原者"完全一致。山西的葡萄酒，显然也是利用葡萄皮上带着的天然酵母菌自然发酵的。

以上讲的是哈剌火州和山西生产葡萄酒的情况。其他地区是否出产葡萄酒，目前尚难说明。需要指出的是，葡萄酒的生产，除了进贡朝廷之外，还在民间公开发售。燕京（今北京）地区"自戊午年至至元五年（1258—1268），每葡萄酒一十斤数勾抽分一斤"。"及至六年、七年，定立课额，葡萄酒浆止是三十分取一。"⑦ 也就是说，至迟到"戊午年"，葡萄酒已在燕京公开发售。国家为之确立征税标准，说明为数是相当可观的。诗人写道："黄鹤楼东卖酒家，王孙清晓驻游车；宝钗换得蒲萄去，今日城东看杏花。"

---

① 《元史》卷二九《泰定帝纪一》。
② 《元史》卷三四《文宗纪三》。
③ 《元史》卷四一《顺帝纪四》。
④ 元好问：《葡萄酒赋》，《遗山先生文集》卷一。
⑤ 《元史》卷四《世祖纪一》。
⑥ 《元史》卷一九《成宗纪二》。
⑦ 《元典章》卷二二《户部八·酒课·葡萄酒三十分取一》。

描写的正是京城酒家出卖葡萄酒①。燕京如此，其他地区应亦有之。但是，总的说来，葡萄酒主要流行于北方，南方亦有，但不多见。诗人萨都拉有诗《蒲萄酒美，鲥鱼味肥，赋蒲萄歌》，首句是："扬州酒美天下无，小槽夜走蒲萄珠。"诗人当时在集庆（今江苏南京），"王郎载酒过江来，开酒脍鱼醉春晚"②。可知王郎携来的是扬州出产或出售的葡萄酒。

元代中期，周权写了一首名为《葡萄酒》的诗，其中说："累累千斛昼夜舂，列瓮满浸秋泉红。数宵酝月清光转，秾腴芳髓蒸霞暖。酒成快泻宫壶香，春风吹冻玻璃光。甘逾瑞露浓欺乳，曲生风味难通谱。"③ 说的显然是自然发酵的制酒之法。从周权的经历来看，他没有到过山西、哈剌火州，描述的应是其他地区制作葡萄酒的情况。

元代还有其他果酒。画家李衎家居燕京，"其家有梨园……忽一岁盛生，触处皆然，数倍常年，以此不可售。……漫用大瓮储数百枚，以缶盖而泥其口，意欲久藏，旋取食之。久则忘之。及半岁后，因至园中，忽闻酒气熏人，疑守舍者酿熟，因索之，则无有也。因启观所藏梨，则化而为水，清冷可爱，湛然甘美，真佳酝也，饮之辄醉。……始知梨可酿，前所未闻也"④。这是梨酒，但在当时是否得到推广，并不清楚。此外还有枣酒、椹子酒等。"枣酒，京南真定为之，仍用些少曲糵"。"椹子酒，微黑色。京南真定等处咸为之。大热有毒，饮之后能令人腹内饱满。"⑤

第三节　粮食酒

一　粮食酒的酿造

尽管马奶酒、葡萄酒都很流行，但总的来说，元代以汉族为主的广大农业区，主要饮用的还是各种粮食酒。

粮食酒常用的原料是糯米和秫（小米）。"秫性黏而可酿酒。"⑥ 秫就是糯米。江南出产的香糯米和卫辉路辉州（今河南辉县）出产的苏门糯米，都

---

① 《金台集》卷一《京城春日二首》，诵芬室影印本。
② 萨都拉：《蒲萄酒美，鲥鱼味肥，赋蒲萄歌》，《雁门集》卷七。
③ 周权：《葡萄酒》，《北山先生诗集》卷九。
④ 《癸辛杂识》续集上《梨酒》，中华书局1988年版。
⑤ 《析津志辑佚·物产》。
⑥ 《农书·百谷谱集》之一《水稻之二·黍》。

是酿酒的好材料。元朝中央政府中设置的醴源仓,"掌受香莎、苏门等酒材糯米,乡贡曲药,以供上酝及岁赐百官者"①。香莎糯米应即江南进贡的香糯米②。苏门米被认为是酿酒材料的上品,"苏门者为上,酿酒者多用"③。黍"可以酿酒,又可以作馈粥";"白黍酿酒,亚于糯秫"④。

制造粮食酒须用酒曲。曲的作用是引起粮食发酵,一般用粮食做原料制成。酒曲制作时常常加入药材。元代最有名的是"东阳酒曲",用白面、绿豆加药材(川乌、苍耳心等)、果料(桃仁、杏仁、甜瓜)制造。宫廷中造酒,即用此曲,"自至元三十年,宣徽院差人就杭州路造十数万斤不绝,以为常例"⑤。酒曲中有一种"红曲",是红曲霉寄生在粳米上而成的曲,制作工艺难度较高。它不仅可以酿酒,还可以作食用色素。明代学者李时珍说:"造红曲者,以白米饭受湿热郁蒸变而为红,即成真色,久亦不渝,此乃人窥造化之巧者也。""红曲《本草》不载,法出近世,亦奇术也。"⑥ 红曲的制作在宋代已开始,也可能更早一些,在元代的文献中已有清楚的记载⑦。

粮食酒一般是将粮食蒸、煮熟,将酒曲粉碎后拌在一起,放在特制的容器或窖池里,经过一段时间就变成酒。由于原料(粮食)的种类不同,加上酒曲、水的差别,还有操作时对温度、时间的掌握不一样,因而生产出来的粮食酒在质量上也就有很大的区别。

粮食在蒙语中称为"答刺速"⑧,又作"打刺孙""答刺孙""打刺苏"等,都是 darasun 的音译。元代杂剧中常有此词,如"金盏子满斟着赛银打刺苏"⑨。"赛银"是蒙语"好"的意思。这句话原意是金盏满斟着好酒。"撒因答刺孙,见了抢着吃"⑩。"撒因"是"赛银"的异译。

---

① 《元史》卷八七《百官志三》。
② 《元史》卷九三《食货志一·海运》。
③ 《饮膳正要》卷三《米谷品》。
④ 《农书·百谷谱集》之一《水稻之二·黍》。
⑤ 《事林广记》别集卷八《酒曲类·东阳酒曲方》。按,《居家必用事类全集》已集《酒曲类》亦载此方,但没有这里引用的一段话。
⑥ 《本草纲目》卷二五《谷部·红曲》。
⑦ 《事林广记》别集卷八《酒曲类·造红曲法》。《居家必用事类全集》已集《酒曲类·造红曲法》。
⑧ 《至元译语》,见《事林广记》后集。
⑨ 陈以仁:《雁门关存孝打虎》,《元曲选外编》。
⑩ 关汉卿:《邓夫人苦痛哭存孝》,《元曲选外编》。

二　粮食酒的产量

蒙古人原来不生产粮食，当然也没有粮食酒。进入中原以后，逐渐对这种酒发生兴趣。13 世纪中叶哈剌和林宫殿中有一棵银树，有四根管子流出四种酒，其中之一便是称为 terracina 的米酒[①]。terracina 显然便是由 darasun 而来。再往前追溯，《蒙古秘史》记窝阔台汗检讨自己即位以来的得失，有四项成绩、四项失误。失误的第一条便是"既嗣大位，沉湎于酒"。蒙语原文是"孛儿、答剌速纳"，旁注为"葡萄酒、酒行"[②]。显然是指两种酒：葡萄酒（孛儿）和答剌速（米酒）。窝阔台沉湎于两种外来的酒，自己认为是过失，如果只饮马奶酒，即使过量，也不会觉得是问题。在贵由汗即位（1246）的集会上，与会的王公贵族"轮流把盏哈迷思和各种酒"[③]。"各种酒"显然应是葡萄酒和米酒。

忽必烈建立元朝以后，在"掌供玉食"的宣徽院下设光禄寺，"秩正三品，掌起运米曲诸事，领尚饮、尚酝局，沿路酒坊，各路布种事"。光禄寺中设大都尚饮局、尚酝局，前者"掌酝造上用细酒"，后者"掌酝造诸王百官酒醴"。上都亦设同样的两个机构。此外，又有大都及上都醴源仓，其职责前已述及[④]。尚饮、尚酝局除管理葡萄酒外，还负责制造粮食酒。醴源仓收储的正是制造粮食酒的材料（糯米、曲药）。光禄寺管辖下的这些机构，主要满足宫廷中饮酒（葡萄酒和粮食酒）的需要，其次也为诸王百官供应酒。高丽的汉语教科书记"官人们"举办宴会，大家商议说："酒京城槽房虽然多，街市酒打将来怎么吃！"于是便派人到光禄寺去"讨酒"，"讨酒"要有"勘合"文书[⑤]。中国方面的记载说："宣徽所造酒，横索者众。"[⑥] 宣徽酒就是光禄寺酒。中国和高丽的记载，可以互相印证。光禄寺制造的酒显然比街市酒的质量要好一些，所以才会成为王公百官索取的对象。元朝诗人廼贤写道："新样双鬟束御罗，叠骑骄马粉墙过；回头笑指银瓶内，官酒谁家索取多。"[⑦] 王公贵族家的女性，骑马去索取"官

[①] [英] 道森：《出使蒙古记》，第 194 页。
[②] 《蒙古秘史》，额尔登泰、乌云达赉校勘本，内蒙古人民出版社 1980 年版，第 855 页。
[③] [波斯] 志费尼：《世界征服者史》上册，内蒙古人民出版社 1981 年版，第 295 页。
[④] 《元史》卷八七《百官志三》。
[⑤] 《朴通事谚解》卷上，第 7—10 页。
[⑥] 《元史》卷一四〇《别儿怯不花传》。
[⑦] 《金台集》卷二《京城春日二首》。

酒"，显然就是光禄寺酒。宣徽酒（光禄寺酒）的产量无从查考，但可以肯定是很可观的。

元朝统一全国后不久，大都"列肆百数，日酿有多至三百石者，月已耗粮万石。百肆计之，不可胜算"①。这个数字显然是有所夸大的。成宗大德八年（1304），大都酒课提举司管辖下有槽房（又作槽坊、酒坊，用粮食造酒的作坊）100所，次年并为30所，"每所一日所酿，不许过二十五石"。即以官府所定限额来计算，30所槽房每日用粮即达750石，一年耗费粮食为27万石。到武宗至大三年（1310），增为54所，如按原限额计，则每年耗粮近50万石②。当时元朝政府通过海道将江南粮食运到大都，以解决大都的粮食供应问题，至大三年为271万余石。按此计算，用来酿酒的粮食要占海道漕粮的六分之一强，和元朝政府在大都设立米肆供应市民的籴米数（50余万石）大致相等③。由此可见，京师大都每年酒的消耗量是惊人的。

京师如此，各地方亦相当可观。武宗大德十一年（1307），"杭州一郡，岁以酒糜米麦二十八万石"④。杭州在南宋时是行在，生活奢侈，入元以后风气未改，酒的消耗量和大都接近。据元代中期统计，大都"在京酒坊五十四所，岁输课十余万锭"⑤。而全国其他地区的酒课合计为47万锭左右，也就是说，耗费的粮食应为大都的2—3倍，应为100万—150万石之间。加上大都，则全国民间每年为制酒耗费的粮食应为150万—200万石左右。当然，以税课来推算产量是不很准确的，元代私酒盛行，耗费的粮食也是很大的。元代后期，吴师道说："利兴于榷酤而流于后世，虽欲禁民之无饮，不可得矣。今列肆饮坊，十室而九，糜谷作醪，不知其几倍于粒食也。斗争凌犯之讼，失业荡产之民，皆由于此。"⑥他认为酿酒所费的粮食，已经超过了百姓食用的粮食。从前面大都所说的情况来看，至少在当时的都市中，这种说法是有根据的。民间的制造，加上宫廷的制酒，元朝粮食酒的产量无疑是很大的。

---

① 姚燧：《姚文献公神道碑》，《牧庵集》卷一三。
② 《元史》卷九四《食货志三·酒醋课》。
③ 《元史》卷九六《食货志四·赈恤》。
④ 《元史》卷二二《武宗纪一》。
⑤ 《元史》卷三三《文宗纪二》。
⑥ 吴师道：《国学策问四十道》，《吴礼部集》卷一九。

三 药酒

将粮食和药材同制成酒，便成为药酒。有的是用粮食酒浸泡药材，有的则取药材的"汁"（榨取或用水浸泡而得）和曲、粮食一起制酒。《饮膳正要》中收录的虎骨酒、枸杞酒、地黄酒、松节酒、茯苓酒、松根酒、五加皮酒、腽肭脐酒都属于药酒之列[①]。见于其他记载的还有天门冬酒、菖蒲酒、紫苏子酒、菊花酒等[②]。

《居家必用事类全集》记载，天门冬酒是以"天门冬煎五升，其煎但如稀饧即得"。"取天门冬汁浸（酒）曲"，然后将曲和入饭中，便可制成。"再欲造地黄、枸杞、五加皮、姜蔟、黄精、白术诸药酒，并准此法"[③]。这是取汁制酒之法，由所述可知对不少药酒包括枸杞酒、五加皮酒均适用。但枸杞酒还有另一种制法，即以枸杞子、生地黄、大麻子"相和得所，纳生绢袋中，以酒五斗浸之，密封"数日而成[④]。这是浸泡药物之法。宫廷中的"五加皮酒，五加皮浸酒，或依法酿酒"。也是两种制作方法均可用。显然，大多数药物配制成酒时，既可用浸泡之法，亦可用取汁之法。当然，也有一些药酒，只能用一种方法制作，如松节酒"采松节判碎煮水酿酒"，松根酒"取松根津液酿酒"[⑤]。

药酒的作用，主要是祛病强身，有滋补的功能，因此是颇为流行的。元仁宗曾赐大臣察罕以枸杞酒，说是"以益卿寿"[⑥]。说明蒙古统治者亦已认识到药酒的效用。元代诗人王恽咏《五加皮酒》："服食闽中土，加皮说异常。精华食五气，补益最多方。不羡黄金载，长浇白玉觞。"[⑦]

上面所述都是植物类药材制成的药酒。还有两种以动物骨、肉制成的酒，亦可归入药酒之列。《饮膳正要》记一种是"虎骨酒"，"以酥炙虎骨捣碎酿酒"，能治骨节疼痛等症。另一种是"羊羔酒"，"大补益人"[⑧]。老虎捕获不易，虎骨酒是不多见的。羊羔酒是将"精羊肉"蒸熟，"干，批作片

[①] 《饮膳正要》卷三《米谷品》。
[②] 《寿亲养老新书》卷二。
[③] 《居家必用事类全集》己集《酒曲类》。
[④] 《寿亲养老新书》卷二。
[⑤] 《饮膳正要》卷三《米谷品》。
[⑥] 《元史》卷一三七《察罕传》。
[⑦] 王恽：《五加皮酒》，《秋涧文集》卷一三。
[⑧] 《饮膳正要》卷三《米谷品》。

子。用好糯酒浸一宿，研烂，以鹅梨七只去皮核，与肉再同研细，纱滤过，再用浸肉酒研滤三四次。用川芎一两为末，入汁内搅匀"。将浸肉酒泼在糯米饭上，"用曲如常法"①。羊羔酒在当时被认为是美酒，杂剧中描写乡间酒店说："止不过瓦钵内斟村酿，那里有金盏内泛羊羔。"② 可见羊羔酒是和金盏相配，供富贵人家饮用的。

又有以花酿酒之法，有代表性的是"菊花酒"："以九月菊花盛开时，拣黄菊嗅之香尝之甘者摘下，晒干。每清酒一斗，用菊花头二两，生绢袋盛之，悬于酒面上，约离一指高，密封瓶口。经宿，去花袋。其味有菊花香又甘美。如木香、腊梅花一切有香之花，依此法为之。"③ 这是以花熏酒使之香美。还有另一种"菊花酒"，则是以菊花、生地黄、枸杞子根一同捣碎，用水煮出汁，用来煮糯米，再加上酒曲④。这样制成的"菊花酒"据说能壮筋骨，延年益寿，属于药酒一类，与上面的"菊花酒"有所不同。元末成廷珪有诗："松江之鲈长似人，网罟未敢伤其鳞。今年八月欲上市，谢侯先得江之津。筠篮急脚走相送，侑以菊露之清醇。"⑤ 和鲈鱼作为礼物一起赠送的"菊露"，显然就是菊花酒。

第四节 蒸馏酒（阿剌吉酒）

一 蒸馏酒的传播

上面说的马奶酒、果酒和粮食酒，都是用发酵方法制成的。将发酵制成的酒，用蒸馏的方法，可以得到酒精含量很高的酒，这就是蒸馏酒，一般称为烧酒、白酒。

蒸馏酒在我国起于何时，目前尚无一致的意见。但可以肯定的是，元代从海外传入了蒸馏技术，而且很快便在全国传播开来。《饮膳正要》记："阿剌吉酒，味甘辣，大热，有大毒，主消冷坚积，去寒气，用好酒蒸熬取露，成阿剌吉。"⑥ "阿剌吉"是阿拉伯语 araqi 的音译，原意为汗、出汗。

---

① 《居家必用事类全集》己集《酒曲类·羊羔酒法》。按宋代朱肱《酒经》载有"白羊酒"，亦以羊肉为原料。制作时，是以煮肉的肉汁拌入米中蒸熟，再加酒曲的。
② 武汉臣：《包待制智赚生金阁》，《元曲选》。
③ 《居家必用事类全集》己集《酒曲类》。
④ 《寿亲养老新书》卷二。
⑤ 成廷珪：《谢雪坡送饶介之鲈鱼一尾，介之有歌，索次其韵》，《元诗选》二集，第 657 页。
⑥ 《饮膳正要》卷三《米谷品》。

用"阿剌吉"为酒名，是形容蒸馏时容器壁上凝结的水珠形状。元朝后期的官员许有壬（1287—1364）说："其法出西域，由尚方达贵家，今汗漫天下矣。"① 迄今为止，我们没有发现13世纪的文献中有关于"阿剌吉"酒的记载。《饮膳正要》成书于天历三年（1330）。许有壬主要活动于14世纪中期。可以认为，蒸馏酒的制作方法，是14世纪上半期传入中国，先在宫廷，次到"贵家"，然后"汗漫天下"的。

正是在14世纪中期，也就是元朝的后期，"阿剌吉"酒屡见于时人的诗文。其中最有名的是朱德润作于至正甲申年（1344）的《轧赖机赋》②，"轧赖机"是"阿剌吉"的异译。黄玠诗《阿剌吉》："阿剌吉，酒之英，清如井泉花，白于寒露浆。"③ 元末明初人叶子奇记："法酒，用器烧酒之精液取之，名曰哈剌基，酒极酽烈，其清如水，盖酒露也。"④ "法酒"指官府制造的酒。"哈剌基"是"阿剌吉"的异译。朱德润是昆山（今江苏昆山）人，但曾在大都做官。黄玠是浙东慈溪（今浙东慈溪）人，叶子奇是浙东龙泉（今浙江龙泉）人，可见元末浙东已有"阿剌吉"酒。南方如此，"阿剌吉"酒在北方一定更为流行了。

蒸馏酒正式成为我国酒的一个重要品种，是从元代开始的，蒸馏技术是从海外传入的。大医学家李时珍说："烧酒非古法也，自元时始创其法。"⑤ 这一说法是有根据的。元代以前，如果已出现蒸馏酒技术的话，并没有得到推广，也谈不上有什么影响。只有元代由海外引入的这项技术，才使中国酒的生产发生了重大的变化。

二　蒸馏酒技术

蒸馏酒被称为"重酿酒"⑥，就是将酒作进一步加工之意。制作的技术，有的记载称："用好酒蒸熬取露。"⑦ 有的记载称："世以水火鼎炼酒取露。"⑧《居家必用事类全集》所记较为详细：

---

① 许有壬：《咏酒露次解恕斋韵》，《至正集》卷一六。
② 朱德润：《轧赖机赋》，《存复斋文集》卷三。
③ 黄玠：《阿剌吉》，《弁山小隐吟录》卷二。
④ 叶子奇：《杂制篇》，《草木子》卷三下。
⑤ 《本草纲目》卷二五《谷部·烧酒》。
⑥ 朱德润：《轧赖机赋》，《存复斋文集》卷三。
⑦ 《饮膳正要》卷三《米谷品》。
⑧ 许有壬：《咏酒露次解恕斋韵》，《至正集》卷一六。

南番烧酒法（番名阿里乞）：右件不拘酸甜淡薄，一切味不正之酒，装八分一瓶，上斜放一空瓶，二口相对。先于空瓶边穴一窍，安以竹管作咀，下面安一空瓶，其口盛住上竹咀子。向上瓶口边，以白瓷碗碟片遮掩令密，或瓦片亦可。以纸筋捣石灰厚封四指。入新大缸内坐定，以纸灰实满，灰内埋烧熟硬木炭火二三斤许，下于瓶边，令瓶内酒沸。其汗腾上空瓶中，就空瓶中竹管却溜下所盛空瓶内。其色甚白，与清水无异。酸者味辛甜，淡者味甘。可得三分之一好酒。①

这种装置大概是比较简单的，文字叙述也比较清楚。此外，朱德润的《轧赖机赋》中亦有描写：

观其酿器，扃钥之机，酒候温凉之殊甄，一器而两，圈铛外环而中注，中实以酒，仍械合之无余少焉。火炽既盛，鼎沸为汤，包混沌于爵蒸，鼓元气于中央。薰陶渐渍，凝结如炀，瀚渤若云，蒸而雨滴，霏微如雾，融而露瀼。中涵既竭于连爐，顶溜咸濡于四旁。

可知"酿器"是"一器而两"，"圈铛外环"。下部"中洼，中实以酒"，加热以后，"鼎沸为汤"，蒸气上升，"凝结如炀"，冷却以后，滴下流到"外环"的"圈铛"中，就成了"阿剌吉"酒。前引许有壬所说"水火鼎炼酒取露"，即指"一器而两"说的。

"阿剌吉"酒一般用粮食酒制造，但是果酒亦可制作。元代大都方志中载："葡萄酒……复有取此酒烧作哈剌吉，尤毒人。""枣酒……烧作阿剌吉，微烟气甚甘，能饱人。"②"西域葡萄贵莫名，炼蒸成露更通灵。"③可见葡萄阿剌吉是颇受赞赏的。作为酒的一种新产品，"阿剌吉"酒是达官贵人互相馈赠时的礼物："当今之盛礼，莫盛于轧赖机。"④ 当然，这是指以"好酒蒸熬取露"而成的"阿剌吉"酒而言的。至于以"败酒""淡薄"之酒制

---

① 《居家必用事类全集》己集《酒曲法》。
② 《析津志辑佚·异土产贡》。
③ 许有壬：《圭塘小稿》别集上《承赠蒲萄阿剌吉，感慰不能自已》。
④ 朱德润：《轧赖机赋》，《存复斋文集》卷三。

成的"阿剌吉"酒,则应是价廉适合于大众饮用的。

《居家必用事类全集》称"阿里乞"为"南番烧酒法",应指其从海上传入而言。这条记载,清楚地说明了"阿剌吉"酒的来源。

第五章　饮料之三：其他饮料

第一节　舍儿别（渴水）

一　舍儿别的来源

舍儿别是波斯语、阿拉伯语 sharbah 的音译，又有舍里别、舍里八等异译，汉文文献中有时也译为渴水、解渴水。"舍里别，蒙古语曰解渴水也，凡果木之汁，皆可为之。"①

蒙古人是在征服中亚时接触到舍儿别的："薛迷思贤在中原西北十万余里，乃也里可温行教之地。……薛迷思贤地名，也里可温教名也。公（马薛思吉思）之大父可里吉思、父灭里、外祖撒必为太医。太祖皇帝初得其地，太子也可那延病，公外祖舍里八马里哈昔牙徒众祈祷，始愈，充御位舍里八赤、本处也里可温答剌罕。至元五年，世祖皇帝召公驰驿进入舍里八，赏赉甚多。舍里八，煎诸香果，泉调蜜和而成。舍里八赤，职名也。公世精其法，且有验，特降金牌以专职。九年，同赛典赤平章往云南；十二年，往闽、浙；皆为造舍里八。十四年，钦受宣命虎符怀远大将军、镇江路总管府副达鲁花赤。"②

薛迷思贤即今中亚乌兹别克撒马尔罕（Samarkand）。也里可温是元朝人对基督教徒和教士的通称，其语源迄今说法不一。"也可那颜"意为大官人，当时专用来指成吉思汗的第四子拖雷，也就是宪宗蒙哥、世祖忽必烈的父亲。马里哈昔牙（marhasia）指的是主教。由这篇记载可知，早在成吉思汗西征时（1219—1224）拖雷已招当地的基督教领袖人物为自己制作舍儿别，

---

① 大德《南海志》卷七《物产》。
② 至顺《镇江志》卷九《僧寺》。

并为此在自己的禁卫中设置舍里八赤，负责制作舍儿别（舍里八）的人。忽必烈是拖雷的儿子，他可能很早便熟悉和喜爱这种饮料，所以在即位后不久便从中亚召来马薛里吉思，要他任舍儿别赤，继续制造舍儿别。此后元朝列代皇帝宫廷中一直设置舍儿别赤，也就是说，宫廷中一直有舍儿别这种饮料。

元朝的舍儿别是从中亚传入的，但这种饮料的发源地是阿拉伯地区。在阿拔斯王朝（8—13世纪），风行一种"不含酒精的饮料，是一种冰果子露，主要成分是糖水加紫地丁露、香蕉露、蔷薇露或桑葚露，这种饮料是用来招待客人的，当然还有其他的饮食"。这种冰果子露便是 sharbah，或 sharāb，英语中的 sherbet（果子汁）便从 sharbah 变来，英语中的 syrap（糖浆）则从 sharāb 变来①。显然，sharbah、sharāb 先传到中亚，再从中亚传入中国。

二 舍儿别的制作方法和传播

上引文献中说，舍儿别是"煎诸香果，泉调蜜和而成"。"凡果木之汁，皆可为之。"元代医学家朱震亨说：舍儿别"皆取时果之液，煎熬如汤而饮之。稠之甚者，调以沸汤，南人因名之曰煎"。实际上就是用水煎果实，再加入适量的蜜和砂糖以及少量香料，以稠浓为度。可直接饮用，亦可用开水调开再饮。下面便是几个例子：

> 杨梅渴水。杨梅不计多少，探取自然汁，滤至十分净。入砂石器内慢火熬浓，至水不散为度。若熬不到则生白醭。贮以净器。用时，每一斤梅汁入熟蜜三斤，脑、麝少许，冷热任用。
>
> 木瓜渴水。木瓜不计多少，去皮、瓤、核，取净肉一斤为率，切作方寸大薄片。先用蜜三斤或四五斤，于砂石、银器内慢火熬开，滤过，次入木瓜片，同前。如滚起泛沫，旋旋掠去。煎两三时辰，尝味。如酸，入蜜，须要甜酸得中，用匙挑出放冷器内。候冷，再挑起，其蜜稠硬如丝不断者为度。
>
> 葡萄渴水。生葡萄不计多少，擂碎，滤去滓，令净。以慢火熬，以稠浓为度。取出，收贮净瓷瓶中。熬时切勿犯铜、铁器。葡萄熟者不可用，止可造酒。临时斟酌，入炼过熟蜜及檀末、脑、麝少许。

---

① [美]希提：《阿拉伯通史》上册，马坚译，商务印书馆1979年版，第391—393页。

五味渴水。北五味子肉，一两为率。滚汤浸一宿，取汁同煎。下浓至汁对当的颜色恰好。同炼熟蜜对入，酸甜得中，慢火同熬一时许。凉热任用。

以上几种渴水均见于《居家必用事类全集》己集《渴水》。同书所载还有"御方渴水"①"林檎渴水"。根据以上所载，可以看出，"渴水"的制作有几个特点：（1）取果实之汁去滓；（2）熬煎用砂石器或银器，不用铜、铁器；（3）必须用慢火熬；（4）一般均加入糖、蜜，有的还要加少量香料，有的在煎熬时加入，也有在饮用时加入；（5）以稠浓为度；（6）用净器收贮，饮用时"凉热任用"。这和阿拉伯世界流行的冰果子露大概是有所差别的。也就是说，舍儿别传入中国以后，可能发生了变化。

皇家宫廷饮食著作《饮膳正要》中明确记载的舍儿别仅"五味子舍儿别"一种，以"新北五味十斤，去子，水浸取汁；白砂糖八斤，炼净。右件一同熬成煎"。另有"木瓜煎""香圆煎""株子煎""紫苏煎""金橘煎""樱桃煎""桃煎""石榴浆""小石榴煎"，其制作方法与"五味子煎"相同，均以果实取汁（或取肉）与白砂糖"同熬成煎"②。"煎"实际上是"渴水"（舍儿别）的另一名称。除了以上果实可制成"渴水"之外，还有桑葚煎、杏煎、金樱煎等。

不少地方制造舍儿别作为贡品。镇江，"舍里别四十瓶。前本路副达鲁花赤马薛里吉思备葡萄、木瓜、香橙等物煎造，官给船马入贡"③。广州，"大德三年，泉州路煎糖官呈：'用里木榨水，煎造舍里别。'里木即宜母子。今本路于番禺县城东厢地名莲塘，南海县地名荔枝湾，并置御果园，共二处，栽植里木树，大小共八百棵。大德七年罢贡。"④"里木"即柠檬。诗人吴莱的《岭南宜檬子解渴水歌》可为此作证："广州园官进渴水，天风夏熟宜檬子。百花酝作甘露浆，南国烹成赤龙髓。"⑤"园官"即御果园官。"进渴水"即是向宫廷进贡用"宜檬子"制作的舍儿别。福建泉州"土贡"

---

① "御方渴水"系用各种药物（官桂、丁香、桂花、白豆蔻仁、缩砂仁）和细曲、麦蘖等和成细末，用绢袋盛，放入容器内，加水（和藤花一起熬过）、蜜（加藤花炼熟）而成，与其他渴水制法、原料均不同，似不应列入渴水之中。
② 《饮膳正要》卷二《诸般汤煎》。
③ 至顺《镇江志》卷六《赋税·土贡》。
④ 大德《南海志》卷七《物产》。
⑤ 《渊颖吴先生文集》卷二。

有"砂哩唎",是用"金樱煎"的①。"砂哩唎"是舍儿别的又一异译。以上几个地方生产的舍儿别,是供进贡的。前引文献说马薛里吉思曾为造"舍里八"前往云南、闽、浙,则除福建外,二浙(浙西、浙东)和云南亦应有舍儿别生产,进贡朝廷,可惜现有文献中缺乏记载。

宫廷之外,舍儿别的生产一定已经深入民间,所以《居家必用事类全集》才会有各种渴水的记述。医学家朱震亨对舍儿别颇为注意,他记述了舍儿别的制作方法,并说:"味虽甘美,性非中和。且如金樱煎之缩小便,杏煎、杨梅煎、蒲桃煎、樱桃煎之发胃火,积而久之,湿热之祸有不可胜言者。仅有桑葚煎无毒,可以解渴。"朱震亨对于舍儿别的副作用看法是否正确可以研究,但从他的话可以看出,当时浙东地区(朱震亨一直生活在家乡浙东,没有出来做官)舍儿别一定是相当流行的。只有这样,他才会从医学角度提出劝告。

第二节　奶和奶制品

一　各种饮用奶

蒙古人过着游牧的生活,把家畜的奶作为日常的饮料。"如果他们有马奶的话,他们就大量喝它;他们也喝母羊、母牛、山羊甚至骆驼的奶。"牲畜的奶不仅用来解渴,而且可以充饥。13世纪中期欧洲教士鲁不鲁乞前往蒙古时,一路上蒙古人常给他们牛奶喝,"奶中的奶油已经提取掉了,奶的味道很酸"。"除牛奶外,他们不给我们任何食物,而牛奶非常酸,且有很难闻的气味。"② 南宋出使蒙古的使臣记载说:"鞑人地饶水草,宜羊马。其为生涯,只是饮马乳以塞饥渴。凡一牝马之乳,可饱三人。"③ 蒙古人对马奶最为重视,他们认为:"马乳性冷味甘,止渴治热。有三等,一名升坚,一名晃禾儿,一名窗兀,以升坚为上。"④ 马奶经过加工,就成为马奶酒。

在各种家畜奶中,要数骆驼奶最为珍贵。骆驼奶蒙古人称为"爱剌",

---

① 《八闽通志》卷二〇《食货·土贡》。
② [英]道森:《出使蒙古记》,第17、125、128页。
③ 赵珙:《蒙鞑备录》。
④ 《饮膳正要》卷三《兽品》。

"性温味甘，补中益气，壮筋骨，令人不饥"①。忽必烈赏赐有功将领饮驼乳，以此表示"他日不忘汝也"②。宣徽院下设尚舍寺，其职责之一是"牧养骆驼，供进爱兰乳酪"③。可见"爱兰（剌）"是宫廷饮食中常备之物。

在汉族居民中间，饮用牛奶比较普遍。"牛乳最宜老人，平时补血脉，益心长肌肉，令人身体康强润泽，面目光悦，志不衰。故为人子者常须供之以为常食……此物胜肉远矣。"为了保证牛奶的质量，当时已注意对乳牛要加选择："三岁以上，七岁以下，纯黄色者为上，余色为下。"要注意保护，"其乳牛清洁养之，洗刷饮饲，须如法用心看之"④。

二　乳制品

用牛、羊奶可以制成酥和酪。"酥乃酪之浮面所成。"⑤ 也就是现在常说的奶油，当时亦称为酥油、白酥油、醍醐油。"取净马奶子不住手用阿赤（系打油木器也）打取浮凝者为马思哥油，今亦云白酥油。""取上等酥油约重四斤之上煎熬过滤净，用大瓷瓶贮之，冬月取瓶中心不冻者谓之醍醐。"这是一种方法。另一种方法是"牛乳中取浮凝熬而为酥"⑥。具体来说，是"牛乳不拘多少，取于锅釜中，缓火煎之"。"候四五沸便止，泻入盆中。勿扬动。待小冷，掠去浮皮，著别器中，即真酥也。"酪是用剩下的"熟乳"制成的。"掠去浮皮"后，用"生绢袋滤熟乳干净，瓷罐中卧之"。"卧之"是保持温度的意思。"其熟乳待冷至温如人体为候"，用"甜酪作酵，大率熟乳一升，用甜酪半匙著勺中，以匙痛搅开，散入熟乳中，仍以勺搅匀"。在瓷罐外蒙上毡絮之类物品保温，"明旦酪熟"⑦。前一种以阿赤打取酥油之法盛行于蒙古人中间，后一种煎熬取酥以及制作奶酪则是中原地区的传统方法⑧。蒙古亦应有制奶酪之法，但缺乏记载。

---

① 《饮膳正要》卷三《兽品》。按，教士鲁不鲁乞说蒙古人称牛奶为"艾朗（airam）"（《出使蒙古记》，第125页）。疑有误。明代《华夷译语》作："驼奶，爱亦剌里。"《卢龙塞略》："爱亦剌里，驼奶也。"（《蒙古译语女真译语汇编》，贾敬颜、朱风辑，天津古籍出版社1990年版，第40、184页）与"爱剌（兰）"是同名异译。
② 《元史》卷一六九《谢仲温传》。
③ 《元史》卷八七《百官志三》。
④ 《寿亲养老新书》卷一《食治老人诸疾方》。
⑤ 李时珍：《本草纲目》卷五《兽部·酥》。
⑥ 《饮膳正要》卷二《诸般汤煎》。
⑦ 《居家必用事类全集》庚集《造酪法》《晒干酪》。
⑧ 《居家必用事类全集》所载造酪法与《齐民要术》所载"作酪法"基本相同。

"牛酥真异品,牛乳细烹熬。坚滑黄凝蜡,冲融白泻膏。"① 诗中描写的是煎熬牛奶取酥油之法。羊乳亦可提取酥油:"三月五月尚清寒,新滴羊酥冻玉桦。"② 诗人描述草原风光时说: "不须白粲备晨炊,乳酪羊酥塞北奇。"③ 奶酪经过加工可以成为"干酪":"七八月间造之。烈日炙酪,酪上皮成,掠取;更炙,又掠。肥尽无皮,乃止。得斗许,锅中炒少时即出,盘盛曝干,浥浥时作团,如梨大,又曝极干收。经年不坏,以供远行。作粥作酱细削,以水煮沸,便有酪味。"④ 这就是现在所说的奶豆腐。

还有一种乳制品叫作"乳饼":"取牛乳一斗,绢滤入锅。煎三五沸,水解,醋点入乳内,渐渐结成。漉出,绢布之类裹,以石压之。"⑤ 在草原上,"营盘风软净无沙,乳饼羊酥当啜茶"⑥。"煮酪以为饼,园方白更坚。斋宜羞佛供,素可列宾宴。"⑦ 宫廷"食疗"诸方中有"乳饼面",系将"乳饼一个切作豆干样","用面拌熟,空腹食之";"治脾胃虚弱,赤白泄痢"⑧。宫廷菜肴中"荤素羹""珍珠粉""台苗羹"等都用乳饼一个⑨。汉人对乳饼亦有兴趣:"刀落云英薄,羹翻玉版鲜。老夫便豆乳,得此倍欣然。"⑩ 倪瓒的食谱中有一道"雪庵菜",其中也用了乳饼⑪。

《饮膳正要》记录了"牛酥""牛酪"和"牛乳腐"。"牛酥,凉,益心肺,止渴嗽,润毛发,除肺痿、心热、吐血。""牛酪味甘酸,寒,无毒,主热毒,止消渴,除胸中虚热、身面热疮。""牛乳腐微寒,润五脏,利大小便,益十二经脉,微动气。""牛乳腐"大概就是干牛酪。此外著录了"羊酪","治消渴,补虚乏"⑫。却没有提到羊酥。这可能是,一般酥油均是牛奶制成之故。贾铭的《饮食须知》中著录了乳酪、酥油和乳饼⑬。贾铭是海

---

① 程以文:《牛酥》,《诗渊》第 1 册,书目文献出版社 1985 年版。
② 贡师泰:《寄颜经略羊酥》,《玩斋集》卷五。
③ 杨允孚:《滦京杂咏》卷下。
④ 《居家必用事类全集》庚集《晒干酪》。
⑤ 《居家必用事类全集》庚集《造乳饼》。
⑥ 杨允孚:《滦京杂咏》卷上。
⑦ 程以文:《乳饼》,《诗渊》第 1 册。
⑧ 《饮膳正要》卷二《食疗诸病》。
⑨ 《饮膳正要》卷一《聚珍异馔》。
⑩ 程以文:《乳饼》,《诗渊》第 1 册。
⑪ 《云林堂饮食制度集》,第 9—10 页。
⑫ 《饮膳正要》卷三《鲁品》。
⑬ 《饮膳正要》卷五《味类》。

宁人，可以认为这些奶制品在江南也是流行的。

第三节　汤

一　汤的种类

汤是元代通行的另一种饮料。

在宫廷中，汤的名目繁多，有五味子汤、人参汤、仙术汤、杏霜汤、山药汤、四和汤、枣姜汤、茴香汤、破气汤、白梅汤、木瓜汤、橘皮醒醒汤等①。民间流行的汤，见于《居家必用事类全集》的有天香汤、暗香汤、须问汤、杏酪汤、凤髓汤、醍醐汤、水芝汤、茉莉汤、木香苦汤、香橙汤、橄榄汤、豆蔻汤、解醒汤、干木瓜汤、无尘汤、熟梅汤、绿云汤、檀香汤、丁香汤、辰砂汤、胡椒汤、缩砂汤、茴香汤、仙术汤、荔枝汤、温枣汤、香苏汤、地黄膏子汤、轻素汤、沃雪汤②。见于《寿亲养老新书》有三妙汤、干荔枝汤、清韵汤、橙汤、桂花汤、洞庭汤、醍醐汤、木瓜汤、韵梅汤等③。两书有的汤名相同，如醍醐汤、木瓜（干木瓜）汤，而成分很不相同；但荔枝汤与干荔枝汤则基本相同。

各种汤的成分以药材、香料为主，也有少数以花和干鲜果品为主，有的加上一些药材、香料。前者为豆蔻汤、胡椒汤、缩砂汤、檀香汤等，后者如天香汤、香橙汤、荔枝汤、橙汤等。汤的制作，一般是将各种成分和合研成细末，饮用时"沸汤点服"，也就是用滚开的水冲泡，然后服用。也有少数则将各种成分煎熬成膏，再以"沸汤点服"，如荔枝汤、温枣汤等。多数汤加盐，有咸味，如宫廷中的仙术汤、杏霜汤、四和汤、茴香汤、破气汤、白梅汤、橘皮醒醒汤；民间的天香汤、水芝汤、香橙汤、豆蔻汤、干木瓜汤、熟梅汤、绿云汤、仙术汤、清韵汤、桂花汤、醍醐汤、洞庭汤、木瓜汤、韵梅汤。有一些则加蜜或糖，有甜味，如宫廷中的五味子汤、人参汤、木瓜汤，民间的暗香汤、杏酪汤、凤髓汤、醍醐汤、无尘汤、荔枝汤、温枣汤、三妙汤、干荔枝汤。还有一些汤既不加盐，亦不加蜜、糖，也就是既不甜也不咸，保持药物、香料的原味，如须问汤、木香汤、橄榄汤、解醒汤、檀香

---

① 《饮膳正要》卷二《诸般汤煎》。
② 《居家必用事类全集》卷二《诸般汤煎》。
③ 《寿亲养老新书》卷三。

汤、丁香汤、辰砂汤、胡椒汤、缩砂汤、茴香汤、香苏汤、地黄膏子汤、轻素汤、沃雪汤。此外，宫廷中的山药汤，以山药、粟米、杏仁为原料，"每日空心白汤调二钱，入酥油少许"。又有杏霜汤，以粟米、杏仁加盐制成，"右件拌匀，每日空心白汤调一钱，入酥少许尤佳"。在汤中加酥，显然是为了适合蒙古人的口味。

汤的作用，主要是预防疾病和滋补，有的可以"补虚益气，温中润肺"；有的可以"辟瘟疫，除寒湿"，"和脾胃，进饮食"。有些汤的配制，就出于医方。如豆蔻汤、仙术汤"出《局方》"，《局方》就是宋代官修的《和剂局方》。解酲汤是"东垣李明之方"。东垣李明之是金代大医学家李杲。无尘汤、荔枝汤、温枣汤、香苏汤、地黄膏子汤也都"出李氏方"。饮汤是食疗的一种方法。

上面列举元代的各种汤，大多是前代已经流传的配方，但亦有当代配制之方，例如木香苦汤是"王百一承旨常服汤药"。百一是王鹗的字。王鹗是金朝的状元，金亡后入忽必烈幕府，忽必烈即位后授以翰林学士承旨之职，故称"王百一承旨"①。木香苦汤应即他所创制。

二 点汤的作用

汤作为一种饮料，在宋朝已很流行。当时的记载说："客至则设茶，欲去则设汤，不知起于何时。然自官府下至闾里，行之莫废。有武臣杨应诚独曰：'客至设汤，是饮人以药也，非是。'故其家每客至，多以蜜饯渍橙、木瓜之类为汤饮客。"② 由此可见当时人把汤看成药，而上汤则暗示客人到了应离开的时候。又有记载说："今世俗客至则啜茶，去则啜汤。汤取药材甘香者屑之，或温或凉，未有不用甘草者。此俗遍天下。"③ 说明汤的材料原来都是药材，以花或干鲜果实为汤大概是较晚的事情。

元代杂剧中时有"点汤"的描写。在佚名作者《冻苏秦衣锦还乡》中，苏秦落魄去见当丞相的同学张仪，侍从张千一说"点汤"，苏秦便意识到："点汤是逐客，我则索起身。"④ 在郑德辉《醉思乡王粲登楼》中，王粲去见刘表，将领蒯越对王粲不满，一喊"点汤"，王粲说："点汤呼遣客，某只

---

① 《元史》卷一六〇《王鹗传》。
② 佚名：《南窗记谈》。
③ 朱彧：《萍洲可谈》卷一。
④ 佚名：《冻苏秦衣锦还乡》，《元曲选》。

索回去。"① 这些描写说明，上汤时便是送客之时，元代依旧保持这种风俗。

前面说过，《饮膳正要》和《居家必用事类全集》《寿亲养老全书》均有关于汤的记载，说明上至宫廷、下至民间饮汤之风盛行（图5-1）。值得注意的是茶坊中亦有汤出售。杂剧《吕洞宾三醉岳阳楼》中，描写吕洞宾来到岳阳楼下茶坊中，第一盏吃个木瓜（汤），第二盏吃个酥佥，第三盏吃个杏汤②。茶坊里卖汤，当然不是为了送客，而是供一般饮用。可见汤在当时是很普遍的饮料。

图5-1　《饮膳正要》卷二"诸般汤煎"插图

第四节　树奶子

元代还有一种奇特的饮料，称为"树奶子"。"直北朔漠大山泽中，多以桦皮树高可七八尺者，掬而作斗柄稍。至次年正、二月间，却以铜、铁小

---

① 郑德辉：《醉思乡王粲登楼》，《元曲选》。
② 马致远：《吕洞宾三醉岳阳楼》，《元曲选》。

管子，插入皮中作瘿瘤处，其汁自下。以瓦桶收之，盖覆埋于土中，经久不坏，其味辛稠可爱。是中居人代酒，仍能饱人。此树取后多枯瘁。"这一记载见于元代北京地方志《析津志》的《异土产贡》①，可见当时大都必然存在这种饮料。

据波斯史家记载，森林中的蒙古人"用白桦和其他树皮筑成敞棚和茅屋，并以此为满足。当他们割开白桦树时，其中流出一种类似甜乳之（汁）；他们经常用来代替水喝"②。可见，在蒙古人当中，有一部分生活在森林中的，早已知道利用白桦树汁作饮料。

当然，还有一种可能性。当时大都有不少斡罗思（即俄罗斯）人，这是蒙古西征时跟随而来的。元文宗至顺三年（1332）曾收集斡罗思人1万，设立宣忠扈卫亲军都指挥使司加以安置③。"树奶子"也许是满足这些人的需要而从斡罗思地面运来大都的，因为那里盛产白桦树，迄今白桦树汁仍是俄罗斯人喜爱的饮料。

---

① 《析津志辑佚》，第239页。
② ［波斯］拉施特：《史集》第一卷第一分册，第200—201页。
③ 《元史》卷三四《文宗纪三》。

第六章　元代的饮食生活和饮食著作

第一节　饮食方式

一　三餐制和两餐制

中国古代汉族一天两餐比较普遍，称为朝、晡两食。唐、宋时期，一日三餐逐渐增多。到了元代，汉族中已普遍实行一日三餐。

元代杂剧中多次提到一日三餐。《荆楚臣重对玉梳记》中说："每日家三餐饱饭要腥荤，四季衣换套儿新。"①《孟德耀举案齐眉》描写富家之女孟光自愿嫁给穷书生梁鸿，过贫苦生活。她的母亲吩咐"管家的嬷嬷，一日送三餐茶饭去"，与小姐食用。嬷嬷劝梁鸿上京进取功名，孟光说："我三餐粥饭尚不能勾完全，这一路盘缠出在那里？"②《布袋和尚忍字记》描写汴梁首富刘均佐受布袋和尚（弥勒佛化身）的感化，在家中后园结庵修行，"每日三顿素餐食"③。在《包待制陈州粜米》中，从人说："这位大人（指包拯），清廉正直……一日三顿，则吃那落解粥。"④ 以上种种，都足以说明，一日三餐已是当时普遍实行的办法，无论贫富，都是如此。

三顿饭分别称为早饭、午饭（晌午饭）和晚饭。元末人陶宗仪说："今以早饭前及饭后、午前午后、晡前小食为点心。"⑤ 已说明三餐是早饭、午饭与晡（晚饭）之分。大都的"经纪生活匠人等，每至晌午以蒸饼、烧饼、

---

① 贾仲名：《荆楚臣重对玉梳记》，《元曲选》。
② 佚名：《孟德耀举案齐眉》，《元曲选》。
③ 郑廷玉：《布袋和尚忍字记》，《元曲选》。
④ 佚名：《包待制陈州粜米》，《元曲选》。
⑤ 陶宗仪：《点心》，《辍耕录》卷一七。

鏇饼、软糁子饼之类为点心，早晚多便水饭"①。这一记载中的"点心"与陶宗仪所说有所不同，可能反映南北的差别，但由此亦可看出大都下层民众亦有早、晌午、晚饭之别。杂剧《崔府君断冤家债主》中，悭吝的财主"留着一只手上油待吃晌午饭"②。另一杂剧《谢金莲诗酒红梨花》中，从人说："灯在此，酒饭齐备了，请相公慢慢的自吃晚饭。"③ 说明晌午饭、晚饭之名已很流行。

蒙古人的习惯与汉族有所不同。13 世纪 40 年代前往蒙古的教皇使节普兰诺·加宾尼报道说："他们把小米放在水里煮，做得如此之稀，以致他们不能吃它，而只能喝它。他们每个人在早晨喝一两杯，白天他们就不再吃东西；不过，在晚上，他们每人都吃一点肉，并且喝肉汤。"13 世纪 50 年代另一西方使节威廉·鲁不鲁乞前往蒙古，据他记述："一路上，在早晨他们给我们一些喝的东西或小米粥。不过，在傍晚，他们经常给我们羊肉（前腿带肩膀肉、排骨）吃，而且可以尽量喝肉汤。"④ 鲁不鲁乞受到的待遇和加宾尼所记完全相同，足以证明当时蒙古人习惯于一日两餐，而以晚餐为主。当然，他们入居中原与汉族杂居后，这种习惯应该有所改变。

二　进食用具

元代的进食用具，有匕（匙）、箸（筷子）和叉三种。

箸在元代用途广，不仅夹菜，也用来拨饭。元代记载，大都"经纪生活匠人等"，"早晚多便水饭。人家多用木匙，少使箸，仍以大乌盆木勺就地分坐而共食之"⑤。"多用木匙"可能是适合"水饭"（稀饭）之故。杂剧《东堂老劝破家子弟》中，富家子弟扬州奴将家财败尽，准备卖房，但发愁："可把什么做饭吃？"帮闲说："我家有一个破沙锅，两个破碗和两双折箸，我都送与你，尽勾了你的也。"⑥ 可以看出，箸已是进食的需备之物。

高丽汉语教科书记载，购买的"什物"中有"红漆匙、黑漆匙、铜匙、红漆箸、铜箸"⑦。红（黑）漆的匙、箸应是木或竹制。上面所引记载说

---

① 《析津志辑佚·风俗》。
② 佚名：《崔府君断冤家债主》，《元曲选》。
③ 范寿卿：《谢金莲诗酒红梨花》，《元曲选》。
④ ［英］道森：《出使蒙古记》，第 17—18、151 页。
⑤ 《析津志辑佚·风俗》。
⑥ 秦简夫：《东堂老劝破家子弟》，《元曲选》。
⑦ 《老乞大谚解》卷下，第 187 页。

"经纪生活匠人等"用木匙、木勺,他们使用的箸也应是木制。铜匙、铜箸是比较富有人家使用的,银匙、银箸更是如此。在元代墓葬中,银箸、银匙都有发现。此外还有象牙制作的匙、箸,大都"湛露坊自南而转北,多是雕刻、押字与造象牙匙、箸者"①。这当然主要满足权贵与富豪人家的需要。

值得注意的是,元代墓葬中发现了餐叉。甘肃漳县元代汪世显家族13号墓出土骨制餐叉一件,双齿,圆形柄,长19.5厘米。同时出土还有一件尖状骨制餐刀,显然是与餐叉配合使用的。山东嘉祥石林村元代曹元用墓出土一套类似的叉和餐刀,刀叉均为骨柄铁质,刀残长14厘米,叉长15.5厘米。这一套刀叉配有一个竹鞘,鞘间有隔,分放刀、叉,鞘长18厘米②。显然,刀、叉是配合使用的。汪氏是汉化很深的蒙古汪古部人,曹元用是汉族,前者用刀叉可能是蒙古习俗的遗留,后者则可能是受蒙古习俗的影响。

蒙古人的食品"既没有面包,也没有供食用的草本植物、蔬菜,或任何其他东西,什么也没有,只有肉"。他们习惯于用手抓肉,"由于肉有油,他们把双手弄得很脏"。他们"把羊肉切成小块……然后用一把小刀的刀尖或为此目的而特制的叉的叉尖——这种叉类似于我们吃放在葡萄酒里煮的梨和苹果时习惯使用的那种叉——取肉"③。所以蒙古人的进食用具主要是小刀和叉,尤以刀为重要。"蒙古之俗,好以铦刀刺肉,宾主相唼,往复不容瞥"④。"铦刀"就是锐利的刀。这是朝鲜史家的记载。元朝的文人亦说:"北人重开割,其所佩小篦刀,用镔铁、定铁造之,价贵于金,实为犀利,王公贵人皆佩之。"⑤

三 其他饮食用具

在汉族中间,常见的食用工具,除箸、匙之外,还有碗、碟、盆、锅等。碗、碟、盆是盛饭、菜和其他食品的用具,锅则是煮饭和煮、炒菜肴的器具。碗、碟、盆以瓷制的居多,也有铜制、木制和金银制的(图6-1),木制器皿常常涂漆。锅一般是铁制的。在元代墓葬和遗址的发掘中,这类食用工具时有出土。如安徽合肥的一处窖藏中,发现了金碟、银碟、银碗、银

---

① 《析津志辑佚·风俗》。
② 王仁湘:《饮食与中国文化》,人民出版社1994年版,第275页。
③ [英]道森:《出使蒙古记》,第17、116页。
④ 《高丽史》卷一〇三《金就砺传》。
⑤ 叶子奇:《杂制篇》,《草木子》卷三下。

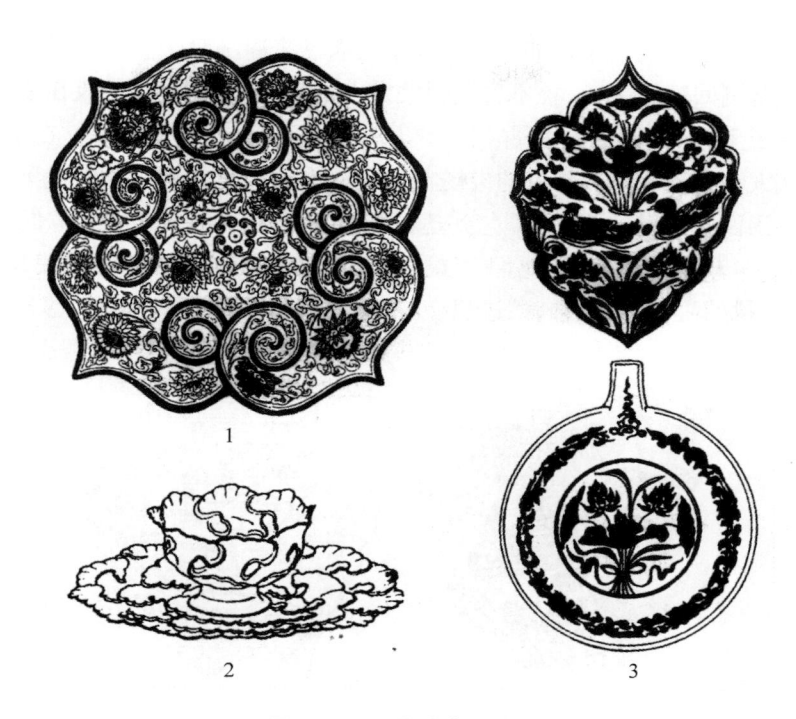

图 6-1　元代饮食用具
1. 元代金盘图案　2. 元代钱裕墓出土的银碗　3. 元代瓷器青花图案

筷等物，造型精美①。江苏金坛发现有一批银器中，有银碗、银盘等②。瓷碗、瓷碟、瓷盘、瓷盆等更是常见的出土之物（图 6-2）。大都的木器，用"高丽榧子木刳成或旋成，大小不等，极为朴质。凡碗、碟、盂、盏、托，大概都有"③。高丽汉语教科书记商人购买"什物"，有"锣锅、荷叶锅、两耳锅，瓷碟子、木碟子、漆碟子"，"这盘子是大盘子、小盘子，漆碗"④。此外还有陶制的碗、盆、碟等，那是比较简陋粗糙的，大多的劳动者用"水饭"时"以大乌盆、木勺就地分坐而共食之"，"大乌盆"就是这一类器皿。草原上的蒙古人食用工具要简陋一些，主要有盛肉的盘和煮肉的锅。13 世纪中期前往蒙古的西方教士都提到蒙古人有盘子、碗和锅，普兰诺·加宾尼说

---

① 吴兴汉：《介绍安徽合肥发现的元代金银器皿》，《文物参考资料》1957 年第 2 期。
② 肖梦龙：《江苏金坛元代青花云龙罐窖藏》，《文物》1980 年第 1 期。
③ 《析津志辑佚·物产》。
④ 《老乞大谚解》卷下，第 186—187 页。

他们"不洗他们的盘子,如果他们偶尔用肉汤来冲洗盘子,洗完后他们又把肉汤和肉倒回锅里去"。鲁不鲁乞说蒙古人把羊肉切成小块,"放在盛着盐和水的盘子里"。"她们(蒙古妇女)从来不洗盘子和碗,不过,在烧肉时,她们从大锅里舀一些沸腾着的肉汤在预备盛肉的碗里,把它冲洗一下,然后又将肉汤倒回锅里。"鲁不鲁乞到达蒙哥汗宫廷时,蒙古人借给他们"一口大锅和一口三脚锅",供他们"煮肉之用"①。后来元朝宫廷中使用金盘:"上苑含桃熟暮春,金盘满贮进枫宸。"② 蒙古国时期宫廷亦应如此。

图6-2 元代瓷制饮食器具
1. 青花瓷 2. 青花瓶 3. 青花罐 4. 青花盘

---

① [英]道森:《出使蒙古记》,第17、179页。
② 廼贤:《宫词八首·次偰公远正字韵》,《金台集》卷一。

元代的酒具主要是杯，有瓷杯（图6-3），亦有金、玉、铜、银杯。元朝宫廷及贵族均喜用金杯和玉杯。"静瓜约闹殿西东，颁宴宗王礼数隆。酋长巡觞宣上旨，尽教满饮大金钟。"① "棕殿巍巍西内中，御宴箫鼓奏薰风。诸王驸马咸称寿，满酌葡萄饮玉钟。"② "金钟""玉钟"就是金杯、玉杯。近年考古发掘时有铜杯、瓷杯、银杯、金杯出土。

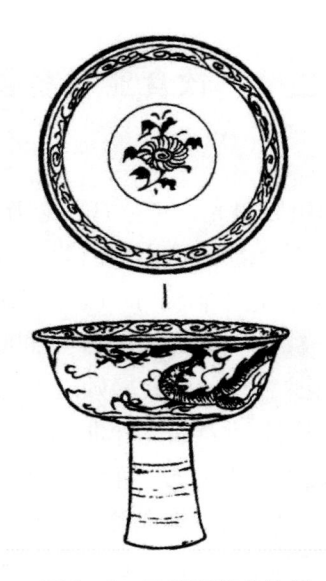

图6-3 元代青花龙纹杯

蒙古人重视饮酒。蒙古国时期，大汗的宫帐中便设有大型的贮酒器具，如前面提到，蒙哥汗宫殿中有一棵能流出四种酒的大银树。忽必烈即位后，在至元二年（1265）下令用整玉雕成一具高70厘米、直径135厘米的贮酒器，称"渎山大玉海"，安置在宫城中广寒殿内。至元二十二年（1285），又造大樽，"樽以木为质，银内，而外镂为云龙，高一丈七尺"③。这个大樽称为"酒海"，安放在宫城中主殿大明殿之中④。随着时间的变迁，"酒海"

---

① 张昱：《辇下曲》，《张光弼诗集》卷二。
② 朱有燉：《元宫词一百首》，见《辽金元宫词》，北京古籍出版社1988年版。
③ 《元史》卷五《世祖纪二》。
④ 韩儒林：《元代漠北酒局与大都酒局》，见《穹庐集》，上海人民出版社1982年版，第140—144页。

早已不知所在，而"渎山大玉海"历经沧桑，至今安置在北海团城内，这是现存最具特色的元代酒器。

元代茶有"末茶""茗茶"（草茶）之别，饮茶有"点""煎"之分。"点茶"的茶具有茶臼、研杵、茶罐、汤瓶、茶盏、茶碗、茶筅等，这在元代墓葬壁画中有清楚的表现。"煎茶"的器具有茶罐、茶壶、茶盏等。"点茶"主要用黑盏（黑釉茶盏），"煎茶"主要用青白茶盏。

第二节 饮食业和宴会

一 饮食业

元代的大都，"茶楼酒馆照晨光，京邑舟车会万方"[1]。众多的茶楼、酒馆，是大都都市面貌的一大特色。酒馆亦称酒肆，茶楼亦称茶坊。大都中心齐政楼（鼓楼）以西有西斜街"临海子（即今积水潭），率多歌台、酒馆"[2]。名诗人赵孟頫的诗《海子上即事与李子构同赋》："小姬劝客倒金壶，家近荷花似镜湖。游骑等闲来洗马，舞靴轻妙迅飞凫。"[3] 就是描写海子边的酒楼，饮酒之外还有舞蹈表演。大都有南、北二城，北城是元代新建的，海子即在北城内。南城是金代中都所在地，亦有不少酒楼，其中著名的有寿安楼，是在金代寿安殿基础上建造的。诗人廼贤在《京城春日二首》中写道："黄鹤楼东卖酒家，王孙清晓驻游车。宝钗换得蒲萄去，今日城东看杏花。"[4] 可见酒楼是王孙公子出入之地。

大都还有许多茶楼、茶坊、茶肆。散曲作家李德载有小令《赠茶肆》，其结尾说："金芽嫩采枝头露，雪乳香浮塞上酥，我家奇品世间无。君听取，声价彻皇都。"[5] 可见描写的就是京师茶肆，作者实际上是在替京师一家茶肆做广告。大都李总管因无子到枢密院东算命，"坐中一千户，邀李入茶坊"[6]。总管、千户都是地位颇高的官员，他们出入茶坊，将它作为交际的场所。

酒楼、茶坊之外，又有饭店（食店）。高丽的汉语教科书记载："咱们

---

[1] 马臻：《霞外诗集》卷四《都下初春》。
[2] 《析津志辑佚·岁纪》。
[3] 赵孟頫：《海子上即事与李子构同赋》，《赵孟頫集》卷四，浙江古籍出版社1986年版。
[4] 廼贤：《京城春日二首》，《金台集》卷一。
[5] 李德载：《赠茶肆》，《全元散曲》。
[6] 陶宗仪：《算命得子》，《辍耕录》卷二二。

食店里吃些饭去来。午门外前好饭店,那里吃去来。咱各自爱吃什么饭各自说。过卖,你来,有什么饭?官人们各自说吃什么饭,羊肉馅馒头、素酸馅稍麦、匾食、水精角儿、麻尼汁经卷儿、软肉薄饼、饼锗、煎饼、水滑经带面、挂面、象眼棋子、柳叶馎子、芝麻烧饼、黄烧饼、酥烧饼、硬面烧饼都有。"① 可知饭店里卖的都是主食类食品,类似现在的小吃店。大都还有不少出售食品的摊贩。"街市蒸作面糕。诸蒸饼者,五更早起,以铜锣敲击,时而为之。及有以黄米作枣糕者,多至二三升米作一团,徐而切破,秤斤两而卖之。若蒸造者,以长木竿用大木杈撑住,于当街悬挂,花馒头为子。小经纪者,以蒲盒就其家市之,上顶于头上,敲木鱼而货之。"每年正月上半月,"市利经纪之人,每于诸市角头,以芦苇编夹成屋,铺挂山水、翎毛等画,发卖糖糕、黄米枣糕之类及辣汤、小米团"。皇城前大树旁,"诸市人数发卖诸般米甜食、饼馂、枣面糕之属,酒肉茶汤无不精备,游人至此忘返"。五月端午节前,"小经纪者于是中角头阛阓处,芦苇架棚挂画,发卖诸般凉糕等项"。九月重阳节,"都中以面为糕馈遗,作重阳节,亦于阛阓中笊篱芦席棚叫卖"②。以上文字颇有错讹,但大体可见大都食品摊贩之盛。

  大都以外的城市及乡镇,酒肆、茶坊、饭店亦相当普遍。湖州有厨行、饭食行、酒行,都与饮食业有关③。可以想见此地饮食业一定有相当规模,才会有这类同业公会组织。杨显之的杂剧《郑孔目风雪酷寒亭》中描写张保"在这郑州城外开着一座小酒店儿",郑州"满城中酒店有三十座",有的是"将那酒仙高挂,酒器张罗";有的则是"茅庵草舍,瓦瓮瓷钵"④。乡村中亦有酒店。在杂剧《朱砂担滴水浮沤记》中,店小二说:"自家是个卖酒的,在这十字坡口儿上,开张这一个小铺面,觅几文钱度日。"⑤ 在马致远的杂剧《吕洞宾三醉岳阳楼》中,开场便是酒保说:"在这岳阳楼下开着一个酒店,但是南来北往经商客旅,做买做卖,都来这楼上饮酒。"后来则是郭马儿说:"在这岳阳楼下,开着一座茶坊,但是南来北往,经商客旅,都来我茶坊中吃茶。"⑥ 秦简夫的杂剧《东堂老劝破家子弟》描写扬州富家子弟

---

① 《朴通事谚解》卷下,第322—326页。
② 《析津志辑佚·风俗》;《析津志辑佚·岁纪》。
③ 《重修东岳行宫记》碑阴题名,《吴兴金石记》卷一三。
④ 杨显之:《郑孔目风雪酷寒亭》,《元曲选》。
⑤ 佚名:《朱砂担滴水浮沤记》,《元曲选》。
⑥ 马致远:《吕洞宾三醉岳阳楼》,《元曲选》。

经常出入"卖茶"的茶坊，又与帮闲、妓女到月明楼上饮酒①。文艺作品都在不同程度上反映了现实生活的各个方面，上述杂剧中的描写说明了元代茶坊、酒肆之类饮食业是相当兴旺的。

二 宴会

元代宴会之风甚盛。至元七年（1270）四月，"中书户部据太原路申：本路人民嫁女娶妻，不量己力，或作夜宴，肴馔三二十道，按酒三二十桌，通宵不散，其中引惹斗讼，不惟耗费，有损无益，乞行革去。省部相度，今后会亲，止许白日至禁钟已前宴会，除聊备按酒，饮膳上、中户不过三味，下户不过二味，无致似前费耗。其余宴会亦同此例遍行禁约施行"②。按照这一规定，民间的宴会，一是只许"白日至禁钟已前"举行，所谓"禁钟"，是"诸夜禁一更三点钟声绝，禁人行"③；二是宴会除"按酒"（冷盘）外，只许上三种菜肴。而且，"其余宴会亦同此例"。事实上，这一规定中关于菜肴的限制并没有真正实施，完全流于形式（图6-4）。

图6-4 《饮膳正要》中的"聚珍异馔"插图

---

① 秦简夫：《东堂老劝破家子弟》，《元曲选》。
② 《通制条格》卷二七《杂令·私宴》。
③ 《元史》卷一〇五《刑法志四·禁令》。

两种高丽的汉语教科书中都有关于宴会的记载。一种教科书是描写"官人们""去那有名的花园里做一个赏花宴席",席上有各种干果(榛子、松子、干葡萄、栗子、龙眼、核桃、荔枝),各种水果(柑子、石榴、香水梨、樱桃、杏子、蘋婆果、玉黄子、虎刺宾),在干、鲜水果中间"放象生缠糖,或是狮仙糖",就是以白糖煎熬后倒入印模内制成之物。上的菜有烧鹅、白炸鸡、川炒豕肉、燃鸽子蛋、爁烂膀蹄、蒸鲜鱼、㸆牛肉、炮炒豕肚。最后是"上汤",共有七道:爁羊蒸卷、金银豆腐汤、鲜笋灯笼汤、三鲜汤、五软三下锅、鸡脆芙蓉汤、粉汤馒头。其中除汤外还有点心。席上有乐工"弹的们动乐器,叫将唱的跟前来看他唱"。散席时还要"把上马杯儿,令唱达达曲儿,吹笛儿着"①。"达达"就是蒙古。这是贵族、官僚们的宴会,排场很大(图6-5)。另一种教科书记载:"咱们做汉儿茶饭着,第一道团攛汤,第二道鲜鱼汤、第三道鸡汤、第四道五软三下锅、第五道干按酒、第六道灌肺、蒸饼、脱脱麻食、第七道粉汤、馒头,打散。"② 这个宴会的排场显然比上一个要小得多,可能反映民间的一般情况。

图6-5 《事林广记》中的贵族宴饮图

---

① 《朴通事谚解》卷上,第11—18页。
② 《老乞大谚解》卷下,第194—195页。

元代文献中亦有一些关于宴会的记载。"高楼一席酒，贫家半月粮"，是当时颇为流行的谚语。"一席所费有至千贯者，匹夫匹妇日米二千，又奚啻终身一世之粮价矣。"① 也就是说，一次宴会的花费等于农民一生所需的粮食。元朝政府禁止杀马，皇家举行的"诈马宴"，用马三匹，而元朝后期权臣燕铁木儿竟然"一宴或宰十二马"②。其豪侈由此可见。诗人、书法家鲜于枢"一日宴客，呼名妓曹娥秀侑尊"③。鲜于枢是个中等地位的官员，由他的行为可知当时宴会常有妓女作陪。

　　宴会的座次有一定的格式。宴会有一定的程序，称为"茶饭体例"④："凡大宴席茶饭，则用出桌。每桌上以小果盆列果木数盘于前，列菜碟数品于后，长箸一双。厅下用大花瓶、香炉居于中央，祗应乐士列左右。若众官相会，主人则进前把盏（仪式具载于后）。客有居小者亦出席把盏，凡数十回，方可献食。初巡则用粉羹，主人以两手捧进于各位官员面前放下，然后把盏。次巡或鱼羹或鸡、鹅、羊等羹（随主人之意），复如前仪。三巡或灌浆馒头，或用酸羹，或群仙羹，并如前仪。正盏，大茶饭，用牛、马，常茶饭用羊、豕、鸡、鹅等，并完，煮熟，以大桌盛之，两人抬于厅中，有梯己人则出剜肉，凡头牲并以头与尾及胸肤肉献于长者，腿翼净肉献于中者，以剩者彻散与祗应等人。厅上再行劝酒，令熟醉结席，且用解粥，众客渐而散去。"

　　宴会上把盏亦有固定的仪式，因人而异。上述文字提到"祗应、乐士列左右"，另一记载中"乐士（工）"作"乐人"。一幅有关宴会的图画上可以看出乐人吹笛击鼓助兴⑤，这和上面所引高丽汉语教科书中关于上层宴会的描写是一致的，显然是相当流行的。

三　诈马宴

　　蒙古人对于宴会十分重视。当时有人说："国朝大事，曰征伐，曰搜狩，

---

①　胡祗遹：《论积贮》，《紫山大全集》卷二二。
②　《元史》卷一三八《燕铁木儿传》。
③　杨瑀：《山居新语》"鲜于伯机"条。
④　《新编事文类聚启札青钱》前集卷九《诸式门》。日本古典研究会影印元泰定本。《事林广记》前集卷十一《仪礼类·大茶饭仪》文字略有出入。
⑤　《事林广记》前集卷一一《仪礼类》。

曰宴飨，三者而已。"① 宴会被认为是同战争、狩猎同等重要的国家大事之一。这是因为；按照蒙古的习惯，国家大事都要在宴会上讨论，作出决定。这种习惯的形成，则与蒙古的游牧生活方式和部落组织形式有密切的关系。

蒙古人有各种大小不等的宴会。由蒙古大汗和元朝皇帝在节庆或为其他重要事件举行的大型宴会，称为"诈马宴"或"只孙宴"，其中以每年六月在上都举行的宴会规模最大。据目睹过上都宴会盛况的周伯琦说："国家之制，乘舆北幸上京，岁以六月吉日，命宿卫大臣及近侍，服所赐只孙珠翠金宝衣冠腰带，盛饰名马，清晨自城外各持采仗，列队驰入禁中，于是上盛服御殿临观，乃大张宴为乐。惟宗王、戚里、宿卫大臣前列行酒，余各以所职叙坐合饮，诸坊奏大乐，陈百戏，如是者凡三日而罢。其佩服日一易。太官用羊二千噭，马三匹，他费称是，名之曰只孙宴。只孙，华言一色衣也，俗呼为诈马宴。"②

"只孙"，又作质孙，是蒙古语 jusun 的音译，意为颜色。在皇家宴会上，与会者每天都要穿同一种颜色的衣服，称为"只孙"服。这种衣服是由皇帝赏赐的。由于与会者都穿"只孙"服，所以这种宴会就称为"只孙宴"。"诈马"一词，则来源于波斯语 jāmah，意为衣。"质孙"和"诈马"说的是一回事，"只孙宴"和"诈马宴"都突出了宴会上服装的奢华③。一位参加过上都诈马宴的诗人写道：

千官万骑到山椒，个个金鞍雉尾高。下马一齐催入宴，玉阑干外换官袍（每年六月三日，诈马宴席，所以喻其盛事也。千官以雉尾饰马入宴）。

锦衣行处狻猊习，诈马宴前虎豹良。特敕云和罢弦管，君王有意听尧纲［诈马宴开，盛陈奇兽，宴享既具，必一二大臣称（成）吉思皇帝札撒，于是而后礼有文饮有节矣。云和署隶仪凤司，（司）乐，掌天下乐工］。

仪凤伶官乐既成，仙风吹送下蓬瀛。花冠簇簇停歌舞，独喜箫韶奏太平（仪凤司天下乐工隶焉，每宴，教坊美女必花冠锦绣以备供奉）。④

---

① 王恽：《吕公神道碑》，《秋涧文集》卷五七。
② 周伯琦：《诈马行》，《近光集》卷一。
③ 韩儒林：《元代诈马宴新探》，《穹庐集》，第 247—253 页。
④ 《滦京杂咏》卷上。

与会者"千官万骑","锦衣""宫袍",宴会上有乐队演奏,美女歌舞。"诈马宴"极尽奢侈之能事。

"诈马宴"是大型的宴会,与会者主要是蒙古的王公贵族、高级官员。宫廷还举行其他宴会,最著名的是款待南宋小皇帝一行的十次宴会[①]:

皇帝初开第一宴,天颜问劳思绵绵。
大元皇帝同茶饭,宴罢归来月满天。
第二宴开入九重,君王把酒劝三宫。
驼峰割罢行酥酪,又进雕盘嫩韭葱。
第三宴开在蓬莱,丞相行杯不放杯。
割马烧羊熬解粥,三宫宴罢谢恩回。
第四排宴在广寒,葡萄酒酽色如丹。
并刀细割天鸡肉,宴罢归来月满鞍。
第五华宴正大官,辘轳引酒吸长虹。
金盘堆起胡羊肉,乐指三千响碧空。
第六宴开在禁庭,蒸麋烧麂荐杯行。
三宫满饮天颜喜,月下笙歌入旧城。
第七宴排极整齐,三宫游处软舆提。
杏浆新沃烧熊肉,更进鹌鹑野雉鸡。
第八宴开在北亭,三宫丰宴已恩荣。
诸行百戏都呈艺,乐局伶官叫点名。
第九宴开尽帝妃,三宫端坐受金卮。
须臾殿上都酣醉,拍手高歌舞雁儿。
第十琼宴敞禁庭,两厢丞相把壶瓶。
君王自劝三宫酒,更送天香近玉屏。

宫廷的宴会上,有各种野味,名目甚多,也有歌舞助兴,充分表现了皇家的豪奢。诗中屡次出现的"三宫",指南宋小皇帝、太皇太后和皇太后。南宋政权灭亡,"三宫"被送到北方,忽必烈对他们颇为礼遇,不断为之举

---

① 汪元量:《湖州歌九十八首》,《增订湖山类稿》卷二,第52—54页。

行宴会，当然也为了炫耀自己的武功。

第三节　饮食著作

一　《事林广记》

《事林广记》是一种日用百科全书型的民间类书。内容广泛，涉及社会生活的许多方面。南宋末年建州崇安（今福建崇安）人陈元靓编，元人增补。此书在宋、元不断翻刻，有多种版本，内容亦有所增补删改。现在常见的是中华书局影印的元至顺年间（1330—1333）刊本。

至顺本《事林广记》别集卷七《茶果类》下有"茶""诸品汤""诸品渴水""诸品熟水""收藏果木法"诸门。同书别集卷八《酒曲类》有"造曲法""诸醋方"。其中所收各种"方"有不少可与其他记载相印证，应是当时通行之法。对于了解宋、元时期民间饮食（特别是南方）状况，具有很高的价值。

二　《居家必用事类全集》

《居家必用事类全集》也是一种日用百科全书型的民间类书。现在常见的是书目文献出版社影印的朝鲜刻本（收在《北京图书馆古籍珍本丛刊》内）。共分 10 集。己集分"诸品茶""诸汤""渴水""熟水""法制香药""果食""诸酒""造诸醋法""诸酱类""诸豉类""饮食类"（下分"蔬食""淹藏肉品""淹藏鱼品""造鲊品"）诸门类。庚集"饮食类"[①]，下分"烧肉品""煮肉品""肉下酒""肉灌肠红丝品""肉下饭品""肉羹食品""回回食品""女真食品""湿面食品""干面食品""从食品""素食""煎酥乳酪品""造诸粉品""庖厨杂用"。内容涉及主食、副食制作的许多方面，十分丰富。

以《居家必用事类全集》和《事林广记》作比较，可以发现两者的不少内容是相同的，但前者更为丰富。以前者的"诸品茶"和后者的"茶"为例。两者其他条目大体相同，但《居家必用》增加了"兰膏茶""酥签茶"。如前所述，这两种加酥的茶，正是元代的特色。《事林广记》"诸品汤"下收汤 12 种，而《居家必用事类全集》"诸品汤"则有 30 种。而且

[①] 庚集除"饮食类"之外，还有"染作类""洗练""香谱"等门。

《事林广记》的 12 种汤中，有一半为《居家必用事类全集》所未收。而《居家必用事类全集》中的"木香苦汤"是"王百一承旨常服汤药"，"王百一"即忽必烈时大臣王鹗，已见前述。于此亦可见《居家必用事类全集》编纂的时代。《事林广记》"诸品渴水"收"荔枝浆""杨梅渴水""香糖渴水""木瓜渴水""五味渴水"共 5 种，《居家必用事类全集》"渴水"则收"御方渴水""林檎渴水""杨梅渴水""木瓜渴水""五味渴水""葡萄渴水""香糖渴水"共 7 种，后附"造清凉饮法"。并在"渴水"题目下注："番名摄里白"，即舍里别的异译，此名元代才开始出现。由以上几个例子足以说明，《居家必用事类全集》的编纂，应在《事林广记》以后，也就是在元代成书的。特别应该提到的是，《居家必用事类全集》中有"回回食品"和"女真食品"两目。"回回食品"只在元代回回人大批进入中原以后才有可能为人们所知，而"女真食品"在宋、金对峙情况下不可能为南宋人记载，只会在元代才被记载。

《居家必用事类全集》所载各种饮食在以前各章中已分别作过介绍，这里不再叙述。

三 《寿亲养老新书》

《寿亲养老新书》4 卷，首卷宋代陈直撰，第二至第四卷为元代邹铉续增。陈直北宋人，神宗元丰年间（1078—1085）时为泰州兴化县令，作《养老奉亲书》。邹铉号冰壑，曾任泰宁路总管，在元成宗大德丁未年（1307）增陈书为 4 卷，更名为《寿亲养老新书》。此书重点讲老人食治之方、医药之法、摄养之道，其中食疗部分可以和元代其他有关著作相互参证，有助于了解元代饮食的情况。上海古籍出版社将此书影印出版。

四 《饮膳正要》

《饮膳正要》作者"饮膳大医忽思慧"，可能是汉人，也可能是西域人。他在天历三年（1330）进书的表文（载于书首）中说："臣思慧自延祐年间选充饮膳之职，于兹年久。""延祐"是仁宗的年号（1314—1320），可知他负责宫廷饮食至少有 10 年之久，情况熟悉。他又说："是以日有余闲，与赵国公臣普兰奚将累朝亲侍进用奇珍异馔、汤膏煎造，及诸家本草、名医方术，并日所用谷肉果菜，取其性味补益者，集成一书，名曰《饮膳正要》，分为三卷。本草有未收者，今即采摭附写。"这位"普兰奚"有汉姓"常"，很可能是汉人取蒙古名。由这段话可知，《饮膳正要》一书，内容比较芜杂，既收录了累朝皇帝食用的"奇珍异馔，汤膏煎造"；又收有"诸家本草、名医方术"；此外还记载有"日所用谷肉果菜"。此书第一卷的主要内容是"三皇圣记""养生避忌""妊娠食忌""乳母食忌""饮酒避忌"和"聚珍异馔"。第二卷是"诸般汤煎""诸水""神仙服饵""四时所宜""五味偏走"和"食疗诸病"，以及"食物利害""食物相反""食物中毒""禽兽变异"。第三卷分"米谷品""兽品""禽品""鱼品""果品""菜品""料物"（图6-6）。

图6-6　《饮膳正要》卷二中的"食物利害"图

《饮膳正要》是一部养生学著作。全书的指导思想是以食疗疾，特别重视食物的性味、食用禁忌以及食疗的作用。其中有可取的地方，也有不少是传闻之误。"聚珍异馔""诸般汤煎"以及"食疗诸病"几部分，比较全面地反映了元朝宫廷饮食的面貌，具有很高的价值（图6-7）。卷三关于各类食物品种的介绍，也很有意义，特别是提到一些外来食物品种，对于研究中外经济文化交流有参考价值。书中有关饮食在前面各章节已分别述及。

《饮膳正要》常见的是《四部丛刊续编》本，其余版本都是据之翻印或排印的。

图 6-7 《饮膳正要》中的"食疗诸病"插图

五 《云林堂饮食制度集》

《云林堂饮食制度集》，倪瓒作。倪瓒（1301—1374），字元镇，号云林，无锡（今江苏无锡）人。著名画家。倪瓒家庭豪富，过着奢侈的生活。他对饮食十分讲究，《云林堂饮食制度集》实际上就是他家饮食的记录。此书分量不大，编排亦显杂乱，除饮食外又收"香灰""洗砚法"，菜肴、饮料、主食制品的排列亦无一定的顺序。值得重视的是，其中某些菜肴的制作，如"烧鹅""蜜酿蝤蛑"等，相当精致，反映了当地的饮食特色。书中关于酱油、花茶的记载，也是受到研究者重视的。此书有《碧琳琅馆丛书》本。中国商业出版社出版的《中国烹饪古籍丛刊》中收有此书，邱庞同注释，1984 年版。

六 《饮食须知》

作者贾铭，海宁（今浙江海宁）人。生于南宋，在元朝曾官万户，入明已百岁[1]。《饮食须知》写作的准确年代不可考，应成书于元代。作者用意

---

[1] 《四库全书总目》卷一一六《子部·谱录类存目》。

在于养生，他在"序"中说："饮食藉以养生，而不知物性有相反相忌，丛然杂进，轻则五内不和，重则立兴祸患，是养生者未尝不害生也。"因此他从各种资料中"专选其反忌，汇成一编，俾尊生者日用饮食中便于检点耳"。全书共分8卷，卷一"水火"，卷二"谷类"，卷三"菜类"，卷四"果类"，卷五"味类"，卷六"鱼类"，卷七"禽类"，卷八"兽类"，都与饮食有关。书中列举的主食、副食品种，对于了解元代的食物构成，很有价值。卷四"果类"有"落花生"，是现存文献中关于花生的较早的明确记载。卷五"味类""茶"中提到"芥茶"和"苦荟"，是元代同类文献中没有或很少提到的。但是书中大量关于"反忌"的记述，有许多是传闻之误，并不可靠。此书有中国商业出版社出版的陶文台注释本，1985年版。

七 农学著作中的饮食资料

除了专门的饮食著作外，农学著作中亦有不少有价值的饮食资料。一种是《农桑辑要》，元朝大司农司编撰，刊行于至元十年（1273）。此书为指导农业生产之用，主要将前代农书加以辑录整理，但有部分内容"新添"。这些"新添"的内容，对于认识元代饮食的状况颇有价值，例如蔬菜、瓜果都有不少品种在"新添"之列，还有关于甘蔗制糖方法的记述。《农桑辑要》有元刻本传世，缪启愉的《元刻农桑辑要校释》（农业出版社1988年版）是目前便于利用的较好的本子。另一种是《农书》，作者王祯，东平（今山东东平）人，曾任旌德（今安徽旌德）、永丰（今江西永丰）县尹，熟悉农业，于皇庆二年（1313）著此书。《农书》分《农桑要诀》《百谷谱集》《农器图谱》三部分。《百谷谱集》分"谷属""蓏属""蔬属""果属""竹木""杂类""饮食类"等部分，详细介绍了主食、副食（蔬菜、水果、油料作物）的种植和利用情况，是关于元代饮食原料的最丰富的记载，对于这些原料的加工，也有很多有价值的叙述。例如元代茶叶生产、加工和饮用方法，应以此书的记载最为详细。王毓瑚校《王祯农书》，农业出版社1981年版；缪启愉的《东鲁王氏农书译注》，上海古籍出版社1994年版：是两种比较好的本子。

第七章　元代的盐业

有元一代，盐业生产的规模很大，技术也有所进步，元朝政府十分重视盐业生产和运销的管理，制定了严密的制度，颁布了一系列的法令，建立了专门的庞大机构。盐的生产和运销都在国家的严格控制之下，国家通过这种控制获得了巨额收入，所以元代人说："国家财赋，盐利为盛。"[①] "富国裕民，无出于铸山煮海二事而已。"[②] 但是，在封建生产关系的制约下，元代盐的产销过程存在着种种难以解决的矛盾。广大盐业劳动者在政府和富户的双重压迫剥削下日益贫困化；盐课不断加重，使人民群众生活困苦；这些导致了私盐的盛行，以及元代社会矛盾的复杂化。总的来说，元代盐的产销过程实际上就是封建国家依靠富裕的盐户和大盐商对盐业劳动者和消费者进行剥削和掠夺的过程，这个过程意味着封建国家、地主阶级与广大人民群众之间矛盾的不断加深，在元代不断爆发的各族人民的武装斗争中，常常可以看到盐的产销过程中激化的矛盾的影响。

第一节　盐业生产概况

一　盐业生产的恢复和发展

1211 年起，成吉思汗发动对金战争。1213 年，蒙古军包围金中都（今北京），金朝请和。1214 年，蒙古军退出居庸关，回师草原。金哀宗迁都汴京（今河南开封）。成吉思汗得知此事，认为金朝对议和没有诚意，便重新发兵进攻中都。1215 年，中都降。蒙古国改中都为燕京，并以燕京为基地，

---

① 陶安：《送胡达卿序》，《陶学士文集》卷十一。
② 郑介夫奏，见《历代名臣奏议》卷六七。

逐步扩大自己对黄河以北地区的控制。

燕京附近的濒海地区，金代设有盐场，并设置了宝坻盐使司进行管理。1223年，成吉思汗授刘敏为"安抚使，便宜行事，兼燕京路征收税课、漕运、盐场、僧道、司天等事"①。说明至迟到此时蒙古国已经开始注意到盐业生产问题。也就在刘敏到燕京任职的前后，河北军阀契丹人耶律天祐"略沧、棣，得户七千，兼沧、棣州达鲁花赤，佩金符。时金盐山卫镇盐场未下，天祐以计克之，岁运盐四千席，以佐军储"②。说明这一盐场继续进行生产。但是，总的来说，在蒙古攻金以后相当长一段时间内，河北、山西、山东一带动荡不安，各种势力互相争斗，盐业生产和其他农业、手工业生产一样，只能是零星的、分散的、时断时续的。只有到了13世纪30年代，情况才有较大的变化。

1227年，成吉思汗病死。1229年，成吉思汗第三子窝阔台被蒙古王公推举为大汗。窝阔台即位后，任用契丹人耶律楚材，加强了对已控制的农业区（汉地）的管理，其中之一便是建立赋税制度。当时在蒙古国的上层发生过一场争论："自太祖西征之后，仓廪府库，无斗粟尺帛。而中使别迭等金言：虽得汉人，亦无所用，不若尽去之，使草木畅茂，以为牧地。"耶律楚材提出了不同意见，他说："夫以天下之广，四海之富，何求而不得，但不为耳，何名无用哉！"他提出具体的增加收入的办法，"地税、商税、酒醋、盐、铁、山泽之利，周岁可得银五十万两、绢八万匹、粟四十万石"。窝阔台接受了他的意见，并按他的建议，设立十路课税所，专门负责征税③。

盐利是耶律楚材增收计划的重要一环，而盐业生产的恢复是盐税征收的前提。因此，随着课税所的设立，有关地区恢复盐业生产的工作也就着手进行了。设立十路课税所是窝阔台汗二年（1230）的事。这一年"始立河间税课所，置盐场，拨灶户二千三百七十六隶之，每盐一袋，重四百斤"；"始立平阳府征收课税所，从实办课。每盐四十斤，得银一两"；"始立益都课税所，拨灶户二千一百七十隶之，每银一两，得盐四十斤"。癸巳年（1233），修复解州盐池。可见，北方主要盐区都已陆续恢复生产，而且对盐的运销已

---

① 《元史》卷一五三《刘敏传》。据元好问说，刘敏根据成吉思汗之命，领"西域工技户"五百人，"立局燕京，兼提举燕京路征收课税、漕运、盐场及僧道、司天等事"。见元好问《大丞相刘氏先茔神道碑》，《遗山先生文集》卷二八。

② 《元史》卷一九三《耶律忒末传》。

③ 宋子贞：《中书令耶律公神道碑》，《国朝文类》卷五七。

有初步的统一的规定。1234年又设立了河间、山东两处盐运司，对盐的产销进行管理。1236年，"初于白陵港、三叉沽、大直沽等处置司，设熬煎办，每引有工本钱"。这几处盐场离燕京较近。1237年，"始命北京路征收课税所，以大盐泊硬盐立随车随引载盐之法。"① 至此，原金朝统治区的盐场都建立了管理机构，恢复了生产。

　　随着金朝灭亡（1234），淮河以北广大地区都归于蒙古国统治之下，社会秩序相对来说逐渐趋于安定；特别是忽必烈嗣位以后，推行"汉法"，生产得到恢复，人口有所增加；这样一来，对盐的需要量也就增加了。社会的需求促使盐业生产发展。河间地区各盐场，在1240年"岁办三万四千七百袋"，1243年便增为九万袋。至元十二年（1275）又增为二十万引（每引四百斤）。河东解池盐（原归平阳府征收课税所辖，后设盐司）在1252年"岁捞盐一万五千引"，到至元十年（1273），"岁办盐六万四千引"②。三盐司在全国统一以前的产量约为四十万引左右，此外还有一些盐场、盐池，也有出产，但为数有限。

　　至元十一年（1274），忽必烈发大军攻南宋。十三年（1276），南宋都城临安（今浙江杭州）下。元军相继攻取了两浙、两淮、福建、两广等地。南方的盐场，陆续为元朝所有。元灭南宋的战争和蒙古灭金的战争有明显的区别。蒙古灭金的战争，以掠夺为主要目的，北方的生产遭到很大的破坏。元灭南宋，以统一为目的，为此忽必烈提出了要南方百姓"各守职业"的号召，从而使这场战争造成的破坏相对来说要少得多。也是在十三年，战争还没有结束，忽必烈便发布命令，要"从实恢办"茶盐酒醋等南方各色课程③。这就意味着恢复并发展盐的生产和流通。为此，元朝政府在至元十三、十四两年间，在南宋原有基础之上，迅速建立了两浙、两淮、福建、广东、广海（广西）等处的盐务管理机构，"因宋之旧……从实办课"④，各地盐场遭受战争的破坏轻重不一，但由于元朝政府抓得及时，所以生产均未中断，都能继续进行，而且很快便恢复甚至超过了原来的产量。下面便是各盐区生产的简单情况：

---

① 《元史》卷九四《食货志二·盐法》。按，大盐泊金代称为大盐泺，设有盐税官，在今内蒙古东乌珠穆沁旗境内。
② 《元史》卷九四《食货志二·盐法》。
③ 《元典章》卷二二《户部八·课程·江南诸色课程》。
④ 《元史》卷九四《食货志二·盐法》。

（1）两淮。至元十六年（1279）产587623引，折合23504万斤。南宋淮盐最盛时为2亿斤左右，可见此时已恢复甚至可能超过原有水平。

（2）两浙。至元十四年（1277）产92148引，十八年产218562引，折合8742万斤，尚不及南宋浙盐产量（1亿至1亿5千万斤）。但到至元二十三年（1286），增加到45万引，折合1亿8千万斤，大大超过南宋产量。

（3）福建。至元十三年产6055引，折合242万斤，比起南宋同一地区产量（2000万至3000万斤）来，要少得多。这显然是战争造成的盐场破坏、盐户逃散所致。但到至元二十年（1283），即回升为54200引，折合2168万斤，与南宋时产量相近。

（4）广东。至元十三年即设立管理机构，但至元十六年（1279）产盐仅621引，广东是南宋余部与元朝最后决战之地，盐场破坏可想而知。也就在这一年，崖山一役，南宋余部被消灭，广东渐趋安定，盐业生产逐渐回升，至元二十二年（1285）产10825引，折合433万斤，比起南宋时的产量（650万至750万斤），仍要少一些。

（5）广海（广西）。至元十三年产盐24000引，折合960万斤，已与南宋时产量（1000万斤上下）相近，说明这一地区盐场没有遭到多少破坏。

总的来说，从全国统一到14世纪20年代，盐的产量一直呈上升的趋势。元世祖忽必烈统治的末年（1289—1292）为180万引左右，折合7亿2千万斤；其中南方各盐区合计约为110万引，折合4亿4千万斤左右，超过了南宋时的产量（4亿斤左右）。过了十余年，到武宗至大元年（1308）前后，全国盐产量为216万引左右，增加了36万引。到文宗天历年间（1328—1329），又增至250万余引。这是元代盐产量的最高额。其中两淮最多，95万75引。两浙次之，50万引。以下是河间40万引，山东31万引，河东184500引，福建13万引，广东50552引，广海50165引，四川28910引①。自此以后，便呈下降的趋势。

应该指出的是，各盐司的年产量（当时称为"岁办额盐"，简称"岁额"）是由政府规定的，一般是根据各盐司的生产条件、劳动力情况和原有的生产水平来确定的。但是在元朝政府的财政收入中盐课占有举足轻重的地位，元朝政府为了增加盐课收入，便依靠两个办法：一是增加盐产量，二是提高盐价。关于盐价问题，后面还会叙述。就盐产量而言，从种种迹象看

---

① 《元史》卷九四《食货志二·盐法》。

来，文宗天历年间政府规定的产量，已经超出了不少盐区的实际生产能力，也超过了当时社会的实际需要。以两浙盐司为例："至元十五年初定盐额，两浙运司岁办作二十二万引，当年办至中统钞二万四十八百六十余锭。至元二十四年，桑哥作相，灭里虚抬盐额，作四十五万引包办，以此谀罔朝廷，营求运司。此时两浙人民尚富，灭里到任，肆其威虐，止办得三十四万八千余引，得中统钞一十一万八百七十余锭。次年蒙都省明见灭里虚诞，奏减一十万引，定作三十五万引为额。"① 在生产条件和劳动力数量没有重大变化的情况下，将产量突然提高一倍，是很荒唐的。但中书省的"明见"，不过是减去十万引，实际上比原额仍有很大增加。而且，此后又不断添加，到仁宗延祐六年（1319）已增为五十万引。显然，这个数字是超过了两浙盐司的合理生产能力的。

　　元代中期起，各盐司的岁额有正盐、余盐之分。正盐就是原来确定的年产量，一般是世祖至元末年确定的，也有一些是元代中期确定的。余盐则是在确定年产量以后再追加的。正盐也都是不断增添的结果，普遍偏高，但尚能完成；余盐则完全是不顾生产能力强行摊派的。以天历年间的250余万引来说，其中余盐已占有相当大的比例，如两淮的95万引中，余盐占35万引，河东盐司的184500引中，余盐达102500引，超过正盐；河间40万引中，余盐5万引；山东31万引中，余盐6万引；四川28910引中，余盐占1.5万引；两浙45万引中，余盐5万引；福建13万引中，余盐3万引；广东50552引中，余盐1.5万引；广海50165引中，余盐1.5万引②。余盐总计为68.7万引。约占全部盐产量的三分之一。

　　到了元朝末代皇帝顺帝上台（1333）以后，盐业生产中的矛盾明显地暴露出来。起初，元朝政府为了增加财政收入，还向某些盐司增加余盐的指标，如两浙盐司在元统元年又增余盐万引；同年，广东亦增余盐1.5万引。但盐户大量逃亡导致无法完成定额。另一方面，盐又大量积压，销售不出去，即使是强行摊派也无济于事。仅两浙盐司"各仓停积累岁未卖之盐"，即达90余万引，等于该盐司两年的产量。盐卖不出去，盐课就无法完成。元朝政府官员面对这种情况，惊呼盐法"弊甚""大坏"。各盐司纷纷要求削减盐额，首先是削减后来追加的余盐。元朝中央政府不得不作出一些让

---

① 叶知本：《减盐价书》，嘉庆《两浙盐法志》卷二七。
② 《元史》卷九四、九七《食货志二》《食货志五》。

步，同意适当削减，因为不这样做生产就难以维持。但每次削减都是很有限的，而且都是临时性的"权令减免"，"俟盐法流通，复还元额"①。事实上，这些有限的减免对于盐业生产中的矛盾，并不能起到缓解的作用。

顺帝至正十一年（1351），爆发了全国规模的农民起义。战火所及，许多盐场的生产都受到影响，产量下降。例如两浙盐场34处，"军兴以来，其隶转运司者仁和、许村、西路而已，复经寇掠，人多流亡"②。其他地区的情况也差不多。而且，两淮、两浙地区又为张士诚、方国珍等集团所占据，元朝政府再不可能从这两个盐产量最高的地区得到任何收入，其他多数盐区也处于分裂割据的状态，只有福建在一段时间内还能为元朝政府提供盐课的支持，但为数有限③。盐业生产的下降，盐课收入的断绝，对于元朝的财政收入来说，是十分沉重的打击，意味着元朝财政的崩溃，加速了元朝的灭亡。

二 盐业生产技术

元代文献在叙述盐的种类时说："有因自凝结而取者，解池之颗盐也。有煮盐而后成者，河间、山东、两淮、两浙、福建之末盐也。惟四川之盐出于井，深者数百尺，汲水煮之。"④ 也就是说，有海盐（末盐）、池盐（颗盐）、井盐三大类。

海盐在元代盐的生产中占有最重要的地位。海盐用海水加工而成，产于沿海地区。加工的办法主要是"煮海而后成"，但也已出现"晒曝成盐"⑤之法，前者一般称为煮盐，后者一般称为晒盐。

煮盐之法，由来已久。元代煮盐的技术，和宋代基本上是一样的。元代出现了一本关于煮盐技术的专著《熬波图》。该书作者陈椿，曾在松江华亭县下砂场任职，熟悉当地盐业生产的情况。他得到当地人所作《熬波图》，加以修订，"略者详之，阙者补之"，在至顺元年（1330）付印问世，全书共有图52幅（现存47幅），每图附有文字说明和诗歌题咏，表现了煮盐生

---

① 《元史》卷九七《食货志五·盐法》。
② 见贝琼：《送两浙转运司副使分司西路归武林序》，《清江集》卷一。
③ 《元史》卷一八七《贡师泰传》。
④ 《经世大典序录·盐法》，《国朝文类》卷四十。
⑤ 《元典章》卷二二《户部八·盐课·禁治私盐》。

产的全过程①。《熬波图》是宋元煮盐生产技术的全面、系统总结，也是我国现存的第一部关于海盐生产的专门著作。

根据《熬波图》的叙述，结合其他记载，可以将当时海盐生产归结为下列步骤，即建造房屋、开辟摊场、引纳海潮、浇淋取卤、煎炼成盐。

修建房屋。盐户集中居住，一则便于生产，二则可以防止走泄私盐。因此，必须以"团"为单位修筑生产点。团有围墙，"仿佛城池"。"团内筑凿池井，盛贮卤水，盖造盐仓、桦屋。"卤池、卤井，都是贮存卤水的设置。将海水进行加工取得卤水后才能煮盐。卤井、卤池上也要"造房屋以覆之"，以防雨水释稀卤。

开辟摊场。卤水的取得，靠晒灰；晒灰的场所称为摊场，也就是盐田。"取卤摊场，最为急务。"摊场选择"旁海附团卤地"，经过牛犁翻耕，敲泥拾草，削土取平等反复加工，"其场地宛如镜面光净，四下坦平，方可摊灰晒之"。摊场周围及中间修小渠，供引海水用。摊场边修灰淋（灰挞），为四方形的土窟，灰淋旁掘卤井，都用土块筑垒，二者相通，供取卤用。

引纳海潮。上面所说的都是海盐生产中的基本设施。完备以后，即可开始生产。生产的流程是以引进海潮开始的，"每团各灶须开通海河道，港口作坝，令开月河，候取远汛，以接海潮"。每年六七月是制盐的旺季，"用水浩大，海潮虽遇大汛，亦不入港，必须雇夫将带工具，就海开河，引潮入港，用车戽接"。"车"即水车，"逐级接高，戽咸潮入港"。而引海水的河沟"每为沙泥壅涨淤塞"，每年都要"频频捞洗以深之"。海潮的顺利引进与否是海盐生产的前提，而港口堤坝和月河的修建则是海盐生产不可缺少的基本建设。两淮盐司下辖的富安场，"场距海远，潮不时至，盐丁负水取卤，力疲而赋不充"。盐司书吏"相其地形，凿渠以通海潮，公私咸称便之"②。

浇淋取卤。在摊场均匀铺上草木灰（或土灰），引入海水，再晒干。如此反复淋晒，使灰中盐分增加。然后再"扫聚成堆"，挑入灰淋中，"用脚踏踏坚实"。再往其上浇咸水，灰淋下面便有卤水通过管道流往旁边的卤井。这种晒灰取卤法盛行于浙西各盐场。浙东则行削土取卤之法。削土就是把海水浸漫的海滩地上经过日晒以后含盐分较多的表层咸土，刮聚在一起，成为土墩，然后用咸水浇淋，取得浓度很大的卤水。两浙之外的其他海盐产区，

---

① 关于《熬波图》一书的情况，请看［日］吉田寅《元代制盐技术资料（熬波图）の研究》。
② 黄溍：《王公墓志铭》，《金华先生文集》卷三四。

主要采用的也应是这两种方法。有趣的是西方旅行家马可·波罗关于中国Cinglu（长芦）制盐方法的描述："取一种极咸之土，聚之为丘，泼水于上，俾浸于底。然后取此出土之水，置于大铁锅中煮之"，俾可成盐①。马可·波罗所说的大概是削土取卤水之法，他的描述是相当确切的。

煎炼成盐。摊场上取得卤水后，便用船运至团中，加以煎炼。浙西煮盐用铁盘，大的铁盘每面用生铁一两万斤。浙东则"以竹编"，"止可用二、三日"。元代昌国州（今浙东定海）的地方志记载说："本监旧皆铁盘，取土于六月两汛之间，八月始起煎。亭户虽有上半年之逸，若两汛时分阴雨稍作，则岁计遂误。大德元年，管勾黄天祐始以上命，巧出方略，改铁盘之制，用篾盘，随时起土，一如他所，春即起煎。亭户随得时用其力，预期补办，无岁终积欠敲扑之峻，实多便之。"② 可见，采用竹编篾盘，虽然很易损坏，但能将生产期提前，对于当地盐的生产是有利的。煮盐时将卤水放入盘中，用柴薪煮煎。煮时根据卤水的浓淡，或者将"欲成未结胡涂湿盐"捞出，置于铺有竹篾的撩床（木架）上，"沥去卤水，乃成干盐"；或者"待桦上卤干，已结成盐"，然后捞出③。

晒盐法很可能在南宋时已存在于福建，但它在较大范围内的应用，则是元代的事。至元二十九年（1292），江西行省的一份文书中已讲到煎盐和晒盐的区别④。成宗大德五年（1301），福建盐运司"所辖十场，除煎四场外，晒盐六场"。可见在福建盐区晒盐法已占很大比重。晒盐法的生产过程前几个步骤（引纳海潮、浇淋取卤）和煮盐法相同；但在对卤水加工成盐上，"全凭日色晒曝成盐，色与净砂无异，名曰砂盐"。不用柴薪和铁盘，生产成本要低一些⑤。和煎盐相比，晒盐法是一种进步，可以说是制盐工艺史上的一大变革。但在元代，其他盐区似乎并未采用，它的进一步推广，已是元代以后的事了。

池盐。元代出产池盐的地方颇多，都在北方，而以解池（今山西运城南）最为重要。解池"广袤百里"⑥，自古以来一直是重要的盐产地。解池

---

① 《马可波罗行纪》中册，第513页。
② 《大德昌国州志》卷五《叙官》。
③ 以上征引史料未注明出处者，均见《熬波图》。
④ 《元典章》卷二二《户部八·盐课·添支煎晒盐本》。按，至元二十九年，福建各路隶江西行省。
⑤ 《元典章》卷二二《户部八·盐课·禁治砂盐》。
⑥ 王纬：《池神庙碑》，《山右石刻丛编》卷三二。

生产最初听任日晒、风吹，自然成盐，由人工捞取。唐代前后，改为人工种晒，即将盐池附近的土地开辟成畦，引入池水，再经日晒风吹成盐。经过这样的过程，盐的产量、质量都有很大提高。蒙古对金作战期间，解池遭到破坏。修复以后，逐渐得到发展。官方记载说，"有因自凝结而取者，解池之颗盐也"。又说："（解）池方一百二十里，每岁五月，场官伺池盐生结，令夫搬攞盐花。其法必值亢阳，池盐方就，或遇阴雨，则不能成矣。"① 都没有提到垦畦成盐之事。元代有关文献中的记载是不同的。至元二十七年（1290），李庭应盐司之请为池神庙撰写碑文，其中说："盐之所出，品类颇多。……出于解之两池者，则治畦其旁，盛夏引水灌之，得西南风起，一夕成盐。盖资于天，非人力之所能也。"② 他说的是垦畦成盐法，与宋代没有区别。但在此以后，仁宗延祐元年（1314），王纬奉皇帝之命为重修池神庙撰写碑文，其中说："前代解盐，垦畦沃水种之，今则不烦人力而自成，非若青齐沧瀛淮浙濒海牢盆煎煮之劳及蜀井穿凿之艰也。"③ 这两篇文章都有一定的权威性。看来，只能理解为在两篇文章的不同写作期间解池的生产方法有了变化，由垦畦成盐变为自然成盐。在宋代，垦畦法所得的解盐以"精好"著称；有人主张恢复自然成盐，即漫生盐，但遭到激烈的反对，理由之一是漫生盐"苦不可食"④。元代后期，人们常以"解盐味苦"为言，这也证明了这时解池采用的是自然成盐之法⑤。

解池之外，北方还有不少盐池，元朝中期，上都（今内蒙古正蓝旗境内）留守贺仁杰说："煮海为盐，由人力以出者也。……今濒上都池泊皆盐，实天惠养斯人者。"⑥ 显然，上都周围的盐池都是自然形成的。兴和路昌州（后改宝昌）之东，"有盐池，周广可百里，土人谓之狗泊，以其形似故也。"⑦ 元初一度"置盐使司"⑧，后废。这显然就是贺仁杰所说"濒上都"

---

① 《元史》卷九四《食货志二·盐法》。
② 李庭：《解州盐池重修二王神庙碑》，《寓庵集》卷四。
③ 王纬：《池神庙碑》，《山右石刻丛编》卷三二。
④ 欧阳修：《唐盐宗神庙记》，《集古录跋尾》卷八。
⑤ 《元史》卷九七《食货志五·盐法》。按，明代马理说；"宋人以三月垦畦，四月沃种，至八月而止，是谓种盐……盐池盐则攞取而已，且种且攞，所获滋多，元人惟盐池，不复畦种，今二场因之。"（《河东运司重修盐池神庙记》，《河东盐法志》卷十二。)
⑥ 姚燧：《贺公神道碑》，《牧庵集》卷十七。
⑦ 张德辉：《纪行》，见《秋涧文集》卷一百。按，金朝大定二十五年（1185），"更狗泺为西京盐司"。（《金史》卷四九《食货志四·盐》）狗泺即狗泊。
⑧ 《元史》卷五八《地理志一》。

盐池之一。在上都东北、距离较远的大盐泊，前面已经说过，也是一个著名的盐池。文献中还提到"东京懿州乞石儿硬盐"①，懿州在元代属辽阳路，治所在今辽宁阜新东北，当地显然也有出产"硬盐"之处。元朝政府曾在燕山山脉的古北口等处设关卡，防止口外的"疙疸盐"进入大都路及其以南地区，"疙疸盐"应即"硬盐"，这是根据池盐不同于海盐的形状和特性而起的名称。此外，在宁夏有韦红盐，"其池邻接陕西环州百余里"。环州即今甘肃环县。韦红盐"味甘而价贱"，一度冲击了解盐市场②。

　　井盐主要产于四川，其次是云南。宋代四川井盐生产兴旺发达，但在蒙古（元）对宋战争中遭到很大的破坏。元朝统一以后，逐渐有所恢复，但仍不如前代。据元代中期统计，"为井凡九十有五，在成都、夔府、重庆、叙南、嘉定、顺庆、潼川、绍庆等路万山之间"③。这九十五座盐井，分属四川盐司管辖下的各盐场，但民间往往私自开井。宋代的绍熙府（府治今四川自贡市荣县）以产盐著称，元初"以其地荒而废之"。到元代后期，"襄、汉流民，聚居宋之绍熙府故地，至数千户，私开盐井，自相部署"。元朝政府因此在其地置绍熙宣抚司。④ 说明当地盐业生产有所恢复，而且都是百姓自行经营。云南也有井盐。云南行省下属柏兴府闰盐县（今四川盐源县）"县境有盐井"⑤。这里历史上是产盐之地，后一度废弃，元初为一"牧羊夷女"重新发现，恢复了生产。这位少数民族妇女因此受到崇敬，立庙祭祀，民间称之为开山姥姥，也称开井娘娘⑥。云南威楚（今云南楚雄）"地利盐井"⑦。意大利旅行家马可·波罗在他的游记中也有关于云南产盐的记述。他说，"建都产盐，居民煮盐，范以为块，作货币用"。建都即建昌路，时属云南行省罗罗斯宣慰司，接近柏兴府。路治即今四川西昌。马可·波罗还说，哈剌章（今云南大理）"其地有盐井而取盐于其中，其地之人皆恃此盐；国王

---

① 《元史》卷九四《食货志二·盐法》。
② 《元史》卷九七《食货志五·盐法》。
③ 《元史》卷九四《食货志二·盐法》。
④ 《元史》卷三九《顺帝纪二》，卷一四〇《赡恩传》，参见陈世松《绍熙府与元代四川盐业的兴衰》，《盐业史研究》1988年第2期。
⑤ 《元史》卷六一《地理志四》。
⑥ 光绪《盐源县志》卷三《食货·盐法》；卷十《人物·开山姥姥》。参见李绍明《少数民族对开发盐源盐业的贡献》，载《四川井盐史论丛》。
⑦ 《元一统志》卷七《云南行省》，赵万里辑本。

（指镇守云南的蒙古藩王）赖此盐收入甚巨"[1]。可见，云南的井盐生产也是相当可观的。元代四川、云南的井盐生产技术缺乏记载，估计应与宋代相去不远。

第二节 盐务管理机构和盐户

一 盐运司和盐场

蒙古国窝阔台汗二年（1230），立十路课税所，管理各地财赋，盐业生产运销亦在其内。很快，蒙古国对财赋管理机构作了调整。有些地方成立了专门的盐务管理机构，如盐运司、提举（领）盐使所（司）；有些地方则设置转运司主管财赋，盐政亦在其中。江南统一之初，有些地方的盐务曾与市舶或茶、铁管理联合设置机构。后来逐渐统一，设置专门的盐务管理机构，称为都转运盐使司（盐运司）、盐课提举司，只有四川保留了茶盐转运司，兼管茶、盐。

盐务机构分二级管理，即盐运司、提举司、茶盐转运司和盐场。元代中期，设盐运司六处，即大都河间、河东陕西、山东、两淮、两浙、福建；广东、广海设提举司；加上四川茶盐转运司，共有九处。其中有些直属于中书省，有的则隶属于行省。

都转运盐使司秩正三品，与中书省下辖的六部、地方的路总管府（上路）相等。每运司设有盐运使二员（正三品），下设同知、副使、运判等官。广海、广东盐课提举司分别为正四、从五品，设提举、同提举、副提举等官。四川茶盐转运司为从三品，设转运使、同知、副使、运判等官，各盐司在官以下，都有一批首领官和吏员。[2] 前代的转运司负责财赋，权力很大，元代逐渐成为专门管理盐务的机构，这是一个很大的变化。尽管职权缩小了，但官吏人数仍然不少。元代有人说："转运之职始于开元，在后租调、度支、漕运、盐铁、酒酤、贡举、按察之权，皆隶此官。今既分有专属，所掌唯盐，似宜从简。而张官置吏，有如大夫；六曹分案，动至溢员。"[3] 其实，冗官冗吏，是历代官僚机构的通病，元代盐务管理机构也不例外。

---

[1] 《马可波罗行纪》中册，第453—454、459页。

[2] 元代政府官吏分为三个等级，即官（正官）、首领官、吏员。官是行政机构的负责人，史员是办事人员。首领官是吏员的首领，负责机构中某一方面的事务，有经历、知事、照磨等。

[3] 陆文圭：《流民贪吏盐钞法四弊》，《墙东类稿》卷四。

盐运司、提举司、茶盐转运司的职责是："掌场灶，榷办盐货，以资国用。"①"场灶"指盐场灶户。"榷办盐货"指盐的销售，"榷"是国家专卖的意思。这就是说，盐运司、提举司、茶盐转运司既要管理生产，又要负责盐的出售。对生产的管理，主要是通过盐场进行的，盐的销售，则是由盐运司、提举司、茶盐转运司自己负责。

元代北方设有大都河间、河东陕西、山东三处盐运司。这三处盐司都直属于中书省户部，大都河间盐运司设于长芦（今河北沧县），这一盐司所产盐因而常被称为"沧盐"或"长芦盐"。长芦本是产盐之地，"长芦际东海，海水日夜盈。斥卤白皓皓，穷年事煎烹"②。成为盐运司所在地后，长芦迅速发展起来："长芦当燕、齐之交，天下之要区也。盐广之利半中州之赋，豪商大贾，车击舟连。"③ 山东转运司初建时，"即济南府为转运治所"④。以后盐运司亦在此。河东陕西盐运司所在地有个变化的过程。蒙古国时期的解盐司设在解池附近。为了以解盐作为支持蒙古军在四川军事活动的物资，忽必烈曾"立从宜府于京兆"，"后罢从宜府为陕西都转运使司"。与此同时，解盐司继续存在，大概成为从宜府和都转运使司的一个下属机构。至元二十九年（1292），陕西都转运司"改为都转运盐使司，徙路村，罢解盐使司"，二者合而为一。此后的河东陕西盐运司便一直设在路村，即今山西解县⑤。辽阳行省出产海盐和池盐，但没有设立专门的盐务管理机构。兴和路昌州沿袭金制有盐使司，后来撤销了。

江南平定后，逐步在南宋原有基础上，建立了两淮、两浙、福建盐运司，四川茶盐转运司，和广东、广海盐课提举司。和北方三盐运司不同的是，南方各盐运司、提举司是隶属于行省的。至元十五年（1278），忽必烈下令："淮、浙盐课直隶行省，宣慰司官勿预。"⑥ 自此以后成为定制，南方其他盐运司亦照此办理⑦。因此，两淮盐运司隶属于河南行省，两浙盐运司隶属于江浙行省，四川盐运司隶属于四川行省，福建盐运司隶属于福建行省，广东盐课提举司隶属于江西行省，广海盐课提举司隶属于湖广行省。其

---

① 《元史》卷八五《百官志一》。
② 朱思本：《长芦镇》，《贞一斋诗》。
③ 程钜夫：《清州高氏先德之碑》，《雪楼集》卷十九。
④ 张起岩：《山东东路都转运盐使周信臣去思颂》，嘉庆《山东盐法志》附编《援证九》。
⑤ 郑衍：《祷盐池记》，《山右石刻丛编》卷三七。
⑥ 《元史》卷十《世祖纪七》，参见《元史》卷一二八《相威传》。
⑦ 《元史》卷九一《百官志七》将南方各盐运司置于各行省隶属机构之列。

中两淮盐运司置于扬州①，两浙盐运司置于杭州②，广东盐课提举司置于广州③，福建盐运司应设在福州，四川茶盐运司应在成都，广海提举司所在地应是廉州石康④。

每一盐运司或提举司下辖若干盐场。盐场是管理盐业生产的基层机构，每场都有一定的生产区域，管辖若干家盐户。元代的盐场基本上是从金、宋延续下来的，但是也有不少新的变化。有的盐场是新形成的，例如宝坻的三叉沽盐场，前代"未之闻，甲午（窝阔台六年，1234）之秋，三叉之地未霜而草枯，滩面宽平，盐卤涌出"，于是便在当地组织生产，形成了新的盐场⑤。有的盐场作了合并调整，如两浙原有盐场44所，至元三十一年（1294）合并为34所⑥。世祖末年，全国各盐司共辖盐场150余处；到14世纪上半期，各盐司有盐场为130余处⑦。

盐场设司令、司丞、管勾，有的还设同管勾。仁宗延祐六年（1319），两浙盐司各盐场添设监运一员⑧，成为正式编制。元代后期著名文学家黄溍便曾任石堰西场监运⑨。但其他盐司是否设此职，则不清楚。此外还有秤盘、总催等名目。诗人王冕写盐户的悲惨遭遇时说："前夜总催骂，昨日场胥督。"⑩ 元末，一份上报私盐的官方文书中说"场官、总催、纲头、灶户、工丁人"都与私盐贩相勾结⑪。可见总催应是盐场中的吏。

盐运司的下属机构还有批验所、检校所和盐仓。两淮盐司在真州（今江苏仪征）、采石（今属安徽当涂）分别设有批验所，"掌批验盐引，阶正七

---

① 《元史》卷九一《百官志七》。许有壬：《谨正堂记》，《至正集》卷三六。
② 《元史》卷九一《百官志七》。
③ 大德《南海志》卷六《盐课》。
④ 广海提举司所在地缺乏记载，但此司一度称为广西石康盐课提举司。石康县名，当时隶廉州路，今属广西合浦，应即广海提举司所在地（《元史》卷九四《食货志二·盐法》）。顺帝后至元五年（1339）湖广行省的一件文书中说："本司（指广海提举司。）僻在海隅"，可以作为石康的佐证（《元史》卷九七《食货志五·盐法》）。明代设海北盐课提举司，"治廉州"（正德《琼台志》卷十四《盐场》），显然与元代广海提举司的治所有继承关系。
⑤ 王鹗：《三叉沽创立盐场碑》，《长芦盐法志》卷十四。
⑥ 《元史》卷九四《食货志二·盐法》。
⑦ 见《元史》卷八五、九一《百官志一》《百官志七》。
⑧ 《元史》卷九四《食货志二·盐法》。
⑨ 宋濂：《黄先生行状》，《宋文宪公全集》卷四一。
⑩ 王冕：《伤亭户》，《竹斋诗集》卷一。
⑪ 《南台备要·建言盐法》，《永乐大典》卷二六一〇。

品"。两浙盐运司下设检校所四,"专验盐袋,毋过常度"①。两淮、两浙、山东、福建等盐司还设有盐仓,作为集中贮盐之所。两淮各盐场所产盐,原来在场中贮存,弊端甚多。成宗大德四年(1300),"淮东扬州、淮安地面,以远就近,分立六仓",集中贮存②。仁宗延祐六年(1319),"置两浙盐仓六所"③。七年"改立杭州等七仓"④。山东盐司也有盐仓,称为"坨"⑤。福建沿海盐场出产的盐,包装以后,"官司自行发舡儧运,差人坐押盐舡,直至福、兴、漳、泉四路盐仓交割。"⑥ 可见集中贮盐的盐仓,是在各盐司普遍推行了的。每一盐仓收贮指定的若干盐场的额盐,如两浙盐司,"杭州、嘉兴各为一仓,浙西诸场隶焉;绍兴、温、台各为一仓,浙东诸场隶焉"。各盐仓"设常选监使、监运官员"⑦。

有些盐运司下设有分司。世祖时,"两浙盐额数浩繁,岁调官分办,文书旁午为奸,莫之能防。君(蒋葵)为上其状中书,请刻分司印四,降而用之"⑧。仁宗时,普遍推行分司之法,"延祐五年(1318),以(山东)盐法涩滞,降分司印,巡行各场,督收课程"。次年,向大都河间盐运司"颁分司印,巡行郡邑,以防私盐之弊"⑨。同年,又为陕西河东运司"别铸分司印二"⑩。分司实际上是盐运司的派出代表,代行盐运司的职权,巡行各场检查督促生产,查禁私盐,保证盐课的完成。分司一般由盐运司的次官担任,"国制,二使总凡司(盐运司)事,同知、副使、判官岁出分司"⑪。分司不但有印,也有衙门⑫。转运司在历史上曾负责漕运,故有漕司之称。而盐运司因此也被称为盐漕,分司便称为分漕或分运。

---

① 《元史》卷八五《百官志一》。按,仁宗延祐六年(1319)罢检校所。顺帝至正二年(1342)十月,"杭州、嘉兴、绍兴、温州、台州等路各立检校、批验盐引所"(《元史》卷四〇《顺帝纪三》)。
② 《元典章》卷二二《户部八·盐课·新降盐法事理》。
③ 《元史》卷二六《仁宗纪三》。
④ 《元史》卷九七《食货志五·盐法》。
⑤ 张起岩:《山东东路都转运盐使周信臣去思颂》,见嘉庆《山东盐法志》附编《援证九》。
⑥ 《元典章》卷二二《户部八·盐课·禁治砂盐》。
⑦ 曹鉴:《文贞曹公神道碑》,《曹文贞公诗集》附录,按,据此条记载,两浙盐仓五处,与上引记载有出入,待考。
⑧ 黄溍:《蒋府君墓志铭》,《金华先生文集》卷三七。
⑨ 《元史》卷八五《百官志一》。
⑩ 《元史》卷九四《食货志二·盐法》。
⑪ 柳贯:《嘉兴盐运分司纪惠颂》,《柳待制文集》卷九。
⑫ 袁桷:《两浙转运盐使分司记》,《清容居士集》卷十九。

盐场是盐务管理的基层机构，其主要职责是管理、督促盐户，完成生产定额。盐场所辖一般有数百户，每场下面，又分立团、灶。"归并灶座，建团立盘，或三灶合一团，或两灶为一团。"每团"四向筑叠围墙，外向远匝濠堑。团内筑凿池井，盛贮卤水，盖造盐仓桦屋，置关立锁。复拨官军，守把巡警"。"立团定界址，分团围短墙，垒土为之限，开沟为之防。"① 盐业生产需要共同使用一些大型工具，如铁盘，立团对此是有利的；但是更重要的，却是为了防止盐户与外界交通，贩售私盐。团是设防的居住点、生产点，因而有固定的名称。元朝末年淮东监察部门的文书中说，有人于"五祐场广盈团蒋六三处买到私盐一百余斤"②。五祐场是两淮盐司下属的盐场之一，广盈团则是五祐场下属的一个团。团实际上是盐户的聚居点。每团有二灶或三灶，每灶由若干户盐户组成。宋代"一灶之下，无虑二十家"③。元代亦应相去不远④。同一灶的盐户，显然是共同使用官灶官盘的，"灶丁接桦煎盐，轮当桦次，周而复始"。每座盐场、每团都有生产定额，浙两盐场"各团所办盐额，多寡不同，多者万引，少者不不五、七千引"⑤。广东各盐场产量则要少一些，高的二千余引，低的不过四五百引⑥。总之，各盐场、各团的生产条件不相同，产量是大不一样的。

各盐场生产的盐，要运到盐仓集中，由于数额巨大，一般都利用河道运输。浙西各盐场"相离总仓，近则往回八七十里，远者往回二百余里"⑦，其他各处的情况相去不远，因此运输的任务相当繁重。元朝政府为此组织了专门的船队，称为"运盐纲船"。例如两淮盐司"依验诸场日煎月办课额多寡，地里远近，河水浅深，仓场装卸往回日程，以远就近，通立四十纲。每纲设官一员"，在"春首河开查运，比及冬月，河冻水涸，儧运了毕"。山东盐司"括舟……即场运以输坨"，"运舟三十为纲，纲设官"⑧。两浙盐司

---

① 陈椿：《熬波图·各闭灶舍》。
② 《南台备要·建言盐法》。
③ 李心传：《建炎以来朝野杂记》甲集卷十四。
④ 据《嘉定赤城志》卷七《公廨门·场务》记载，南宋时浙东台州杜渎场每灶平均为四户左右，似各地情况有所不同。
⑤ 陈椿：《熬波图》。
⑥ 大德《南海志》卷六《盐课》。
⑦ 《元典章》卷二二《户部八·盐课·新降盐法事理》。
⑧ 张起岩：《山东东路都转运盐使周信臣去思颂》，《山东盐法志·援证九·历代艺文》。

下有 35 纲运盐纲船①。

运盐纲船一般用于盐场与盐仓之间，但大都河间运司情况有所不同。大都河间盐司担负着供应大都用盐的任务，大都的盐除了客旅贩运之外，还实行过常平盐局之法。大都常平盐局每年用盐 1 万 5 千引至 2 万引，此外供应"内府"（宫廷）用的"常白盐" 1 千 5 百引，都要经运河运到北京，也采用纲船的形式。"每一千引为一纲"，由官员押运②。

运盐纲船的船户是"召募"来的，要"有产业"，而且要"互相保识"。"照依随场日煎月办课额，官给水脚钱，就场支装所煎盐袋，每引元额四百斤，又加折耗等盐十斤，装为两袋，纲官押运前赴所拨之仓而交纳焉。"实际上水脚钱并非"官给"，而是盐商买盐引时附带缴纳的③。船户一旦应召编入纲船之后，就在盐运司的严格管理之下，不仅在运输季节必须完成任务，而且在"每岁往运之后"，仍要在官吏"督责"之下修理船只，"不许擅自离纲，私离纲者决杖五十七下"④。可见，运盐纲船的船户，是不自由的。元朝政府的"召募"，即"和雇"，是带有强迫性的，并非两相情愿的雇佣关系，"名为和雇，实乃强夺"⑤。船户和盐户一样，是政府指派的。

事实上，船户中有一部分（也可能是全部）便是盐场中的盐户，例如元末著名的淮东起义军领袖张士诚，原来便是淮东白驹场的"亭民"（盐户）⑥，他"与弟士义、士德、士信，并驾运盐纲船，兼业私贩"⑦。这些盐户驾运盐纲船，当然是盐运司指派的，以此来代替他们交纳额盐的任务。运盐纲船每纲都设有纲头，也就是一纲船户的首领，运输工作的实际指挥者。运盐纲船运送盐货时，都有官员监督。

运输是盐的流通中一个重要环节，而盐的运输主要通过水道，所以元朝政府十分重视运盐河道的浚治和整顿，以及运盐纲船的顺利运行。世祖中统二年（1261）的《恢办课程条画》中，就明文禁止投下等拘用运盐纲船；禁止将"运盐河道开决河水浇溉稻田"，以免"水浅涩滞盐船，有误恢办课

---

① 《元史》卷九七《食货志五·盐法》。
② 同上。
③ 同上。
④ 《元典章》卷二二《户部八·盐课·新降盐法事理》。
⑤ 《元史》卷九七《食货志五·盐法》。
⑥ 《明太祖实录》卷二五《张士诚传》。
⑦ 陶宗仪：《纪隆平》，《辍耕录》卷二九。

程"；并要求沿河官司清理河中桩橛等物，以免损坏运盐船只①。类似的治理河道的规定以后曾多次重申。世祖至元二十五年（1288），政府主持"浚沧州盐运渠"②。成宗至元三十一年（1294）五月，"禁诸司豪夺盐船递运官物"③。大德五年（1301）的"圣旨条画"中，又宣布禁治拘刷和阻拦运盐纲船和客旅运盐船，违者有罪④。大德十年（1306）正月，"浚真、扬等州漕河，令盐商每引输钞二贯，以为佣工之资"⑤。仁宗延祐五年（1318）的《申明盐课条画》中又重申："随处河边旧有钉立桩橛，阻碍运司船只，沿河官亲行点视拔去，若有因而沮坏贩盐船只，其工本一切损失之物，当处官司赔偿，仍行断罪。"⑥整顿盐船运输、治理盐船航道因而也被视作盐政的一项重要内容。元顺帝即位之初，"两淮盐法久而益坏"，元朝起用王都中为两淮盐运使，"拯其弊"。王都中"莅事伊始"，便"创通州狼山闸，引海水入扬州漕河，以通江、淮。筑句容陈公雷塘三河，浚真州砾金沙，以行运船"⑦。可见，运盐河渠的整治疏浚，是盐运司工作的一个重要方面。

　　由以上所述，可知元代盐务的管理系统是：中书省—行中书省—盐运司—分司—场—团—盐户。盐运司的下属机构，除了从事生产的盐场之外，还有检校所、批验所、运盐纲船等机构。盐务管理系统是独立于地方行政系统（路府州县）之外的。元代的记载说：台州宁海"亭户恃其不统于有司，肆毒害民，民不敢正视"⑧。昌国州"濒海有三盐场，司其事者恃转运使之势，虐使州民，身服重役而家业破荡"⑨。都反映了这种情况。当然，敢于"肆毒"于民的，只是盐场的官吏和亭户中的富民，而不是贫苦灶丁。

　　此外，不少盐司还设有巡盐官和巡盐军，其职责是缉捕私盐。关于这方面的情况，本章第三节将会说到。

　　元朝后期的名诗人杨维桢曾在盐场任职，他曾十分感慨地说道："鹾无善政"：盐务系统的官员如能"牛羊其民人，苛诛趣办"，就可以升官；要

---

① 《元典章》卷二二《户部八·课程·恢办课程条画》。
② 《元史》卷十五《世祖纪十二》。
③ 《元史》卷十八《成宗纪一》。
④ 《元典章》卷五九《造作二·船只》。
⑤ 《元史》卷二一《成宗纪四》。
⑥ 《元典章》卷二二《户部八·盐课·申明盐课条画》。
⑦ 黄溍：《王公墓志铭》，《金华先生文集》卷三一。
⑧ 宋濂：《黄先生行状》，《宋文宪公全集》卷四一。
⑨ 黄溍：《干公神道碑》，《金华先生文集》卷二七。

想办好事，就会"得咎"①。他描写自己的亲身经历说："余尝官于海滨矣，见岁之分漕（即分司）官挟悍吏二，傔从一，校卒数十，至分所必先震威，而以售沓墨于其后，丁视亭民吏如圈置兔，狼残隼虐，无毫毛隐痛。""官给工楮（工本钞），大亭与亭吏必撙捐过其半，谨而储之，以俟分漕，为故常若轮公租奉公养者"②，王冕描写盐户遭遇的诗中写道："课额日以增，官吏日以酷，不为公所干，惟务私所欲。""前夜总催骂，昨日场胥督；今朝分运来，鞭笞更残毒。"③ 盐政系统官吏对盐户的压迫和剥削是十分残酷的。成宗大德七年，郑介夫向皇帝上书，谈到盐法时指出："夫畜猫防鼠，不知馋猫窃食之害愈甚；养犬御盗，不知恶犬伤人之害尤急；今盐司官吏犹馋猫恶犬之为害也。""盐司官攒人吏游食之徒不计其数，惟蚕食盐户而已。"他建议撤销盐务系统的衙门官吏，有关事务都交地方政府处理④。在中国历代封建皇朝中，元朝的官僚机构是以贪污、腐化闻名的；而盐务系统的官吏，在这方面又是比较突出的。

二　行盐地面

　　元代各盐司生产的盐，都有一定的销售地区，称为该盐司的行盐地面。

　　盐的分区销售，由来已久，最初可能出于长期以来盐的流通自然形成的习惯。唐、宋、金以降，管理逐渐严密，而且和盐课联系在一起，也就是把划分销售地区作为保证盐课收入的手段。元朝统一全国以前，已经存在分区销售的办法。如四川一度因盐井废坏，"军民多食解盐"。到至元二年（1265），"立兴元四川盐运司，修理盐井"，恢复生产，"仍禁解盐不许过界"。至元五年，"禁东京懿州乞石儿硬盐，不许过涂河界"⑤。全国统一以后，在确立九处盐运司、提举司、盐茶转运司的基础之上，对各盐司的行盐地面，以前代的区分为依据，结合实际的流通情况，逐步确定下来。

　　关于元代各盐司的"行盐地面"，没有完整的文献记载流传下来，我们只能根据有关的各种资料，加以综合，在下面作一些说明。

　　两浙。元代中期的官方文书中说：两浙运司"行盐地面拨山带岭，濒湖

---

① 杨维桢：《送陈刚中龙头司丞序》，《东维子文集》卷三。
② 杨维桢：《两浙盐使司同知木八剌沙侯善政碑》，《东维子文集》卷二三。
③ 王冕：《伤亭户》，《竹斋诗集》卷一。
④ 郑介夫奏，见《历代名臣奏议》卷六七。
⑤ 《元史》卷九四《食货志》。

靠海，南抵福建，北接大江，出没私盐，港汊数多"①。顺帝后至元五年（1339）两浙盐运司的一件文书中说："本司……行盐之地，两浙、江东，凡一千九百六万余口。"② 据此，则浙盐行于当时的江浙行省，包括浙东、浙西和江东，大体相当于现在的浙江、苏南、皖南和江西一部。

两淮。"本司行盐之地，江浙、江西、河南、湖广所辖路分，上江下流，盐法通行。"③ 据成宗大德四年（1300）颁布的《新降盐法事理》中说，淮盐行销的区域有淮东、淮西、江东等处，以及鄂州（今湖北武昌）、龙兴（今江西南昌）、潭州（今湖南长沙）、江陵（今湖北江陵）、吉州（今江西吉安）等路④。江陵、淮东、淮西属河南行省，鄂州、潭州属湖广行省，龙兴、吉州属江西行省，江东属江浙行省。但从上所述可知，江东也是浙盐的行盐之地，可能江东之中部分地区行淮盐，部分地区行浙盐⑤。由此可知，淮盐行销的地面很广，大体包括江淮之间和长江中游以南的广大地区，也就是今天的河南、湖北、湖南、江西、安徽和江苏的全部或部分。河南行省的襄阳路（路治今湖北襄阳）邻近陕西，"旧食京兆（陕西）盐"，至元三十年（1293），"以水陆难易计之"，"改食扬州（两淮）盐"⑥。此外，邻近黄河的一些地区，因交通的原因，食解盐或沧盐。

四川。蒙古国时期，因为"盐井废坏，四川军民多食解盐"。世祖至元二年（1265），"修理盐井，仍禁解盐不许过界"⑦。川盐主要供应四川地区需要，亦不许外运。

河东陕西。河东陕西盐运司辖下有解盐，有韦红盐。行盐的地面大体包括今陕西和山西地区。此外，解盐曾进入四川，见上述。河南行省管辖的河南府路（路治今河南洛阳）、南阳路（路治今河南南阳）、襄阳路也都食解盐。襄阳路后改食淮盐。河南府路、南阳路和直辖于中书省的怀孟路（后改怀庆路，路治今河南沁阳），延祐三年因为解盐池为雨所坏，产量降低，"改

---

① 《元典章》卷二二《户部八·盐课·盐法通例》。
② 《元史》卷九七《食货志五·盐法》。
③ 同上。
④ 《元典章》卷二二《户部八·盐课·新降盐法事理》。
⑤ 元代江东包括宁国、徽州、饶州、集庆、太平、池州、信州、广德等路和铅山州，大体包括今皖南和江西、苏南的部分地区。
⑥ 《元史》卷十七《世祖纪十四》。
⑦ 《元史》卷九一《食货志二·盐课》。

食沧盐",也就是大都河间盐①。后来是否恢复,是不清楚的。河南府路和南阳路食解盐,显然是因为两地邻近解池的缘故。

河东陕西盐司行盐地面中常因解盐与韦红盐发生纠纷。原来,韦红盐仅限于盐池周围地区居民食用;当解盐池因雨崩坏时一度"晋宁、陕西之民改食韦红盐"②,后来又恢复原状。但解盐味苦价贵,韦红盐味甘价贱,百姓私下仍买韦红盐食用,为划分这两种盐的行销范围,曾多次进行讨论。比较多的意见是以黄河为界,河东解盐,河西韦红盐。但元朝政府担心这样会影响解盐的销售,决定"以泾州白家河水为定界,听民食用"。泾州(今陕西泾川)在陕西中部,这就是说,陕西东部仍是解盐的销售区。韦红盐过河,便是"犯境侵课"③。在同一盐司行盐地面中,再划分为二,这是其他盐司所没有的。

大都河间。大都河间盐司出产的盐,主要行于大都路及其以南、太行山以东、山东和黄河以北地区,包括今河北大部和河南一部。其北边以大都路的北界即燕山山脉为界,古北口等处都设有把隘军人,防止口外出产的"疙瘩盐"进入④。河南行省的汴梁路(路治今河南开封),处于黄河以南,与中书省直辖的"腹里"相邻,大概是行"沧盐"的⑤。元朝首都大都居民百万,食用的是河间盐。

山东。"山东运司……行盐之地,周围三万余里",包括济南、益都等处,与今山东省大体相近⑥。至元十六年(1279),有商人在亳州用"滨盐淹造鱼货",拟运陵州发卖。亳州即今安徽亳县,元代属河南行省归德府;陵州即今山东德州⑦。"滨盐"指山东滨州(今山东滨州市)出产的盐,据此,与山东相邻的归德府是行山东盐的。

云南出产井盐,行销于本地。文宗至顺二年(1331)十一月,"云南行

---

① 《元史》卷九四《食货志二·盐法》,又见《元史》卷二六《仁宗纪三》。
② 《元史》卷九四《食货志二·盐法》。
③ 《元史》卷九七《食货志五·盐法》。
④ 同上。
⑤ 成宗大德四年(1300),河南府蒙古军人明里不花的驱口(奴仆)吴敢子,买沧盐一斤六两,"除食用外,有些小至登封县,不知解盐地面,将带过界",被搜获到官(《元典章》卷二二《户部八·盐课·犯界食余盐货》)。登封县属河南府路。此条记载是河南府路行解盐的例证。河南府路北接怀孟路,亦食解盐,东接汴梁路。吴敢子是在汴梁路买到"沧盐",再进入河南府路的。"沧盐"即间盐。
⑥ 《元史》卷九七《食货志五·盐法》。
⑦ 《元典章》卷二二《户部八·盐课·盐干鱼难同私盐》。

省言：'亦乞不薛之地所牧国马，岁给盐，以每月上寅日啖之，则马健无病。此因伯忽叛乱，云南盐不可到，马多病死。'诏令四川行省以盐给之。"① 亦乞不薛即水西，八番顺元宣慰司的一部分，在今贵州毕节地区，当时属湖广行省，与四川、云南毗邻。可见，湖广行省亦有部分地区行云南盐，并曾临时行川盐。

广东、广西元代分属江西行省和湖广行省，元朝分别在两处设有宣慰司（行省之下，路之上的行政机构）。两地产盐，主要满足本地的需要。福建原是江浙行省的一部分，也设有宣慰司（后改行省）。福建各盐场产盐，即在本宣慰司（行省）所属八路发卖。

从上所述，可以看出，各盐司的行盐地面是以行政区划为基础的，但又根据地理、交通等情况进行了适当的调整。各盐司行盐地面的划分，是元代盐政管理的重要内容之一。各盐司的盐只能在本盐司的行盐地面中销售，不得出境。某一盐司出产的盐进入其他盐司的行盐地面，便叫作"犯界"，和贩私盐同样是犯法的，要根据情节轻重判处一定的刑罚，但比贩卖私盐的处理要轻一些。甚至"食用不尽"的少量盐（一斤以下）携带过界也要"决"数十下。为了防止"犯界"，元朝政府还曾下令各地，"于各管盐界首要路村店安立碑额，大字真书：'某盐不得犯界'。使民易避"②。

元朝政府严格实行"行盐地面"的规定，禁止"犯界"，主要是为了保证盐的销售，特别是保证一些质量低劣的盐能够卖出去。盐是国家的专卖物资，元朝政府对盐的销售十分关心，采取了各种手段，这就是其中之一。

三 盐户的状况

元代在盐场劳动的人户称为盐户和灶户，成年劳动力即称为盐丁和灶丁。以"灶"为名是因为煮盐过程中必须用灶。此外还有卤丁、火丁等名称，大概是指煮盐过程中的不同分工。解池盐池的成盐方法与海盐不同，当地的劳动者称为捞盐户。

元朝政府将全国居民划分为各种户，如民户、军户、站户、盐户、儒户等。各种户分别承担不同的封建义务，民户的义务是交纳赋税，承当差役；军户是出人当兵；站户是出人到驿站服役。盐户的义务是在盐场中劳动，交

---

① 《元史》卷三五《文宗纪四》。
② 《元典章》卷二二《户部八·盐课·犯界食余盐货》。

纳一定数量的盐。各种户的划分标准,比较复杂,有的是对原有职业的肯定,有的则是政府根据需要强行签发(指定)的。就盐户来说,两种情况都是存在的。北方盐区破坏严重,生产者逃散。蒙古统治者着手恢复,既招还原有盐户(旧户),也从民间签发。靠近燕京的越支场和三叉沽场重建,都招徕旧户复业。越支场在战争中遭到破坏,"土豪张进辈被府檄鸠遗民数十户集越支场之宋家营以居,复事煎造"①。三叉沽盐场最初也是由"旧户"十八人恢复生产的②。解州盐池恢复时,蒙古窝阔台汗"拨新降户一千,命盐使姚行简等修理盐池损坏处所"。后来蒙哥汗"又增拨一千八十五户"。这些"拨"和"增拨"的人户,都是强行分配的,其中肯定有很多原来并非盐业劳动者。而在盐业生产初步得到恢复以后,每遇劳动力缺乏,政府仍从民户中签发补充。例如中统四年(1263),忽必烈下令:山东"灶户逃亡者,招民户补之"③。这里所说的"招",实际上就是强行签发。南方各盐场所受破坏较少,原有的劳动者继续工作。而在劳动力不足时,也从民户中签发补充。石抹明里帖木儿厘革两浙盐政积弊,其中之一便是:"亭户之凋耗者亟为签替,使无缺役。"④ 海宁(今浙江海宁)贾氏于武宗至大二年(1309)"占籍为盐亭民",也就是说,贾氏一户是在这一年被签发列入盐户之列的⑤。

元朝从民户中签发军、站等户时是按户等进行的。元朝将民户按"丁力"(资产和劳动力)的不同情况,分为三等九甲。签发军、站户时通常取中户。盐户签发的标准是什么,没有明确的记载,估计与军、站户应相同。

盐户都有专门的户籍,与民户分开,归各盐运司管理。每家盐户都隶属于一定的盐场,不能随意移动。他们"不统于有司"(不归地方政府管理),除了"犯强窃盗贼、伪造宝钞、略卖人口、发冢、放火、犯奸及诸死罪"等重大刑事案件仍由"有司归问"之外,其余"斗讼、婚、田、良贱、钱债、财产、宗从继绝及科差不公、自相告言者",都由本管盐司"理问"⑥。盐户必须世代在盐场上劳动,不得改业。盐户子女众多"析居"(分家)时,分

---

① 徐世隆:《越支场重立盐场记》,《长芦盐法志》卷二四。
② 王鹗:《三叉沽创立盐场碑》,《长芦盐法志》卷二四。
③ 《元史》卷九四《食货志二·盐法》。
④ 黄溍:《石抹公神道碑》,《金华先生文集》卷二七。亭户是前代对盐业生产者的称呼。
⑤ 贾椿墓志,见海宁县博物馆《浙江海宁元代贾椿墓》,《文物》1982年第2期。
⑥ 《元史》卷一○二《刑法志一》。

出去的也要"充灶户"①。

根据 13 世纪末的一份官方统计，各盐司所辖的盐户数是：河间 3565 户、山东 2780 户、两淮 10432 户、两浙 15809 户、陕西 2000 户、四川 6351 户、福建 11782 户，总计为 52719 户。此外缺广东、广海和大都附近各盐场的盐户数字②。大都附近各盐场可能有 2 千户左右③。据此推算，全国盐户总计应在 5.5 万到 6 万户之间。后来有些盐司又有所增加，如两浙，元代后期的记载说："元签灶户一万七千有余"④，比 13 世纪末增加了 2 千户。各盐司的盐户数与产盐额是不成比例的，两淮盐产量为两浙的 1 倍，而盐户却只有后者的三分之二。福建产盐有限，而盐户却在万户以上，其中显然有许多不是真正的盐业生产者⑤。

前面说过，各盐司都有岁额，亦即国家规定的年产量。岁额分解后，要下达到场和盐户个人。每家盐户都有每年必须完成的定额。各家盐户的定额是不相同的，有的地方由盐司"验其恒产，差为高下"⑥；有些地方则"以丁多寡为额输盐"⑦。无论"恒产"或是"丁"都会发生变化，因此又规定每三年需进行核实调整，"盐亭灶户三年一比附推排，世祖皇帝旧制也"⑧。元朝制度，全国居民都要按财产、丁力的不同情况，划分为三等九甲，赋役就按此分等摊派，称为户等制。每三年调整一次。盐户的上述情况，正是落实户等制的措施。但是，正像三年一定户等从未严格执行过一样，盐户的重新定级也是虚有其名的，如两浙盐司"任事者恐敛怨，久不举行"⑨。元英宗至治年间（1321—1323）便有人说："灶户之弊极矣，产与赋久不相伴，民穷且死，富者犹任轻赋，而使穷且死者任其重。"⑩ 这里的"赋"，就是指

---

① 《元典章》卷十七《户部三·户计·户口条画》。
② 《元典章》卷九《吏部三·场务官·盐场额办引数》。河间原作江南，今改。
③ 元代后期的记载说，河间"元签灶户五千七百七十四户"。（《元史》卷九七《食货志五·盐法》）此时大都、河间已合并。比 13 世纪末河间盐户数多出 2209 户，其主要部分应即大都各盐场盐户数。
④ 《元史》卷九七《食货志五·盐法》。
⑤ 泰定帝时，福建"福清富民十家妄称煮盐避役"（苏天爵：《齐文懿公神道碑》，《滋溪文稿》卷九）。可见福建此风之盛。
⑥ 刘敏中：《益都路总管李公去思记（碑）》，《中庵集》卷二。
⑦ 《元史》卷一七六《谢让传》。
⑧ 黄溍：《江浙行省参知政事王公墓志铭》，《金华先生文集》卷三一。
⑨ 同上。
⑩ 陈旅：《贾治安墓志铭》，《安雅堂集》卷十二。

盐户承担的年交盐额。生产额在盐户中的分摊实际上是很不公平的。

为了使盐户能够维持生活和从事生产，元朝政府向他们发放工本钞。工本钞是以引计算的。各地制盐的办法不同，难易程度有区别，每引的工本钞也不同。例如福建有晒盐，有煮盐，"晒盐不用柴薪"，因此晒盐工本钞比煮盐要低。至元二十八年（1291）以前，煮盐每引5两钞，晒盐只有4两；二十八年起，煮盐增为8两，晒盐按比例增为6两4钱①。同是煮盐，元代中期两浙地区内工本钞也有不同："浙西一十一场正盐引递增至二十两，余盐至二十五两，浙东二十三场正盐每引递增至二十五两，余盐至三十两。"② 关于正、余盐的区别在前面已经说过。余盐是政府在定额之外强加的，所以对工本钞略加提高，以示优待。海盐加工需要大量柴薪，有些盐场盐户由政府拨给柴荡，有些盐场没有官拨柴荡，完全靠盐户购买，因而二者在工本钞上也有区别："浙西为有官荡，每引工本比浙东减五两。"③ 发放工本钞的办法各地不尽相同，有的在先，有的在后，较多的是在生产开始和结束时各给一部分，变化颇多。三叉沽场的情况可能是有代表性的："先是，历年牢盆钱不计成盐多寡，即验不全给，致本耗而课不充。后复给与不时，课不办而卒日困。侯（盐场大使董孝良）白所司，革焉，遂验亭户煎数在官仍半给之，复需其毕运，为足其所当付。"④

在政府看来，盐户按规定的数目生产交纳盐，和其他居民承当赋役一样，是一种应尽的义务。工本钞只是为了进行生产所必需的补贴，并不是劳动价值的体现，所以为数是很低微的。但是，本来就很低微的工本钞，仍成为盐务系统官吏多方猎取的对象。"朝廷给降工本钱，遭贪官污吏掊克之余，人户所获无几。"⑤ "亭民岁给工直，恒半入奸吏。"⑥ 此类记载，比比皆是。能够将工本直接发给盐户而不中饱私囊的，就可以博得好官、廉吏的赞誉。

除了额盐以外，盐户还要承担其他封建义务。

元代南北的赋役制度是有差别的。北方的常赋主要有税粮和科差两种。税粮交纳的是粮食，凡是种田的都要交纳，但对各种户采取不同的办法。民

---

① 《元典章》卷二二《户部八·盐课·添支煎晒盐本》。
② 《元史》卷九《食货志二·盐法》。
③ 陈椿：《熬波图·樵砍柴薪》。
④ 王恽：《宝坻董氏先德碑铭》，《秋涧文集》卷五五。
⑤ 黄溍：《江浙行省参知政事王公墓志铭》，《金华先生文集》卷三一。
⑥ 贡师泰：《送朱元宾赴南靖县尹序》，《玩斋集》卷六。

户按丁交纳，称为丁税；工匠、僧道等按土地数交纳，每亩3升，称为地税；军、站等户也按土地数交纳，但可免4顷土地的税。盐户也要交纳税粮，但采用哪种方式缺乏记载，以地税的可能性较大①。但盐户有工本钞，所以不会像军、站户那样4顷免税。科差包括三项，即丝料、包银和俸钞。丝料是各户交丝，包银和俸钞则交纳货币。承担科差的主要是民户，"凡儒士及军、站、僧、道等户皆不与"②。盐户与科差的关系，虽然没有明确的记载，但元朝政府在至元八年（1271）的"户口条画"中规定，"煎盐灶户下人口析居者，仰充灶户，收系当丝料"③。在此以前，中统三年（1262）"以蛮寇攻掠，免三叉沽灶户一百六十五户其年丝料、包银"④。根据这些官方文献，可以断定盐户是应当科差的。盐户的赋税负担与民户大体相同，而比军、站等户重，这主要因为有工本钞之故。其他各种户承当封建义务，政府一般不给工本之类补贴，所以在赋税方面得到优待。南方只有税粮，没有科差，税粮按亩征收，凡是有土地的盐户都不能免。将柴荡开垦作为农田的，也要交税粮⑤。

　　封建义务的另一类是役。元代的役有力役、差役之分，统称杂泛差役。杂泛（力役）主要是出人夫和车牛为官府服役，如修河、运输等；差役主要是承当里正、主首、隅正、坊正和仓官、库子，前面四种是基层政权的职事人员，后两种则为政府保管出纳财物。力役和差役都是沉重的负担。元代前期，役主要落在民户头上，包括盐户在内的其他各种户是可以免当的，有些民户为了逃避差役和力役而设法将自己的名字列在盐户户籍上。由于应役者愈来愈少，元朝政府在大德七年（1303）决定，除了"边远出征军人，并大都、上都其间站户"，可以免役之外，其他各种户都要承当杂泛差役⑥。这就意味着盐户也要应役。但是，杂泛差役负担沉重，各种户的管理部门都力图使自己管辖的人户能够享受免役的待遇，因而，大德七年以后，围绕着杂泛差役的承当问题，元朝政府中争论不休。于是，便出现了奇怪的现象：一方

---

　　① 武宗在大德十一年（1307）的登位诏书中宣布："军、站、工匠、盐场、铁冶诸色等广合纳丁地税粮，亦免三分。"（《元典章》卷三《圣政二·复租赋》）
　　② 《元史》卷九四《食货志二·盐法》。
　　③ 《元典章》卷十七《户部三·户计·户口条画》。
　　④ 《元史》卷九六《食货志四·赈恤》。按，同书卷《世祖纪三》亦记此事，指出系"宋兵焚掠"，但只言"免今年租赋"。
　　⑤ 陈旅：《运司副使东颍李公去思碑记》，《两浙盐法志》卷二九。
　　⑥ 《元典章》卷二六《户部·户役·编排里正主首例》。

面，元朝政府多次下令，重申大德七年的决定，延祐五年（1318）十一月的圣旨，特别指明灶户也在"随产一体均当"杂泛差役之列①；但另一方面，又不断下令，允许这种户或那种户免役。延祐七年（1320），英宗即位，发布改元至治诏书，其中说，"煎盐、炼铁，运粮船户，较之其他，尤为劳苦。户下合该杂泛差役，自至治元年为始，优免三年"②。文宗天历二年（1329）十月，又下诏"免各处煎盐灶户杂泛夫役二年"③。正因为这样，元朝中期以后，各地在盐户杂泛差役问题上，做法是比较混乱的，两浙就是典型的例子。英宗时，下令民间行助役法，"考视税籍高下，出田若干亩，使应役之人更掌之，收其岁入，以助役费"④。在两浙盐区，地方政府"辄以赡盐地与民田概抽以充役，役又不得休，由是破产者甚众"。后被盐运司官员以"灶户自有其役"为理由加以制止⑤。地方政府和盐司的态度显然是不一样的，在福建福清，从泰定帝时（1324—1327）到元末一直存在"妄称煮盐避役"之事，可见当地盐户是免役的⑥。由以上情况看来，元代大部分时间和多数地区，盐户是可以免役的。

元代百姓还有一项沉重的封建义务，那便是和雇、和买。"和"本是两相情愿、公平交易的意思，和雇、和买就是政府以公平合理的价钱雇佣百姓的车船或购买百姓的物品。但事实上所谓"和"是虚有其名的，"雇"和"买"都是政府强加在百姓身上的封建义务，元朝政府法令中也常常将和雇和买与杂泛差役相提并论。元代前期，除少数特殊情况外，各种户中的多数都要和民户一体承当和雇和买。上述大德七年的诏旨，在明确各种户都要承当杂泛差役的同时，强调也必须"一体均当"和雇和买。延祐五年的诏旨中明确列举各种户应承当和雇和买，灶户也在其中。和雇和买是没有定额的，带有很大任意性，官吏可以上下其手，而且经常迟给、少给甚至不给，因而给包括盐户在内的承担者带来很大的痛苦。

各家盐户的财产和劳动力状况是很不相同的，和当时整个社会的状况一样，贫富差别很悬殊。官方文献中即有"富上灶户"和"贫苦灶户"之分。

---

① 《元典章》卷三《圣政二·均赋役》。
② 《元典章》卷三《圣政二·息徭役》。
③ 《元史》卷三三《文宗纪二》。
④ 《元史》卷二八《英宗纪二》。
⑤ 陈旅：《运司副使东颢李公去思碑记》，《两浙盐法志》卷二九。
⑥ 苏天爵：《齐文懿公神道碑》，《滋溪文稿》卷九；吴海：《林公行状》，《闻过斋集》卷五。

富有的灶户如松江下砂场瞿氏,"有当役民田二千七百顷,并佃官田共及万顷,浙西有田之家,无出其右者"①。温州永嘉有亭户侵占官民田"数千亩有奇"②。这些富有的盐户不仅拥有大量的资产,而且有相当高的政治地位,如松江瞿霆发官至两浙盐运使③,淮东栟茶场的缪思恭官至路总管④。在地方上,他们有的"积为民患,以贿结权势,前后场官少忤之,辄遭反噬"⑤,有的"恒持州县短长"⑥。富有的盐户自己不参加劳动,而是雇佣若干贫苦的盐户,为自己制盐。例如浙东海宁黄湾马氏,便是"世业鬻海,借群卤丁以事淋熬"的⑦。元朝政府也承认这种"富者出财,贫者佣力"的雇佣关系的合法性⑧。河间盐司各盐场多有"雇旧户代为煮盐"之事,"雇钱甚薄",以致盐司官员提出:"自今雇人,必厚与直,乃听。"⑨ 这种情况显然是带有普遍性的。

处于富有盐户与贫苦盐户之间的,则是类似农业中自耕农的一般盐户,他们依靠自己和家庭中的劳动力,从事盐业生产,不仅受到官吏的欺凌,而且也受富有盐户的压迫和剥削。浙西盐场每灶有"主户",当一般盐户"煎盐了毕",便由"主户"斛收入仓,工本钞也由"主户"发给⑩。显然,"主户"就是富户,他们通过包领和发散工本的权力,与官吏相勾结,对一般盐户进行剥削,常常是"富强者包领于下",而"细丁罔有濡润"⑪。封建政府加在盐户身上的各种赋役,富有盐户可以设法逃免,负担主要落在一般盐户和贫苦盐户身上。

一般盐户和贫困盐户的生活和生产条件都很艰苦,"男子妇人,若老若幼,夏日苦热,赤日行天,则汗血淋漓;严冬朔风,则履霜蹴水,手足皴裂。"⑫ 再加上封建政府、富有盐户的剥削和压迫,自然条件的不利(取卤

---

① 杨瑀:《挽宝哥参政》,《山居新话》卷四。
② 宋濂:《赵侯神道碑铭》,《宋文宪公全集》卷四二。
③ 杨瑀:《挽宝哥参政》,《山居新话》卷四。
④ 杨果:《缪氏二贤祠记》,嘉庆《两淮盐法志》卷五四。
⑤ 苏伯衡:《周公墓志铭》,《苏平仲文集》卷十二。
⑥ 吴莱:《李仲举、岑尚周哀诔辞》,《渊颖集》卷六。
⑦ 徐一夔:《黄湾马公墓表》,《始丰稿》卷十三。
⑧ 陈旅:《运司副使东颖李公去思碑》,《两浙盐法志》卷二三。
⑨ 《元史》卷一七六《谢让传》。
⑩ 陈椿:《熬波图·日收散盐》。
⑪ 陆居仁:《运司判官戴君章德政碑记》,《两浙盐法志》卷二九。
⑫ 陈椿:《熬波图·担灰摊晒》。

时天阴雨，海潮上涨冲坏堤防、摊场等），使得他们"日困穷"①。甚至处于"灶下无尺草，瓮中无粒粟"的境地。这样悲惨的遭遇，把有的盐户逼上了绝路②，更多的则是逃亡和起来斗争。

盐户逃亡的现象，由来已久，但到元末达到高潮。两浙盐司属下，"贫穷小户，余无生理，衣食所资，全藉工本，稍存抵业之家，十无一二。有司不体其劳，又复差充他役。各场元签灶户一万七千有余，后因水旱疫疠，流移逃亡，止存七千有余"。逃亡者占百分之六十以上。而逃亡者"抛下额盐，唯勒见户包煎而已"。广东盐司，"灶户盐丁，十逃三四，官吏畏罪，止将见存人户，勒令带煎"。河间盐司的情况要好一些，"元签灶户五千七百七十四户，除逃亡外，止存四千三百有一户。每年额盐，勒令见在疲乏之户勉强包煎。"③ 按照一般情况，逃亡户的盐额勒令见在户包纳，必然是"豪强者以计免，而贫弱愈困"④。这样只能导致更多的盐户逃亡。

逃亡是盐户反抗斗争的一种形式。反抗斗争的进一步发展，便是武装起义。世祖时，福建盐夫曾参加黄华领导的反元起义⑤。元末农民起义中，淮东张士诚所部起义军主要是以"苦于官役"的盐丁组成的⑥。福建长乐、福清一带盐丁，也曾策划起义⑦。而一些富有的盐户，则是元朝统治的积极支持者，张士诚起义后，立即遭到丁溪盐场大姓刘子仁的武装堵截⑧。

一般说来，盐业劳动者就是国家签发的盐户。但是，也有例外的情况。一种是判处徒刑的罪犯到盐场劳动："诸徒罪，无配役之所者，发盐司居役。"⑨ 特别是贩私盐和贩界盐的，均作此处理："犯私盐及犯界断后，发盐场充盐夫，带镣居役，役满放还。"⑩ 另一种是四川井盐中的民间劳动者。元成宗元贞二年（1296），"罢民间盐铁炉灶"⑪。说明民间私人经营的盐灶都在取缔之列。但四川一地是例外，元朝后期，除了政府开办外，还允许百姓

---

① 王沂：《傅梦臣淮漕使遗爱诗》，《伊滨集》卷一。
② 王冕：《伤亭户》，《竹斋诗集》卷一。
③ 《元史》卷九七《食货志五·盐法》。
④ 《元史》卷一七六《谢让传》。
⑤ 《元史》卷十《世祖纪》。
⑥ 叶子奇：《克谨篇》，《草木子》卷三上。
⑦ 吴海：《故翰林直学士林公行状》，《闻过斋集》卷五，《嘉业堂丛书》本。
⑧ 《洪武实录》卷二十，江苏国学图书馆影印本。
⑨ 《元史》卷一〇三《刑法志二》。
⑩ 《元史》卷一〇四《刑法志三》。
⑪ 《元史》卷十九《成宗纪三》。

煎造。文宗至顺三年（1332），邛州有二井，在地震后"盐水涌溢，州民侯绅愿作什器煮盐而输课于官，诏四川转运盐司主之"①，顺帝后至元元年（1335），"诏四川盐运司于盐井仍旧造盐，余井听民煮造，收其课十之三"②。这些从事煮造的是"民"，亦即国家户籍上的民户，他们需自筹生产资料和资金，所得的十分之三要交税，其身份、待遇和盐户都是不一样的。但这种情况只存在于四川，和井盐生产难度大、分散等特点有关，而且事实上已有许多流民私自开井。后至元二年便"复四川盐井之禁"，应即是取消民办。从实行的时间上说，也是短暂的③。

第三节　盐的运销

一　运销方式的演变过程

元朝政府控制了盐的生产。每年出产的盐，一部分供皇室、军队、工匠等食用，一部分供政府用来喂养马匹和换取马匹所需草料（盐折草），大部分则销售给全国居民，作为国家财政收入的重要来源。

元代大都河间盐运司每年运到大都的"常白盐"有1千5百引，"系内府必用之物"④。元朝军队士兵领"盐粮"，新附军正身每人每月6斗米、1斤盐，蒙古、汉军每人每月5斗米、1斤盐⑤。军人食用盐的总数，是相当可观的。官府局院的工匠们，"正身月支米三斗，盐半斤"⑥。此外，一些重大工程施工时，也要发给盐粮。

蒙古以弓马取天下，因此对马政十分重视，在全国建立了24所大牧场，小型马群为数更多⑦，马匹需定期喂盐，才能健壮⑧。为了喂养马匹，需要大量草料，"每年以河间盐，令有司于五月预给京畿郡县之民；至秋成，各验盐数输草，以给京师秣马之用。每盐二斤，折草一束，重一十斤。岁用草

---

① 《元史》卷三六《文宗纪五》。
② 《元史》卷三八《顺帝纪一》。
③ 《元史》卷三九《顺帝纪二》。
④ 《元史》卷九七《食货志五·盐法》。
⑤ 《元典章》卷三四《兵部一·军粮·军人支军盐粮例》。
⑥ 《通制条格》卷十三《禄令·工粮》。
⑦ 《元史》卷一百《兵志三·马政》。
⑧ 《元史》卷三五《文宗纪四》。

八百万束，折盐四万引云"①。

以上几项，都是政府直接从各盐司无偿调拨的。其中大都河间盐运司，因为密迩都城，被调拨的盐无疑是最多的。但总的来说，每年产盐的大部分，是用来出售的。元代盐的销售，主要有两种方式。一种是商运商销，即由商人向国家买盐，运往各地，再按国家规定的价格卖给百姓。其具体办法有二：行盐法与和籴法。另一种是官运官销，即由国家有关机构将盐运往各地，卖给百姓。其具体办法也是两种：食盐法和常平盐局法。

蒙古国时期，北方的盐业生产逐渐恢复，盐的销售主要通过商贩。如三叉沽场（属宝坻，今天津宝坻）创立于窝阔台汗六年（1234），"河路通便，商旅往来"②。解池生产恢复后，"保聚益繁，商贾益阜，醝课日益以增"。当时对盐的销售问题曾发生争论。"或请运盐按籍计口，给民以食。（史）楫争其不可，曰：'盐铁从民贸易，何可若差税例配之！'议遂寝。"③ 按户籍分配盐额，按盐额征收价款，这是一种强制性的摊派，也就是"食盐法"，又称为"桩配"，前代已经实行过，所以蒙古国时期又会有人提出建议。史楫时任真定兵马都总管，是当时依附于蒙古的河北军阀中真定史氏家族的代表人物，他的意见可能在某些地区发生过作用，但实际上"桩配"仍在一些地区付诸实施④。

忽必烈登位后，很快便发布了有关销盐办法的诏令，中统二年（1261）正月，"省府（指中书省）议所有合行事理，札付各路宣抚司榜谕者"。"合行事理"之一是：

> 为去岁桑蚕田禾间有灾伤去处，钦依诏书，已令各路宣抚司验灾伤分数从实减免差发外，不被灾地面亦令量减分数。……所有盐货，听从民便，买卖食用，并无桩配给散之家。此皆圣主仁政之所先也。仰宣抚司照依已行事理施行。⑤

---

① 《元史》卷九六《食货志四·市籴》。
② 黄掌纶：《三叉沽创立盐场旧碑》，《长节盐法志》。
③ 《元史》卷一四七《史天倪传附史楫传》。
④ 蒙古国时期，北方"汉地"军阀林立，专擅生杀，拥兵自重，在各自所辖境内有很大自主权。因此，"汉地"销盐制度不一是不足为怪的。
⑤ 王恽：《中堂事记上》，《秋涧文集》卷八十。

由此可见，在当时人们心目中，盐货"听从民便，买卖食用"是"仁政"；反之，"桩配给散"当然也就成了苛政。忽必烈上台之初，是主张实行盐的商运商销的，所以他下令取消了"桩配"①。

早在窝阔台汗时期，蒙古国便开始了对南宋的战争。蒙哥汗时期（1251—1259），蒙宋战争发展到一个新的阶段。为了满足军队粮食供应的需要，蒙古国在边境地区，如河南、四川，募民入粟，发给盐引，到盐司支盐，这种办法称为市籴粮，是和籴的一种。也是商运商销的一种形式。

但是，没过多久，忽必烈便修改他的"仁政"，开始在部分地区采用强行摊派的办法。中统三年（1262）九月，"听太原民食小盐，岁输银七千五百两。"② 中统四年，"令益都、山东民户月买食盐三斤。"③ 到至元元年（1264）七月，"以阿合马言，益解州盐课，均赋诸色僧道军匠等户，其太原小盐，听从民便"④。这条记载有不清楚的地方，阿合马建议的具体内容是："太原民煮小盐，越境贩卖，民贪其价廉，竟买食之，解盐以故不售，岁入课银止七千五百两。请自今岁增五千两，无问僧道军匠等户，钧出其赋，其民间通用小盐为便。"⑤ 至元八年（1271）"以大都民户多食私盐，因亏国课，验口给以食盐"⑥。中统四年令益都、山东月买食盐三斤，和至元八年大都验口给以食盐，都是明确的桩配，即食盐法。中统三年和至元元年的规定，实际上是向各色人户按户口征收盐税，然后允许他们买食太原小盐，这也是一种强制性的桩配，可以称为食盐法的变种。这就是说，忽必烈在推行商运商销（行盐与和籴）的同时，逐步又在一些地区实行了食盐法。元灭南宋，统一全国。南方各地实行的都是盐运司卖引商人运销的办法。

无论商人运销，或是按口桩配，都有很多弊病。大概在至元十八年（1281）前后，在监察部门任职的王恽提出："调度盐法以便民为心者，莫若于所辖州县量户数多寡，将元认课额均分，依已定价钱一十四两一钱，仰各处管民官设立盐官，赴运司关支盐货，置局发卖。"同时仍保持商人买引贩

---

① 忽必烈的诏令正是在此以前某些地区实行过"桩配"的证据。元代后期苏天爵说："当中统初，有司尝高其盐直而强取之，民罹其害，诏听民便，买卖食用"，即指此。见《书两淮盐运使傅公去思诗后》，《滋溪文稿》卷二八。
② 《元史》卷五《世祖纪二》。
③ 《元史》卷九四《食货志二·盐法》。
④ 《元史》卷五《世祖纪二》。
⑤ 《元史》卷二〇五《阿合马传》。
⑥ 《元史》卷九四《食货志二·盐法》。

运之法①。至元二十一年（1284）卢世荣被任命为中书省右丞，进行财政制度的一系列改革②。卢世荣的措施之一是推行常平盐局法。他上奏说：

> 盐的体制，一引盐根底，官司处一十五两买了，国家不多要课程。卖这盐呵，本待教百姓都得贩盐吃来。如今官员豪富有气力的人每，诡名儿教人买出盐来，把柄着行市，捐勒百姓，多要利钱卖有。十八年潭州一引盐卖一百八十两，江西卖一百七十两，一个月前这大都一引盐也卖一百二十两来。为这上头，皇帝少要课程的圣恩，不曾到百姓身上。为这般上，穷百姓多有不得盐吃的有。咱每的盐引，二百万引盐根底教客旅兴贩，一百万引盐诸路运将去放者，立常平盐局，贩盐底人每若时贵呵，咱官司贱卖。那般做呵，百姓每都得盐吃，国家更有利钱③。

他的建议得到忽必烈批准，在全国范围内推行。

卢世荣的建议显然受到王恽上述意见的影响。它是元代盐政史的重要文献，从中可以看出当时盐的运销中存在的严重问题。他提出的常平盐局法，实质是解决国家与盐商（特别是贵族官员）争夺盐利的矛盾，保证国家从盐课得到更多的收入。但是，卢世荣很快便在政敌攻击下丧命，他所提出的一些措施多废止，常平盐局法也不例外。后来，只在个别地区曾实行过政府置局卖盐之法。

从13世纪90年代到14世纪30年代，盐的销售总的来说仍以商人运销的行盐法为主。至元二十八年（1291）颁布的《至元新格》，是元朝的重要法律文书，其中盐法部分，讲的都是关于"商客"贩盐的规定。成宗大德四年（1300）颁布的《新降盐法事理》，主要是为两淮盐司订立制度，实际上带有普遍意义；其中有关规定都是围绕"客旅纳课买引赴仓关盐"展开的。仁宗延祐五年（1318）的《申明盐课条画》是以"圣旨"的形式向全国官民发布的，主要内容是申明大德四年的"旧制"，并作若干补充规定④。这些有关盐法的官方重要文件，都没有涉及"桩配"。可见从中央政府来说，始终把商人贩运方式作为销盐的主要制度。而"入粟中盐"的和籴法，也时

---

① 王恽：《便民三十五事·论盐法》，《秋涧文集》卷九〇。
② 《元史》卷二〇五《卢世荣传》。
③ 《元典章》卷二二《户部八·盐法·设立常平盐局》，其中所说"三百万引"是不准确的。
④ 《元典章》卷二二《户部八·盐课》。

断时续地在边境或灾荒地区施行。但事实上，按户口分配的食盐法，不仅没有取消，而是不断扩大其施行的区域。从现有资料看来，大部分盐司的行盐区域内，都曾全部或部分地实行"桩配"。这并非中央政府的统一决策，而是各盐司或地方官员根据需要的规定，当然都曾经上报得到批准。

食盐法的不断扩大，有深刻的社会原因。封建国家为了增加盐课收入，便不断增加盐产量和提高价格。增加盐产量的结果是盐户的不断贫困化，提高盐价的结果是百姓买不起官盐。二者都导致了私盐的泛滥，而私盐的泛滥反过来又使官盐日益壅积不售，盐课收入减少。这样，增加收入的措施反过来却影响了收入的增加。为了解决这一矛盾，最简单也是最容易见效的办法，便是利用政权的力量，强迫居民认购纳钱。在商人运销的方式下，盐课是一种间接税；在政府摊派的情况下，盐课实际上便成为直接税了。

比起商人运销，食盐法的弊端更多，加深了社会矛盾。元代后期有人说："厥今东南为民病者莫甚于盐笑。始则亭户患其耗而不登，次则商旅患其滞而不通，及均敷科买之法行，而编民之家无贫富莫不受其患，况夫吏得肆其奸，则民之不堪益甚矣。"① 为了缓和矛盾，元顺帝至正元年（1341）下诏："福建、山东俵卖食盐，病民为甚"，要求有关机构研究解决办法。次年，江浙行省等提出几条建议，要求"住罢食盐，并客商通行"②。至正三年（1343），正式下令："罢民间食盐。"至正四年十一月，"以各郡县民饥，不许抑配食盐"③，这样食盐法就停止推行了，商人运销成为唯一的方式。但是，没有多久，全国规模的农民起义爆发（1351），元朝也就走向灭亡了。

二　商运商销（行盐法与和籴法）

如前所述，商人向国家的盐务机构买盐，运到各处去发售，是元代销盐的主要方式。商人买盐销盐的步骤大体如下。

（1）到盐运司交钱买引④，然后凭盐引到盐场或盐仓支盐。

《至元新格》中规定："诸盐法：并须见钱卖引，必价钱入库，盐袋出场，方始结课。"盐引是支盐和销盐的凭证，一张（当时称为"一道"）盐

---

① 黄溍：《丽水县善政记》，《金华先生文集》卷十五。
② 《元史》卷九七《食货志五·盐法》。
③ 《元史》卷四一《顺帝纪四》。
④ 世祖至元十九年（1282）、武宗大德十一年（1307），曾实行过户部卖引，但为时不长。见《元史》卷九四《食货二·盐法》，卷二二《武宗纪一》。

引可以支盐400斤。商人到运司，首先要"入状"（提出申请书），然后交钱，除"正课"（规定的每引盐价）之外，还要交纳船水脚、装盐席索、仓场子脚等钱，"运官监视，挨次交检数足，送库收讫"，并从库中支取盐引。盐引的正面"填写客旅姓名、年月"，盐引的背面"墨印批凿：某路某客赴某场支查官盐一引重四百斤"，并"用运司印信关防"。大德四年，改为到盐仓支盐，背面文字"某场"也就改为"某仓"。商人持盐引到指定盐场（盐仓）支盐，经过核对确实，登记在册，"并于引上皆使出仓批验印记"，便将盐支给。"每引席索通秤四百一十斤"。其中10斤供损耗用。"盐引上却有不行填写客旅姓名、年月日，及批凿关防出场月日"，就作私盐处理。

顺帝后至元五年（1339），两浙运司报告说，"各纲运船户，经行岁久，奸弊日滋"；"及到所赴之仓……在仓日久，又复消折"。建议仍旧"令客商就场支给"。至正二年（1342），元朝政府恢复了两浙地区"客商赴运司买引，就场支盐"之法①。两淮等盐司是否改制，目前尚难断定。

（2）商人经过一定的检验手续之后，将盐运到本盐司的行盐地面发售。

前面说过，两淮、两浙等盐司在某些重要口岸设有批验所、检校所，就是检查运盐商人的盐引是否真实，盐袋有无超重，有无"夹带私盐"。经过检验放行以后，才能运往各处。

在运输过程中，"引盐不相离"。如果"诸人贩盐，引不随行"，便"依私盐法"治罪。除了盐引之外，还要携带"水程"，也就是运盐路线的凭证。这是在买盐时说明销售地点并由盐运司发给。销售只能在该盐运司的行盐地面之内。

到达预定目的地之后，"盐客即于所在官司将见卖盐袋、盐引数目尽实呈报，然后从容发卖"。同时还要呈报"水程及所止店肆"。盐商通常经过牙人说合，将盐卖给当地的商铺，再行发售。"或因发卖迟滞"，也可"转往他所"，但原发的"水程"便"住"（作废）。盐引仍须随行。

（3）商人售盐后，必须将盐引交回。

元朝政府规定："诸贩盐客旅，卖过盐袋，退引限五日赴所在官司缴纳。如违限匿而不批纳者，同私盐法。"这样严格的规定是为了防止有人利用盐引倒卖私盐。退引上交后，"当官随即涂抹，每季申解盐司收管"②。

---

① 《元史》卷九七《登食货志五·盐法》。
② 以上所述，未注明出处者，均见《元典章》卷二二《户部八·盐法》所收元代有关文书。

以上所述商人运销的方法，即行盐法。可以看出，即使在行盐法下，盐的销售也是在政府严密控制之下进行的，它和其他商品是不同的。

商运商销的另一种办法——和籴法（市籴粮），则时断时续地在不同地区实行过。和籴法的实施，主要有三种情况：

（1）在蒙（元）、宋战争过程中，需要大批粮食供应前线。蒙古国（元朝）先曾在四川、襄樊等地，募民入粟，给以盐引作为代价。蒙哥汗即位（1251）后，任命兄弟忽必烈经略"汉地"。忽必烈在谋臣们建议下，积极采取措施，对付南宋。其中之一是："割河东解盐池归陕西，置从宜所，中粮兴元。"① 从宜所以李德辉等负责，当时蒙古军进逼四川，"数万之师，仰哺于公（李德辉），公乃募民入粟绵竹，散币集之，或给盐券，使归京兆受直。陆輓兴元，水漕嘉陵，一年而钱粟充栋于军中。"② 解池出产的盐，对于维持蒙古军在四川的活动，起了重要的作用。忽必烈即位后，中统三年（1262），四川前线将领杨大渊"欲于利州大安军以盐易军粮，请于朝，从之。"③ 以上都是四川实行"入粟中盐"的和籴法。襄樊在 13 世纪 60 年代成为蒙（元）、宋交锋的主战场，蒙古（元）经常屯军 10 万人以上。为了解决军队给养问题，崔斌建议"户部给滨、棣、清、沧盐券，付行省，募民以米贸之，仍增价和籴。远近输贩者辐辏，馈饷不劳而集"④。

（2）元朝统一以后，西北蒙古诸王屡次起兵反抗，元朝不得不在北方边境屯驻重兵，每年需粮食数十万石，然后"屯戍将士才免饥色"⑤。而"岭北地寒，不任稼事"⑥；虽然采取了屯田等措施，但所获有限，主要依赖内地供给。由于道路遥远，路程艰险，运粮队伍"人粟踣死道亡者过半"⑦。于是便有人建议"募民入粟塞下……以江淮长芦盐引偿之"⑧。这一措施很有成效，边境"困庾之赢，大约足支三、四年"。

（3）在发生重大灾荒的地区，元朝政府便令"商人输米中盐"，用来

---

① 姚燧：《姚文献公神道碑》，《牧庵集》卷十五。
② 姚燧：《李忠宣公行状》，《牧庵集》卷三十。
③ 《元史》卷一六一《杨大渊传》。
④ 《元史》卷一七三《崔斌传》。
⑤ 柳贯：《送刘宣宁序》，《柳待制文集》卷十六。
⑥ 《元史》卷一四〇《铁木儿塔识传》。
⑦ 柳贯：《送刘宣宁序》，《柳待制文集》卷十六。
⑧ 苏天爵：《郭敬简侯神道碑》，《滋溪文稿》卷十一。

"赈饥民"①。

"输米中盐"的商人，通常在"输米"之处领取盐引，然后到指定的盐场（仓）支盐，其余手续和行盐法下的过程是一致的。

在商人运销的方式（无论行盐法或和籴法）下，商人起着重要的作用。元代盐商中，有许多是贵族、官员或他们的代理人。从忽必烈时代开始，有关盐法的官方文书中，便不断提到"各位下并权豪势要之家""诸王、公主、驸马位下行运斡脱人等，及官豪势要之家"买盐之事②。"各位下"指蒙古贵族诸王、公主、驸马，"斡脱"为突厥语音译，原义为合伙商人，元代专指为蒙古贵族经营商业和高利贷的回回商人。成宗大德七年（1303）主管监察的御史台官员说，"如今盐多是官豪势要之家买有，又官人根底与钱，恃赖着官人每的气力，做着它每的名字买盐的上头，贵了的缘故"，主张适当加以限制③。可见，权贵官员经营盐的买卖，在当时是很普遍的。成宗时，"江浙行省平章阿里，左丞高羲、安佑，佥省张祐等，诡名买盐万五千引，增价转市于人"④。顺帝时丞相马札儿台也"广贩长芦、淮南盐"，从中取利⑤。这些贵族、官僚以及他们的代理人，利用权势，有的"赊买"盐引，有的下场（仓）支盐"搀越资次"（不按前后次序，抢先支盐），"多要斤两"，一引四百斤，而"权豪家""多取至七百斤"，比规定多出三百斤⑥。他们"到发卖去处"，就"恃势搀夺行市"，"揞勒百姓，多要利钱卖有"。而地方官员"多将上司官员并自己贩到盐货，添答价钱，搀先发卖，使无势力盐商不得成交，纵然分赊在地，其盐牙索到价钱，止还权势之家，因而客旅亏折钱本。"⑦ 大德七年（1303）御史台曾建议禁止一切官员买盐："但是勾当里行的官吏人等休买盐者。"但是中书省害怕因此影响盐的销售，"都禁了呵不宜，课程难办去也"，便决定不许中书省、户部、行省官员和运司官员买盐，"除这的已外，其余衙门里官员不禁约"⑧。事实上，即使这些系统的官员，也不顾禁令，继续买盐，而元朝政府也没有采取任何有力的措施，

---

① 柳贯：《送刘宣宁序》，《柳待制文集》卷十六。
② 《元典章》卷二二《户部八·盐课·立都提举司办盐课》，同卷《新降盐法事理》。
③ 《元典章》卷二二《户部八·盐课·盐司人休买要盐引》。
④ 《元史》卷三一《成宗纪四》。
⑤ 权衡：《庚申外史》卷上。
⑥ 《元史》卷十五《世祖纪十二》。
⑦ 《元典章》卷二二《户部八·盐课·设立常平盐局》；同卷《新降盐法事理》。
⑧ 《元典章》卷二二《户部八·盐课·盐司人休买要盐引》。

但从此事可以看出，贵族官员在盐的销售中所占比重是何等之大。

盐商中还有很多是没有政治地位的普通商人。他们中有些人与官府相勾结，从盐的贩卖中积累了巨大的财富，"舆马之华，宫庐之侈，封君莫之过也"①。元代诗篇中有不少关于盐商的描写。如许有壬在"临江见大舡宏丽异甚"，便写下了《贾客乐》一诗："蚊声震荡冯夷宫，帆腹吞饱江天风。长年望云坐长啸，移驾万斛凌虚空。主人扬州卖盐叟，重楼丹青照窗牖；斗帐香凝画阁深，红日满江犹病酒。"②许有壬是长期在中央政府任职的官员，他对盐商的豪富赞叹不已，另一位诗人杨维桢的描述更为生动，"人生不愿万户侯，但愿盐利淮西头；人生不愿千金宅，但愿盐商千料舶。大农课盐折秋毫，凡民不敢争锥刀；盐商本是贱家子，独与王家埒富豪"③。清州（今河北青县）人高庚，原居东安（今河北安次），"日浮舟往来，逐盐监之利"。其子高仁，"从张运使徙居""盐监之利半中州之赋"的长芦，"中市而立，权天下之货，四方贩负。操其要，因其势，预其时，审其地。人什常贫，我五常富，故言利者以高氏为师"。这位高仁显然是与盐运司官员互相勾结的大盐商④。

盐商中也有不少"无势力"的普通商人，他们的商业活动往往会受到多方面的阻碍。在买盐引和支盐时，官吏对他们"百种需求，方得支发"，检验时，"批引官索瘢求瑕，恣行刁蹬"；到地头发卖时，都要先尽"上司官与权要之家"卖足，"而盐商有守等半年、一年不能得者"⑤。盐是国家掌握的物资，没有政治背景的商人，是很难开展销售活动的，这是盐商与其他商人明显不同之处。

三　官运官销（食盐法和常平盐局法）

蒙古国时期，某些地区已实行过"桩配"之法，忽必烈即位之初曾经取缔，但很快就在各地陆续推行，一直持续到元末。各盐司实行的情况很不一样，下面分区加以说明。

（一）大都河间盐司。大都实行食盐法较早，至元八年（1271）即对民

---

① 余阙：《两伍张氏阡表》，《青阳集》卷十。
② 许有壬：《贾客乐》，《至正集》卷七。
③ 杨维桢：《盐商行》，《铁崖先生古乐府》卷五。
④ 程钜夫：《清州高氏先德之碑》，《雪楼集》卷十九。
⑤ 郑介夫奏，见《历代名臣奏议》卷六七。

户"验口给以食盐"①。但似乎为时不久，后来有时设局贩卖，有时"从民贩卖"②。大都以外的其他地区如保定路，也曾实行过食盐法："顺天（即保定路）属邑共食仓（沧）州盐若干席，独曲阳□五百□，自仓（沧）而府而邑而民，典司乘隙规赢赀以为常。公（县尹关玉）乃从府直给各户，省民钱岁若干缗。"③ 说的显然是食盐按户分摊的情况。关玉死于世祖至元五年（1268），这里所述应为元初之事，元代中期，朱思本在《长芦镇》一诗中说："长芦际东海，海水日夜盈。斥卤白皓皓，穷年事煎烹。舟车偏燕赵，射利俱营营。官盐苦高价，私鬻祸所婴。里胥肆奸贩，均输及编氓。""编氓""均输"，亦应指食盐法而言。

（二）山东。世祖中统四年令益都山东民户月买食盐3斤，已见前述。山东是实行食盐法较早的地区之一。原因是盐司认为当地滨海，产盐之地甚多，容易滋生私盐，以此法来保证盐课："司盐铁者以青地多舄卤，盐所易出，乃比屋计口配盐，入其直以防民私，谓之食盐。"④ 开始时"令濒海去处桩配"，后来"滕、峄、淄州等处去海七、八百里，俱各桩配"。桩配之法是"以毫厘品答"，也就是将盐课总额（各户平均数的总额）按户等高下再行摊派⑤，这样一来，"近上户计每年不下桩配盐三百斤"。而且百姓都要在规定时间内到"州县官局关买"，"远者离城三百余里，正于农忙时分，往复不下十日，每年四季如此"。农民无钱，"多于铺户之家，借贷以应官司督迫之急。及关买出局，却于城内每斤折二、三两，依市价转买每斤价钞三分，卖讫钞却还元借铺户"⑥。后来，食盐法的弊病越来越多。桩配的数量增加，"口岁至五十斤。盐剩而食弗尽，诬之以私鬻；直多而偿不足，罪之以欠课。敲榜禁系，求索百端，往往破产而后已。或乃先责其直，而竟掩其盐"⑦。在食盐法下，买盐成了百姓必须承担的一项封建义务；官府销盐的方式和摊派赋税没有什么区别。

---

① 《元史》卷九四《食货志二·盐法》。
② 《元史》卷九七《食货志五·盐法》。
③ 张庸：《故县尹关府君墓碑》，光绪《曲阳县志》卷十三《金石录下》。
④ 刘敏中：《益都路总管李公去思记（碑）》，《中庵集》卷十四。
⑤ 魏初：《奏议》，《青崖集》卷四。按，"品答"是元代赋税中常见之法，元代将全国人户按丁力资产划分为三等九甲，征收赋税时"以户之高下为等"，"验贫富品答均科"。请看《元代户等制略论》，《中国史研究》1979年第1期。
⑥ 魏初：《奏议》，《青崖集》卷四。
⑦ 刘敏中：《益都路总管李公去思记（碑）》，《中庵先生刘文简公文集》卷二。

成宗元贞元年（1295），王显祖任滨州（今山东滨县）。滨州属济南路。王显祖"究悉一州利害，知百姓苦食贵盐，申请所司：今后先散盐而后支价，较之常年可省民钱一万二千余锭，官亦无不利焉。从之"①。元贞二年盐价每引65贯，1万2千余锭是将近万引的价钱。这是滨州百姓在分摊食盐时的额外负担。而且，当地原来是先交钱后支盐的。王显祖对分摊的办法作了一点改进，使百姓的负担有所减轻。

成宗大德三年（1299），李谔任益都路总管，"乞罢食盐，听民买食便"。结果商定，"居实濒海者食盐如旧"，临朐、莒县等6处"官局发粜"，滕、峄等6处"听商贩往采"②。"官局发粜"实际上是维持食盐法。这样，山东部分地区开始实行商人运销，但所占比重是不大的。元代后期，"登、莱等处"设盐局，"散卖于民"，仍行食盐法。而新城、长山（属般阳府路）、章丘、邹平（属济南路）则都是"客旅兴贩"，但始于何时不清楚。顺帝元统三年（1335），山东运司建议，将益都路的部分"元系食盐地方，后"改"行盐"之处，"仍旧改为食盐"，得到中书省批准。后至元二年（1336），山东运司又要将新城、章丘、长山、邹平等处"改为食盐"，但未实现③。

从上面所述可以看出，山东盐司行盐之地，实际上是以"桩配"为主的。但部分地区在一定时间内也曾实行客旅贩盐。

（三）河东陕西。前面说过，元初，为了保证解盐的盐课收入，限制太原小盐的销售，元朝政府曾对解盐地面"均赋"各种人户，然后"听从民便"买食各种盐。这种办法可以说食盐法的变种。宁夏出产的韦红盐，巩昌等处居民"认纳干课，从便食用"，性质也很相似。

元代后期，陕西行省普遍实行"散于民户"的食盐法，遍及巩昌、延安、庆阳、环州、凤翔、兴元等地④。盐运司"每年预期差人分道赉引，遍散州县，甫及旬月，杖限追钞，不问民之有无"。"每一引收价三锭，富家无以应办，贫下安能措画。粜终岁之粮，不酬一引之价，缓则输息而借贷，急

---

① 陆文圭：《总管王公行状》，《墙东类稿》卷十四。
② 刘敏中：《益都路总管李公去思记（碑）》，《中庵先生刘文简公文集》卷二。
③ 《元史》卷九七《食货志二·盐法》。按，泰定帝致和元年（1328）正月，"罢益都诸属县食盐"，（《元史》卷三十《泰定帝纪二》）但其具体内容不详。
④ 顺帝后至元二年（1336）的政府文书中说："窃照诸处运司之例，皆运官召商发卖。惟陕西等处盐司，近年散于民户。"见《元史》卷九七《食货志五·盐法》。

则典鬻妻子。""或纳钱入官,动经岁月,犹未得盐。"陕西河东盐司的另一问题是百姓不愿食价贵味苦的解盐,而愿买食味甘价贱的韦红盐。元顺帝时,经过反复研究,这一盐区在本区内又划分两个行盐地面,要全体居民"认纳干课,与运司已散食盐引价同",在此前提下,以泾州白家河为界,解盐可以西行,韦红盐不许东渡,听民食用。虽然和"散引"的食盐法相比有所变化,但仍是"均赋"之法,本质上并无不同。

(四)两浙。浙东地区全都实行计口食盐,但各地开始的时间有所不同。绍兴路,"延祐中,计口食盐之法行"①,而庆元路的昌国州(今浙江定海)"始于至元二十七年抄数之后,一应诸色人户计口请买"②。浙东食盐,"民不胜病,死徙者众矣"③。"况从官卖盐,十室九空匮。"④ 这种情况引起一些地方官的忧虑,不时讨论,提出一些改革的方案。绍兴路得以减免5千6百余引⑤。温州路永嘉县尹赵大讷则"令富人买而售于民,民安而课登"⑥。

浙西的情况比较复杂。湖州路全部实行食盐法,"户口食盐"30183引,"僧道食盐"233引⑦。松江、嘉兴也都实行过计口食盐制度⑧。但是平江(今江苏苏州)、杭州是例外。当时有人指出,"夫苏、杭,商旅之所集也;他郡口会,苏、杭未尝会也"⑨。显然,正是因为平江、杭州是繁荣的商业都市,人口流动性大,所以仍行商旅贩盐之法。

顺帝至正二年(1342)十月,中书右丞相脱脱等上奏:"两浙食盐,害民为甚。江浙行省官、运司官屡以为言。拟合钦依世祖皇帝旧制,除近盐地十里之内,令民认买;革罢见设盐仓纲运;听从客商赴运司买引,就场支盐,许于行盐地方发卖,革去派散之弊。……散派食盐,拟合住罢。"元顺帝"从之"⑩。两浙的食盐法,到此宣告结束。

(五)福建。福建原来全部商旅贩盐,仁宗延祐元年(1314),"运司又

---

① 陈旅:《王经历惠政记》,《安雅堂集》卷九。
② 《大德昌国州志》卷三《食盐》。
③ 陈旅:《王经历惠政记》,《安雅堂集》卷九。
④ 丁复:《送索都事调浙东金宪》,《桧亭集》卷二。
⑤ 陈旅:《王经历惠政记》,《安雅堂集》卷九。
⑥ 宋濂:《赵侯神道碑铭》,《宋文宪公全集》卷四二。
⑦ 《吴兴续志》,见《永乐大典》卷二二七七"湖"字。
⑧ 嘉庆《松江府志》卷五十《古今人传·费粲》;《卢侯颂德诗序》,见光绪《嘉兴府志》卷八二。
⑨ 陈旅:《王经历惠政记》,《安雅堂集》卷九。
⑩ 《元史》卷九七《食货志五》。

从权改法，建、延、汀、邵仍旧客旅兴贩，而福、兴、漳、泉四路桩配民食"。顺帝至正元年（1341）皇帝诏书中说："福建、山东俵散食盐，病民为甚。"要行省、监察部门和盐运司官员共同研究对策。研究的意见是："革去散卖食盐之弊，听从客商八路通行发卖。"经中书省上奏，自至正三年起实行①。

（六）广东。"食盐害民，所至皆是。而岭海之间，其害尤甚。盖官设盐提举司，所司办盐裁三之一，其二分则驱迫州县，民至破家荡产犹不充。"② 据此，则广东盐三分之一由商人贩运，三分之二由州县桩配。另据元成宗大德年间的广东方志记载，"本司（广东盐课提举司）各场周岁总办客旅盐八千九百引，散办盐二万一千一百九十三引。客吏食盐，民食盐，灶户食盐"③。"客旅盐"即商人贩运盐，"散办盐"即按户口摊派的盐。"客旅盐"与"散办盐"大致为一与二之比，与上面记载相近。显然，早在成宗大德年间，广东大部实行食盐法。

顺帝元统三年（1335），薛里吉思守新州（属肇庆路，今广东新兴），"民盐尝和以砂土，轻重其包，分散与民，以取其钱。前者未输，后者继至，民甚苦之。吉思知其弊，照依原价，不许杂以砂土及轻重其包，散盐之日，亲临禁止。于是盐无砂土之杂，吏胥无侵欺之弊焉"④。稍后，孙伯颜任肇庆路总管（路治高要，今广东高要），"民所食盐岁为价十五万缗（贯），率令民先期输官，公命先给而责其价"⑤。可见，直到顺帝统治初年，肇庆仍行食盐法，延续的时间是相当长的。

（七）广海。成宗至元三十一年（1294）十一月，"广西盐先给引于民，而征其直，私盐日横。及官自鬻盐，民复不售。诏先以盐与民，而后征之"⑥。先给盐，后收钱，就是"桩配"，可见食盐法在当地实行过。但后来的情况不可考。

（八）辽阳部分地区出产池盐，但政府"禁民盗食"，"转漕海盐以鬻民"。后改为均赋居民盐课，允许他们任意买食池盐、海盐⑦。此法与陕西河

---

① 《元史》卷九七《食货志五·盐法》。
② 郑元祐：《高昌普达实立公墓志铭》，《侨吴集》卷十二。
③ 《大德南海志》卷六。
④ 《广东通志》卷二四一《宦绩录十一》。
⑤ 黄溍：《孙公墓志铭》，《金华先生文集》卷三七。
⑥ 《元史》卷十八《成宗纪一》。
⑦ 姚燧：《珊竹公神道碑》，《江苏金石志》卷十九。

东盐司实行的办法相同，应视为食盐法的变种。至元"二十四年，滦州四处盐课，旧纳羊一千者，亦令如例输钞。延祐二年，又命食盐人户，岁办课钞，每两率加五焉"①。可见一直到元中期，仍行食盐之法。

两淮、四川盐司，从现有记载来看，没有实行过食盐法。但两淮盐司和其他海盐产地一样，"附场十里之内人户，取见实有口数，责令买食官盐。十里之外，尽作行盐地面"②。这样做的目的，是为了防止走漏私盐。

上面介绍的是食盐法推行的情况。可以看出，元朝政府推行食盐法，主要是为了防止私盐，保证盐课的收入。但是食盐法的推行，实际上是给有关地区的居民增加了一项由官府直接征收的赋税，官吏们趁机上下其手，从中谋利，百姓为此倾家荡产者有之，逃亡者有之。14世纪40年代，元朝政府为了缓和社会矛盾，不得不取消了食盐法，常平盐局法是官运官销的另一种形式。它是在至元二十一年提出的，已见前述。其具体办法是各县设立盐局，地方官府"验各处人户多寡，斟酌可用盐袋，开坐数目"，然后差官到盐运司支拨，"卖过盐引，逐旋缴申提点官批凿讫，申覆本路，转申省部"③。随着卢世荣失势，常平盐局法也就废止了。但后来大都仍然实行过。成宗"大德中，因商贩把握行市，民食贵盐，乃置局设官卖之"。"泰定二年，因局官纲船人等多有侵盗之弊，复从民贩卖，而罢所置之局"，但自此以后，"富商高抬价直"，"贫者多不得食"。元顺帝元统二年（1334）又恢复盐局"于南北二城（大都分南、北城）置局十有五处，每局日卖十引"。限定每人购买量，不许多买。"其客商盐货，从便相参发卖。"实行了几年，弊端丛生，"名曰一贯二斤四两，实不得一斤之上"，其余1斤4两都被侵吞了。"当时置局设官，但为民食贵盐；殊不料官卖之弊，反不如商贩之贱"。于是在至正三年（1343），又罢盐局④。和食盐法相比，常平盐局法是以关心百姓的面目出现的，看起来似乎是好事。但封建王朝的任何制度，不论其设想如何完善美妙，最后无不成为官吏营私舞弊的工具，这是封建制度的性质决定的，常平盐局法就是这样。

---

① 《元史》卷九四《食货志二·盐法》。
② 《元典章》卷二二《户部八·盐课·新降盐法事理》。按，原来规定"附场百里之内"都由官府设局，验人口发卖，大德四年改为"十里之内"。
③ 《元典章》卷二二《户部八·盐课·设立常平盐局》。
④ 《元史》卷九七《食货志五·盐法》。

四　私盐和盐徒

无论商运商销或是官运官销，出售的盐，都是经过盐运司核准的，这就是官盐。元代盐的销售还有一种途径，那就是未经过盐运司许可、私下发售的私盐。贩卖私盐的商贩，称为盐徒。官盐、私盐都是从盐场中生产出来的，只是销售的途径不一样。私盐主要是从盐场、盐仓和运盐纲船上走漏出来的，而且往往是盐徒与盐户、船户，官吏、巡防军队互相勾结而得以实现的。顺帝至正八年（1348）淮东捕获私盐4起，2起是直接从盐场灶户买得的，2起是从运盐纲船的纲头买得的，"多至万余斤，少者数十引，本系各场之煎官盐"，都是"场官、纲官通同巡盐军官军人纵令灶户、纲头恣意盗卖"①。这些盗卖出来的盐，由盐徒用各种交通工具，转卖到各地，一般采用隐蔽的方式活动。但有些盐徒队伍是有组织的，声势浩大，敢于在光天化日之下，持械公开行动。

私盐的产生有多方面的原因。第一，元朝政府盐课太重，盐价太贵，广大群众买不起昂贵的官盐，私盐不须负担盐课，价格比官盐要低得多，当然受到人们的欢迎。"官盐苦高价，私鬻祸所婴。"②"高价"是"私鬻"的重要根源。元末福宁州（今福建霞浦）的一首歌谣也足以说明："大男终岁食无盐，老妇蒸藜泪盈掬。阿男辛苦学弄兵，年年担盐南海滨。担头有盐兵一束，群行大队惊四邻。"③ 这家"食无盐"的男子，自己就投入了贩卖私盐的队伍。第二，盐户和运盐纲船船户生活穷困，被迫截留一些盐私下出售，以此解决自身的困难。元代后期著名文学家杨维桢（他曾在盐场任职）便说过："盐萌（民）依私权为命。"④ 第三，私盐有利可图，不少豪强富户、穷苦百姓都以此为盈利的手段，而盐司的官吏、巡盐的军队也乘机从中捞取好处。

但是，"私盐多，买官盐的人无有"⑤。私盐发生，必然影响官盐的销售；私盐愈多，官盐愈滞销，元朝政府十分注意私盐的防治，盐场与外界的交通受到严格的控制，并灶立团，"外立团军巡绰"，其主要目的，就是

---

① 《南台备要·建言盐法》，《永乐大典》卷二六一。
② 朱思本：《长芦镇》，《贞一斋诗》。
③ 《福宁州谣》，见《元诗选》癸集壬卷下。
④ 《送芦沥巡检范生序》，《东维子文集》卷四。
⑤ 《元典章》卷二二《户部八·盐课·镇守军人兼巡私盐》。

"关防私盐"①。不少盐司都设有巡盐官，如大都河间运司、山东运司和两淮、两浙运司等②。中统四年（1263），设立东平等路巡禁私盐军③，至元二十八年（1291）元朝政府专门拨出 5000 人的军队，在两淮盐司行盐地区内缉拿盐徒④。南宋归附元朝的军队称为新军、南军，平时不准持武器。成宗元贞元年（1295）十月，"给江浙、河南巡逻私盐南军兵仗"⑤。说明元朝政府对缉捕私盐的重视。元贞二年，又"命江浙行省以船五十艘、水工千三百人，沿海巡禁私盐"⑥。元朝颁布的盐政法令中，对于私盐的防范和处理占有很大比重。世祖中统二年（1261）的"恢办课程条画"中，已有关于私盐犯人和官吏禁治私盐不严的处理办法。这一"条画"是"因旧制，再立明条"，可见在此以前，已有这方面的规定⑦。此后颁布的盐政法令，都有这方面的内容。特别是仁宗延祐元年（1314），"申饬私盐之禁"⑧，颁布了"条画" 11 款。延祐六年，又作了详尽的补充规定，长达 5000 余字⑨。贩卖私盐判徒刑 2 年，决 70 下，财产一半没官，决杖后发大盐场戴镣服役。买食私盐杖 60 下，再犯从重判决。官吏、军人等走漏私盐或犯界盐货，笞 40 下，除名。纵放私盐者与犯人同样处理。"失过"或"捕获"私盐，是地方官政绩考察的一个重要组成部分⑩。

　　元朝政府多方防范，禁网严密，但是产生私盐的社会原因得不到解决，私盐贩卖也就不可能中止。全国统一之初，"浙西私盐，吏莫能禁"。元朝江浙行省左丞完者都在松江府上海县一带，便"收盐徒五千，隶军籍"⑪。广东"奸民以私贩梗盐法，往往挟兵刃以自卫，因而构乱，有陈良臣者，众至万人"⑫。盐徒（私盐贩）数量之多，于此可见。元朝中期，官方文书中说：

---

① 郑介夫奏，见《历代名臣奏议》卷六七。
② 大都河间和山东巡盐官见《元史》卷九七《食货志五·盐法》，江浙、两淮巡捕官见《元史》卷二十《成宗纪三》。
③ 《元史》卷五《世祖纪二》。
④ 《元典章》卷二二《户部八·盐课·镇守军人兼巡私盐》。
⑤ 《元史》卷十八《成宗纪一》，《通制条格》卷二七《杂令》。
⑥ 《元史》卷十九《成宗纪二》。
⑦ 《元典章》卷二二《户部八·课程·恢办课程条画》。
⑧ 《元史》卷二五《仁宗纪二》。
⑨ 《元典章》卷二二《户部八·盐法·盐法通例》。
⑩ 《元史》卷二五《仁宗纪二》。
⑪ 《元史》卷一三一《完者都传》。
⑫ 黄溍：《合剌普华公神道碑》，《金华先生文集》卷二五。

"各处私盐、犯界,白昼公行,无所畏忌。"① "其盐徒动辄百十,结连群党,持把器仗,专一私贩。每遇巡捕,拒伤官兵,背法欺官,莫甚于此。"② 而且,这一时期盐徒的行列中出现了妇女,元朝政府为此专门在至顺三年(1332)"定妇人犯私盐罪,著为令。"③ 到了元朝末年,随着整个社会矛盾的激化,私盐贩卖声势更盛。顺帝至正四年(1344),山东益都盐徒郭火你赤"作乱","横行山东、河北,若蹈无人之境"④。至正十一年(1351),"山东、河间二司,盐场多在濒海煎造,其在海大船每岁入场,通同场官、灶户人等,公然买卖……每船少者买贩数百引,多者千余引,运至扬州路管下崇明州地面石牌镇扬子江口转卖。此间边江拨脚铁头大船,结䑸运至上江发卖,拒敌巡哨军船,杀害军官人等,岁岁有之"⑤。陕西、河东一带的盐徒,"构集人众,执把器杖,再行赶喝驴马,动者不下百十头匹,略买到私盐,却来本境公然贩卖食用"。"本司行盐地面兴元、凤翔等州府并所辖县分,捉获盐徒每岁不下千百余起,赃盐数万余斤。"⑥ 盐徒中不少人参加了反对元朝的起义军。浙东的方国珍横行海上,"鱼盐负贩"⑦。淮东的张士诚出身盐户,"兼业私贩"⑧。江阴的朱定"贩盐无赖"⑨。南系红巾军徐寿辉部中也有不少盐徒:"江州在江南,舒州在江北。……私盐船上插红旗,下江攻城如蓺急。前年江州李侯死,余侯今岁舒州没。"⑩

元代盐徒中,地方的豪强大姓占有很大比重。当时有人甚至说:"私鬻盗贩者皆猾民豪室。"⑪ 他们为了牟取暴利而从事私盐买卖。浙江绍兴"有余大郎者,私鬻盗鬻,招集亡命之徒,动至千百。所至强人受买,莫敢谁何!"⑫ 他们还往往与盐司官吏互相勾结,倒卖私盐,也有不少是生活无着落

---

① 《元典章》卷二二《户部八·盐法·申明盐课条画》。
② 《元典章》卷二二《户部八·酒课·私造酒曲依匿税例科断》。
③ 《元史》卷三七《宁宗纪》。
④ 《元史》卷四一《顺帝纪四》;危素:《书张承基传后》,《危太朴文续集》卷九。
⑤ 《南台备要·建言盐法》,《永乐大典》卷二六一〇。
⑥ 《南台备要·建言驼赃马匹》,《永乐大典》卷二六一一。
⑦ 《明太祖实录》卷七。
⑧ 陶宗仪:《纪隆平》,《辍耕录》卷二九。
⑨ 《明太祖实录》卷六。
⑩ 盛景年:《哀歌行》,《元诗选》癸集己卷上。江州即九江,李侯指李黼,元江州守官,舒州即安庆,余侯指令阙,元安庆守官。
⑪ 王沂:《送李舜举转运判官序》,《伊滨集》卷十五。
⑫ 王祎:《绍兴谳狱记》,《王忠文公集》卷八。

的贫民，以贩卖私盐作为谋生的手段，如浙东平阳（今浙江平阳）"乡邻有以阻饥而与旁县民私鬻盐者类辈数十百人"①。有些贫苦农民则因买不起官盐而投入了贩运私盐的活动。但是，这些贫苦盐贩，常常为豪强大姓所操纵。而巡防私盐的官员和士兵，或者畏惧豪强大姓的声势，或者与豪强大姓相勾结，于是便把矛头对准这些贫苦的盐贩，加以缉捕，借以立功，"钦于市者则蹑短素困之民"②。总之，盐徒是一个复杂的社会集团，不能一概而论。

第四节 盐价和盐课

盐业生产是完全由政府控制、组织的。各地盐场出产的盐，都归政府所有。盐司把盐卖给商人，商人再转运到各地销售。各盐司出售的盐价，是由中书省统一规定的，这充分体现了盐的国家专卖特点。但政府规定的盐价，实际上是批发价，至于运到各地以后出售时的零售价，则是波动的，没有统一的规定。

蒙古窝阔台汗庚寅年（1230），"始行盐法，每盐一引重四百斤，其价银一十两"。也就是"每银一两，得盐四十斤"③。到蒙哥汗时（1251—1259），"每引添做十三两银子卖有来"。这个价钱显然过于昂贵，忽必烈即位的次年（中统二年，1261），便减为1引银7两④。中统元年（1260）忽必烈造中统宝钞，钞两贯同白银1两。中统钞的贯有时也称两，即白银1两等于中统钞2两，所以元代的官方文书中说："世祖皇帝时分，每引教做七两银子，每两银子折做二两钞，卖十四两钞来。"⑤这个价钱保持了相当长的时间，在全国统一以后，北方盐价仍是每引"已定价钱一十四两一钱"⑥。

元代统一之初，江南盐价与北方是不同的，这主要是为了与原来（南宋时期）的定价相衔接。据《元史·食货志》记载，两淮之盐，"至元十三年命提举马里、范张依宋旧例办课，每引重三百斤，其价为中统钞八两"。两浙之盐，"每引分作二袋，每袋依宋十八界会子，折中统钞九

---

① 苏伯衡：《韩君墓志铭》，《苏平仲文集》卷十三。
② 王沂：《送李舜举转运判官序》，《伊滨集》卷十五。
③ 《元史》卷九四《食货志二·盐法》。
④ 《元典章》新集《户部·课程·盐价》。
⑤ 同上。
⑥ 王恽：《便民三十五事·论盐法》，《秋涧文集》卷九十。"一钱"是附加的损耗费用。

两。"① 元平江南以后，为了统一货币制度，用中统钞换宋会子，"以宋会五十贯准中统钞一贯"②。盐价亦以此比例换算。两淮之盐 300 斤价中统钞 8 两，显然低于北方盐价。两浙之盐每引应为 400 斤③，若每引二袋，每袋中统钞 9 两，则每引应为 18 两。这个价钱与两淮相差太远，不合情理，事实上，其他记载都说平宋后江南盐价每引 9 贯④。上述两浙盐价记载"每袋"二字应是衍文，每引分 2 袋，价中统钞 9 贯。而两淮之盐在每引改为 400 斤后亦应调至 9 贯。江南盐价很快又作了调整，至元十九年（1282）十月，"增两浙盐价"⑤。"每引于旧价之上增钞四贯。"⑥ 也就是说，每引盐价中统钞 13 贯，这和北方盐价已经很接近了。

至元二十一年（1284）十二月，元朝政府设常平盐局。中书省臣奏说："盐的体例，一引盐根底，官司处一十五两买了。"⑦ 可见，至迟到这一年，盐价已上调为每引 15 贯。自此开始，盐价逐渐提高。至元二十二年（1285）三月，"诏依旧制，凡盐一引四百斤，价银十两，以折今钞为二十贯"⑧。所谓"旧制"指的是窝阔台汗时的规定，这是以遵循"旧制"为名提高盐价。不久，增为每引 30 贯。至元二十六年（1289），由于国家经费"岁入恒不偿所出"，元朝政府普遍增税，盐每引增为 1 锭（50 贯）⑨。提高了 20 贯，比起以前来，这是一次大幅度的调整。到成宗元贞二年（1296）九月，"增盐价钞一引为六十五贯。"⑩ 此后，盐价相对地稳定了一段时期。

武宗至大二年（1309）九月，元朝政府因纸币贬值，物价上涨，发行至大银钞，每一两准至元钞 5 贯（两），而至元钞每贯（两）又等于中统钞 5

---

① 《元史》卷九四《食货志二·盐法》。
② 《国朝文类》卷四十《经世大典序录·钞法》。
③ 两淮之盐在至元十三年每引重 300 斤，十四年即改为 400 斤。两浙之盐至元十四年始定制，故应为 400 斤。
④ 《国朝文类》卷四十《经世大典序录·盐法》，《元史·食货志二·盐法》开头的总叙同。又见苏天爵《书两淮盐运使傅公去思诗后》，《滋溪文稿》卷二八。
⑤ 《元史》卷十二《世祖纪九》。
⑥ 《元史》卷九四《食货志二·盐法》。
⑦ 《元典章》卷二二《户部八·课程·设立常平盐局》。
⑧ 《元史》卷十三《世祖纪十》。
⑨ 《元史》卷十五《世祖纪十二》，卷二○五《桑哥传》。按，元代叶知本在《减盐价书》（《两浙盐法志》卷二七）中说："归附之初，盐价中统钞十二贯一引……自十二贯为始，一次增作十五贯，第二次增作二十五贯，第三次增作一锭矣。"与其他记载不符，待考。
⑩ 《元史》卷十九《成宗纪二》。

贯（两），亦即至大银钞一两等于中统钞 25 贯（两）①。同年十二月，盐价每引增为至大银钞 4 两。亦即每引中统钞 100 贯（两）。从 65 贯（两）一下子就提升到 100 贯（两），上涨百分之五十以上。仁宗延祐元年（1314），"整治军人气力，钱物不敷的上头，每引添了一锭，做二锭"。五年时间，又提价百分之五十。频繁的大幅度提高盐价，连政府中监察部门御史台的官员也觉得"盐贵了，穷百姓每无钱，买不得呵，生受有"。延祐四年，曾有人提出仍旧定为 2 锭 1 引。皇帝已经表示同意，但中书省认为这样一来国家经费"不敷的数目越多了也"，建议依旧按 3 锭 1 引出售。中书省的意见取得了胜利②。只有广海，一直是每引 2 锭③。

元朝政府提高盐价的一个重要依据，是纸币（钞）的贬值，白银与纸币的比值发生变化。如前所述，元朝初期白银 1 两等于中统钞 2 两，而到仁宗延祐年间，1 两白银折合中统钞 25 贯（两），"两锭钞折做银子呵，依官定价钱，该四两银子有"。如果按世祖初年 1 引 7 两银计算，"该钞三锭半有"。因此，在政府看来，1 引卖 3 锭钞，还是吃亏，"尚少着官司半锭钞有"④。银、钞的这一比例保持了相当一段时间，因此，每引盐 3 锭钞的价格也维持了一段比较长的时间。泰定二年（1325），一度"减去二十五贯"，文宗天历二年（1329）又恢复原状⑤。顺帝后至元五年（1339），两浙运司上书中书省说：每引盐价"今则为三锭矣"，至正二年（1342），"河间运司申户部云：本司岁办额、余盐共三十八万引，计课钞一百一十四万锭"。折算起来，也是 1 引 3 锭⑥。可见到此时，仍无变化。

14 世纪 40 年代后期，又出现了通货膨胀的趋势。元朝政府在至正十年（1350）再次更改钞法，颁行新钞，兼用铜钱，以新钞 1 贯准至元钞 2 贯或铜钱 1000 文行使。结果引起物价狂涨，纸币贬值。在更改钞法的第二年，便爆发了全国农民起义。"军储供给，赏赐犒劳，每日印造不可数计"，纸币

---

① 《元史》卷二三《武宗纪》。
② 《元典章》卷二二《户部八·盐课·盐价每引三锭》。按，《经世大典序录·盐法》以为增至 3 锭是延祐二年的事。《元史》卷九四《食货志二·盐法》同。
③ 《元史》卷九七《食货志五·盐法》。
④ 《元典章新集》，《户部·课程·盐价》。
⑤ 《经世大典序录·盐法》。
⑥ 《元史》卷九七《食货志五·盐法》。

印得愈多，贬值愈厉害①。很快，纸币"涩滞不行"。民间行用铜钱或物物交换。这一时期，可以肯定的是，在混乱的情况下，国家再也不能规定统一的盐价了。

上面讲的是政府规定的盐价，即批发价。事实上，在出售时，还要加上其他一些费用，前面说过，北方盐定价 14 贯（两）时，实收 14 贯（两）1 钱。成宗大德年间，两淮盐定价 65 贯（两），实收 67 两 5 钱，多出部分称为"带收钞"，包括"纲船水脚一两二钱，装盐席索钱七钱，仓场子脚钱六钱，"② 到仁宗延祐年间，每引盐价 3 锭，而"带收钞"增加到 40 两，"除正额三锭外，带收席索等钱五两七钱，工脚三钱，官牙四钱，见议添收造船水脚钱各一两，并查盐仓钱……又有往来盘缠，共计二十余两"。后来又添 5 两。③ 当 1 引 65 贯时，"带收钞"不过是正额的二十六分之一；而当 1 引 150 贯（3 锭）时，"带收钞"急剧上升，差不多是"正额"的四分之一。元朝政府实际上是用这种方法增加收入。

盐运到各地销售时，价钱比起批发价往往要高出一两倍甚至更多。至元十八年（1281），盐的批发价是每引 15 贯，而潭州 1 引卖 180 两（贯），江西卖 170 两（贯）。至元二十一年（1284），大都每引盐也卖到 120 两（贯）④。零售价比批发价高出 8 倍甚至 10 余倍，这是很不正常的，完全是少数权豪操纵市场的结果。武宗至大年间，盐的批发价是 100 贯（两）1 引，"是官价二百五十文一斤也"。"价既取二百五十文一斤，官豪商贾，乘时射利，积塌待价，又取五百文一斤。市间店肆，又微三分之利。"这样层层加价的结果，"民持一贯之钞，得盐一斤，贱亦不下八百"。零售价高出批发价三四倍。以致"濒海小民，犹且食淡；深山穷谷，无盐可知"⑤。顺帝元统二年（1334），大都地区还是"钞一贯，仅买盐一斤"，亦即每引盐的零售价是 400 贯（两），比批发价 150 贯高出 1 倍多，"贫者多不得食"⑥。对于权豪富商操纵市场，任意抬高售价，元朝政府除了设立常平盐局之外，没有采取任何纠正的措施，可以说是听之

---

① 《元史》卷九七《食货志五·盐法》。
② 《元典章》卷二二《户部八·盐课·新降盐法事理》。
③ 《元典章》新集《户部·课程·拯治盐法》。
④ 《元典章》卷二二《户部八·盐法·设立常平盐局》。
⑤ 叶知本：《减盐价书》，《两浙盐法志》卷二七。
⑥ 《元史》卷九七《食货志五·盐法》。

任之。

在推行计口食盐的地方，盐价一般是按批发价计算的，如顺帝时陕西将盐"散于民户"，"少者不下二三引，每一引收价三锭。"① 但是盐司和地方官府在散盐时，常常采用克扣斤两、掺和灰土等手段，使得居民购盐的实际花费，远在官定价格之上。

在元代各项赋税收入中，盐税占有非常重要的地位。元政府的官方文书中常说："经国之费，盐课为重。"② 大德七年（1303）中书省的文件中说："天下办纳的钱，盐课办着多一半有。"③ 有的记载甚至说："国家经费，盐利居十之八。"④ 所谓盐课，具体来说，就是指出售盐引所得的钱。"凡天下一岁总办之数，唯天历（文宗年号，1328—1329）为可考。……盐总二百五十六万四千余引，盐课钞总七百六十六万一千余锭。"这时盐的批发价是每引 3 锭中统钞，上述盐课钞总额大体相符。在盐课收入中，两淮所占比重最大，"天历二年，额办正余盐九十五万七十五引，计中统钞二百八十五万二百二十五锭"。正合 1 引 3 锭⑤。

前面已经说过，世祖晚年全国盐产量约为 170 余万引，此时盐价每引钞 1 锭，则盐课收入应为 170 余万锭。而至元二十九年（1292），"天下所入凡二百九十万八千三百五锭"⑥。以此折算，盐课应占"天下所入"的 60% 左右。元代的赋税收入，有实物（粮食、丝等），有货币（钞），这里所说的"天下所入"，实际上仅是货币部分，并不包括实物在内。天历二年（1329）"赋入之数"有"金三百二十七锭，银千一百六十九锭，钞九百二十九万七千八百锭"，还有丝、绵、粮等实物⑦。金、银是从矿冶中抽得的。这一年盐课收入是 760 万余锭，占财政收入中钱钞部分的十分之八左右。前面所举的盐课占"天下办纳的钱""多一半有"，确是符合事实的。盐课在国家财政收入中占有举足轻重的地位。

元代中期起，国家的各种重大支出，都靠盐课支持。(1) 救灾。对于各地连年发生的灾荒，元朝政府或者采用市籴之法，令民入粟中盐，作赈济之

---

① 《元史》卷九七《食货志五·盐法》。
② 《元典章》卷二二《户部八·盐法·盐法通例》。
③ 《元典章》卷二二《户部八·盐法·盐司人休买要盐引》。
④ 《元史》卷一七〇《郝彬传》。
⑤ 《元史》卷九四《食货志二·盐法》。
⑥ 《元史》卷十七《世祖纪一四》。
⑦ 《元史》卷三三《文宗纪二》。

用（见第三节），或者直接拨盐课钞赈济灾民。仅至顺元年（1330）一年，即动用陕西、两淮、山东、河间的盐课钞 26 万 9 千锭赈济各地灾民。(2) 军事活动。至顺元年，云南发生叛乱，元朝用兵，六月，"以盐课钞二十万锭供云南军需"。七月，"命四川行省于明年茶盐引内给钞八万锭增军需，以讨云南"①。(3) 赏赐。元代政治特点之一是，皇帝经常予贵族、大臣以大量赏赐，作为笼络的手段，保证他们对自己的忠诚。元朝前期赏赐主要是金、银、钞；中期以后，土地和盐引在赐物中越来越重要。如元文宗赐宠臣撒迪盐引 6 万，又赐皇姐鲁国大长公主盐引 6 万②。(4) 上都和岭北行省的经费。元朝实行两都制，首都大都即今北京，夏都上都开平，在今内蒙古正蓝旗境内。皇帝每年有近半年时间在上都度过。上都建于草原上，离农业区近千里，各种物资大都须由农业区运去，费用浩大。上都以北的蒙古草原，元朝建立岭北行省进行管理，其首府和林是原蒙古国的都城，也是一座草原城市（在今蒙古国境内），每年也要由农业区运去大量粮食和物资。支持上都与岭北行省的费用，主要便靠盐课收入。元代中期，每年两淮盐运司解送到大都万亿宝源库中统钞 150 余万锭，其中起运上都 80 万锭，拨换起运和林 50 万锭③。从以上这些用途，可以对盐课在国家财政中的重要性看得更清楚。

  应该指出的是，盐课并不是国家的纯收入。为了生产和销售盐，元朝政府必须向盐户发放工本，拨给柴荡，还要维持一个庞大的管理机构。元代郑介夫说："且以一引盐论之，岁给工本及柴草等物，又有盐司官吏月支俸般运之费，通以价钱准折计算，而官司月过本钱将及一半矣。"④ 这个说法显然是夸大的，但是他指出盐的售价中包含有政府的各项支出则是事实。当然，制盐成本是很难正确计算的，但一般来说，维持管理机构的费用相对于盐的产值来说，总是有限的；柴荡本是国有土地；实际上制盐成本中最重要的部分，还是工本钞。因此有必要看一看工本钞与盐价的关系。

  有元一代，工本钞和盐价一样，不断调整、提高。北方宝坻等处盐场，世祖至元二年（1265），"灶户工本，每引为中统钞三两"；而河间、山东盐

---

 ① 《元史》卷三《文宗纪三》。
 ② 《元史》卷三二《文宗纪一》，卷三三《文宗纪二》。
 ③ 《元典章》新集《户部·钱粮·万亿库收堪中支持钞》。
 ④ 郑介夫奏，《历代名臣奏议》卷六七。

司则到至元十八年（1281）才增为 3 贯（两），在此以前还不及此数。至元二十五年（1288），"增工本为中统钞五贯"①。至元二十八年（1291），随着盐价的急剧上涨，工本钞也作了调整。中书省的一份文书中说："在先一引盐卖三十两时分，一引盐五两工本钞与来。如今添了二十两卖一锭呵，也则与五两有，亏着他每的一般。"于是无论南北，都增加到每引 8 两。但南方有晒盐、煮盐之别，"晒盐不用柴薪"，成本较低，原来煮盐工本钞 8 两时，晒盐 4 两；当煮盐升为 8 两时，晒盐相应调到 6 两 4 钱②。成宗元贞二年（1296），盐价增为 1 引钞 65 贯，"盐户造盐钱为十贯，独广西如故"③。这 10 贯应是煎盐的工本，而晒盐亦应相应调整。武宗至大二年（1309），盐价增至大银钞 4 两，即中统钞 100 两；"其煮盐工本"增为至大银钞四钱，即中统钞 10 两④。元仁宗时，盐价增为每引 3 锭即 150 两，工本钞相应调整，"煎盐每引递增至二十贯，晒盐每引至一十七贯四钱"⑤。浙东盐场由于没有官拨柴荡，另加 5 贯作为买柴钱⑥。每引盐价与工本的比例有如表 7-1 所示。

表 7-1　　　　　　　　元代盐价与工本之比例

盐价	工本	工本与盐价的比例
14 贯	3 贯	21.4%
30 贯	5 贯	16.6%
50 贯	8 贯	16%
65 贯	10 贯	15.3%
100 贯	10 贯（？）	
150 贯	20 贯	13.3%

可以看出，（1）工本最高时不过盐价的五分之一左右，最低时仅为盐价的七分之一强。元朝政府正是从工本与盐价的差额中获得了巨大的收入。

---

① 《元史》卷九四《食货志二·盐法》。
② 《元典章》卷二二《户部八·盐法·添支煎晒成本》。
③ 《元史》卷十九《成宗纪二》。
④ 《元史》卷二三《武宗纪二》。按，"四钱"疑有误，待考。
⑤ 《元史》卷九四《食货志二·盐法》。
⑥ 陈椿：《熬波图·樵砍柴薪》。

（2）随着盐价的上涨，元朝政府也对工本进行调整，但是工本的增加总是落在盐价的后面，而且在盐价中所占比例愈来愈少，说明元朝政府不断加强对盐户的剥削。

第二编

元代殡葬史

第八章 丧葬程序

第一节 导论

一 元代的死亡观和殡葬观念

元代社会流行两种死亡观。一种是儒家主张的,认为生死是一个自然的过程:"惟死与生,犹昼之夜。能知其故,斯为达者。"① "生死之在人,万世更相送,犹夜之必旦,寒之必暑。"② 元代大儒许衡说:"人生天地间,生死常有之理,岂能逃得?却要寻个不死,宁有是理!" "祸福荣辱,死生贵贱,如寒暑昼夜相代之理。若以私意小智,妄为迎避,大不可也。"③ 死生交替,犹如白天和黑夜、寒冬和酷暑,是一种自然规律。面对死亡,重要的是奉行孝道。成书于汉代的《孝经》集中表现了儒家的孝道观。《孝经》的最后是"丧亲章第十八",全文是:"子曰:孝子之丧亲也,哭不偯礼无容,言不文,服美不安,闻乐不乐,食旨不甘,此哀戚之情也。三日而食,教民无以死伤生,毁灭性,此圣人之政也。丧不过三年,示民有终也。为之棺椁,衣衾而举之。陈其簠簋而哀戚之,擗踊哭泣哀以送之,卜其宅兆而安措之,为之宗庙以鬼享之,春秋祭祀之时思之。生事爱敬,死事哀戚,生民之本尽矣,死生之义备矣,孝子之事亲终矣。"父母死时要哀戚,守丧三年,制作棺椁,选择坟地埋葬,春秋举行祭祀,便是孝道的表现。这就是儒家关于丧葬的基本观点。元朝著名学者苏天爵说:"余闻昔之君子于其亲也,生

---

① 苏天爵:《百夫长贾君寿堂铭》,陈高华、孟繁清点校《滋溪文稿》卷二一,中华书局1997年版。

② 元好问:《尚药吴辨夫寿冢记》,《元好问全集》卷三四,山西人民出版社1990年版。

③ 许衡:《语录》,《鲁斋遗书》卷一。明万历刻本。《北图古籍珍本丛刊》第91册,第287页。

则致其养焉，殁则卜其宅兆而严事之，盖孝子慈孙所以厚于其先者也。"① 还有人说："夫孝者，百行之首，而为人子立道。其生事也，冬温夏清，昏定晨省。其死葬也，棺椁衣衾，而尽其哀戚。其祭祀也，四时诚敬。《语》曰：'生事之以礼'。"② 实际是把《孝经》关于丧葬的要求作了简要的说明。

  与儒家死亡观同时存在的，是佛教、道教的死亡观。简单地说，就是天堂地狱、轮回报应。儒士史伯璿说："佛氏却又设为天堂地狱之说，以愚弄世人而胁劫之，笼取其财，以蓄其徒而久其教，谓死者必入地狱，受锉烧舂磨之苦。子孙须与供佛饭僧献食于十王，然后得生天堂，受诸快乐，不为者永劫沉沦，终无出狱生天之期。"③ 另一位儒生吴师道说："释、老氏之教震动四海。其言死生轮回、入地狱受诸苦状，尤能慑怖愚俗，从之者如水趋下，非一日矣。男子刚明者间不惑，至于妇人女子，阴阇荏弱，其惧而溺焉，毋怪也。"④ 轮回报应之说对一般民众影响很大，对妇女影响更大。"生而生，死而死，善而得赏，不善而得罚，人之常理也。浮图之说则曰：吾之道可以度生死，消罪恶，增福而延命。若此者，彼知之而我亦知之乎？惟其不可能，故惮而服焉；不可知，故异而希焉。呜呼，此天下之人所以风从景附，辍其所有，争趋而竞赴也。"⑤ 按照佛、道的理论，为死者也为生者祈福，必须在丧葬时举行各种宗教仪式。因此，"杭故俗，家有丧，用浮屠、老氏之法，建坛场，设斋祠，歌呗作乐，越月逾时"⑥。杭州如此，其他很多地方也是如此。两种生死观，后一种"从之者如水趋下"，实际上占有优势。史伯璿批判天堂地狱之无稽，最后感叹道："奈何风俗之好妄，而必为其事也。"贝琼批判轮回之说道："彼谓死者得以复生，恶有已熄之火而复燃，已仆之木而复起乎！"但他不得不承认："然其言之行于世也已久，而病之蛊于人也已深，使中国胥沦于戎狄。使圣人出而治之，亦未能回其陷溺之心，况

---

  ① 苏天爵：《金乡刘氏阡表》，《滋溪文稿》卷二一。
  ② 刘明道：《脱脱木儿先茔之记》，《（民国）昌乐县续志》卷一七，引自《全元文》第58册，中华书局点校本1976年版。
  ③ 史伯璿：《上宪司陈言时事书》，《青华集》卷二，引自《全元文》第46册。
  ④ 吴师道：《汪氏宜人不用缟黄颂》，邱居里、邢新欣校点《吴师道集》卷一一，吉林文史出版社2008年版。
  ⑤ 刘敏中：《大圣院记》，邓瑞全、谢辉校点《刘敏中集》卷三，吉林文史出版社2008年版。
  ⑥ 柳贯：《卢氏母碣铭》，柳遵杰点校《柳贯集》卷一一，浙江古籍出版社2004年版，第11页。

区区举吾儒教以与之争，必不胜矣。"① 也就是说，就社会影响而言，儒学的自然生死观不敌佛、道的轮回说。

随着佛、道二教轮回说对丧葬的影响不断扩大，在丧葬过程中许多人或自动或被动地采用佛教或道教的仪式。所以，有人感叹说："丧礼坏于异端，庞杂不经久矣。"② 有些儒生临终以前都要郑重其事交代家人不许用佛、道之法，如被称为大儒的浦江（今浙江浦江）人吴莱，"遗命治丧不用浮屠法"③。另一位大儒萧㪺"治丧不用佛、老，棺椁衣食悉遵礼制"④。他们的举动固然为一些正统儒生赞扬，但同时往往遭到人们讥笑。理学家陈栎说，曾祖遗命丧葬"毋作佛事"，因此世代奉行。"吾家三世不幸皆贫，流俗不过曰：'是贫甚不能为，故立异耳。'嗟乎！安得家肥屋润，更酌古礼行之，以一洗流俗之言哉。又尝闻士友之言曰：'平昔非不知佛事不足为古礼所当用，一旦不幸至于大故，则族姻交以不孝责，我虽欲不为不可得已。'嗟乎！'佛入中原祭礼荒，胡僧奏乐孤子忙。'后村刘公叹之久矣。孝也者，其作佛事之谓与！流俗之所谓不孝也，乃我之所谓孝也。流俗之所谓孝也，乃我之所谓不孝也。儿辈听之，不守家法，非吾子孙。"⑤"后村刘公"即南宋著名学者、诗人刘克庄。可见，当时社会舆论大多以丧葬时是否举办宗教仪式作为衡量"孝"或"不孝"的标志。像陈栎一样坚持不用宗教仪式的行为，在人们眼中不过是家贫无力为之，所以标新立异，甚至认为是"不孝"的表现。两种生死观都与孝道观联系在一起。

忽必烈称帝后，积极推行"汉法"，接受儒家的学说，不少汉文经典译成蒙文。统治者逐渐认识到"孝道"对于维护统治的作用，努力加以提倡。大德十一年（1307）八月，"中书左丞孛罗帖木儿以国字译《孝经》进。诏曰：'此乃孔子之微言，自王公达于庶民，皆当由是而行。其命中书省刻版模印，诸王而下皆赐之。'"⑥ 传世的汉蒙（回鹘体蒙文）合璧的《孝经》残本应即此时刻印的。⑦ 紧接着，至大元年（1308）畏兀儿人、两淮万户府达

---

① 贝琼：《复古堂记》，李鸣校点《贝琼集》卷三〇，吉林文史出版社 2010 年版。
② 吴师道：《国学策问四十道》，《吴师道集》卷一九。
③ 宋濂：《渊颖先生碑》，《宋文宪公全集》卷四一，《四部备要》本。
④ 苏天爵：《萧贞敏公墓志铭》，《滋溪文稿》卷八。
⑤ 陈栎：《本房先世事略》，《陈定宇先生集》卷一五，《元人文集珍本丛刊》影印康熙刻本。
⑥ 《元史》卷二二《武宗纪一》。
⑦ 此书残本现藏故宫博物院图书馆，见曹莉《元刻本〈蒙汉合璧孝经〉》，《中国文物报》2015年6月2日。

鲁花赤小云石海涯作《孝经直解》，用当时通行的硬译体文字解读《孝经》，正式印行。① 所谓硬译体是元代一种特殊的文件，其语汇采自汉语口语，而语法却是蒙古式的，便于汉语水平较低的蒙古人和色目人理解，在当时很流行。②《孝经直解·丧亲章第十八》的蒙语硬译体注文如下：（图 8-1 为《孝经直解》书影）

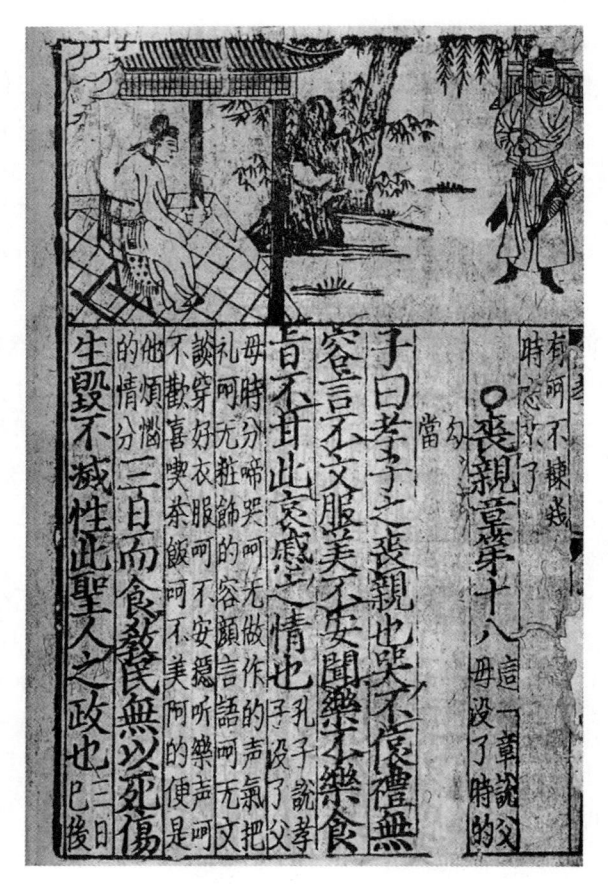

图 8-1　《孝经直解》书影

这一章说父母没了时的勾当。孔子说：孝子没了父母时分，啼哭

---

① ［日］太田辰夫、佐藤靖彦编：《元版孝经直解》，汲古书院平成八年版，第 15—17 页。
② 亦邻真：《元代硬译公牍文体》，《亦邻真蒙古学文集》，内蒙古人民出版社 2001 年版。

呵，无做作的声气；把礼呵，无妆饰的容颜；言语呵，无文谈。穿好衣服呵，不安稳；听乐声呵，不欢喜；吃茶饭呵，不美。阿的便是他烦恼的情分。三日已后，索要吃些茶饭，教他休要因死的伤了活的；廳痛心休教抵死过当着。这的是圣人教人行孝的法度。则教持三年孝服，教百姓知丧尽的时节，安排棺椁和就里的衣服，覆盖着好者。摆列祭器祭奠呵，好生痛烦恼着。儿孩儿、女孩儿行者，哭者，送出去者。拣着好地面里安葬着。家里安排着家庙，似鬼神的礼一般祭奠者。春里秋里祭奠不缺了。时时间心中思量着。父母在生时，孝顺侍奉着；死了的时，藤痛安葬祭奠者。这般为人报答父母的心了毕也。

《孝经》蒙文本和《孝经直解》的相继问世，说明在蒙古人、色目人中，孝道的观念也逐渐传播开来。元朝统治者和前代一样，也标榜以"以孝治天下"，推行丁忧制度，表彰孝行。例如，燕（今北京）人刘成，"君年二十丧其父，事其祖父母克尽孝养，祖父母卒，奉其母氏益恭，于是孝行闻京师。故翰林承旨刘公赓……熟君之行，登名于朝。朝议是之，礼部符下，表其门曰'孝行'云。延祐五年正月也"[①]。在此影响下，在蒙古人、色目人中间，也有不少人接受儒家的丧葬观念，奉行守制等礼节，下面将会提及。

二 元朝的殡葬法令

受儒家学说的影响，中原封建王朝历来重视丧葬，就此颁布各种法令。唐朝有专门的《殡葬令》。宋朝颁发过许多有关丧葬的法令，对皇室以及各阶层的丧葬制度都作出具体的规定。相对来说，元朝统治者原来对于中原传统的丧葬制度并无多大兴趣。在汉族官员和接受中原文化熏染的其他民族官员推动下，逐渐注意丧葬问题，陆续颁布了一些有关丧葬的法令，但始终没有完整系统的丧葬法令。有关法令主要是：

（1）丧葬各依本俗。延祐元年（1314），监察御史王某建议：江南殡葬时饮酒作乐，应加取缔，"今后除蒙古、色目合从本俗，其余人等居丧送殡，不得饮宴动乐"。礼部、刑部审议："除蒙古、色目宜从本俗，余并禁止。"

---

① 苏天爵：《有元旌表孝行刘君墓碣铭》，《滋溪文稿》卷一九。

中书省"咨请依上施行"①。延祐二年，监察御史刘某提出，江淮习俗"丧服有戴布幞头、布袍为礼者"，建议禁止。礼部审议认为："方今丧服未有定制，除蒙古、色目人各从本俗，其余依乡俗，以麻布为之。"② 有一件关于畏兀儿葬礼的文书中说："这汉儿田地里底众畏吾儿每，丧事体例有呵，自己体例落后了，随着汉儿体例，又丧事多宰杀做来底勾当每"，皇帝说："帖薛、木速蛮也丧事里，依各自体例行有。从今已后，这汉儿田地里底众畏吾儿每丧事里，只依在先自己体例行者。汉儿体例休随者，休宰杀者。从今已后，不拣那里畏吾儿丧事里，自己畏吾儿体例落后了，汉儿体例随呵，宰杀呵，那畏吾儿底家缘一半断了者。"③ 这件文书时间不明。大意是说，住在汉地的畏吾儿人办丧事，不用自己的体例，却随汉人的体例，而且多杀牲畜。帖薛（基督教徒）、木速蛮（伊斯兰教徒）都按自己体例办丧事，以后不管哪里的畏吾儿人只能按本族体例办丧事，不要随同汉人的体例，不要多宰杀，否则没收一半家财。

（2）丧葬严格按等级办事。坟地面积，按官员等级有不同的标准。出殡时的仪从，亦依品职。至元二十一年（1284），陕西汉中道按察司提出，送殡和求婚之家使用祗候人等掌打仪仗等物，"权势之家，官为差拨；士庶之户，用钱雇请"。有违国家置备仪从之礼，建议禁断。礼部审查建议："若品官遇有婚丧，止依品职，合得仪从送迎。外，禁断无官百姓人等，不得僭越，似为中礼。"中书省同意施行。④

（3）官府收埋暴露骸骨。中统元年（1260）五月，中书省奏准宣抚司条款内一件："据各路见暴露骸骨，仰所在官司依礼埋瘗，奠祭追荐，做好事。"⑤ 以后陆续对此有具体规定。"暴露骸骨"指无人收埋的尸体。

（4）取缔厚葬。至元七年（1270）十一月，针对"民间丧葬，多有无益破费"的现象，经忽必烈批准，中书省下令禁止纸房子等物。⑥ 世祖末年，赵天麟上《太平金镜策》，其中说："至元年间都堂议得：民间丧葬纸房金银人马并彩帛、衣服、帐幕等物，钦依圣旨事意，截日尽行禁断。"赵天麟

---

① 《元典章》卷三〇《礼部三·礼制三·丧礼·禁治居丧饮宴》，陈高华、张帆、刘晓、党宝海点校，中华书局、天津古籍出版社 2011 年版。
② 《元典章》卷三〇《礼部三·礼制三·丧礼·丧服各从本俗》。
③ 《元典章》卷三〇《礼部三·礼制三·丧礼·畏吾儿丧事体例》。
④ 《元典章》卷三〇《礼部三·礼制三·丧礼·禁送殡迎婚仪从》。
⑤ 《元典章》卷三〇《礼部三·礼制三·葬礼·收埋暴露骸骨》。
⑥ 《元典章》卷三〇《礼部三·礼制三·丧礼·禁丧葬纸房子》。

认为："此皆先帝慎俭德以怀永图，推其余以化下民也。"① 可知这一规定确曾实施。延祐元年（1314），御史台报告，江南等处殡葬时"忘哀作乐，张宴群饮"，应加禁止。礼部、刑部审议："除蒙古、色目宜从本俗，余并禁止，敢有违犯，治罪相应。"中书省同意施行。② 至大元年（1308），中书省再次申明至元七年的规定："除纸钱外，据纸糊房子、金银、人马、彩帛、衣服、帐幕等物，钦依圣旨事意，截日尽行禁断。"③

（5）禁止火葬。至元十五年（1278），北京路官员报告，当地居民父母身死，实行火葬。"实灭人伦，有乖葬礼。"建议禁止。礼部审议认为："四方之人，风俗不一，若便一体禁约，似有未尽。……除从军应役并远方客旅、诸色目人许从本俗，不须禁约外，据土著汉人，拟合禁止。"中书省"准呈，仰遍行合属，依上施行"④。这条禁令主要是针对"土著汉人"的。"从军应役并远方客旅"的汉人因死在他乡，遗体运输不便，故允许火葬。

（6）实行三年守制。父母去世，守制三年，是中原传统的制度。元朝很长时间没有实行。大德八年（1304）发布诏书："三年之丧，古今通制（三年实二十七个月）。今后除应当怯薛人员、征戍军官外，其余官吏父母丧亡，丁忧终制，方许叙仕。夺情起复，不拘此例。"⑤ 此后多次重申。

（7）严禁劫墓和买卖坟茔并树木。至元十四年（1277），兵部、刑部对劫墓罪提出处理意见："若有劫墓贼徒，已发坟冢者比同切盗，开棺椁者同强盗，残毁尸首者同伤人。"经中书省批准颁行。⑥ 元朝制度，对窃盗（盗窃）、强盗（抢劫）按情节轻重处以不同刑罚，抢劫伤人者判死刑。⑦ 打开棺椁者损害尸体者同伤人，也要判死刑。"诸发冢得财不伤尸，杖一百七，刺配。"⑧ 仅比死刑减一等。对于盗发诸王驸马坟寝判刑更重："盗发诸王驸马坟寝者，不分首从，皆处死。看守禁地人杖一百七，三分家产一分没官，

---

① 《太平金镜策·树八事以丰天下之食货禁奢侈》，《元代奏议实录》（上），陈得芝辑点，浙江古籍出版社 1998 年版。
② 《元典章》卷三〇《礼部三·礼制三·丧礼·禁治居丧饮宴》。
③ 《元典章》卷三〇《礼部三·礼制三·丧礼·禁约厚葬》。
④ 《元典章》卷三〇《礼部三·礼制三·丧礼·禁约焚尸》。
⑤ 《元典章》卷一一《吏部五·职制二·丁忧·官吏丁忧终制叙仕》。
⑥ 《元典章》卷五一《刑部十三·诸盗三·失盗·捕劫墓比强窃盗责罚》。
⑦ 《元典章》卷四九《刑部十一·诸盗一·强窃盗·强窃盗贼通例》。
⑧ 《元史》卷一〇四《刑法志三·盗贼》。

同看守人杖六十七。"① 皇庆二年（1313）三月圣旨："百姓每的子孙每，将祖上的坟茔并树木卖与人的也有，更掘了骨殖，将坟茔卖与人的也有。今后卖的、买的并牙人每根底要罪过，行文书禁断者。"②

以上法令涉及的问题，有的实行了，如丁忧制；有的实际不起作用，如火葬。在下面有关章节中将分别加以论述。

第二节 汉人的殡葬

儒家讲究"死敛葬祭，莫不有礼"③。早在春秋战国时期，丧礼已基本具备，有了一整套仪式。后代儒家不断加以强化。成书于汉代的《孝经》，最后一章是"丧亲章"，对丧葬时的行为加以规范。"治天下者莫大于礼，所以辨上下定民志也。冠、昏、丧、祭，民用尤切，前代皆有成式。"④ 丧礼是孝道的主要表现，尤其受到重视："礼之行由于俗之厚，俗之厚由于丧之重也。……丧祭之重，民俗之厚也。民俗厚而后冠、昏之礼可行矣。"⑤

宋代理学兴盛，理学家程氏兄弟和朱熹都对丧礼有所论述。元代儒生特别奉行朱熹的《家礼》："事亲生能尽孝，既死，其葬祭之凡悉依朱子《家礼》。"⑥《家礼》把丧葬分为 21 个程序，这是根据长期以来形成的传统总结出来的，有很大的影响。能够按朱子《家礼》办丧葬都会受到赞誉。河南焦作靳德茂病故，"小敛、大敛、皆遵古制"⑦。元代丧葬嫁娶时推行的"古制"，实际上都指朱熹的《家礼》而言。但其程序过于烦琐，只有少数家庭才能严格执行。现实生活中大多数家庭（包括多数儒生）在举办丧葬时都不同程度加以简化，而且往往添加一些佛教、道教的因素。

元代汉族家庭的丧葬程序，大体上可以分为三个阶段。

第一阶段，遗体入殓，接受亲友的吊唁。殓指给死者沐浴后穿着入棺。小殓是为尸体穿衣，大殓是尸体放入棺中，都要举行一定的仪式。尸体穿衣

---

① 《元史》卷一〇四《刑法志三·盗贼》。
② 《通制条格校注》卷一六《田令·坟茔树株》，方龄贵校注，中华书局 2001 年版。
③ 《元典章》卷三〇《礼部三·礼制三·丧礼·禁治居丧饮宴》。
④ 吴师道：《国学策问四十道》，《吴师道集》卷一九。
⑤ 牟楷：《内外服制通释序》，《[民国] 台州府志》卷六五，转引自《全元文》第 10 卷。
⑥ 宋濂：《雷府君墓志铭》，《宋文宪公全集》卷五。
⑦ 焦作市文物工作队、焦作市博物馆：《焦作中站区元代靳德茂墓道出土陶俑》，《中原文物》2008 年第 1 期。

大有讲究。富贵人家多层衣服。山东邹县李裕庵墓夫妻合葬一棺。男尸头戴深褐色素绸夹风帽，上身穿六层长袍，下身穿裤。女尸上衣五层，下身裙三条，裙内裤两条。① 但多数家庭办丧事没有这样复杂。如海宁贾椿尸体用麻布片及棉布片裹身，约五六层，层层用麻布条紧扎。② 至于一些贫困家庭，那就更简单了。

早在殷商时期已有死者口中含饭或玉、贝的习俗。朱子《家礼》中说尸体沐浴后"饭含之"。从考古发掘来看，苏州张士诚父母墓，女尸口含白玉一片。③ 邹县李裕庵墓男性口内含有用银片加工的素面钱四枚。无锡元代钱裕夫妻合葬墓中女尸发掘时尚未腐朽，口中含有水银。元上都城址东南砧子山西区墓葬 M70 有两具木棺，西侧木棺的死者口中含有钱币。④ 可能都和"含饭"风俗有关。安阳胡景先，隐居不仕。"里有丧，其子弱，家无所有。为具衣被、棺木、饭含以敛藏之。"⑤ 可知"饭含"是葬殓时不可缺少的内容。但这一记载中没有说明具体为何物。

办理丧事的家庭，要请阴阳人，出殃榜，贴在门上。殃榜上写明死者姓名，去世时间，年龄，以及出殡日期。⑥ 同时在家中设置灵堂，接受亲友的吊唁。参与丧事者都要易服。"凡吊谓吊生者，哭谓哭死者。与死者、生者皆相识，则既吊且哭。识死者不识生者，则哭而不吊，主人拜则答。不识死者则吊而不哭。"所谓"生者"指死者的亲属，"吊生者"是说向死者的亲属表示慰问。如果只认识死者不认识他的亲属，只要在死者灵前哭泣致哀，不用向亲属表示慰问。如果只认识死者亲属不认识死者，那么只向亲属慰问即可，不必到灵前哭泣致哀。"凡吊服用素幞头（用白绢或布为之），白布襕衫角带（有服亲则称带）。或未能具，或势不得为，且用常服去饰。""凡往哭，皆衣吊服。死者是敌者以上则拜，是少者则不拜，皆举哭尽哀。"⑦

---

① 山东邹县文物保管所：《邹县元代李裕庵墓清理简报》，《文物》1978 年第 4 期。
② 海宁县博物馆：《浙江海宁元代贾椿墓》，《文物》1982 年第 2 期。
③ 苏州市文管会、苏州博物馆：《苏州张士诚母曹氏墓清理简报》，《考古》1965 年第 6 期。
④ 内蒙古文物考古研究所、吉林大学考古学系：《元上都城址东南砧子山西区墓葬发掘简报》，《文物》2001 年第 9 期。
⑤ 王沂：《胡公行状》，《伊滨集》卷二四，《文渊阁四库全书》本。按，马祖常《胡魏公神道碑》作："公为具饭含、衣被、棺木以敛藏之。"（《石田文集》卷一二，明刊本）。
⑥ 《朴通事》，这是高丽王氏王朝流行的一种汉语教科书，记述元朝主要是大都的社会生活。通行的是《奎章阁丛书》的《朴通事谚解》。此处引自《近代汉语语法资料汇编·元代明代卷》，商务印书馆 1995 年版，第 336 页。
⑦ 《事林广记》（至顺本）前集卷一○《家礼类·居丧杂仪》，中华书局影印本 1963 年版。

"敌者"指身份、辈分相当。"吊者皆哭尽哀，俟殓毕乃退。"①

归结起来，吊唁之礼一是要穿特定的吊服，二是要根据吊唁者与死者及其亲属的关系采取不同的礼仪。在上流社会和文人中，吊唁时常有祭文之作。祭文可以是个人的，也可以是几个人合作的。祭文有一定的格式，开头是吊唁的时间，其次是吊唁者的姓名、职务及与死者的关系（亲戚、同门、僚属、友人），"致祭"的死者姓名、职务，然后颂扬死者的品德、事业，回顾吊唁者与死者的友谊。祭文一般以"尚飨"结束，"尚飨"是希望死者来享受祭品之意。

吊唁者一般都备有祭品，有的还有赗仪。"赗"是用财物助丧事之意。祭品通常是酒和水果、食物之类，赗仪一般是钱钞。有些贫困的家庭，往往依靠赗仪来举办丧事。元初北方理学家砚坚，曾任国子司业，死时"家徒四壁立，非士友赗之，几不能丧"②。礼部员外郎任格，"卒之日，家无余赀，椸无新衣，吊者莫不悲之。中书宥密而下，各赗钞若干贯，始克买棺椁治其丧"③。

江淮以北民间每遇丧葬时，邻里互相帮助，使治丧之家能渡过难关。元代著名学者吴澄说："余游北方，见其丧者一家号恸，百务俱废，炊不举火，邻里为粥为饭以饮食丧家之人，并及远地来吊之客。初死，各持衣衾来襚，遂殓。既殓，各持钱财来赗，遂葬。故虽甚贫之家遭死丧之祸，无营办应接之窘，无侘傺缺乏之虞。死者易得以全其终，生者亦待以专其哀。此中州之微俗也。"④可见北方民间丧葬时邻里有互助之风。但也有一些地方为赗礼发生争执。山西晋宁路（治今山西临汾）的一件文书中说，山西民间在殡葬时"无论亲疏，皆验赗礼多寡，支破布帛。少不如意，临丧争竞。"路总管府的意见是，丧事应力求节俭，"亲者依轻重破服，疏者但助送死之资"⑤。"送死之资"即赗礼。民间习俗，丧事要送赗礼，而举丧之家按赗礼多少给予布帛，作丧服用。总管府认为，丧事之家可对关系亲近者支给布帛，关系疏远的不必支给布帛。

---

① 黄溍：《项可立墓志铭》，《金华先生文集》卷三四，《四部丛刊》本。
② 苏天爵：《砚公墓碑》，《滋溪文稿》卷七。
③ 苏天爵：《任君墓志铭》，《滋溪文稿》卷一三，"中书宥密"指中书省长官，礼部是中书省下属的机构。
④ 吴澄：《为赵法曹求赗序》，《吴文正公集》卷一九，《元人文集珍本丛刊》影印明成化刊本，台北新文丰出版公司1985年版。
⑤ 《大德典章》，《永乐大典》卷七三八五，中华书局影印本。

第二阶段，出殡。殡是棺木临时性的安置，常见是殡于佛寺。畏兀人亦辇真死于辽阳，"殡于京城南佛舍"①。另一位畏兀人国子司业野先，延祐六年六月卒，"以先茔地隘，权殡都城西佛寺"②。也有殡于家中或附近之地。吴澄的次子吴裒死于至大己酉年（1309），"殡于后园"③。

"闻之《仪礼》，古者士三日而殡，三月而葬，葬而三虞，遂卒哭。"④事实上，大多数丧事由殓到殡，时间不长，一般为数日。大都（今北京）居民家中有丧："买到棺木，不令入丧家，止于门檐下，候一、二日即舁尸出，就簷下入棺。抬上丧车即孝子扶辕，亲戚友人挽送而出，至门外某寺中。孝子家眷止就寺中少坐，一从丧夫烧毁。寺中亲戚饮酒食肉，尽礼而去。"⑤ 这应是普通平民家庭，比较简单。棺木甚至"不入丧家"，这是有违《家礼》的。监察御史王恽纠举大都工匠赵春奴时说，其母在五月十九日身死，赵春奴迟迟不来，"停至午转，才方前来，已是带酒，并不举哀，遂将灵车用驴驾拽，便行出送。……只于当晚焚烧了当"⑥。此是死后第二天就出殡。监察御史席郁，死在大都任上，"卒后五日，其妻元城县君薛氏，奉柩殡京城南"⑦。杂剧《吕洞宾度铁拐李》中，郑州孔目岳寿死后，其妻李氏说："孔目身亡了，一壁厢破木造棺，停丧七日，高原选地，筑造坟墓，好好的埋葬他。"⑧ 由以上记载来看，停丧日期似不固定。

棺木大多放在车上，送到殡地，载棺木的车即丧车。诗人胡助长期在大都生活，他在《京华杂兴诗》中写道："都城百万家，丧车日喧阗。"⑨ 大都人口稠密，每天都有丧车来往喧闹。丧车又称为灵车。如上述赵春奴即"将灵车用驴驾拽"。杂剧《死生交范张鸡黍》中装有张劭棺木的是"灵车""舆车"⑩。杂剧《崔府君断冤家债主》中，张善友因两个儿子先后死去，叹

---

① 黄溍：《辽阳行省左丞亦辇真公神道碑》，《金华先生文集》卷二四。
② 苏天爵：《卫吾公神道碑铭》，《滋溪文稿》卷一五。
③ 吴澄：《故次男吴裒墓铭》，《吴文正公集》卷三八。
④ 陈栎：《先考本祭文》，《定宇先生文集》卷一四，《元人文集珍本丛刊》影印清陈嘉基刻本，台北新文丰出版公司1985年版。
⑤ 《析津志辑佚·风俗》第209—210页。北京图书馆善本组辑，北京古籍出版社1983年版。
⑥ 王恽：《弹赵春奴不孝事》，《秋涧文集》卷八八，《元人文集珍本丛刊》影印明刊修补本，台北新文丰出版公司1985年版。
⑦ 柳贯：《席公墓志铭》，《柳贯集》卷一〇。
⑧ 岳伯川：《吕洞宾度铁拐李》，《元曲选》。
⑨ 胡助：《京华杂兴诗》，《纯白斋类稿》卷二，《丛书集成》本。
⑩ 宫大用：《死生交范张鸡黍》，《元曲选》。

道:"我死后谁浇茶谁奠酒谁啼哭?谁安灵位谁斋七,谁驾灵车谁挂服,只几个忤作行送出城门去,又无那花棺彩舆,多管是席卷椽舁。"① 可见"灵车"是通行的称呼。文中"忤作行"应是仵作行,即以送丧为业者。因为没有亲人,灵车只能由仵作送行。《朴通事》关于丧事的记载也提到"仵作家"为送殡准备各种物件。② 灵车前有引魂幡。杂剧《死生交范张鸡黍》中范式和张劭是死生之交,张劭去世,范式奔丧,见到灵柩,又"只见一首幡上有字,写着'张元伯引魂之幡。'"③ 至大四年(1311)正月,刑部的一件文书中说:"陆妙真出殡刘万一时,信笔差悮,于铭旌上书写'千秋百岁'字样。阴阳教授于《地理新书》并《茔原总录卷式》内,照得虽有该载上项字样,理合回避。以此参详,陆妙真所犯,然非情故,终是不应,今后合行禁治。"中书省批准。④ 由此可知,出殡时必有铭旌,而铭旌上文字是由阴阳教授(阴阳人)按一定格式书写的。铭旌应即幡。

晋宁路总管府的一件文书中说:当地居民"父母兄长初亡,殡葬之际,彩结丧车,翠排坛面,鼓乐前导,号泣后随。……杂以僧道,间以鼓乐,服丧之人随之在后,迎游街市以为荣炫"⑤。送殡队伍在街市上游行,类似表演。"彩结丧车"和上面杂剧所说"花棺彩舆"可以互相印证,都是说富贵人家出殡时要将棺木、丧车用各色纺织品加以装饰。延祐元年(1314)江南行台的一件文书中说:"去古日远,风俗日薄,近年以来,江南尤甚。至于送殡,管弦歌舞,导引循柩。焚葬之祭,张筵排宴,不醉不已。"礼部、户部会商认为,"父母之丧,至于哀戚。其居丧饮宴,殡葬用乐,皆非孝道。除蒙古、色目宜从本俗,余并禁止。敢有违犯,治罪相应"。中书省批覆"依上施行"⑥。可知富贵之家出殡,乐人演奏鼓乐亦很普遍。至大三年(1310)二月,教坊司呈送礼部的一件文书中说:"至大二年十月初二日,本司官传奉皇太子令旨:'上位承应的乐人每,依看在先薛禅皇帝、完泽笃皇帝圣旨体例里,死人每根底,休迎送出殡者。'"并要求尚书省禁止。尚书省"敬依施行"⑦。皇太子即后来的仁宗爱育黎拔力八达。"上位承应的乐人每"

---

① 佚名:《崔府君断冤家债主》,《元曲选》。
② 《朴通事谚解》,《近代汉语语法资料汇编》,第336页。
③ 宫大用:《死生交范张鸡黍》,《元曲选》。
④ 《通制条格校注》卷二八《杂令·铭旌忌避》。
⑤ 《大德典章》,《永乐大典》卷七三八五。
⑥ 《元典章》卷三〇《礼部三·丧礼·禁治居丧饮宴》。
⑦ 《元典章》卷三〇《礼部三·丧礼·乐人休迎出殡》。

指教坊司管辖下的乐人。皇太子不许他们为死人"迎送出殡"。教坊司是国家的一个机构，所属乐人是为国家重大仪式服务的。由此可知，出殡时有各种乐人参加是很流行的。连教坊司乐人也被用来参与其事。爱育黎拔力八达应是觉得教坊司乐人参加出殡队伍有失国家体面，故加取缔，但民间乐人显然不在禁止之列。值得注意的是，送殡队伍还有僧道参与。这些僧道无疑是出殡人家请来的。出殡队伍经过之处还有亲戚朋友路祭。①

殡是临时性的，常称为"浅殡"，埋在"浅土"中。龙兴进贤（今江西进贤）周德清，"年十七，嫔于饶。饶有母丧，十余年殡浅土。既庙见，诣殡所拜省，怆然兴不逮事之戚，曰：'丧久不葬，礼乎？'夫愧其言，遄治葬。"②"嫔于饶"是嫁到饶氏家中。其婆婆已故十余年尚"殡浅土"，尚未正式埋葬。

第三阶段，正式埋葬。选好墓地，将棺木由殡放处移出，到墓地埋葬。这一阶段时间少则数月，长则数年、十余年甚至二三十年者。上述龙兴进贤周德清的婆婆，殡于浅土十余年。大司徒陈萍死于泰定二年（1325），"权厝于城西之某所"。"后二十有六年，是为至正十一年（1351）"，才正式葬于兰溪。③ 从殡到正式埋葬时间往往很长，主要是讲究风水所致。风水好的墓地会给子孙带来富贵，但很难得，寻求不易。杭州城东妇女徐妙安去世，其子卢德恒"践雨风，涉涛江，行求茔域冈阜间，兢兢惴恐，若或失之"。用了三年时间，才选定墓地。④ 上饶（今江西上饶）刘安之妻方氏死，"卜袝先墓不吉，乃假葬于舍东。越八年，相中堂山，兆以吉告"，才得以安葬。"假葬"即指殡而言。⑤ 另一重要原因是购买墓地和举办葬礼需要很多费用，"贫乏不能胜丧"⑥，于是一拖再拖。北海（今山东潍坊）王温说："曾祖、祖父遗骸见处浅土，王家空匮，不能继葬……虽力农勤苦，田土褊小，淹延岁月，然有孝心，亦不能辨所以。"后来儿子从军，任百夫长，王温"遍诣他郡乡里亲戚，积攒营葬之资"，才得完葬。⑦ 干文传为婺源（今江西婺源）知州，"婺源之俗……亲丧，贫则不举，有停其柩累世不葬者。文传下车，

---

① 《大德典章》，《永乐大典》卷七三八五。
② 吴澄：《临川士饶寄鲁妻周氏墓志铭》，《吴文正公集》卷四一。
③ 黄溍：《大司徒陈公神道碑》，《金华先生文集》卷二七。
④ 柳贯：《卢氏母碣铭》，《柳贯集》卷一一。
⑤ 柳贯：《方夫人墓志铭》，《袁桷集》卷三一，李军等校点，吉林文史出版社2010年版。
⑥ 《元典章》卷三〇《礼部三·礼制三·葬礼·禁治停丧不葬》。
⑦ 罗国英：《王氏葬亲之记》，《潍县志稿（1941）》卷四〇，引自《全元文》第11册。

即召其耆老，使以礼训教之，阅三月而婚丧俱毕"①。名诗人戴表元的姊母在乙卯年（1255）去世，"仲父负重衰力贫，以其岁权殡夫人张山下陈园旁，以俟他日得地而迁焉"。但"家始极贫，何暇议迁葬事"。不久仲父亦死。等到大德十一年（1307）戴表元才得以"启殡陈园，奉迁而西"。中间隔了五十年。也有人则因死于外地，要迁回家乡，需要花费很长的时间，如上述陈萍。

  正式埋葬大多要请阴阳师卜求良辰吉日。一般要举行隆重的仪式。胶水（今山东平度）李氏兄弟，"咸居仕路"，"默念父母诸族尊卑骸骨，皆安浅土，不能葬之以礼，何□为人之子也"。于是"令术士卜择良辰，大举葬礼于县东北"②。宜兴（今江苏宜兴）储能谦"在元不仕"，其父原南宋乡贡进士。"父没，居丧哀，四方士送葬者数千人，直路之地百余步，草莱尽赭。"③ 无极（今河北无极）郭聚，"以赀雄里中"，下葬时，"乡人赴者余千人，皆有戚容"④。真定柏乡（今河北柏乡）董元葬时，"执绋泣送者至二千余人，路于祭者且数百幄。近代公侯之丧未有若是得人伙者"。董元自己没有官职，但是他的孙子任高官，故有如此盛大的局面。⑤

  也有一些棺木没有殡，便直接葬。北方盛行族葬，家族有自己墓地，家族成员去世后往往直接送往家族墓地。"和氏占数东平阳谷县，世葬县西六里之原。有因官家济州任城者，既卒，归葬于乡。"⑥ 还有一类是死者生前已为自己选定墓地。东阳（今浙江东阳）王桂将前代两世四丧及其妻之柩，迁在一起埋葬，"仍虚其左以为寿藏"。王桂死后，其子"奉柩即公所自为砖椁安厝焉"⑦。象山县尹李天祐，"世家高唐州之高唐县……葬德州清平县李家庄，侯所卜也"⑧。

  以上所说，主要是土葬的程序。元代火葬比较流行，有关情况见第九章第一节。

---

  ① 《元史》卷一八五《干文传传》。
  ② 郭宽：《李氏先茔碑》，《（道光）平度州志》卷二四，《全元文》第19册。
  ③ 宋濂：《元故樗巢处士储君墓铭》，《宋文宪公全集》卷三一。
  ④ 苏天爵：《郭府君墓表》，《滋溪文稿》卷二〇。
  ⑤ 张养浩：《真定柏乡董氏先茔碑铭》，《张养浩集》卷一九，李鸣、马振奎校点，吉林文史出版社2008年版。
  ⑥ 苏天爵：《和公墓志铭》，《滋溪文稿》卷一七。
  ⑦ 黄溍：《外舅王公墓记》，《金华先生文集》卷四〇。
  ⑧ 苏天爵：《李侯墓碑》，《滋溪文稿》卷一八。

第三节　居丧与祭祀

《孝经》"丧亲章"说："三日而食，教民无以死伤生……丧不过三年，示民有终也。"《孝经直解》的译文是："三日已后索要吃些茶饭，教他休要因死的伤了活的。……则教持三年孝服，教百姓知人尽的时节。"这就是说，亲丧后三日才可吃饭饮水，守丧以三年为期。三年之丧起源很早，经过孔子的提倡，成为儒家丧礼的重要内容。从汉代起，儒家居丧三年既是朝廷的制度，又在社会上下蔚然成风，以后一直延续下来。

元代，居丧又称守制，可以分民间和朝廷两个层次。居丧在民间，主要是汉族儒生以及受中原传统文化影响较深的契丹、女真等族的士人中间流行。一是丧后三日内不饮不食。中山（今河北定州）王仁，"少丧厥父，勺水不饮者三日。既葬，居倚庐，未尝辄至私室"[①]。有的甚至五日、七日。关中（今陕西）学者杨恭懿丧父，"绝口水浆五日"[②]。兴元路（路治今陕西兴元）儒学教授王无疾"始丁母忧，水浆不入口者七日，柴毁骨立。……及丁父忧，年几五十矣，其哀必就正而取法焉"[③]。二是奉行居丧三年，在此期内穿丧服，不近酒肉，不过夫妻生活。如浦江（今浙江浦江）郑氏十世同居，称为"义门"。郑氏子孙中以居丧称者甚多，如郑彦，"其考文轰早世，奉妣黄夫人尽孝。及夫人亡，出寝于外三年，弗近酒肉，哀恸无昼夜，几伤其生"[④]。郑大和"亲丧，哀甚，三年不御酒肉。子孙从化，皆孝谨"[⑤]。汴（今河南开封）乌冲是理学家刘因的学生，"初值父亡，即能行古丧礼，三年不居于内，宗族贤之"[⑥]。真定（今河北真定）焦悦，"执亲之丧，衰麻、哭泣合乎理，三年不宿于内，君子以为难"[⑦]。诸暨（今浙江诸暨）陈嵩，母终："君哀毁骨立，比免丧，酒肉不入于口。"[⑧]元末名臣许有壬之父许熙

[①]　苏天爵：《王正肃侯墓志铭》，《滋溪文稿》卷一〇。
[②]　姚燧：《领太史院事杨公神道碑》，《牧庵集》卷一八，查洪德编辑点校，人民文学出版社2011年版。
[③]　蒲道源：《青渠王先生墓志》，《顺斋先生闲居丛稿》卷二四，元至正十年刊本。
[④]　宋濂：《郑彦宏甫墓版文》，《宋文宪公全集》卷四二。
[⑤]　《元史》卷一九七《孝友传一》。
[⑥]　苏天爵：《秘书郎乌君墓碑铭》，《滋溪文稿》卷一四。
[⑦]　苏天爵：《焦先生墓表》，《滋溪文稿》卷一四。
[⑧]　黄溍：《诸暨陈君墓志铭》，《金华先生文集》卷三九。

载，母"初丧，号恸绝而复苏，旅殡原上，苫块庐墓者三年。……丧礼仿古，不用缁黄，人始议其俭，及送终之厚，祀事之丰，莫不愿习行之。既祥，非疾病蔬麦不御"①。昆山（今江苏昆山）吕昭，"至居丧则多用古礼，衰麻哭踊，不酒不肉，以终三年之志，视世俗捨礼法而溺于异端者不同也"②。女性亦有类似的行为。宁海黄珍，夫死，"治丧一循古礼，布苫柩侧，取石为枕，不解衣而卧者三月……二年弗御酒肉，柴毁骨立，与人言则曰：未亡人、未亡人，未尝有愉色"③。综合上述事例，守制主要是初丧时哭泣，水浆不入口三日甚至七日。三年内穿丧服，不吃肉饮酒，不回内室（过夫妻生活）。

　　儒生之外，平民亦有守丧三年者。辽阳（今辽宁辽阳）郭全，父卒，"居庐三载，缀粥面墨"。其继母生四子，"全躬耕以养"。可知是农民。郾城（今河南郾城）人丁文忠，"业鼓冶"，是个手工业者。"母卒，文忠庐墓侧，不与妻面者三年。"④

　　二是在朝廷，则继承前代的传统，实行丁忧制度。丁忧就是官员居丧之制，元朝实行丁忧制度有一个过程。忽必烈称帝，推行"汉法"，但对丧葬之礼在相当长一段时间内，并不重视。畏兀人廉希宪信奉儒学，为中书平章政事。"至元元年，丁母忧，率亲族行古丧礼，勺饮不入口者三日，恸则呕血，不能起，寝卧草土，庐于墓旁。宰执以忧制未定，欲极力起之，相与诣庐，闻号痛声，竟不忍言。未几，有诏夺情起复，希宪虽不敢违旨，然出则素服从事，入必缞绖。及丧父，亦如之。"⑤ 至元九年（1272），监察御史魏初上书："窃惟父母三年之丧，从古以来无贵贱一也。今之居官食禄者，为下民表率，有不幸遇此，则或一月，或十数日，已弃去衰斩，从事官府，起居饮食衣服言笑与无丧同，其毁伤风俗，败灭天理，莫此之甚。""衰斩"指齐衰、斩衰。亲属根据与死者的亲疏关系，穿着不同的丧服，分斩衰三年、齐衰三年、大功九月、小功五月、缌麻三月。⑥ 魏初建议："合无自今凡有父母之丧，闻命即往，不可以常例拘。更许告丁忧，俟服阕依例转叙。若

---

① 欧阳玄：《许公神道碑铭》，《金石萃编未刻稿》卷一，民国七年罗振玉影印本。
② 谢应芳：《永思堂铭》，《龟巢稿》卷一八，《四部丛刊三编》本。
③ 宋濂：《故宁海郭君妻黄氏墓铭》，《宋文宪公全集》卷二七。
④ 《元史》卷一九七《孝友传一》。
⑤ 《元史》卷一二六《廉希宪传》。
⑥ 《元典章》卷三〇《礼部三·礼制三·丧礼·本宗五服之图》。

其人才力深长，非此人不能办此事，必须倚用，然后夺哀起复，则又其变也。自余皆令以礼居丧，亦所以厚风俗存天理也。"① 可知当时官员并未实行丁忧制度。另一位监察御史王恽亦曾对官员守丧提出意见。当时发生高明奔丧事件。"户部员外郎高明为母讣至，已经诣告，未蒙明降，辄即奔赴，致省堂怪责，遂差官驰海青马前去追锁，似欲以违错加罪。" 王恽认为："若以公废私，纯孝之人难以存处。若因孝获罪，使为人子者闻父母之丧，皆不敢奔赴，是有司教人以不孝。何以法为？唯其两者之间未有定例，使浇薄之徒转无顾忌，孝行之士愈惑所守。照得旧例：'斩衰、齐衰三年者并听解官。其品官任流外职及吏员、司吏、诸局分承应人遭丧，卒哭百日令复职。愿终制者听。闻丧者并听奔赴。'今凡诸职官遭父母之丧，其有告诣奔赴及愿终制者，如抑不从，恐伤孝子之心。" 所谓"旧例"，指金朝的法律。王恽的建议是："合无量职务繁简，权宜定制，或以卒哭为期，或见新月复职。外据自愿解官终制之人，一从所请。"② 魏初主张实行丁忧。王恽则建议两种办法：一是"以卒哭为期"，即是"旧例"规定的"卒哭百日令复职"；二是"见新月复职"，这是针对蒙古人说的，因为蒙古人"见新月即释服"③。显然，两人的建议都主张允许自愿选择丁忧，但具体办法是有一些差别的。他们的意见没有被采纳。元平南宋后，王仁佥淮西按察司事，"官淮西，妣夫人卒，愿终丧制，有司以法不许。公曰：'亲丧三年，隆古之制，尚忍以例言邪！'遂弃官去"④。王仁要求丁忧，因为法令禁止，未能如愿，只好自动离职。张庭珍为平江路达鲁花赤。后来王仁改任同知浙东道宣慰使，"未行，改大司农卿。丁内艰。时军兴法'闻丧，不得辄行。'乞奔赴，不报。公愿还所受制书为民，行省知不可夺，归之"⑤。但看来他的举动似乎没有像高明一样受到追究，可能有所松动。至元二十八年正月，针对丧葬假期的俸钞处理问题，吏部建议："祖父母、父母丧，假限三十日。迁葬祖父母、父母，假限二十日。"户部建议："职官奔丧，迁葬，人子大故。今既以人伦重事许给假限，其限内俸钞拟合支给，以厚风俗。若违限不到者勒停。"尚书省

---

① 《官员居丧告假》，《青崖集》卷四，《文渊阁四库全书》本，第25页上。
② 王恽：《论高明奔母丧事状》，《秋涧文集》卷八六。
③ 黄溍：《答禄乃蛮氏先茔碑》，《金华先生文集》卷二八。
④ 苏天爵：《王正肃侯墓志铭》，《滋溪文稿》卷一○。
⑤ 姚燧：《南京路总管张公墓志铭》，《牧庵集》卷二八。

"移咨行下合属，照会施行"。① 明文规定丧葬假期，这是接近丁忧制的一种规定。元成宗时，郑介夫上《太平策》，其中提到："夫三年之丧，天下通丧也。"他建议："凡遇父母、祖父母之丧，并令守制终服。"认为这是"厚俗"的重要措施。② 梁曾为杭州路总管。成宗大德"四年，丁内艰。先是，丁忧之制未行，曾上言请如礼。七年，除潭州路总管，以未终制，不赴。明年，迁两浙都转运盐使"。③ 梁曾显然是自己提出丁忧的请求，但得到上司认可，所以不仅未受处分，而且正常迁转。都说明此时朝廷对汉人官员守制一事逐渐放松。

大德八年（1304），元朝正式实行丁忧制度。大德八年，"钦奉诏书内一款节该：三年之丧，古今通制。今后除应当怯薛人员、征戍军官外，其余官吏父母丧亡，丁忧终制，方许叙仕。夺情起复，不拘此例"④。"蒙古、色目人员各从本俗，愿依上例者听。"⑤ 武宗至大四年（1311）三月，"钦奉诏书：官吏丁忧，已尝著令，今后并许终制，以厚风俗。朝廷夺情起复，蒙古、色目、管军官员，不拘此例"⑥。这是再一次重申。守制三年不是官吏自愿，而是必须执行的制度。凡是父母死不奔丧、不遵守丁忧期限的官吏，都要受到处分，或降职，或处杖刑，甚至"除名不叙"，即开除公职。⑦

顺帝元统二年（1334）正月的一件文书中说："色目人等例不丁忧，理当奔讣。"⑧ 可知直到此时蒙古、色目官员仍不丁忧。但同年六月辛巳，"诏蒙古、色目人行父母丧"⑨。发布这一诏令的原因不清楚，可以肯定的是很快便取消了新的规定，因此不断有人继续就此提出意见。女真人乌古孙良桢"复起为监察御史。良桢以帝方览万几，不可不求贤自辅，于是连疏：'天历

---

① 《元典章》卷一一《吏部五·职制二·假故·奔葬迁葬假限》。
② 《上奏一纲二十目》，邱树森、何兆吉辑点《元代奏议集录》（下），浙江古籍出版社1998年版，第76—77页。
③ 《元史》卷一七八《梁曾传》。
④ 《元典章》卷一一《吏部五·职制二·丁忧·官吏丁忧终制叙仕》。
⑤ 《元典章》卷一〇《吏部四·职制一·赴任·赴任程限等例》。按，这是大德八年九月中书省颁发的一件文书，其中引用实行丁忧诏书，但在"不拘此例"后又有以上文字。
⑥ 许有壬：《公移二·丁忧》，《至正集》卷七五，《元人珍本文集丛刊》影印宣统三年石印本。
⑦ 《元典章》卷四一《刑部三·不孝·张大荣服内宿娼、汪宣慰不奔父丧、臧荣不丁父忧、张敏不丁母忧、裴从义冒哀公参》。
⑧ 《至正条格·断例》卷四《职制·闻丧不奔讣》，《至正条格》校注本，韩国韩国学中央研究院编2007年版，第205页。
⑨ 《元史》卷三八《顺帝纪一》。

数年间纪纲大坏，元气伤夷。天祐圣明，父膺大统，而西宫秉政，奸臣弄权，蓄憾十有余年。天威一怒，阴晦开明，以正大名，以章大孝，此诚兢兢业业祈天永命之秋，其术在乎敬身修德而已。……'又以国俗父死则妻其从母，兄弟死则收其妻，父母死无忧制，遂言：'纲常皆出于天而不可变，议法之吏乃言国人不拘此例，诸国人各从本俗，是汉、南人当守纲常，国人、诸国人不必守纲常也。名曰优之，实则陷之，外若尊之，内实侮之。推其本心所以待国人者，不若待汉、南人之厚也。请下礼官有司及进士在朝者会议，自天子至于庶人，皆从礼制，以成列圣未遑之典，明万世不易之道。'……皆不报。"① "西宫秉政，奸臣弄权"；"天威一怒，阴晦开明"。无疑指后至元六年（1340）顺帝罢黜权臣伯颜和削去文宗后名号事。而上疏后，至正四年（1344）召乌古孙良桢为刑部员外郎。可知他上疏论守制事应在后至元六年到至正四年间。至正五年颁布的《至正条格·断例》，收入了上述元统二年正月关于"色目人等例不丁忧"的文书，却排除了同年六月的诏令，这是用法律的形式再次表明了朝廷对此事的态度。至正十五年（1355）正月辛未，"大斡耳朵儒学教授郑咺建言：'蒙古乃国家本族，宜教之以礼，而犹循本俗，不行三年之丧，又收继庶母、叔婶、兄嫂，恐贻笑后世，必改革，绳以礼法。'不报"②。此后直到元朝灭亡，再无人提及。

　　遗体安葬后，民间的祭祀一般有两种形式。一种是建立家祠、宗祠，每逢年节祭祀。有的家祠就建在墓地里，或在墓地的僧道庵舍中供奉死者牌位。例如，李印传祖先坟墓在慈溪（今浙江慈溪）东岭杨奥之山，其母茹氏"斥奁资，广山垄，建祠屋精舍以奉其舅姑"。李印传夫妻又加以扩大，"名为福源精舍，命僧以居"③。

　　另一种是上坟扫墓。寒食、清明是国家法定也是全民公认的上坟扫墓的时节。冬至后一百五日为寒食，一般在清明前一二日。中统元年（1260）四月，忽必烈称帝。中统五年（1264）八月发布诏书，其中一款是统一规定官员每年假期，寒食与元正同放假三日，时间最长。④ 元代僧人妙声诗："汀柳青黄野花白，村巷家家作寒食。暖风吹尽纸钱灰，泪落春烟收不得。"⑤ 又有

---

① 《元史》卷一八七《乌古孙良桢传》。
② 《元史》卷四四《顺帝纪七》。
③ 袁桷：《福源精舍记》，李军等校点《袁桷集》卷二〇，吉林文史出版社2010年版。
④ 《通制条格校注》卷二二《假宁·给假》。
⑤ 释妙声：《寒食省墓示诸侄》，《东皋录》卷上，《文渊阁四库全书》本。

诗人写道："客行十步九回首，寒食道旁多哭声。"①"纸钱""泪落"，"回首""哭声"，写的都是寒食、清明祭祖的情景。杂剧《老生儿》中写道："时遇清明节令，寒食一百五，家家上坟祭祖。"富人扫墓"搭下棚，宰下羊，漏下粉，蒸下馒头，春盛担子，红干腊肉，烫下酒，六神亲眷都在那里，则等俺老两口烧罢纸要破盘哩。"刘引孙贫困，只好在纸马铺"讨了些纸钱"，在"酒店门首又讨了这半瓶酒，食店里又讨了一个馒头"。说："如今在邻舍家借了这一把儿铁锹，到祖坟上去浇奠一浇奠，烈些纸儿，添些土儿，也当做拜扫，尽我那人子之道。"② 莆田（今福建莆田）妇女林道外，其上代"六世大墓在县之文赋里，宰木相望。每值暮春，躬持象钱寓马焚祭之"③。清明扫墓，因时值暮春，常常与踏青联系在一起："百年太平人事好，时时子孙来拜扫；祭余列宴画亭深，细马香车入青草。"④

　　元代民间扫墓，在寒食清明之外，还有十月的送寒衣节。唐玄宗"天宝二年八月制曰：'……自今以后，每至九月一日，荐衣于陵寝，贻范千载，庶展孝思。'"清代顾炎武说："今关中之俗，有所谓送寒衣者，其遗教也。"⑤ 元代大都亦有此俗，但时间改在十月。"十月天都扫黄叶，酒浆出城相杂巴，蒸送寒衣单共袷。愁盈颊，追思泪雨灰飞蝶。……是月，都城自一日之后，时令谓之送寒衣节。祭先上坟，为之扫黄叶。此一月行追远之礼甚厚，虽贫富咸称家丰杀而诚敬。"⑥"富人家祀，先用麻秸奠酒为诚，买纸钱冥衣烧化于坟，谓云送寒衣，仍以新土覆墓。"⑦ 可知是很隆重的。杂剧《窦娥冤》中，窦娥被诬陷处死，临刑前对婆婆说："此后遇着冬时年节，月一十五，有瀽不了的浆水饭，瀽半碗儿与我吃。烧不了的纸钱，与窦娥烧一陌儿。"⑧《吕洞宾度铁拐李》中，郑州六案都孔目岳寿将死，对妻子说："到那冬年时节，月一十五，孩儿又小。上坟呵，大嫂，你可出去见人么？"

---

① 贡奎：《寒食扫松即事》，《贡奎集》卷三，《贡氏三先生集》，吉林文史出版社 2010 年版。
② 武汉臣：《老生儿》，《元曲选》。
③ 宋濂：《故陈母林夫人墓志铭》，《宋文宪公集》卷一五。
④ 刘嵩：《后掘冢歌》，《槎翁诗集》卷四，《文渊阁四库全书》本，第 35 页上。
⑤ 顾炎武：《墓祭》，《日知录》卷一五。
⑥ 《析津志辑佚·岁纪》，第 223 页。
⑦ 此条亦见《析津志辑佚·岁纪》，但系于七月（第 220 页），与上下文不相连贯。既云"送寒衣"，应在"十月"条下。
⑧ 关汉卿：《窦娥冤》，《元曲选》。

妻子回答："我不去，着张千引着孩儿坟上烧纸便了。"① 张千是岳寿的下属。"冬时年节"上坟，应是指送寒衣节而言。②

上面的记载都说到祭祀必须烧纸钱。上文杂剧《老生儿》提到有出卖纸钱的纸马铺。莆田林道外"躬持象钱寓马焚祭之"，"象钱"便是纸钱，"寓马"指木刻马。可知焚烧的不仅有纸钱，还有其他材料制成的物品，意在供死者在另一个世界使用。监察御史王恽说：京师丧葬祭祀"无问贵贱，多破钱物，市一切纸作房屋、侍从、车马等仪物，不惟生者虚费，于死者实无所益。亦乞一就禁止"③。至元七年（1270）十二月中书省文书中说："十一月十八日，奏过数内一件：'民间丧葬，多有无益破费。略举一节，纸房子等，近年起置，有每家费钞一两定钞底，至甚无益。其余似此多端。'奉圣旨：'纸房子无疑，禁了者。其余商了行者。'钦此。都省议得：除纸钱外，据纸糊房子、金银、人马并彩帛衣服、帐幕等物，钦依圣旨事意，截日尽行禁断。咨请照验施行。"④"诸民间丧葬，以纸为屋室，金银为马，杂采衣服帷帐者，悉禁之。"⑤ 在一件关于畏兀儿丧葬的官方文书中说："休依汉儿体例，纸做来的金银、纸房、纸人、纸马、祆子、休做者。"⑥ 除了纸钱外，其他用纸制成的供祭祀时焚烧的物件，都在官府取缔之列。用别的材料（木材、布帛等）制成的物品，当然也不允许用于祭祀焚烧。其他都要禁止。山东济宁曹元用墓木棺中尸体两侧塞满草纸和纸钱，纸钱是毛边纸，40 厘米×30 厘米。分两组，每组四枚，上面切割成圆钱图案，⑦ 是现存的元代纸钱实物。

第四节　蒙古人的丧葬

元代蒙古人丧葬制度与中原传统完全不同。有关元代蒙古人丧葬情况，

---

① 岳伯川：《吕洞宾度铁拐李》，《元曲选》。
② 明代北京"十月一日，纸肆裁纸五色，作男女衣，长尺有咫，曰：寒衣。有疏印缄，识其姓字辈行，如寄书然。家家修具夜奠，呼而焚之其门，曰：送寒衣。新丧，白纸为之，曰：新鬼不敢衣綵也。送白衣者哭，女声十九，男声十一"。见《帝京景物略》卷二《城东内外·春场》，北京古籍出版社 1983 年版，第 70 页。北京民间迄今仍有农历十月初一烧纸"送寒衣"之俗，见《北京晚报》2015 年 11 月 13 日第 8 版。
③ 王恽：《论中都丧祭礼薄事状》，《秋涧文集》卷八四。
④ 《元典章》卷三〇《礼部三·礼制三·丧礼·禁丧葬纸房子》。
⑤ 《元史》卷一〇五《刑法志四·禁令》。
⑥ 《元典章》卷三〇《礼部三·礼制三·丧礼·畏吾儿丧事体例》。
⑦ 山东济宁地区文物局：《山东嘉祥县元代曹元用墓清理简报》，《考古》1983 年第 9 期。

著名学者黄溍说："北俗丧礼极简，无衰麻哭踊之节，葬则刳木为棺，不封不树，饮酒食肉无所禁，见新月即释服。"① 这几句话概括了蒙古人丧葬的特点。《元史》中有一节"国俗旧礼"，则比较具体："凡帝后有疾危殆，度不可愈，亦移居外毡帐房。有不讳，则就殡殓其中。葬后，每日用羊二次烧饭以为祭，至四十九日而后已。其帐房亦有赐近臣云。凡宫车晏驾，棺用香楠木，中分为二，刳肖人形，其广狭长短，仅足容身而已。殓用貂皮袄、皮帽，其靴韈、系腰、盒钵，俱用白粉皮为之。殉以金壶瓶二、盏一、椀楪匙箸各一。殓既，用黄金为箍四条以束之。舆车用白毡青缘纳失失（纳失失是波斯语，意为织金锦，是很贵重的丝织品，专供皇室和贵族使用）为帘，复棺亦以纳失失为之。前行，用蒙古巫媪一人，衣新衣，骑马，牵马一匹，以黄金饰鞍辔，笼以纳失失，谓之金灵马。日三次，用羊奠祭。至所葬陵地，其开穴所起之土成块，依次排列之。棺既下，复依次掩覆之。其有剩土，则远置他所。送葬官三员，居五里外。日一次烧饭致祭，三年然后还。"②

根据以上记载，可知元朝皇家葬礼有几个重要环节。

一是病危时移居毡帐房，殡殓其中。据汉臣王恽记："至元三十一年岁次甲午，正月廿二日癸酉夜亥刻，帝崩于大内紫檀殿。既殓，殡于萧墙之帐殿，从国礼也。"③ 则忽必烈殓后殡于帐殿。两者略有出入。但殡于帐殿是一致的，应是表示回归游牧生活之意。

二是棺木和入殓。棺用香楠木中分为二，按死者形状挖空。合上后箍以金条。殓用衣服和殉品都比较简单。黄溍所说"葬则刳木为棺"即指此。元末叶子奇说："元朝官里用栊木二片，凿空其中，类人形大小，合为棺，置遗体其中，加髹漆毕，则以黄金为圈，三圈定。"④ 成吉思汗时代四杰之一博尔术之孙玉昔帖木儿，在忽必烈时任御史大夫，成宗初年病死，"敕有司给丧，赙赗有加。刳香木为棺，锢以金银，北葬于怯土山之原。"⑤ 所谓"刳香木为棺，锢以金银"，和上面所说蒙古棺木完全一致。河北沽源传说中的"萧太后梳妆楼"，2000年考古发掘，在楼内中央地下发现三室墓葬，中室棺木是将一段红松木从中剖开，挖出人形凹槽，遗骸安置其中，和文献记载

---

① 黄溍：《答禄乃蛮氏先茔碑》，《金华先生文集》卷二八。
② 《元史》卷七七《祭祀志六》。
③ 王恽：《大行皇帝挽词八首》，《秋涧文集》卷一三。
④ 叶子奇：《杂制篇》，吴东昆校点《草木子》卷三，上海古籍出版社2012年版。
⑤ 阎复：《太师广平贞宪王碑》，《国朝文类》卷二三，商务印书馆《国学基本丛书》本。

可以印证。①（图8-2为"萧太后梳妆楼"外影，图8-3为蒙古棺葬）无疑就是蒙古棺的实物。2001年，内蒙古锡林郭勒盟苏尼特左旗发现一竖穴土坑木棺墓，墓顶无封土，木棺已腐朽，出土时能看出木棺用整木制作，金带箍一条，长187.5厘米，宽2.8厘米，应是箍棺之用。②

图8-2 "萧太后梳妆楼"外影

三是埋葬方式。棺木放在车上送往北方陵地。送行队伍以蒙古女巫为前导。在陵地挖土开穴，棺木放入后再用挖出的土加以掩埋。黄溍说，蒙古丧葬，墓地"不封不树"，即没有任何标志物。元末叶子奇说："送至直北园寝之地深埋之，则用万马蹴平，俟草青方解严，则已漫同平坡，无复考志遗迹。"③窝阔台时代到过蒙古的南宋使臣彭大雅说："其墓无冢，以马践蹂使如平地。若忒没真之墓，则插矢以为垣，阔逾三十里，逻骑以为卫。"④他的前面一句话可以和叶子奇相印证，后面一句尚无法证实。送葬的棺、车、马

---

① 从附近发现的残碑来看，墓主名阔里吉思。有人认为这就是汪古部首领阔里吉思，也有人认为这是安西王阿难答。周良霄先生指出，墓主应是元代后期"追封晋宁王，谥忠襄"的大臣阔里吉思（《沽源南沟村元墓与阔里吉思考》，《考古与文物》2011年第4期）。
② 内蒙古博物馆、锡林郭勒盟文物工作站：《苏尼特左旗恩格尔河的元代墓葬》，《内蒙古文物考古》2005年第2期。
③ 叶子奇：《杂制篇》，《草木子》卷三。
④ 彭大雅、徐霆作，许全胜校注：《黑鞑事略校注》，兰州大学出版社2014年版，第228页。

图 8-3 蒙古棺葬

都用纳失失装饰。蒙古忙兀部贵族江浙行省平章政事博罗欢死,"葬于檀州西北太行山,不封"[1]。聚土为坟称为封,"不封"就是埋葬之地是平的,与上所说"无冢"的意思是相同的。

　　成吉思汗死后,"葬起辇谷"[2]。据波斯史籍记载,成吉思汗于出征西夏时病死,"异密们全都聚来为他举哀。蒙古有一座名叫不儿罕合勒敦的大山。从这座山的一个坡面流出许多河流。这些河流沿岸有无数树木和森林。……成吉思汗将那里选作自己的坟葬地,他降旨道:'我和我的兀鲁黑的坟葬地就在这里!'""有一次成吉思汗出去打猎,有个地方长着一棵孤树。他在树下下了马,在那里心情喜悦。他遂说道'这个地方做我的墓地倒挺合适!在这里做上个记号吧!'举哀时,当时听到他说过这话的人,重复了他所说的话。诸王和异密们遂按照他的命令选定了那个地方。据说,在他下葬的那年,野地上长起了无数的树木和青草。如今那里森林茂密,已无法通过;最初那棵树和他的埋葬地已经辨认不出了。甚至守护那个地方的老守陵人,也

---

[1] 姚燧:《平章政事蒙古公神道碑》,《姚燧集》卷一四,人民文学出版社2011年版。
[2] 《元史》卷一《太祖纪》。

找不到通到那里去的路了。"①《史集》还说："在成吉思汗诸子之中，幼子拖雷就葬在那里，拖雷的儿子蒙哥合罕、忽必烈烈合罕及死在那边的其他后裔们的埋葬地也在那里。成吉思汗的其他后裔，如术赤、察合台、窝阔台和他们的儿子们及兀鲁黑，则葬在其他地方。"② 同书还记载了窝阔台汗的墓地，"在一极高的山上，其上有永恒之雪"③。"贵由汗的灵柩运到了他的斡耳朵所在地叶密立。"④ 但《元史》记载与《史集》有一些不同。根据《元史》记载，蒙古大汗死后都葬起辇谷，第二代窝阔台汗、第三代贵由汗也不例外。⑤ 忽必烈以后元朝诸帝，死后也都送到起辇谷。关于起辇谷所在，史无明文。据亦邻真教授考证，"应在今蒙古国肯特省曾克尔满达勒一带"⑥，但未曾证实。元代诸帝埋藏何处，迄今仍是未解之谜。

叶子奇说："历代送终之礼，至始皇为甚侈，至穷天下之力以崇山坟，至倾天下之财以满藏谷，至尽后宫之女以殉埋葬，坟土未干而国丘墟矣。其他如汉、唐、宋陵寝，埋殉货物亦多，如汉用即位之年上供钱帛之半。其后变乱，多遭发掘，形体暴露，非徒无益，盖有损焉。"他认为元朝皇陵埋葬之法"岂复有发掘暴露之患哉！诚旷古未有之典也。夫葬以安遗体，遗体既安，多赀以殉，何益"⑦。元朝皇陵的埋葬方式，在中国历史上确是"旷古未有"的，具有鲜明的特色。

四是守陵三年。蒙古人伯答沙"幼入宿卫，为宝儿赤。历事成宗、武宗，由光禄少卿擢同知宣徽院事，升银青光禄大夫、宣徽院使，遥授左丞相。武宗崩，护梓宫葬于北，守山陵三年，乃还"⑧。可知确有此制。"甫旬日，忠武（孛秃）亦卒。太宗震悼不已，曰：'孛秃事我皇考，宣力良多，今已云亡，送还本土。'遂葬于乞只儿，仍禁其地三年，如国家制。"⑨ 以禁地三年为国家制，应与守陵有关。但称"禁地"，可能有其他规定。珊竹部

---

① ［波斯］拉施特：《史集》第一卷第二分册，余大钧、周建奇译，商务印书馆1983年版，第321—323页。
② 同上书，第323页。
③ 同上书，第73页。
④ ［波斯］拉施特：《史集》第二卷，第221页。
⑤ 《元史》卷二《太宗纪》《定宗纪》。
⑥ 亦邻真：《起辇谷和古连勒古》，《亦邻真蒙古学文集》，内蒙古人民出版社2001年版。
⑦ 叶子奇：《杂制篇》，《草木子》卷三。
⑧ 《元史》卷一二四《忙哥撒儿附伯答沙传》。
⑨ 张士观：《驸马昌王世德碑》，《国朝文类》卷二五。

纯直海为益都行省达鲁花赤，"就镇怀孟"。"逾年，薨和林，敕葬山陵之旁。"则蒙古亦可能有与中原帝陵一样的功臣陪葬制度。①

五是祭祀。"国俗旧礼"中两处提到祭祀时"烧饭"。"元朝人死，致祭曰烧饭，其大祭则烧马。"② "凡帝后……葬后，每日用羊二次烧饭以为祭，至四十九日而后已。""每岁，九月内及十二月十六日以后，用马一、羊三、马湩、酒醴、红织金币及里绢各三匹，命蒙古达官一员，偕蒙古巫觋，掘地为坎以燎肉，仍以酒醴、马湩杂烧之。巫觋以国语呼累朝御名而祭焉。"③ 大都建立后，设有专门的烧饭园。据元末方志《析津志》记载："烧饭园在蓬莱坊南。由东门又转西即南园红门，各有所主祭之，树坛位。其园内无殿宇，惟松柏成行，数十株森郁，宛然君高凄怆之意。阑马墙西有烧饭红门者，乃十一室之神门，来往烧饭之所由，无人敢行。往有军人把守，每祭，则自内廷骑从酒物，呵从携持祭物于内。烧饭师婆以国语祝祈，遍洒湩酪酒物。以火烧所祭之肉，而祝语甚详。先，烧饭园在海子桥南，今废为官祭场。"④ 以上两条记载可以相互印证。"烧饭"是皇家对已故帝后的祭祀仪式，以火烧肉（羊、马），杂以酒醴、马奶、纺织品。除了在送葬途中举行之外，大都有固定的烧饭园供宫廷烧饭之用。

上面讲的主要是皇室丧葬的情况。刳木为棺，平地埋葬等，对于多数蒙古人来说，应是适用的。黄溍所说"无衰麻哭踊之节"，"饮酒食肉无所禁"，"见满月即释服"，也是全体蒙古人的丧葬习俗。延祐元年，中书省一件文书中说："其居丧饮宴，殡葬用乐，皆非孝道。除蒙古、色目宜从本俗，余并禁止。"⑤ 可以反证蒙古人居丧酒肉无禁确是事实。

13世纪30年代，蒙古军西征，使欧洲为之震动。1245年，教皇派遣两名教士出使蒙古。回来以后，教士约翰·普兰诺·加宾尼写了一份详细的报告，叙述他们出使的经过，以及他们观察到的蒙古社会生活的方方面面。其中有一部分专门谈到蒙古人的葬礼，主要是：

---

① 刘敏中：《益都行省达鲁花赤珊竹公神道碑》，邓瑞全、谢辉校点《刘敏中集》卷六，吉林文史出版社2008年版。
② 叶子奇：《杂制篇》，《草木子》卷三。
③ 《元史》卷七七《祭祀志六·国俗旧礼》。
④ 《析津志辑佚·古迹》第115页。
⑤ 《元典章》卷三〇《礼部三·礼制三·丧礼·禁治居丧饮宴》。

当任何人得了病而医治不好时，他们就在他伯的帐幕前面树立一枝矛，并以黑毡缠绕在矛上，从这时起，任何外人不敢进入其帐幕的界线以内。当临死时的痛苦开始时，几乎每一个人都离开了他，因为在他死亡时在场的人，直到新月出现为止，谁也不能进入任何首领或皇帝的斡耳朵。……当他死去以后，如果他是一个不很重要的人物，他就被秘密地埋葬在他们认为是合适的空地上。埋葬时，同时埋入他的一顶帐幕，使死者坐在帐幕中央，在他面前放一张桌子，桌上放一盘肉和一杯马乳。此外，还埋入一匹母马和它的小马、一匹具备马笼头的马鞍的马，另外，他们杀一匹马，吃了它的肉以后，在马皮里面塞满了稻草，把它捆在两根或四根柱子上，因此，在另一个世界里，他可以有一顶帐幕以供居住，有一匹母马供他以马奶，他有可能繁殖他的马匹，并有马匹可供乘骑。……他们在埋葬死人时，也以同样方式埋入金银。他生前乘坐的车子被拆掉，他的帐幕被毁掉，没有任何人敢提到他的名字，直至第三代为止。

加宾尼说，蒙古人埋葬首领时，先挖墓穴，将他宠爱的奴隶放在尸体下面，奴隶快死时拖出，让他呼吸，然后再放入。如此重复三次，如果奴隶不死，便成为自由人。"他们把死人埋入墓穴时，也把上面所说的各项东西一道埋进去，然后把他们墓穴前面的大坑填平，把草依然覆盖在上面，恢复原来的样子，因此以后没有人能够发现这个地点。""在他们的国家里，有两个墓地。一个是埋葬皇帝们、首领们和一切贵族的地方，不管这些人死在什么地方，如果能合适地办到的话，都把他们运到那里去埋葬。埋葬他们时，同时也埋进大量的金子和银子。另一个墓地是埋葬在匈牙利战死的人，因为很多人在那里丧了命。除了被委派在那里看守墓地的看守人以外，没有一个人敢走近这些墓地。如果任何人走近这些墓地，他就被捉住、剥光衣服、鞭打并受到严厉的虐待。""死者的亲属和住在他帐幕内的所有人都必须用火加以净化。这种净化的仪式是以下列方式实行的：他们烧两堆火，在每一堆火附近树立一枝矛，用一根绳系在两枝矛的矛尖上，在这根绳上系了若干粗麻布的布条；人、家畜和帐幕等就在这根绳及其布条下面和两堆火之间通过。有两个妇女，在两边洒水和背诵咒语。"[①]

[①] ［意大利］加宾尼：《蒙古史》，《出使蒙古记》，吕浦译，中国社会科学出版社1983年版，第13—15页。

1253 年，另一位教士威廉·鲁不鲁乞奉法国国王之命前往蒙古。1255年返回。他回来写的报告中也谈到蒙古人的死亡和丧葬："当任何人死亡时，他们高声痛哭，表示哀悼，以后死者家属可以免于纳税，直至年底。如果任何一个人在一个成人死亡时在场，他在一年以内不得进入蒙哥汗的帐幕；如果死亡的是一个小孩，他在一个月内不得进入蒙哥汗的帐幕。如果死者是一个贵族，即成吉思汗的家族——成吉思汗是他们的第一代祖先和君主——他们总是在他坟墓附近留一座帐幕。死者埋葬的地方是不让人知道的。在他们埋葬贵族的地方，附近总有一座帐幕，看守坟墓的就住在里面。关于他们将珍宝同死者一起埋入坟墓的事，我没有听说过。""当任何人生病时，他就躺在床上，并在他的帐幕上放置一项标记，表示内有病人，不得入内。因此，除了照料病人的人外，没有人来看望病人。当大斡耳朵里有任何人生病时，他们在斡耳朵四周相当距离的地方布置卫兵看守，不许任何人越过这些界线，因为他们担心恶鬼或恶风可能会跟随着这些人进入斡耳朵。不过，他们把占卜者叫来，仿佛这些人是他们的教士。"① 加宾尼和鲁不鲁乞有关蒙古丧葬的记述，出自亲身见闻，有些可和汉文记述相印证，如墓地不可知。更多可补汉文记载之不足。但是两人记载并不完全可信，如一说以金银陪葬，一则说无。

　　13 世纪波斯史家志费尼说，成吉思汗死时以出身显贵家族的四十美女和良马一起殉葬。② 另一位波斯史家瓦萨夫说成吉思汗之孙旭烈兀死后亦有少女陪葬，并放进大量金银珠宝。③ 意大利旅行家马可·波罗说："君等并应知一切大汗及彼等第一君主之一切后裔，皆应葬于一名阿勒台之山中。无论君主死于何地，皆须运葬于其中，虽地远在百日程外，亦须运其遗骸葬于此山。尚有一不可思议之事，须为君等述者。运载遗体归葬之时，运载遗体之人在道见人辄杀，杀时语亡云：'往事汝主于彼世。'盖彼等确信凡被杀者皆往事其主于彼世。对于马匹亦然，盖君主死时，彼等杀其所乘良马，俾其在彼世乘骑。蒙哥汗死时，在道杀所见之人二万有余，其事非虚也。"④ 根据两位波斯史家的记载，蒙古上层有用人殉葬之举。马可·波罗所说杀死归葬途

---

　　① ［法］鲁不鲁乞：《东游记》，《出使蒙古记》，第 123—124 页。

　　② ［伊朗］志费尼：《世界征服者史》上册，何高济译，内蒙古人民出版社 1981 年版，第 224 页。

　　③ ［伊朗］志费尼：《世界征服者史》上册，第 225 页注 30。

　　④ 《马可波罗行纪》，第 147 页。

中之人，似亦是殉葬习俗的表现。但汉文史籍中没有发现人殉的记载。

忽必烈定都大都以后相当一段时间内，不少蒙古贵族和皇帝一样仍归葬漠北。灭南宋的元军统帅伯颜，是蒙古八邻部人，病死后成宗"遣重臣来赗，敕百官送葬。送者尽哀，葬于白只剌山之先茔"①。成吉思汗属下四杰之一博尔浑的曾孙月赤察儿在武宗时任和林行省右丞相，在大都病死。"上敕少府，以香木为棺，给驿马百，送葬北地。"② 四杰之一木华黎的玄孙安童，是忽必烈时代的右丞相，死后"素车朴马，归葬只阑秃之先茔"③。

但随着时间的推移，内迁的很多蒙古人已逐渐认同汉族的殡葬方式，不再送回草原，而是在定居的地方埋葬。安童之孙拜住，英宗时任中书右丞相，死后"葬于宛平县□□乡田村之原"④。蒙古大臣哈剌哈孙，成宗时曾任中书右丞相，武宗时为和林行省左丞相，死于漠北和林。武宗"敕大兴尹买葬地昌平阳山南之原，曰：'使天下后世知吾贤相耳。'乃胥议为石冢。柩至，以是月二十有九日葬焉"⑤。也速歹儿出身于开国功臣家族，曾任江浙行省平章，死后"还葬于大都宛平县郎山之原"⑥。蒙古凯烈（克烈）部人拔实任河西廉访使，死后"返柩至大兴，以二月某甲子葬于宛平县池水里双隄之原"⑦。以上诸人的坟墓都安置在大都郊区。蒙古人纯直海，曾"镇怀孟"。"薨和林，敕葬山林之旁。"⑧ 其子大达立，从军平南宋，守建德。至元十七年，"以疾薨于建德，归葬于怀之某原，寿年若干。"⑨ "怀"指纯直海镇守的怀孟路（治今河南沁阳），其孙咬住同。别的因，蒙古乃蛮氏。母张氏。"盖北俗丧礼极简……见新月即释服。迨公居张夫人之丧，始悉用中国礼，逾年乃从吉。"张夫人死于至元二十一年。⑩ 忽都达而，蒙古捏古歹氏，父死，"卜地于吴山万松岭之侧以葬焉。公居丧悉用古礼，庐于墓次三年"。忽都达而进士及第，用"古礼"庐墓三年的"古礼"，无疑是传统儒

---

① 元明善：《丞相淮安忠武王碑》，《国朝文类》卷二四。
② 元明善：《太师淇阳忠武王碑》，《国朝文类》卷二三。
③ 元明善：《丞相东平忠宪王碑》，《国朝文类》卷二四。
④ 黄溍：《中书右丞相郓王神道碑》，《金华先生文集》卷二四。
⑤ 刘敏中：《丞相顺德忠献王碑》，《刘敏中集》卷四。
⑥ 黄溍：《安庆武襄王神道碑》，《金华先生文集》卷二四。
⑦ 黄溍：《凯烈公神道碑》，《金华先生文集》卷二五。
⑧ 刘敏中：《益都行省达鲁花赤珊竹公神道碑》，《刘敏中集》卷六。
⑨ 刘敏中：《福建道宣慰使珊竹公神道碑》，《刘敏中集》卷六。
⑩ 黄溍：《答禄乃蛮氏先茔碑》，《金华先生文集》卷二八。

家的葬仪。忽都达而死后，葬于父墓之左。①

第五节 回回和其他族的丧葬

除了汉族、蒙古族之外，元朝疆域之内还有许多大小不等的族群。关于他们丧葬的情况，记载不多，只能作简单的叙述。

元代有许多来自中亚、西南亚的伊斯兰教徒，称为回回。回回分布很广，主要集中在杭州、泉州、广州等港口城市。著名文人周密长期生活在杭州，他对回回的丧葬生活有相当细致的观察："回回之俗，凡死者专有浴尸之人，以大铜瓶自口灌水，荡涤肠胃秽气令尽。又自顶至踵净洗，洗讫，然后以帛拭干，用纻丝或绢或布作囊，裸而贮之，始入棺殓。棺用薄松板，仅能容身，他不置一物也。其洗尸移水则聚之屋下大坎中，以石覆之，谓之招魂。置卓子坎上，四日一祀以饭，四十日而止。其棺即日便出瘗之聚景园，入园亦回回主之。凡赁地有常价，所用砖灰匠者，园主皆有，特以钞市之。直方殂之际，眷属皆剺面，捽披其发，毁其衣襟，躄踊号泣，振动远近。棺出之时，富者则丐人持烛撒果于道，贫者无之。既而各随少长，拜跪如俗礼，成服者，然后舐靴尖以乐，相慰劳之，意止令群回诵经。后三日，再至瘗所，富者多杀牛马以飨其类，并及邻里与贫丐者。或闻有至瘗所，脱去其棺，赤身葬于穴，以尸面朝西云。"②周密的叙述，大体是可信的，但也有失实之处，例如说丧家把洗尸水聚起来"谓之招魂"；"方殂之际，眷属皆剺面……振动远近"；"舐靴尖为乐"等，都是不合实际的。③上面周密指出"聚景园"是杭州回回人埋葬之所。西域阿鲁温人道吾，"因宦于杭，复居钱塘拱卫乡。……卒葬杭城灵芝寺左聚景园中，而剌哲君祔焉。"④剌哲是道吾的儿子。阿鲁温人亦信奉伊斯兰教。⑤可以说明聚景园确是杭州回回人的公共墓地。泉州等地亦有回回人的墓地。（图8-4为泉州伊斯兰教徒墓碑）

现存元代法律文书中有一篇《畏吾儿丧事体例》，无疑是一篇官方文书，但颁发的时间没有记载。从中可知：（1）畏吾儿（即畏兀）的丧葬，既有

---

① 黄溍：《捏古解公神道碑》，《金华先生文集》卷二七。
② 周密：《回回送终》，吴企明点校《癸辛杂识》续集上，中华书局1988年版。
③ 丁国勇：《回回风俗习惯的形成与演变》，《中国回族研究》1991年第1辑。
④ 宋濂：《西域浦氏定姓碑文》，《宋文宪公全集》卷九。
⑤ 杨志玖：《元代的阿儿浑人》，《杨志玖文集·元代回族史稿》，中华书局2015年版。

图 8-4　泉州伊斯兰教徒墓碑

土葬,也有火葬。土葬有"棺子""孝车","立坟地的埋葬的"。火葬"烧了收骨殖呵,休似人模样包裹者"。(2)举行丧葬时,"女孩儿、媳妇儿每带白孝,散头发者","俗人每散头发者"。散头发应是畏吾儿人丧葬时必须的行为。(3)"斋和尚唸经"是"合用的",这是因为元代畏吾儿人大多信奉佛教。(4)"人死呵,休推着做享祭的茶饭,杀马、杀牛、杀羊者。伴灵聚的人每根的,与素茶饭者。"在另一件有关文书中说:"丧事多宰杀"是"汉儿体例"。"汉儿体例休随者,休宰杀者。……宰杀呵,那畏吾儿底家缘一半断了者。"即没收一半家财。①

和蒙古人一样,回回和其他来自中亚、西南亚的族群入居中原以后,逐渐接受中原的丧葬习俗。西域人"居中土也,服食中土也,而惟其国俗是泥

---

① 《元典章》卷三〇《礼部三·礼制三·丧礼·畏吾儿丧事体例》。

也"。但在环境影响下，各种习俗也逐渐变化。元代回回诗人丁鹤年，曾祖是巨商，祖、父均为地方官。其父死时，"鹤年年甫十二，已屹然如成人。其俗素短丧，所禁止者独酒。鹤年以为非古制，乃服斩衰三年，仍八年不饮酒。"①"短丧"应指守丧时间较短，但在守丧期间不许饮酒。"古制"指中原传统的守制三年。丁鹤年有很深的儒学修养，接受了中原的制度，守制三年。西域人哈扎尔哈济和妻荀夫人"皆殡于燕"，子孙分殡大名等地。"南北契阔，凡几易年，始合于一。"其孙和叔，在安阳买地"为兆域，迁祖考妣、考妣、兄以泰定四年岁丁卯二月癸酉葬焉。"即采取中原传统族葬的方式。族人中有死亡者"俱祔焉。"② 康里回回去世，"其子某即奉柩葬于宛平县东安先茔之次。"③ 可知在大都近郊亦有色目人家族的墓地。哈剌鲁人柏铁木尔，仁宗时为中书平章政事、大都留守，"太保（其父曲枢）之属疾也，王治汤药，时寝兴不少懈，及疾不可为，治丧尤谨。族人欲守本俗，王（柏铁木尔）不可，曰：'罔极之恩，既无以报，今居乎中国，独不可行先王之礼乎？不然，是不以礼待吾亲也。'躬衰经居倚庐，哭踊以节，荐奠以时。后居内忧，亦如之。遂世守为家范。"④ 入居中原、江南的色目人，有的亦行三年之丧。阿里马里（今新疆伊宁一带）人骚马，其家族在济宁（今山东济宁）定居。骚马营造父母墓，"因庐于侧，迄三年如一日。既免丧，复筑报德堂四楹，塑像其中，四时祭享，以展孝思。"⑤"报德堂"类似中原传统的家族祠堂。

马可·波罗记载，沙州（今甘肃敦煌）唐古忒人（党项，即西夏遗民）有焚尸之俗，焚尸时由星者选定吉日。⑥ 忽必烈任命赛典赤主持云南政务，当地风俗为之一变，"云南俗无礼仪，男女往往自相配偶，亲死则火之，不为丧祭。……赛典赤教之拜跪之节，婚姻行媒，死者为之棺椁奠祭。"⑦ 可知云南原来盛行火葬，逐渐改为土葬。

---

① 戴良：《高士传》，李军、施贤明校点《戴良集》卷一九，吉林文史出版社2009年版。
② 许有壬：《西域使者哈扎尔哈济碑》，《至正集》卷五三，《北图古籍珍本丛刊》第95册影印清抄本，第272—273页。
③ 宋濂：《康里公神道碑铭》，《宋文宪公全集》卷四一。
④ 黄溍：《太傅文安忠宪王家传》，《金华先生文集》卷四三。
⑤ 苏若思：《乐善公墓碑》，《（道光）钜野县志》卷二〇。
⑥ 《马可波罗行纪》，第117页。
⑦ 《元史》卷一二五《赛典赤传》。

第六节　收埋孤老及无名尸体

由于战乱以及不断发生的各种灾害，元代南北各地无人收殓的尸体很多，还有一些贫民死后无地可葬，都成为突出的社会问题。朝廷和各级官府为此采取一些应对措施。

在蒙古前四汗时期，战事连年，社会动乱，人口锐减，以致尸骨遍地，疮痍满目。蒙古灭金时，泽州（今山西晋城）被毁，"室庐扫地，市井成墟，千里萧条，闻其无人"。乙未登记时，"本州司县共得九百七十三户。司候司六十八户，晋城二百五十五户"。① 晋城县令崔达，"恻然有动于心，乃于野外拾遗骸而瘗之。"② 泽州长官段直将"郊野暴露之骸，敛而哀之"，加以埋葬。③ 泽州地区（晋城属泽州）收拾遗骸，是当地少数官员的行为，总的来说这一时期蒙古汗廷和"汉地"大多数地方官员对此是漠不关心的。忽必烈即位后，推行"汉法"，进行政治体制改革。中统元年（1260）五月，设立十路宣抚司。为此发布《宣抚司条款》，对宣抚司的职责作出规定。④ 其中一款是："据各路见暴露骸骨，仰所在官司依理埋瘗，奠祭追荐，做好事。"⑤ 首次明确收埋暴露的骸骨是地方政府的职责。至元十一年（1274）七月，御史台呈："山北辽东道提刑按察司申：'北京等处遇有身死不明之人，官司：初、复检讫，不行埋瘗，将尸棚树栈阁，道致风日吹曝，蝇虫蛆啗，夏月肤裂，脂肉溃流，薰触天地。参详，如初、复检过，责付尸亲埋瘗。遇无尸亲者，责付停尸地主、邻佑，权行丘埋，插立封牌，标写年颜行貌，使行旅广传，尸亲知而来认，以厚风俗。'兵、刑部议得：'依准所拟'。"这个建议得到中书省批准，颁布施行。⑥ 北京是金朝旧名，元初沿用，后改大宁路，路治今内蒙古宁城。这件文书针对无名尸体而发。可知直到此时暴露尸骨仍是相当普遍的现象。至元十五年，礼部和户部审议北京等路行省有关火葬的报告时认为："其贫民无地葬者则于官荒地埋

---

① 李俊民：《泽州图记》，《庄靖集》卷八，《文渊阁四库全书》本。
② 李俊民：《县令崔仲通神霄宫祭孤魂碑》，《庄靖集》卷九。
③ 李俊民：《郡侯段正卿祭孤魂碑》，《庄靖集》卷九。
④ ［日］植松正：《元代条画考（一）》，《香川大学教育学部研究报告》第一部第四十五号（1978年10月）。
⑤ 《元典章》卷三〇《礼部三·礼制三·丧礼·收埋暴露骸骨》。
⑥ 《通制条格校注》卷二七《杂令·掩骼埋胔》。

了，无人收葬者官为埋瘗。"中书省"遍行合属，依上施行。"① 则是针对无地及无人收葬贫民而发。成宗大德五年（1301）九月钦奉圣旨条画内一款："孤老若有老病身故者，于城廓周围空闲官地斟酌标拨为坟，官为给棺木，令孤老头目衣装，仵作人应付舁车埋瘗。合用棺板价钱，于赃罚钱内支给。"② 孤老实际上就是无地及无人收葬的贫民。上述法令一直延续下来。《元史·刑法志》载："诸掩骼埋胔，有司之职。或饥岁流莩，或中路暴死，无亲属收认，应闻有司检覆者，检覆既毕，就付地主邻人收葬；不须检覆者，亦就收葬。"③ 实际上是对元朝上述有关法令的总结。收殓无名或贫不能葬者尸体，成为地方官员的一项政绩。如平滦路达鲁花赤阿台，"死不能葬者，为出棺椁衣被殓之。"④ 由此不少地方出现了"义冢"（参见第十章第四节"义冢"）。

此外，还有病死军人的收埋。大德十一年（1307）十二月《至大改元诏书》内一款："远方交换军官、军人，往还行粮，依例应付。患病者官为给医药，死者官为埋瘗。"江陵路（治今湖北江陵）录事司官员报告："比照养济院贫子，除柴米衣装依时支给外，遇有死者，例给棺板，明破官钱。而况远近屯戍军人，弃父母，抛妻子，征进劳效之苦，不能悉举，反不若孤贫坐请无用之徒。莫若今后遇军病死者，如有遗留钱物除买棺板外，官为见数封贮。无者，照依贫子例应付。各处提调官令仵作行人扛抬于高阜利便处埋瘗，定立名牌，以待尸亲识理给付。此则实为激劳效、养生丧死无憾之一也。"荆湖北道宣慰司按上述大德五年圣旨条款，建议"过往病死军人……照依贫子例，赃罚钱内一体放支相应"。河南行省、枢密院、户部均同意。⑤

至大二年（1309）九月庚辰朔，"以尚书省条画诏天下"。其中一款是："各处人民，饥荒转徙，疾疫死亡，虽令有司赈恤，而实惠未遍。……田野死亡，遗骸暴露，官为收拾于系官地内埋瘗。"⑥ 由于连年灾荒，流民转徙死亡，尸骸暴露无人收瘗现象很普遍。至大三年十一月，"庚辰，河南水，死

---

① 《元典章》卷三〇《礼部三·礼制三·丧礼·禁约焚尸》。
② 《元典章》卷三四《兵部一·军役·病故·病死军人棺木》。
③ 《元史》卷一〇二《刑法志二·职制上》。
④ 廉惇：《塔本世系状》，《永乐大典》卷一三九九三。
⑤ 《元典章》卷二《圣政一·抚军士》；卷三四《兵部一·军役·病故·病死军人棺木》。
⑥ 《元史》卷二三《武宗纪二》。

者给槽，漂庐舍者给钞，验口赈粮两月。"① 泰定二年（1325）闰正月，"南宾州、棣州等处水，民饥，赈银二万石，死者给钞以葬。"② 三年七月庚申，"命瘗京城外弃骸，死状不白者，有司究之。"八月"扬州崇明州大风雨，海水溢，溺死者给棺敛之"。十一月，"崇明州海溢，漂民舍五百家，赈粮一月，给死者钞二十贯"。十二月，"大宁路大水，坏田五千五百顷，漂民舍八百余家，溺死者人给钞一定"。泰定四年正月，"大宁路水，给溺死者人钞一定"。七月，"衢州大雨水，发廪赈饥者，给漂死者棺。"③ 后至元六年（1340）十月，"是月，河南府宜阳等县大水，漂没民庐，溺死者众。人给殡葬钞一定，仍赈义仓粮两月。"④ 显然，元代中期起，地方官府收埋尸骨的重点，已转移到各种灾难的死亡者。对死者给钞抚恤，给棺埋葬，已经成为救灾措施的重要组成部分。

至正十八年（1358），京城大饥，完者忽都皇后"命官为粥食之。又出金银粟帛命资正院使朴不花于京都十一门置冢，葬死者遗骸十余万，复命僧建水陆大会度之。"⑤ "至正十八年，京师大饥疫，时河南北、山东郡县皆被兵，民之老幼男女，避居聚京师，以故死者相枕籍。不花欲要誉一时，请于帝，市地收瘗之。帝赐钞七千锭，中宫及兴圣、隆福两宫、皇太子、皇太子妃赐金银及他物有差，省院赐者无算。不花出玉带一、金带一、银二锭、米三十四斛、麦六斛、青貂银鼠裘各一袭以为费。择地自南北两城抵卢沟桥，掘深及泉，男女异圹，人以一尸至者，随给以钞，舁负相踵。既覆土，就万安寿庆寺建无遮大会。至二十年四月，前后瘗者二十万，用钞二万七千九十余定、米五百六十余石。又于大悲寺修水陆大会三昼夜，凡居民病者予之药，不能丧者给之棺。"⑥ 这是一次由朝廷发起的大规模收拾埋瘗遗骸的举动。没有多久，元朝就灭亡了。

除了朝廷和地方官府，民间人士亦有从事遗骸收葬，为此常建造收埋遗骨的"义阡"（参见第三章第四节）。不少僧人以此为行善事。例如："岁丁未，吴越大旱，师（杭州东天竺兴元寺僧湛堂法师）为说法祷禳……死无以

---

① 《元史》卷二三《武宗纪二》。
② 《元史》卷二九《泰定帝纪一》。
③ 《元史》卷三〇《泰定帝纪二》。
④ 《元史》卷四〇《顺帝纪三》。
⑤ 《元史》卷一一四《后妃传二·完者忽都皇后奇氏》。
⑥ 《元史》卷二〇四《宦者·朴不花传》。

敛，则为掩其遗骸，仍作大会普度之。"① "初，丁未、戊申岁大浸饥，死疫者骸胔狼藉，师（富阳慈修护圣禅院僧行修）用浮屠法敛而焚之，且率其徒诵经环绕，喻以迷悟因缘。"② 富阳今浙江富阳，元时属杭州路。

---

① 黄溍：《上天竺湛堂法师塔铭》，《金华先生文集》卷四一。
② 王沂：《慈修护圣禅院记》，《伊滨集》卷九，《文渊阁四库全书》本。

第九章　殡葬习俗

第一节　火葬的流行

　　火葬在中国起源甚早。宋辽金时期，南北火葬都很流行。有元一代，仍然如此。

　　江淮以北地区火葬普遍。大都是元朝的都城。忽必烈时代，监察御史王恽说：中都地区"父母之丧，例皆焚烧，以为当然。习既成风，恬不知痛"[1]。中都是金朝旧名，即后来大都。王恽曾举一例：在都人匠赵春奴之母阿焦身死，"只于当晚焚烧了当。"[2] 元末大都地方志记，病故者棺木运"至门外某寺中，孝子家眷止就寺中少坐，一从丧夫烧毁。寺中亲戚饮酒食肉。尽礼而去。烧毕或收骨而葬于累累之侧者不一。孝子归家一哭而止，家中亦不立神主。若望东烧，则以浆水酒饭望东洒之；望西烧亦如上法。初一、月半，洒酒饭于黄昏之后"[3]。高丽汉语教科书《朴通事》中主要记大都社会生活，其中一则记老曹死后，"尸首实葬了那怎的？烧人场里烧着，寺里寄着里。"[4] 可知火葬的场所称为烧人场，火化后的遗骨就寄放在佛寺里。著名建筑师尼波罗（今尼泊尔）人阿尼哥长期在大都工作、生活，信奉佛教，死后"从本国阇维之礼。"[5] 翰林学士承旨、畏兀人安藏是虔诚的佛教徒，死后"阇维于国西南门外。"[6] "国"指大都城，"阇维"是梵语音译，在中国

---

[1]　王恽：《论中都丧祭礼薄事状》，《秋涧文集》卷八四。
[2]　王恽：《弹赵春奴不孝事》，《秋涧文集》卷八八。
[3]　《析津志辑佚·风俗》，北京古籍出版社1983年版，第209—210页。
[4]　《朴通事》，《近代汉语语法资料汇编·元代明代卷》，第336页。
[5]　程钜夫：《凉国敏慧公神道碑》，《程钜夫集》卷七。
[6]　程钜夫：《秦国文靖公神道碑》，《程钜夫集》卷九。

古籍中又作"荼毗""荼毘",即火化之意。

大都之外,"北京路百姓,父母身死,往往置于柴薪之上,以火焚之"①。北京路治在今内蒙古宁城,路辖地约当今内蒙古、辽宁和河北交界地带,是个多民族杂居地区。赵时勉为定陶县尹,"民有亲死欲火之者,君以理喻之而止。"② 定陶元代属曹州,直隶中书省。今名同,属山东。早期散曲名家杜仁杰在《(盘涉调·要孩儿)喻情》中写道:"葬瓶中灰骨是个不自由的鬼。"③ 杜仁杰是济南长清(今山东长清)人,长期在东平(今山东东平)生活,他描写的是山东一带风俗。兴元路儒学教授王无疾,"尤切戒人焚毁死者"④。兴元路(路治今汉中市)属陕西行省。延祐五年(1318),锦州强盗打死曹大用,劫讫缎匹等物。"巡检扈永泰不即依时捉贼,司吏李智等令事主将被害身尸焚烧。"⑤ 锦州属辽阳行省大宁路,今辽宁锦州市。至元十一年,梁贞为代州知州,"以革禁火葬,而送终之礼以厚"⑥。代州属冀宁路,直隶中书省,今山西代县。可知山东、陕西、东北和山西都有火葬之风。

考古发现为北方很多地区提供了火葬的证据。1968—1983年,北京市发现清理了较完整的元代墓葬20座,其中8座为火葬墓。⑦ 其中一座墓主张弘纲生前官昭勇大将军、万户。墓室内有石棺两具,都有骨灰,另有木棺一具。张弘纲和一位夫人实行火葬,另一夫人土葬。⑧ 这是上层人物火葬的例子。1990年北京朝阳区南豆各庄元代石棺墓,石棺中放置骨灰和陶质明器。上都城址东南砧子山西区发掘73座元代墓葬中,属骨灰葬的有22座。⑨ 徐水(今河北徐水)西黑山金元平民家族墓葬发掘62座,内3座有火葬遗迹。⑩ 石家庄后太保村史氏墓群共9座,内M5棺床上有火烧过的灰黑色人骨碎块。同类墓葬还有M6。M4是长方形多室砖墓,内E室棺木窄小,人骨已成黑色碎块,系火葬。⑪ 山

---

① 《元典章》卷三〇《礼部三·礼制三·丧礼·禁约焚尸》。
② 苏天爵:《定陶县尹赵君墓碣铭》,《滋溪文稿》卷一八。
③ 杜仁杰:《(盘涉调·要孩儿)喻情》,《重辑杜善夫集》,济南出版社1994年版,第72页。
④ 蒲道源:《青渠王先生墓志》,《闲居丛稿》卷二五,《四库全书》本。
⑤ 《元典章新集·刑部·巡捕不获贼·扈巡检不即拿贼》,第2191页。
⑥ 许有壬:《梁公神道碑》,《至正集》卷五六,《元人文集珍本丛刊》,影印宣统三年石印本。
⑦ 黄秀纯等:《北京地区发现的元代墓葬》,北京市文物研究所编《北京文物与考古》第2辑,北京燕山出版社1991年版。
⑧ 北京市文物研究所:《铁可父子墓和张弘纲墓》,《考古学报》1986年第1期。
⑨ 内蒙古文物考古所等:《元上都城址东南砧子山西区墓葬发掘简报》,《文物》2001年第9期。
⑩ 张立方:《徐水西黑山:金元时期墓地发掘报告》,文物出版社2007年版,第368—369页。
⑪ 河北省文研所:《石家庄市后太保元代史氏墓群发掘简报》,《文物》1996年第9期。

西大同东郊元代崔莹李氏墓,是方形券顶砖室墓,墓室后部有砖砌棺台,上面并列两卓式陶棺床,上置长方形石棺,正面楷书:"崔莹李氏",棺内有绢裹的骨灰,内有耳坠、戒指。① 山西襄汾丁村1号元墓墓室中东南、西南、西北三角以及北壁正中各放一堆火烧过的骨殖,经分析骨灰来自四个人。②

以上是北方的情况。江南火葬也很流行。"吴越之人养生务繁华,送死殊忽略。亲之遗骸率投畀水火,与委之于壑何异?"③ "吴越"指的是江浙行省所辖地区,大体相当于今天的浙江、江苏南部以及江西、安徽部分地区。江浙行省又分浙西、浙东和江东。浙西经济、文化在全国都处于领先地位,其中最著名的是杭州路和平江路。杭州原是南宋的都城,元代则是江浙行省治所,可以说是元代江南甚至全国最繁华的城市。"杭故俗,家有丧……举柩畀之炎火,拾烬骨投之深渊。"④ 华亭(今江苏松江)王泰来客居杭州,是元初名士,"公没之十有五日,二子用公治命,从乾毒道阇维。"⑤ 永嘉(今浙江温州)项止堂死于杭州,"其子昕以道梗不能奉柩归葬,遂遵治命,火化于郭外之七宝山。后若干年……始克函骨卜葬于余姚某乡之某原"。⑥ 杂剧作家郑光祖"病卒,火葬于西湖之灵芝寺"⑦。大旅行家马可•波罗盛赞杭州的繁荣。据他观察,"尚有别一风习,富贵人死,一切亲属男女,皆衣粗服,随遗体赴焚尸之所。行时作乐,高声祷告偶像,及至,掷不少纸绘之仆婢、马驼、金银、布帛于火焚之。彼等自信以为用此方法,死者在彼世可获人畜、金银、绸绢。焚尸既毕,复作乐,诸人皆唱言,死者灵魂将受偶像接待,重生彼世"⑧。马可•波罗所说可以与元代文献记载相互印证。至元二十四年(1287),方回说:"钱塘故大都会,承平时城东西郊日焚三百丧有奇,月计之万,岁计之十二万。亩一金而岁欲十二万穴,势不可,故率以火化为常。"⑨ 这是关于火葬的珍贵资料。方回是南宋官员,后投降元朝,长期在杭

---

① 大同市文化局文物科:《山西大同东郊元代崔莹李氏墓》《文物》1987年第6期。
② 陶富海:《山西襄汾县的四座金元时期墓葬》,《文物》1986年第12期。
③ 陈栎:《送杨叔昭序》,《定宇先生文集》卷二。
④ 柳贯:《卢氏母碣铭》,《柳贯集》卷一一。
⑤ 赵孟頫:《有元故征士王公墓志铭》,任道斌点校《赵孟頫文集》卷八,上海书画出版社2010年版。
⑥ 戴良:《项止堂墓志铭》,李军、施贤明校点《戴良集》卷二九,吉林文史出版社2009年版。
⑦ 钟嗣成:《录鬼簿》卷下,《中国古典戏曲论著集成》本,中国戏剧出版社1959年版。
⑧ 《马可波罗行纪》,第362页。
⑨ 方回:《普同塔记》,《桐江续集》卷三五,《文渊阁四库全书》本。

州生活。他所说"承平时"无疑指南宋而言。据记载，南宋末年杭城所在的钱塘、仁和两县186330户，432046口。① 宋代的"口"可能不包括女性和未成丁，如以历史上平均的每户五口计，杭城人口约在百万左右。而据方回所说，每年死亡火化者不下于十二万。虽然无法知晓杭城每年的死亡人数，从而对土葬、火葬作出正确的计算；但大体可以认为，火葬在杭城殡葬中占有重要的比例，不下于土葬，甚至比重更大，应是没有问题的。入元以后，这种情况应无多大变化，所以方回才在文章中引用这个数字。

浙西的另一重要地区平江路（路治今江苏苏州），和杭州相似，火葬事例很多。"苏之俗嗜浮屠法，丧亲以烬骨水瘗为贵。"林以义之母张夫人去世，"卒后六日，奉柩化于吴江之东门外，遂之垂虹亭、观音阁下归骨焉"②。"吴人张云景葬其亲于武丘灵寿冈之原。……吴中土风，无论贵贱，家亲死，悉弃于火。……景云氏独能痛其亲，拔去恶习，营善地以藏其亲，躬负土成坟，庐墓者三月而不忍去。"③ 姑苏（平江古名）王斌为吏，"母没，斌执丧哀恸昂立。吴俗葬其亲以火，斌恻然追伤其父不及营一砖穴，衰经具棺，葬母阊门外之原"④。淮南儒学提举戴良之妾李氏"感暴疾而亡……亡后三日，用浮屠法火，厝于吴东门外，函其骨葬灭度桥水裔"⑤。殷奎，昆山（今江苏昆山）人。"里中庸富人恒竭资以送死，类以土薄不葬，而卒委之于水火，先生独葬其祖若父一遵棺衾冢圹之制，人以为难，咸谓殷氏有子焉。"⑥ 昆山（属平江路）曹氏去世，"吴俗尚佛氏，死者火之。其子辙卓然能矫俗之弊，以礼葬石浦之原，与处士同域。"⑦ 从以上记载看来，平江居民无论贵贱普遍流行火葬，成为一种社会风气。少数能对父母实行土葬者被认为"矫俗之弊"，因而得到反对火葬者的表彰。杭州、平江之外浙西其他地区也有火葬的记载。松江官员谢礼置义阡，规定"火而函者，地五尺，米五斗，仍深其坎，崇其封，大书居里姓名而谨志之"⑧。义阡就是免费

---

① 《咸淳临安志》卷五八《户口》。
② 宋濂：《姑苏林君母墓铭》，《宋文宪公全集》卷三四，《四部备要》本。
③ 杨维桢：《张氏瑞兰记》，《东维子集》卷一八，《文渊阁四库全书》本。
④ 杨维桢：《思亭记》，《东维子集》卷一七。
⑤ 戴良：《亡妾李氏墓志铭》，《戴良集》卷一四。
⑥ 卢熊：《故文懿殷公行状》，《强斋集》卷一〇《附录》，《文渊阁四库全书》本。
⑦ 谢应芳：《吴处士妻墓志铭》，《龟巢稿》卷一九。
⑧ 贡师泰：《义阡记》，邱居里、赵居友校点《贡氏三家集·贡师泰玩斋集》卷七，吉林文史出版社2010年版。

的公共墓地。荆溪（今江苏宜兴，元属常州路）芳村吴义安"以父母烬骨置祖祠梁上，终身不葬。后生子不肖，亦如之"①。

浙东包括绍兴（今浙江绍兴）、庆元（今浙江宁波）和处州（今浙江丽水）等地。绍兴人阎育，"父母皆从越俗火葬，而投骨清渊之中。"② 可知火葬是"越俗"，"越"指绍兴地区。四明（今宁波）僧人普容，为乾符寺观主。"岁大饥且疫，为粥活其不能自食者，用阇维法敛送其死无所归者。"③ 处州梁椅是南宋进士，后降元。他坚决反对火化，认为："释氏荼毗固其俗，然俚夫贱民力不足备美价，买抔土，则习其愚而从夷狄，莫之禁也。何为乎数年来吾乡阀阅之家、逢掖之士而忍此哉？"他认为自"世变反覆"之后，"风习趋薄，如水就下，而为人父母死得全其躯者，于是鲜矣。"④ 显然，处州无论贵贱都行火葬。江东包括集庆（路治今江苏南京）、宁国（路治今安徽宁国）等地。溧阳（属集庆路，今江苏溧阳）儒生孔齐，反对火葬，他说自己的"五叔逊道同知丧妻厉氏，既从异端，烬骨寄僧舍中，又无故终身不葬……困饿而死。庶子克一，亦从异端，焚化复寄僧舍中，与其母骨相并"⑤。

江南其他地区亦有火葬的记载及考古发现。潭州路（路治今湖南长沙）录事司居民杜庆在至元十五年（1278）正月十二日病死，其妻杜阿吴在十八日将夫尸"焚化，将骸骨令夫表弟唐兴分付赵百三扬于江内。"并称赵百三为"撒扬骨殖人"。⑥ 显然，赵伯三是专门从事在江内撒扬骨殖者，由此亦可知火化在当地应很普遍。广东佛山（今广东佛山）鼓颡岗发现四座元代土坑墓。编号为茔4—7。火化后的骨灰均葬在黑釉小陶罐中，然后将小罐放入大陶罐，用石灰密封后再放在用麻石凿成的圆筒形大石盒内。其中墓4出上大陶罐盖内墨书"至正贰年"等字；墓5出土大陶罐盖内墨书"至正九年"等字，靠内有三重麻布，重重包着骨灰。⑦ 福宁王荐，"州禁民死不葬者，时民贫未葬者众，畏令，悉焚柩，弃骨野中。荐哀之，以地为义阡收瘞之。"⑧

----

① 孔齐：《不葬父母》，《至正直记》卷二，上海古籍出版社2012年版。
② 宋濂：《阎府君墓碣》，《宋文宪公全集》卷一〇。
③ 黄溍：《四明乾符寺观主容公塔铭》，《金华先生文集》卷四二。
④ 梁椅：《戒火化文》，《（成化）处州府志》卷四，转引自《全元文》第22册，江苏古籍出版社2001年版。
⑤ 孔齐：《妻死不葬》，《至正直记》卷二。
⑥ 《元典章》卷一八《户部四·婚姻·服内婚·焚夫尸嫁断例》。
⑦ 曾广亿：《广东佛山鼓颡岗宋元明墓记略》，《考古》1964年第10期。
⑧ 《元史》卷一九七《孝友传一》。

大都有专门的火化场所称为烧人场，见上述。从《析津志》的记载来看，烧人场应在佛寺中或邻近佛寺。杭州火葬为数甚多，亦应有专门的场所。从上面列举一些记载来看，西湖之灵芝寺和城外七宝山可能设有火化场。嘉兴（今浙江嘉兴）濮鉴，因大灾之年入粟补官，出任淮安路屯田打捕同提举，生前曾"指祖茔之西大树谓庵僧曰：'我死，可化于此。'众讶其语不祥，皆愕眙相视。"死后，"孤允中不敢违先意，以是年十二月九日火化于所指之地"①，则火化场所亦可以自行选择。

火化后骨灰有几种处理方式。一种是将遗骨投于水中，上面所举杭州、平江、绍兴、松江均有此风。"火葬兴，故有沈其遗于水者矣。"② 另一种则将骨灰放在棺木或其他盛器中（骨灰匣等）再行土葬。大都火葬墓便是实证。上述王泰来遗体火化后，其子"奉公遗骨葬西湖茅家步积庆山之阳"③。濮鉴遗体火化后，其子"奉函骨于堂，迨今八年。允中曰：'吾非不能葬也，顾函存则亲存，葬则亡矣，是以弗忍也。然岂容终不归于土乎？'乃卜以延祐七年十一月二七月，祔葬祖茔之旁"④。后至元六年（1340），王元恭为绍兴路总管，"俗尚荼毗，葬埋无所。遂捐俸买山表义阡以瘗之"⑤。各地考古发掘的墓葬中有不少骨灰墓，有的在棺木中，有的直接放在棺床上。还有将骨灰匣寄存于佛寺中。僧人、道士遗骨火化后常收藏在塔中，称为普同塔。有的普同塔亦收俗人骨灰。见第十一章第四节。

文艺作品常常反映现实生活。元代杂剧中有不少地方涉及火葬。杂剧《施仁义刘弘嫁婢》中，李春郎之父李逊（字克让）病死，其母说："春郎，便将你父亲焚化了，寄在报恩寺里浮垢着。"母子二人投奔财主刘弘，刘弘命人"将那李克让的骨榇儿取将来，高原选地，破木造棺，建起坟茔呵，我自有个祭祀的礼物"。另一个女子裴兰孙的父亲裴使君"被歹人连累身亡，无钱埋殡"。卖身到刘弘家。她对刘弘说："俺父亲的骨殖，在南薰门外报恩寺里寄着哩。"刘弘"将裴使君的骨殖高原选地，破木造棺，建了坟茔了也"⑥。剧中叙述的程序是，火化，装在榇中，寄存在佛寺，再盛在棺中建造

---

① 赵孟頫：《濮君墓志铭》，《赵孟頫文集》卷九。
② 贡师泰：《义阡记》，《贡氏三家集·贡师泰集》卷七。
③ 赵孟頫：《有元故征士王公墓志铭》，《赵孟頫文集》卷八。
④ 赵孟頫：《濮君墓志铭》，《赵孟頫文集》卷九。
⑤ 朱文刚：《王侯去思碑》，《两浙金石志》卷一七。光绪浙江书局刻本。
⑥ 佚名：《施仁义刘弘嫁婢》，《元曲选外编》，中华书局1959年版，第808—833页。

坟茔。这是一种常见的火葬模式。《邹梅香骗翰林风月》中，白敏中因想念裴小蛮小姐病倒，梅香（丫鬟）樊素调侃他说："怕哥哥死时，削一条柳橡儿把你来火葬了。"①《吕洞宾度铁拐李》中，郑州都孔目岳寿病死，"岳寿的妻，将他尸骸焚化。"吕洞宾请阎王放他还阳，因原尸已不存在，只好借他尸还魂。②《昊天塔孟良盗骨》中，杨令公的灵魂说，撞碑死后，"被番兵将我尸首焚烧了，把骨殖吊在幽州昊天塔尖上"。骨殖装在"小匣儿"中。③

火葬的流行，原因是多方面的。首先，它与佛教信仰有密切的关系。"自浮图氏之教行，而火葬遂兴。"④ 其次也有经济方面的原因。有的因土葬费钱难以负担；有的则在佛事上花钱太多，以致无力营葬。"释氏荼毗，固其俗，然俚夫贱民力不足备美价，买抔土，则习其愚而从夷狄，莫之禁也。"⑤ "财力既殚于佛事，于是有当葬者而无力可葬，乃以吾亲之尸，付之车薪之火者矣。"⑥ 另外还有环境的限制："苏于浙水西，为地尤下湿，人死不皆得高原广垄以葬，则相为火，柩以骴沈江流。或薶之烬，人习见以为当，然曾莫之知非也。异时吾先子丧，吾祖尝援礼以行之，而诮者交至。今俗又益媮，视弃礼义如土苴。非夫笃信之士曷能自拔哉。"⑦ "淞泽国也，无高陵燥垠为民之终，往往人终其亲，不委于水火，则寄诸浮图氏之室，虽衣冠仕族或有不免。"⑧ 还有一个原因是，有些人在他乡死亡，运送棺木回乡多有不便，就采取火葬的形式。上述项止堂死于杭州，其子因"道梗"将遗体火化。蒲圻（今湖北蒲圻）"魏君旅死齐安，夫人瞻望弗及，舍泣遣冢子载柩还。或曰：'尸涉江，蛟龙必覆舟，曷若焚骨而遵陆乎？'夫人曰：'焚尸之俗起羌胡，函夏无是也。弃夫体烈焰中，逆天孰甚焉。'弗听。"⑨ 旅外病故火化是常例，魏君夫人坚持将遗体运回，难能可贵，因而为人们称赞。

上面所举事例可知，元朝有些儒生亦实行火葬。但也有不少人对火葬采取坚决抵制的态度。监察御史王恽指责火葬"败俗伤化，无重于此。契勘系

---

① 郑德辉：《邹梅香骗翰林风月》，《元曲选》。
② 岳伯川：《吕洞宾度铁拐李》，《元曲选》。
③ 佚名：《昊天塔孟良盗骨》，《元曲选》。
④ 贡师泰：《义阡记》，《贡氏三家集·贡师泰集》卷七。
⑤ 梁椅：《戒火化文》，《全元文》第22册，第328页。
⑥ 史伯璿：《上宪司陈言时事启》，《青华集》卷二，《全元文》第46册，第426页。
⑦ 殷奎：《故善人余景明墓文》，《强斋集》卷四。
⑧ 杨维桢：《朱氏德厚庵记》，《东维子文集》卷一六。
⑨ 宋濂：《魏贤母宋夫人墓铭》，《宋文宪公文集》卷一一。

契丹遗风，其在汉民断不可训，理合禁止，以厚薄俗。"① 上述兴元王无疾和处州梁椅也是如此。又如理学大家吴澄说："世俗之大不孝有三……亲肉未寒而畀彼炎火，三不孝。"河东王君为县令江南，"其母之丧也，或以家贫道远，劝之如浮屠氏教，兄弟坚拒其说之三者，"吴澄因此大加称赞。② 平阳（今浙江平阳）人史伯璿，向"宪司"（地方监察机构肃政廉访司）上书说，火葬"悖灭人伦，败坏风教，莫此为甚"。要求"及此圣明之时，严火葬之禁，且并禁修崇夫佛事者"③。朝廷对火葬的态度先后有变化。至元二年二月圣旨："凡杀人者，虽偿命讫，仍出烧埋银五十两。若经赦原罪者，倍之。"④ 所谓"烧埋银"，就是火化和埋葬的费用，这就是说，朝廷对火葬原来是认可的。至元十五年（1278）正月，北京路官员建议禁止火葬，礼部审议认为："四方之民风俗不一，若便一件禁约，似有未尽。参详：比及通行定夺以来，除从军应役并远方客旅、诸色目人许从本俗，不须禁约外，据土著汉人拟合禁止。"中书省批准施行。⑤ 这是明确禁止土著汉人火葬。但色目人允许"从本俗"即奉行火葬者（如信佛教者）可仍旧，汉人中"从军应役并远方客旅"也不在禁止之列，因为从军及经商在外，一旦去世，尸体运回乡土不易。但事实上，各地土著汉人中火葬依旧流行，上面所说南北火葬事例，大多发生在至元十五年以后。朝廷的禁令完全流于形式。

和前代一样，元代僧人大多采取火葬。"茶毗后，执事人、乡曲、法眷同收骨，以绵裹袱包，函贮封定，迎归延寿堂，三时讽经。第三日午后……挂送灰牌。至期，鸣钟集众，请起骨佛事。送至塔所，请入塔佛事。入毕，知事封塔。"⑥ 一般僧人遗骨则收在普同塔内（见第十章第四节）。名僧骨灰单独建塔，大都庆寿寺长老鲁云死后，"阇维三根不坏，奉舍利建塔"⑦。舍利即骨灰。另一位庆寿寺智延"其徒用阇维法得舍利，分建塔于天宁及庆寿之祖茔"⑧。甘肃陇西出土七层琉璃塔，塔基二层有墨书题记："至正七年岁

---

① 王恽：《论中都丧葬礼薄事状》，《秋涧文集》卷八四。
② 吴澄：《王德臣求赙序》，《吴文正公集》卷五。
③ 史伯璿：《上宪司陈言时事书》，《青华集》卷二，转引自《全元文》第46册，第426页。
④ 《元典章》卷四三《刑部五·诸杀二·烧埋·杀人偿罪仍征烧埋银》。
⑤ 《元典章》卷三〇《礼部三·礼制三·丧礼·禁约焚尸》。
⑥ 德辉：《亡僧入塔》，李继武校点《敕修百丈清规》卷六，中州古籍出版社2011年版，第178页。
⑦ 黄溍：《鲁云兴公舍利塔铭》，《金华先生文集》卷四一。
⑧ 黄溍：《北溪延公塔铭》，《金华先生文集》卷四一，第3页上。

次丁亥二月初八二时归化通显密大师",可知其中收藏的是高僧舍利。[1]（图9－1为甘肃陇西出土的琉璃塔）大都大庆寿寺主持、诸路释教都总统知拣的舍利，则收藏在一具青石石函之内。[2]（图9－2为拣公舍利石函）

图9－1　甘肃陇西出土琉璃塔

图9－2　拣公舍利石函

---

[1]　问远：《探秘海内最大的元代墓葬群》，《东方收藏》2010年第1期。
[2]　齐心主编：《北京元代史迹图志》，北京燕山出版社2009年版，第193页。

但亦有一些僧人全身葬。有的全身盛以陶器。集庆大龙翔集庆寺住持大䜣死后，六月四日，奉全身殡于石头城塔院，台、府、暨郡邑诸司咸设祖奠于道左，送都数千人。八月十有六日壬申，窆于塔院之后岗，分爪发建院于杭之凤凰山下①。江南禅宗领袖高峰死后，遂奉全身葬于西冈之上而塔②。杭州径山寺住持希陵死后，其徒奉全身瘗诸西峰昌浦田③。天竺湛堂法师死后，门人弟子咸共奔赴，以是月某日奉全身窆于清泰塔院④。衡州酃县灵云寺住持铁牛禅师在附匜茶陵云居寺病故，遗命火葬，弟子不忍也，奉全身归灵云，以陶器函盖而敛之，瘗诸西庵。越三年启而视之，面如生，爪发俱长云。泰定甲子，移葬于寺北三十里曰沙潭，今营塔所也⑤。也有僧人反对建塔。灵隐寺壬持祖阊"遗戒送终如常僧，勿循故事建塔，仍不得用世间法，服衰麻之衣"⑥。但这样的高僧是很少见的。

道士有土葬，亦有火葬。赵定庵先生法名道可，婺源中和精舍，死后徒弟"未忍火俗浴，用二缸合而殡之，以趺坐蜕去故也"⑦。

以上主要是汉族地区的情况。其他民族中，畏兀儿、党项、云南等族也都存在火葬，详见第八章第四节。

第二节　风水与丧葬

风水之说流行甚早。风水又称堪舆，原来以占卜时辰吉凶为主，后来逐渐变成相地之术。至迟秦汉时期，已经应用风水于墓葬。唐宋时期，墓葬必讲风水，成为风气。北宋时，著名学者司马光说："世俗信葬师之说即择年月日时，又择山水形势，以为子孙贫富贵贱，贤愚寿夭，尽系于此。又葬师所有之书，人人异同，此以为吉，彼以为凶，争论纷纭，无时可决。其尸柩或寄僧寺，或委远方，至有终身不葬，或累世不葬，或子孙衰替，忘失处

---

① 黄溍：《笑隐禅师塔铭》，《金华先生文集》卷四二。
② 虞集：《智觉禅师塔铭》，《道园学古录》卷四八，《四部备要》本，第6页下。
③ 虞集：《大辨禅师宝华塔铭》，《道园学古录》卷四八。
④ 黄溍：《上天竺湛堂法师塔铭》，《金华先生文集》卷四一。
⑤ 虞集：《铁牛禅师塔铭》，《道园学古录》卷四九。
⑥ 黄溍：《灵隐悦堂禅师塔铭》，《金华先生文集》卷四一。
⑦ 唐桂芳：《重建中和道院碑》，《白云集》卷七，《文渊阁四库全书》本。

所，遂弁捐不葬者。"① 司马光所说种种现象，元代全都存在，甚至更盛。儒学不信鬼神报应之说，而元代的很多儒士"吉凶之礼，则听命于释老之徒，与所谓阴阳家者流"②。"地理之说，不可谓无。"③ 可以说是多数儒生亦认同的观念。元末江南著名学者宋濂说："古有万民之墓地，同于一处，故设墓大夫正其昭穆之位，掌其爵等小大之数，分其地使各有区域而得以族葬之。凡争墓地者，听其狱讼。……自世道既降，而相墓巫之说兴，谓枯骷足以覆焘乎后昆，谓福祸贵贱尽系乎冈峦之离合、丘陵之偭向，一以此钳劫愚俗，而专窃墓大夫之政柄。世之欲葬其亲者，辄敛容屏气伺候巫之颜色。巫曰此可葬，虽逾都越邑亦匍匐而从事。巫曰不可葬，虽近在室之旁、百利所集者，亦割忍而违去之。致使父子兄弟本一气也，一在天之南，一在地之北，吾不知其何说也，安得卓识者出相与攻其谬妄也哉。""昔中原士大夫家多以昭穆序葬，唯其行有污于先人者始异其兆域，衣冠之蝉联，往往有之。人之富贵利达其不系于地也昭昭矣，奈之何怵于淫书末技而眩惑于是非也。"④ 宋濂对风水之说深恶痛绝，他指斥的"相墓巫"就是风水师，又称葬师。从宋濂所说可知，当时人们认为墓地选择，关乎"后昆"的福祸贵贱，因而"葬其亲者"都对"巫"恭敬备至，在丧葬安排上完全听从"巫"的指使。

　　堪舆风水之说应用于丧葬，主要是两个方面。一是择地，即选择好的墓地。二是卜时，即选择合适的时间埋葬，前者由风水师和卜者（阴阳人）选定，后者则由卜者选定。天台（今浙江天台）朱嗣寿"皓首穷经"，弟死，"即命堪舆家卜地而藏焉。"⑤ 可知"穷经"的儒生亦听命于"堪舆家"（风水师）。建阳（今福建建阳）丁临，嫁同里陈腾实。腾实死，"孺人为卜藏室，甫葬而（子）涓夭，征之堪舆家言，咸谓不利，及三改卜兆域，始宜"。丁临认为："阴阳拘忌，为人子弟亦所宜知。"便派另一个儿子陈洄跟随江西刘某学堪舆之术。丁临去世，又请刘某"相墓，得某山之原维食，卜用某月某日凿窆，某月某日掩坎，卒之明年也"⑥。丁临为夫营葬后子病死，堪舆师（风水师）都说这是墓地风水不好所致，于是接连换了三次，才定下

---

① 《葬论》，《司马温公文集》卷一三，《四部丛刊》本。
② 胡祗遹：《论取人》，魏崇武、周思敬校点《胡祗遹集》卷二〇，吉林文史出版社 2008 年版。
③ 孔齐：《芳村祖墓》，《至正直记》卷一。
④ 宋濂：《慈孝庵记》，《宋文宪公全集》卷四三。
⑤ 宋濂：《故天台朱府君霞隔阡表》，《宋文宪公全集》卷一一。
⑥ 柳贯：《义方陈母丁孺人墓碣铭》，《柳贯集》卷一一。

来。丁临去世,仍请风水师选定墓地,还选定开凿墓穴和掩埋墓穴的时间。可见这一家的墓葬完全听任风水师的安排。杭州医生卢德恒,母卢氏死,德恒奔走三年选得墓地:"相墓者曰宜,卜兆者曰吉",然后"奉柩即窆"①。经过"相墓者"和"卜兆者"双方认定,埋柩的时间才定下来。吴县(今江苏苏州)周文敬,"少攻诗书、法律",其妻张氏死于戊子(至正八年,1348),"君择地于吴天平山阴之龙池坞。将葬之,卜于元武神,自始择至启圹,三卜袭吉。其繇曰:利尔后人,忠孝且贤。遂葬"。周文敬死于至正壬寅(二十二年,1362),"及君卒之明年,(子)克让将合葬,复卜,得前繇,乃以某月某日穿圹葬焉。"②妻葬和后来夫妻合葬,时间都由信奉元武神的卜者来选定。临海(今浙江临海)陶铨"生二岁而孤……比于成人,知先君之丧在浅土,未有葬地,日夜哀戚以求之。初买山小岭,欲以治葬,而龟筮不从,遂弗果。复买山留贤,而龟筮又不从,未几,先祖考即世,先祖妣亦相继而殁。以连遭家难,岁且荐饥兵革并起,不克奉先君襄事,常衔哀茹毒,颠连困苦,乃至食不甘味,卧不安席,人或见而怜之。一日,遇善相地者,指示程岭,卜以协吉,乃买地□□二亩,以仞其地。明年春,奉先祖及先祖妣之柩合葬于斯,而以先君附葬焉。"③胶水县(今山东胶水)李氏举行族葬,"就斯年通月便岁稔时丰,令术士卜择良辰,大举葬礼于县东北。"④ 当时风水之说是如此深入人心,以致有的学者感叹道:"世俗图风水之说,深入蔽锢,谁能烛破而不之信!"⑤

听信堪舆风水之说,带来三大弊病。首先是缓葬。绩溪(今安徽绩溪)人洪声甫,曾任巡检,有子三人。"先是,公既蚤世,(其子)洋兄弟又皆不寿,且惑阴阳家者言,遂不克葬。"后其孙以洪声甫与夫人合葬于"里西敬潭之上,于是公死四十有四年矣"⑥。平阳(今浙江平阳)人史伯璿,反对火葬,已见前述。同时他又提出:"至于阴阳之家,又倡为方向年月利害之说,以惑乱愚俗,使不得及时营葬,亦当禁之。"⑦ 有不少地方官用行政命令来推行限期下葬。王文彪在至正丙戌(六年,1346)为湘乡州(今湖南湘

---

① 柳贯:《卢氏母碣铭》,《柳待制文集》卷一一。
② 宋濂:《周君墓铭》,《宋文宪公全集》卷三四。繇,卦兆的占辞。
③ 黄溍:《元故处士陶君墓表》,《台州金石录》卷一三。
④ 郭宽:《李氏先茔碑》,《(道光)平度州志》卷二四,引自《全元文》第19册,第676页。
⑤ 陈栎:《答问洁净精微四字》,《陈定宇先生文集》卷七。
⑥ 郑玉:《洪府君墓志铭》,《师山先生文集》卷七,《四库全书》本。
⑦ 史伯璿:《上宪司陈言时事书》,《青华集》卷二。

乡）知州。"土俗拘阴阳家说，亲死或三、四世不葬。公与民约，限六十日皆就葬，不葬者以不孝论。宿柩得入土者余二千。有客死其州，椟椟不能葬者，则为择地以瘗之。"① 义乌（今浙江义乌）达鲁花赤亦辇真，"俚俗惑阴阳家说，有亲丧十余年怵于拘忌不葬者，公十令以百日为限，仍停丧于家者以不孝论。民翕然从化，不再阅月，就葬者数百丧"②。李拱辰为新昌县（今浙江新昌）尹，"土俗惑于阴阴拘忌，亲死至数十年不葬，公下令不葬其亲者以不孝论，不旬日而葬者以十数"③。吴彤任赣州路（路治今江西赣州）录事，"赣俗泥堪舆家说，有逾半世不葬其亲者"。李天祐为象山县（今浙江象山）尹，"民有亲丧久不葬者，盖始则泥阴阳休咎之说，土俗因而不改。侯以礼劝谕，期七日，不葬者罪之，或贫不克举者分俸助之，而死者皆得归藏于土"④。从这些事例可见，因风水阴阳而缓葬现象是很普遍的。

其次是迁葬。元代迁葬之风颇盛，有的墓地多次迁葬。崇仁（今江西崇仁）夏雄，曾任镇抚，"资右一县"，至元癸巳（1293）四月卒。"初葬桐冈，迁巴垠，又迁黄潭，又迁团墅。延祐甲寅某月某日，（孙）志学奉祖母教，安厝于阇黎。"则先迁葬四次。⑤ "小曹金银场副使陈仲南之配黄氏……至元辛卯五月三日卒，葬黄陂，迁奥村，迁桥头坑，又迁炭灶坑，距家一里许。"⑥ 则迁三次。

迁葬原因很多。一是因为墓地有水。吴澄说："古有改葬礼，盖非孝子所乐。或因水啮墓而改，固不可。或因葬有阙而改，则不如其已也。"⑦ 李伯善，河南下邑人。祖父殡于下夕邑县城东南。父李辛，迁青社（邓）三十年。祖母冯卒，"乃殡于府城之北"。"青社近山，地高宜葬。下邑近河，地卑不宜葬。"中统五年（1264）三月，"伯善乃启祖父之墓，负其骨东来。至元七年闰十月二十四日，与祖母合葬于益都县之马阑村，礼也"⑧。金陵王寅叔去世埋葬，过了几年，其子对人说："吾父虽已就土，而穴有水泉，宜

---

① 王祎：《王公行状》，《王忠文公集》卷二二，《四库全书》本。
② 王祎：《义乌县去思碑》，《王忠文公集》卷一六。
③ 黄溍：《李公墓志铭》，《金华先生文集》卷三一。
④ 苏天爵：《象山县尹李侯墓碑》，《滋溪文稿》卷一八。
⑤ 吴澄：《乐安夏镇抚墓志铭》，《吴文正公集》卷三八。
⑥ 吴澄：《故陈副使夫人黄氏墓志铭》，《吴文正公集》卷三九。
⑦ 吴澄：《故逸士曹君名父墓表》，《吴文正公集》卷三五。
⑧ 杨宏道：《李氏廷祖之碑》，《益都金石记》。

改葬。"于是另"营宅兆于城南西石子冈，以明年正月四日奉柩而窆。"① 东阳蒋玄葬其父蒋吉相于"仁寿乡载初里，水啮其墓，乃以至元二年十有二月乙酉，改葬丁乘骢乡御史里夏山之阳，虚其右，以为朱夫人之寿藏"②。另一是由于坟墓遭战乱被破坏。赵孟頫之父赵与訔死后"葬湖州乌程县澄静乡聂村。越十一年，墓毁于盗。至元庚辰改卜城南车盖山之原，徙葬焉"③。从时间上推断，赵与訔墓毁于宋、元易代之际。还有因为夫妻或家族合葬而迁葬（见本章第四节）。除了以上两种之外，更多的迁葬则是风水造成的。

永康儒生吕溥是著名理学家许谦的学生，他指出："且古之葬者，或逾月，或三月、五月，皆以贵贱有定礼，岂如后世阴阳拘忌久殡，而必待时日之利，以为福子孙计耶？"④ 可知因"阴阳拘忌"而"久殡"不葬已成风气。东阳（今浙江东阳）李裕，中进士，任陈州同知，任满"谒选京师"，因病去世。其子贯道"不远五千里奉柩南还，家徒四壁，久不克襄事。后十年为至正丁亥十二月某甲子，始与蒋氏合葬西部乡之钱坞。堪舆家曰：'不利'，又二十年乃改葬怀德乡黄山之原"⑤。已经埋葬数十年，因风水先生说葬地有问题，又行改葬。浦江（今浙江浦江）郑鑾死于延祐七年（1320），其妻黄氏卒于至正十一年（1351）。"君先葬乌伤延寿山，堪舆氏咸曰不利，今以（至正）十四年十月二十六日迁于县之灵泉乡黄嵓山，黄氏祔焉。"⑥ 至正十四年（1354）距郑鑾之死已有三十四年。临江新淦县（今江西新淦）曾顺任南雄洲儒学正，死后其子于至正"九年春正月壬寅，奉柩葬于屏山麓。堪舆家谓不利，以某年月日改葬同里夏方之原"。曾顺"长子受辟为校官，季子以《春秋》举于乡，取第五名文解"，可谓儒学世家，仍迷信风水之说。⑦ 连州（今广东连州）黄慧，"善货殖之道"，是个商人。死于至正己丑（九年，1349）九月，"明年庚寅某月日，葬于州西高良乡之原。既而寇侵兆域，堪舆家谓不利，复以某年月日改瘗小水山之阳，礼也"⑧。华埜仙，无锡（今江苏无锡）人。"始君以其卒之月其日，葬于所居梅里之冷村。而君弟

---

① 吴澄：《故金陵逸士寅叔王君墓碣铭》，《吴文正公集》卷三八。
② 黄溍：《蒋君墓志铭》，《金华先生文集》卷三七。
③ 赵孟頫：《先侍郎阡表》，《赵孟頫文集》卷八。
④ 吕溥：《送葬师葛济民归天台序》，《竹谿稿》卷下，引自《全元文》第60册，第209页。
⑤ 宋濂：《李府君墓铭》，《宋文宪公全集》卷五。
⑥ 宋濂：《郑府君墓志铭》，《宋文宪公全集》卷四二。
⑦ 宋濂：《曾府君石表辞》，《宋文宪公全集》卷六。
⑧ 宋濂：《连州黄府君墓志铭》《宋文宪公全集》卷一九。

镇、镠及妹相继死，并厝一垣内，墓位不与礼合，阴阳家尤以为忌。至是，乃得善地于其西北若干里罗村之原，以至正某年某月某日改葬焉。"① 所谓"不利"，是"阴阳家"认为墓地对后人有不好的影响，这是改葬的主要原因。还有一种情况，因为各派风水师对墓地看法不同，以致缓葬。休宁（今安徽休宁）戴廷芳为其母营葬，"江南地多砂砾水泉，藏善坏，尤拘方位时日。君三世单特，思得久大之兆，而里巫客师人人异言，葬是以缓"②。

第三是抢占墓地。为了得到能给后人带来荣华富贵的墓地，有钱有势者不惜将早已安葬的祖先遗体移出，另置新坟，重新安葬。有的甚至盗掘或强买他人的旧坟埋葬自己的先人。名诗人戴表元说："至择葬地，则不求安死而求利生，拘忌阴阳之说，东奔西驰。故有祢逾祖，支破宗，形侵势攘，智谋力夺，无有厌值。既其甚也，有出疆远卜，非殡非葬，世之子孙，疲于展省，而并失其故封者矣。有埌地相交，与乡人争寻尺之畔，而兴无涯之狱者矣。"③ 著名学者黄溍说，讲习"地术者……探奇剿说，凭虚造言，人自为家，务以取信，俗习所尚，相师成风"。"甚者变置百年之丘垄，使先世体魄不得宁于地下，有人心者所不忍言，予之病此久矣。"④ 泰和（今江西泰和）刘锷，"族属茔域为势家所攘，俗狃堪舆家书，谓地气能贱贵人，多发故塚以瘗新魄。府君弹指曰：'殁者或有知，肯瞑目九泉下乎！'即钩索讼复之。"⑤

元朝官方的文书亦多次涉及此类事件。元贞二年（1296），临江路申："新喻州申：胡文玉父子倚恃富豪，强将章能定母坟盗掘起移，却埋伊祖、母二丧，有伤风化，于理难容。又令人说诱章能信，将祖坟山地，不经批问亲邻，又不经官给据，故意违法成交。已上重罪，幸遇诏恩革拨外，拟责胡文玉近限迁改强葬坟墓，其地退还章能定管业。据章能信元受胡文玉买地价钞中统一十六定，即系非法成交，所合断没。"省府准申。⑥ 临江路治清江（今江西清江）。这是经官府审判的一个强夺旧坟安置自己祖先的具体例子。

大德七年（1303）三月十六日，江西行省准中书省咨：临江路备：新淦

---

① 黄溍：《华君墓志铭》，《金华先生文集》卷三七。
② 赵汸：《戴廷芳母金安人墓附葬志》，《东山存稿》卷八，《文渊阁四库全书》本。
③ 戴表元：《会稽唐氏墓记》，陆晓冬、黄天美点校《戴表元集》卷五，浙江古籍出版社2014年版。
④ 黄溍：《赠余生诗序》，《金华先生文集》卷一九。
⑤ 宋濂：《故泰和刘府君坟前石表辞》，《宋文宪公全集》卷一〇。
⑥ 《元典章》卷三〇《礼部三·礼制三·葬礼·占葬坟墓迁移》。

州申："知州曹奉训关：体知诸人子孙，多有发掘出父祖坟墓棺尸，将地穴出卖等事。又准本路达鲁花赤扎儿歹中议关：'亦知本路士民之家止图利己，莫恤祖宗，往往听信野师、俗巫妄以风水诳惑，曰某山强则某支富，某水弱则某支贫。或曰兹山无鼎鼐之似，安得出一品之贵？又曰兹山无仓库之似，安得致千金之富？于是有一墓屡迁而不已者。又有子孙不肖，贫穷不能固守，从而堕师巫之诱，但图多取价钞，掘墓出卖，剖分者有之。其富税之家贪图风水，用钱买诱，使之改掘出卖者有之。又有图葬埋之金银，破祖宗之棺椁，并骸骨于水火者有之。'本省看详，比及江西风俗浇薄，为人后者不务勤俭，破荡财产，及至贫乏，不自咎责，反谓先茔风水不利所致，遂乃听信师巫诳惑，豪强利诱，发掘祖先坟墓，迁移骸骨，高价货卖穴地。不仁不孝，情罪非轻。即今事发到官者甚众。若不明定严刑，以示禁戒，切恐愚民沿袭，视以为常。缘系为例事理，请定夺事。"江西行省的文书上报中央，刑部提出处理意见："劫墓贼徒发冢开棺毁尸者，已有断例。其为人子孙，或因贫困，或信师巫说诱，发掘祖宗坟冢，盗取财物，货卖茔地者，验所犯轻重断罪。移弃尸骸，不为祭祀者，合同恶逆结案。买地人等，知情者减犯人罪二等科断，元价没官。不知情者，临事详决。有司不得出给货卖坟地公据。依理迁葬者不拘此例。""都省准呈，咨请禁治施行。"① 这是由临江路上报的文书。上面一个案例也发生在临江路。可见为风水所惑发冢变卖，在江西已非个例，而是相当普遍的现象，以致中书省要出面禁治。

皇庆二年（1313）六月，仁宗圣旨："百姓每的子孙每，将祖宗的坟茔并树木卖与人的也有。更撅了骨殖，将坟茔卖了人的也有。今后卖的、买的并牙人每根底，要罪过，遍行文书禁断者。"中书省"咨请钦依施行"②。显然，大德七年的禁令并无多大效果，于是进一步升级，由皇帝颁布圣旨的形式，"遍行文书"，加以取缔。但其效果亦是可想而知的。

元代有一些儒士，反对风水之说。浦江（今浙江浦江）吴直方，是顺帝时权臣脱脱的师父，官至集贤学士，"生平不惑于堪舆家诳诞无验之说，遗言随地而葬，但毋使土亲肤。"③ 理学家吴澄说："葬师之术盛于南方，郭氏《葬书》者，其术之祖也。盖必原其脉络之所从来，审其形势之所止聚，有

---

① 《元典章》卷五〇《刑部十二·诸盗二·发冢·禁治子孙发冢》。
② 《元典章》卷五〇《刑部十二·诸盗二·发冢·禁子孙掘卖祖宗坟茔树木》。
③ 宋濂：《吴公行状》，《宋文宪公全集》卷四一。

水以界之，无风以散之，然后能乘地中之生气以养死者之骸骨，俾常温缓而不速朽腐。死者之体魄安则子孙之受其气以生者不致凋瘁，乃理之自然而非有心于觊其效之必然也。若曰某地可公可侯可相可将，则术者倡是说以愚世之人而要重赂焉者也，其言岂足信哉。……司马公及程子之所谓葬师以方位、时日论吉凶，则不过阴阳家魁择之一技于其地理无与也。"①《葬书》传东晋郭璞作，是堪舆学的经典。吴澄在元代学术界有很高地位。他认为讲风水就是选择条件较好能使尸体保存较久的墓地，所谓某地可富贵，不过是骗人要钱的伎俩。永康儒生吕溥，反对讲究风水而久殡不葬已见前述。他对风水丧葬之说根本怀疑："家贵盛而败亡者多矣，虽有安宅以庇其身，福地以葬其亲，岂能救其倾覆乎？家贫贱而致富贵者亦多矣，耕渔版筑之徒，甕牖绳枢之子，未闻其家厚资择地而葬其亲以致其身于公侯之地者也。然则贫富贵贱不系于风水也亦明矣。《经》不云乎：'卜其宅兆而安厝之。'盖卜者卜其地之美恶，非所谓祸福者也。地之美者，土色之光润，草木之茂盛，乃其验也。……必曰居某地则应某官，葬某地则获某福，以为子孙贫富贵贱、贤愚寿夭、吉凶祸福之机悉由于此，而若无与于人为者，则吾未之信也。吁，吉凶祸福无不自己求之者，岂系之山水哉！"②他的看法和吴澄相近。另一理学家陈栎说："《葬书》非惟无益于人，反深贻祸于人。《葬书》非惟不灵于人，亦未尝灵于己。郭景纯以后之人，迷于其说，何其重不幸也！景纯忠于晋朝，为王敦所杀，然初焉，曷不逆善其祖父之葬地而庇子孙皂斥头之祸乎！"郭景纯即郭璞，陈栎认为他自己都不能以风水得到庇护，其说只能害人。"使葬术果可信也，葬师纷纷，曾无兴其家者，不过栖栖人门，以祸福怵人诱人，肆为欺诳而已。……愚人惑于葬师，见某家富实，某家宦达，必推其先某地出之，此地遂有名于时，名之曰某美形。盛之久必衰，其衰也，子孙挟此地以售于人，贪者捐其重赀图之，图之未得，讼而废者何限。幸而得之，举以葬焉，此其有名之地，遂如传舍，更代寄宿，不保其家之久而不衰也。衰则子孙又以售于人，而后之寄宿者又来居于斯矣。"③"世俗图风水之说，深入蔽锢，谁能烛破而不之信？今吾侪却自见得破矣，但恐既归三尺土，子孙或有祸患，泥于枯骨，从而发掘，虽智者不能为身后之防……然亦

---

① 吴澄：《赠朱顺甫序》，《吴文正公集》卷一六。
② 吕溥：《送葬师葛济民归天台序》，《竹谿稿》卷下，引自《全元文》第60册，第209页。
③ 陈栎：《青可墓表》，《陈定宇先生文集》卷九。

不必虑此，在世上一日，则做一好人，读一日好书，死后万事皆空，自有死而不朽者，不在枯骨上。"① 儒生王鼎翁"不忍随俗葬之远，即门对之山，土厚而作……谓'以先父母之骨幽冥远求富贵，不孝。……假且得吉兆，致显兆，视境内诸钜公家墓无不发，然不悟。'"② 这些学者的见解在当时实际上没有多大影响。也有不信风水阴阳的例子。蒲圻（今湖北蒲圻）妇女宋秀英，夫"旅死齐安"，其子"寻扶榇归。或又曰：'榇幸归矣，然不宜入内，阴阳家谓犯大杀，违之不祥。'夫人曰：'吾夫也，使居于外，魂无知则已，设有知，能自安乎？'遽出，拥入中堂。"③

泰定二年（1325）闰正月，"山东廉访使许师敬请颁族葬制，禁用阴阳相地邪说。"④ 许师敬是元代大理学家许衡之子，家学渊源，他攻击阴阳相地之术为"邪说"并非偶然。但是他的建议没有得到任何回应。

第三节　佛、道二教对丧葬的影响

佛教和道教是中国古代流行最广的两种宗教，对社会生活各个方面都有深刻的影响，丧葬亦是如此。其中佛教的影响更大。佛、道二教对丧葬的影响，主要表现在四个方面。一是火葬；二是殡葬过程中举行宗教仪式；三是死者殡于佛寺；四是在墓地建立佛道庵舍。

首先，汉族丧葬中盛行火葬，主要是佛教传播带来的。火化"乃出于西方远国之俗……自佛法流入中国之后，遂导中国之人行之耳"⑤。在本章第一节中已有叙述。

其次，丧葬过程中举行佛道二教的各种仪式。"杭故俗，家有丧……用浮屠、老氏之法，建坛场，设斋祠，歌呗作乐，越月逾时。"⑥ 武进人谢应芳，长期生活在平江，他说："今之世俗，亲没之后，凡言做好事者，非佛氏之斋，必老氏之醮。二氏之外，余无用情，虽祭祀亦不为意。"⑦ 可知在丧葬过程中，既行佛教的斋又有道教的醮，二者并用。嘉兴（今浙江嘉兴）人

---

① 陈栎：《答问》，《陈定宇先生文集》卷七。
② 刘将孙：《归来阡表》，李鸣、沈静校点《刘将孙集》卷二九，吉林文史出版社2009年版。
③ 宋濂：《魏贤母宋夫人墓铭》，《宋文宪公全集》卷一一。
④ 《元史》卷二九《泰定帝纪一》。
⑤ 史伯璿：《上宪司陈言时事书》，《青华集》卷二。
⑥ 柳贯：《卢氏母碣铭》，《柳贯集》卷一一。
⑦ 谢应芳：《与王氏诸子书》，《龟巢稿》卷一一。

戴良，元末来往于两浙各地。他说自己的友人冯彦章"深病时俗惑于浮屠，而丧葬之礼皆废"。戴良深表同感："去古既远，王教不明，风俗大坏，自敛至殡，必主浮屠之法，至有七七斋以邀福淫昏之鬼，而小祥、大祥设道场越宿以荐之，虽破产不吝，冀诚免于轮回。"① 平阳人史伯璿说："夫自始死以至七七，以至百日，以至一周、二周、三周，莫不延僧修崇佛事以资冥福，为老氏者，亦效其所为以罔利。富者则穷奢极费，以至于贫。贫者则称贷举赢，以至于困。"② 从贝琼、史伯璿所说可知，民间的丧事，一是"自敛至殡，必主浮屠氏之法"；二是七七、百日要做斋；三是小祥（一年）、大祥（二年）以至三周年都要做佛事。

殓、殡过程中都要做佛事。大都（今北京）"人家不祠祖祢，但有丧孝，请僧诵经，喧鼓钹彻宵"③。14世纪中叶成书、高丽的汉语读本《朴通事》，主要介绍大都社会各方面的生活，其中有一条讲曹大去世，"为头儿门外前放一个桌儿，上头放坐一尊佛像，明点行烛，摆诸般茶果等味。请佛入到殡前，吹螺打钹，擂鼓撞磬，念经念佛，直念到明。供养的是豆子粥、䭔子、烧饼、面、茶等饭。临明吃和和饭。"④ 以上两条记载可以互相印证。"为老氏者"即道士亦有类似的举动。在送葬过程中，有僧尼和道士参与。宋代丧葬队伍中释、道引导已成风气。⑤ 元代晋宁路出殡队伍中"杂以僧道，间以鼓乐"；"乱动音乐，施引灵柩"⑥。送葬队伍中的"音乐""鼓乐"，主要就是僧、道使用乐器演奏的音乐。

七七斋就是从死者身亡时起七七四十九天之内，丧家每隔七天要做一次佛事，斋僧诵经。清朝著名学者赵翼指出，"《礼记》水浆不入口者七日，其后世做七之始欤？然以七七为限，经传并无明文"。也就是说，儒家经典中并无七七斋的规定。他认为，北魏时明帝为太后父举哀，"诏自始薨至七七，皆为设千僧斋，斋令七人出家"。北齐时亦有人死七日请僧设斋之事。"此则做七之明证，盖起于元魏、北齐也。按元魏时道士寇谦之教盛行，而道家炼丹拜斗，率以七七四十九日为断，遂推其法于送终，而有此七七之制

---

① 贝琼：《复古堂记》，《贝琼集》卷三〇。
② 史伯璿：《上宪司陈言时事书》，《青华集》卷二。
③ 《析津志辑佚·风俗》，第209页。
④ 《朴通事》，《近代汉语语法资料汇编·元代明代卷》，第336页。
⑤ 《宋史》卷一二五《礼志》。陆游：《放翁家训》，《知不足斋丛书》本。
⑥ 《大德典章》，《永乐大典》卷七三八五。

耳。"① 七七斋最早见于北魏时，与佛、道二教都有关系。元代七七斋沿袭自前代，成为民间丧事固定的习俗。以山西为例，丧葬时"追斋累七，大祥少祥，祭祀之日，遇其迎灵，必须置备酒食。……又以追斋累七，食品数多，为之孝道。"②"累七"即七七，先后七次，故称"累七"。每七日都要做佛事，还要置备酒食。民间还以食品多少，作为孝道的表现。

　　元代杂剧中多次提到累七。《吕洞宾度铁拐李》中，郑州都孔目岳寿死后，家人"与亡灵累七修斋。""一七二七哭啼啼，尽七少似头七泪。""大院深宅，闲杂人赶离门外，与亡灵累七修斋。"其下属说："今天是俺哥哥的头七，请了几个和尚，买了些纸札，与哥哥看经。"③ 杂剧《昊天塔孟良盗骨》中，杨令公死于对辽战争，第七子杨延嗣为奸人所害，他的第六子杨景说："到来日追斋累七，超度父亲和兄弟也。"④ 杂剧《蝴蝶梦》中，母亲以为儿子被官府处死，说道："我与你收拾曡七修斋。"⑤ 七七时亦有请道士设坛做法事，谢应芳《妻亡终七日设醮疏》中写道："谐和而处者阅三十余年，顷刻而亡者又四十九日。蜗居设醮，羽士真朝。诵灵宝之妙经，献斋厨之清供。"可知七七（尽七）又称"终七"。而谢氏"终七"请的是道士作醮。⑥ 淮南儒学提举戴良之妾李氏，火葬后一月，戴良之子礼"择道士之有功行者为醮以度之"⑦。可知除七七之外亦可在满月时举行宗教仪式。

　　七七之后，有小祥、大祥、三年除服。父母死后一周年称为小祥，二周年称为大祥。有钱人家大祥作水陆道场。⑧ "致丧三年，礼宜除服。"即不再穿丧服。要做水陆道场，又称水陆大斋三昼夜超度亡灵。"琅函翻贝叶之文，铁舜供伊济之馔。"这是佛教的仪式。⑨ 亦有"居丧三年，除服有日"，"欲命羽士设醮，以助冥福"，即举行道教仪式。⑩

　　史伯璿认为，设斋、醮，富者"穷奢极费"，贫者"称贷举赢"。晋宁

---

① 《陔余丛考》卷三二《七七》，河北人民出版社1990年版。
② 《大德典章》，《永乐大典》卷七三八五。
③ 岳伯川：《吕洞宾度铁拐李》，《元曲选》。
④ 佚名：《昊天塔孟良盗骨》，《元曲选》。
⑤ 关汉卿：《蝴蝶梦》，《元曲选》。
⑥ 谢应芳：《妻亡终七日设醮疏》，《龟巢稿》卷一三。
⑦ 戴良：《亡妾李氏墓志铭》，《戴良集》卷一四。
⑧ 谢应芳：《大祥荐父文水陆道场疏》，《龟巢稿》卷一三。
⑨ 谢应芳：《水陆道场榜》，《龟巢稿》卷一三。
⑩ 谢应芳：《与王氏诸子书》，《龟巢稿》卷一二。

路总管府的一件文书中说:"作斋寺观,复用采结全桥之类,其斋食每个有近一斤者为美斋。此皆虚费于主民,其实无益于死者。"① 谢应芳说:"丧礼之废久矣,今流俗之弊有二。"一是铺张浪费,"其二,广集浮屠,大作佛事,甚者经旬逾月,以极斋羞布施之盛。顾其身之衰麻哭踊,反若虚文也。……若浮屠之事,习以成俗,无有贫富贵贱之间,否则人争非之"②,他写信给王氏兄弟,建议不要大办醮事。"诸君子居丧三年,除服有日,闻欲命羽士设醮,助冥福。所费计统钞三百缗有奇,以粟用之,几四百石。……以愚言之,用三日醮宴之费,赈一乡人户之饥,当此凶年,使数百千人得餔其粟而免为沟中瘠者,其欢欣赞颂岂止百倍于黄冠师之口哉!"③ 三年除服举办三日醮宴,需要四百石粮食,这是很惊人的数字。其他斋、醮亦可想知。

宋朝司马光说:"世俗信浮屠诳诱,于始死及七七日、百日、期年、再期、除丧,饭僧设道场,或作水陆大会,写经造塔,修建塔庙,云为死者灭弥天罪恶,必生天堂,受种种快乐。不为者必入地狱,锉烧舂磨,受无边波叱之苦。"④ 元朝社会各阶层在丧葬期间做佛事或做醮,与宋代可以说没有区别,其原因也是一样,即迷信佛教、道教在死亡问题上宣扬的轮回报应之说。做佛事是"资冥福""免于轮回"。史伯璿指出:"佛氏却又设为天堂地狱之说,以愚弄世人而胁劫之,笼取其财,以蓄其徒而久其教,谓死者必入地狱,受锉烧舂磨之苦。子孙须与供佛饭僧供食于十王,然后得生天堂,受诸快乐。不为者永劫沈沦,终无出狱生天之期。"⑤ "十王"就是佛经中所说主管地狱审判的十王。道教亦有类似的说法。天堂地狱、轮回报应之说在元代已深入人心。朝廷不时举行水陆大会、罗天大醮超度亡灵,民间更是流行。举行斋醮可以保佑亡灵不受地狱之苦,进入天堂,自然被视为孝道的表现,竞相效法。

亦有一些儒生反对丧葬用佛、道。如关中吕端善,是大儒许衡的学生。"将终遗命,勿用二氏。"⑥ 曾任国子祭酒的字术鲁翀"遗言丧祭一本于礼,勿事夷鬼"⑦。陈栎的曾祖命其子丧葬"毋作佛事"。陈栎有感说:"大抵此

---

① 《大德典章》,《永乐大典》卷七三八五。
② 《辨惑编》卷二《治丧》,《文渊阁四库全书》本,第8页下。
③ 谢应芳:《龟巢稿》卷一二。
④ 司马光:《书仪》卷六《丧仪二》,《文渊阁四库全书》本。
⑤ 史伯璿:《上宪司陈言时事书》,《青华集》卷二。
⑥ 苏天爵:《吕文穆公神道碑》,《滋溪文稿》卷七。
⑦ 苏天爵:《字术鲁公神道碑》,《滋溪文稿》卷八。

说儒者知之者多，能行之者寡，不摇于俗论则夺于妇人。"①贝琼批判轮回之说："呜呼！气之方聚则神，形之既灭则鬼，是理之常，无足怪者。而彼谓死者得以复生，恶有已熄之火而复然，已仆之木而复起邪人？然其言之行于世也已久，而病之蛊于人也已深，使中国胥沦于夷狄。使圣人出而治之，亦未能回其陷溺之心，况区区举吾儒教以与之争，必不胜矣。"②贝琼自认对佛道的轮回之说儒教"不胜"，难以与争，反映出在丧葬问题上佛、道影响之大。女性中亦有反对丧事用佛、道者，如新安（治今安徽歙县）吴谧母汪氏"临终戒不用缁黄"，以致儒士吴师道大为感叹："伟哉果胜大丈夫。"③但这是极个别的。

三是死者骨灰或棺木寄存于佛寺。前已述及大都居民死后送至寺中火化，"烧毕，或收骨而葬于纍纍之侧不一"④。《朴通事》中记，曹大死后火化，骨灰"寺里寄着里"。至元十五年（1278）礼部一件文书中说："随路庙院寄顿骸骨，合无明立条教，以革火焚之弊，俾民以时安葬。"中书省准呈施行。⑤"明立条教"就是制定管理的制度，说明火葬后骸骨寄存于佛寺现象各地普遍存在。延祐五年（1318），福建廉访司的文书中说："矧有附廓僧寺，系焚修之地，公然顿寄灵柩，尤为非宜。"建议"明白开谕，限以时日，使依期埋葬"⑥。可见福建此风之盛。前已提及，"淞"（松江）因地势低下，居民亲亡后实行火葬，或"寄诸浮图氏之室"⑦。辽阳行省左丞、畏兀儿人亦辇真死后，"殡于京城南佛舍"。后葬于真定栾城先茔。⑧另一个畏兀儿人野先，曾任国子司业，死后"以先茔地隘，权殡城西佛寺"⑨。密县人陈福，在战乱中到处迁徙，后定居京兆咸宁，死后"藁殡僧舍"。二十有六年，其妻任氏去世，两人才合葬。⑩杂剧《施仁义刘弘嫁婢》中，李春郎和裴兰孙的父亲死后火化，骨殖都寄存在佛寺里。⑪

---

① 陈栎：《陈氏谱略·本房先世事略》，《定宇先生集》卷一五。
② 贝琼：《复古堂记》，《贝琼集》卷三〇。
③ 吴师道：《汪氏宜人不用缁黄颂》，《吴师道集》卷一一。
④ 《析津志辑佚·风俗》，第209—210页。
⑤ 《元典章》卷三〇《礼部三·礼制三·丧礼·禁约焚尸》。
⑥ 《元典章》卷三〇《礼部三·礼制三·葬礼·禁治停丧不葬》。
⑦ 杨维桢：《朱氏德厚庵记》，《东维子文集》卷一六。
⑧ 黄溍：《辽阳行省左丞亦辇真公神道碑》，《金华先生文集》卷二四。
⑨ 苏天爵：《卫吾公神道碑铭》，《滋溪文稿》卷一五。
⑩ 同恕：《陈君墓志铭》，《榘庵集》卷七，《文渊阁四库全书》本。
⑪ 佚名：《施仁义刘弘嫁婢》，《元曲选外编》，第808—833页。

四是墓地建造佛庵道舍。这种情况在南方很普遍。"浙东西大家，至今坟墓皆有庵舍，或僧或道主之。"① 元代著名学者吴澄说："古者居不离其乡，各姓皆族葬。……时世非古，人家守坟墓之子孙，或游宦或迁徙，不能不去其乡矣。纵使不出，而家业或不如前。则岁时展墓之礼，岂无废坠之时哉！深思远虑者谓人家之盛终不敌僧寺之久，于是托之僧寺，以冀其永存，其意不亦可悲矣。予昔在金陵同一达官游钟山寺，见荆国王丞相父子三世画像，香灯之供甚侈。达官怃然兴叹焉。盖以二百余年之久，荆国子孙衰微散处，而僧寺以祠独不泯绝，此孝子慈孙爱亲之意所以不能不然者与！"② "荆国王丞相"即北宋名臣王安石。吴澄所说"托之僧寺，以冀其永存"，是墓地庵舍流行的主要原因，也就是希望借佛、道的力量保护墓地的安全和家族坟墓的祭祀能长久存在下去。

常熟（今属江苏）赵氏四世葬于邵家湾，赵益、赵晋兄弟"相与谋辟地筑庵于兆域之东，屋以间计者若干，中建祠堂，为岁时馈荐之所。买田若干亩以供粢盛，俾浮屠氏主之。仍用其法妥置佛像崇胜，因以资冥福。又东为两轩以备游息。摘《大雅》'永言孝思'之语，名其庵曰'孝思'"③。嘉禾（今浙江嘉兴）沈荣："即其父之墓所立屋若干楹，曰：'报本庵'置田若干亩，命浮屠氏之徒守之，率其弟若子孙祀焉。"④ 束氏是丹阳（今安徽当涂）的望族，束氏家祥在后彭村的墓地旁原有祠堂，但"湫隘不足以陈俎豆。"延祐丁巳（四年，1317），束德荣兄弟"乃辟新基，拓故址，建堂五楹，夹以两厦，东西为庑，十有二庭，前立山门，中构佛宇"。请僧人主祠事。"割腴田百四十亩，松山三十亩，以廪其徒。又益田若山二十亩，以给缮葺之费。"落成后，"召诸子弟谕之曰：'家之兴废靡常，子孙之贤不肖难保。今先陇旁地，吾兄弟既为寿藏，他日亦尔子孙归全之所。田若山之赡卿者，当畀之常住，以永终是图。'"⑤ "寿藏"即生茔。李印传的祖父二代墓在"慈溪（今浙江慈溪）东岭杨奥之山"，建祠堂奉祠。李氏夫妇"闻佛氏有大报恩，而用其法，名为'福源精舍'，命僧以居。遂一以浮屠所需者咸

---

① 孔齐：《僧道之患》，《至正直记》卷一。
② 吴澄：《临川饶氏先祀记》，《吴文正公集》卷二五。
③ 黄溍：《永思庵记》，《金华先生文集》卷一五。
④ 董复礼：《报本庵记》，《四明文献集》卷三，转引自《全元文》第49册，第14页。
⑤ 俞希鲁：《报恩庵记》，《至顺镇江志》卷九《僧寺·庵·丹阳县》，江苏古籍出版社1990年版。

备具，复买田若干，命僧某为首主，俾其弟子相次以继。其所度僧，非李氏不得入"①。金华（今浙江金华）张荣，在父、兄墓侧为自己夫妇预留二墓穴，又"别建庵庐，号曰慈孝，俾学佛者守之。"② 新安（今安徽歙县）鲍周"预卜葬所于城南之叶有，筑宫其旁，居道流以守之。正一教主天师大真人曰：心田道院"③。这是在墓地建立道观。休宁（今安徽休宁）金应凤，"二亲俱年高而终，谋窆穸惟谨。墓所一崇道观，一营佛刹，皆捐田谷其徒，俾事焚修。仁孝于亲，州里艳之。"④ 金氏墓地既有佛舍，又有道观。但相比来说，墓地营建的以僧庵居多。

墓地建僧庵、道舍之风，在宋代已很流行。北宋时庄绰说："浙西人家就坟多作庵舍。"⑤ 南宋陆游说："葬必置庵赡僧。"⑥ 元代更有所发展。但此种风俗主要在南方。在墓地上，营造祠堂祭祀，又建僧舍道庵为死者祈福，三者合一。江淮以北亦有。如："前钧州刺史、权沁南军节度使兼怀州招抚使正奉康公，隐居西山，以其先茔之故，买田八百亩，水硙一矶，立孝思禅院于大圣山南，疏礼邀公（僧子广）。"⑦ 行省郎中苏志道墓在真定（今河北正定），墓旁有"坟庵"，有"守墓者"。⑧ 但总的来说，北方并不多见。

第四节　厚葬和盗墓

历史上富贵之家厚葬盛行。元代不少地方仍有此风。厚葬主要表现为：丧葬仪式、坟墓建造铺张浪费，以及随葬物品奢侈。晋宁路（路治今山西临汾）总管府的一件文书对当地厚葬的情况有详细的叙述，其中说："父母兄长初亡，殡葬之际，彩结丧车，翠排坛面，鼓乐前导，号泣后随。无问亲疏，皆验赙礼多寡，支破布帛。少不如意，临争竞。及追斋累七，大祥、小祥，祭祀之日，遇其迎灵，必须置备酒食，邀请店铺亲朋人等，务以奢靡相尚。遂用百色华丽采段之物，纷然陈列，装锦绣梳洗影楼，金银珍翠坛面，

---

① 袁桷：《福源精舍记》，《袁桷集》卷二〇。
② 宋濂：《慈孝庵记》，《宋文宪公全集》卷四三。
③ 郑玉：《心田道院设醮诗序》，《师山文集》卷三。
④ 陈栎：《桐冈先生金公墓志铭》，《陈定宇先生集》卷九。
⑤ 《鸡肋编》卷上《各地寒食食俗》，中华书局1983年版。
⑥ 陆游：《放翁家训》，《知不足斋丛书》本。
⑦ 胡祗遹：《广公和尚塔铭》，《胡祗遹集》卷一八。
⑧ 迺贤：《河朔访古记》卷上，《文渊阁四库全书》本，第28页下。

杂以僧道，间以鼓乐，服丧之人随之于后，迎游街市以为荣炫。既至作斋寺观，复用采结金桥之类。其斋食，每个有近一斤者为美斋。此皆虚费于生民，其实无益于死者。或有居丧，无异平日。似此之类，名色多端，不可殚举。苟不如此，上下为之悭吝，莫不鄙笑。风俗之坏，以至于此。不惟于被丧之家，生死之际，两无所益。"这件文书下达后，晋宁路下属临汾县"儒学教授会会宿儒耆老"进行讨论，认为："此端皆由无学之人，恃其豪富，凡遇丧事，不以哀戚为念，而以奢侈为务。普破布帛，岂论亲疏。彩结舆楼，宝妆坛面，布设路祭，乱动音乐，施引灵柩，远绕正街，为孝者虽有哀容，扬扬自得。又以追斋累七食品数多为之孝道，继有一等愚民，极口称羡，殊不知葬者藏也，又不问死者于礼安否，以习染为常，其来也渐。"他们建议："合无今后有丧之家管要依庶人之道，三日以里出送，不得彩结舆车、神楼路祭，及不得用大乐、坛面。亲者依轻重破服，疏者但助送死之资，不破孝服，最可止往，由当街巷出送。至于复三、头七，只合诣墓祭奠，不可设宴邀客。丧主哀哀之际，奚暇及此。其后愿作斋者，不过馂馅粉羹而已，不得用脱食油饼裹蒸之类。即今灾余久旱，食用踊贵，治丧之家，实是生受。亲知之人，礼宜津助，又安忍以弊俗相逼破其家产哉！"路总管府批示同意，并宣布："如有违犯之人，许诸人陈告到官，丧主并奢靡行礼之人，各决三十七下。"① 这件地方官府的文书讲述的是葬礼过程中大事铺张的种种表现。至于对"奢靡行礼之人"要决三十七下，事实上未见付诸实施。这是北方的情况。南方亦是如此，谢应芳说：丧礼之弊有二，"其一，铺张祭仪，务为观美，甚者破家荡产，以侈声乐器玩之盛，视其亲之棺椁衣衾反若余事也。"② 其实富裕之家在棺椁衣衾上也是很奢侈的，但相对来说在祭仪上花费更为惊人。

厚葬的另一方面，是棺木侈费和以贵重的物品甚至纸钞随葬。富家"葬时装敛帛与金"。③ 陕西儒士杨恭懿父丧，"棺椁皆黄肠，衣衾必裙"。④ 黄肠指柏木黄心，是贵重的棺椁材料。至元七年十一月，尚书省上奏："民间丧葬，多有无益破费。略举一节：纸房子等，近年起置，有每家费钞一两锭钞底，至甚无益。其余似此多端。"忽必烈下旨："纸房子无疑，禁了者。其余

---

① 《大德典章》，见《永乐大典》卷七三八五。
② 《辨惑编》卷二《治丧》，《文渊阁四库全书》本。
③ 刘嵩：《后掘冢歌》，《槎翁诗集》卷四，《文渊阁四库全书》本。
④ 姚燧：《知太史院事杨公神道碑》，《姚燧集》卷一八。

商量行者。"尚书省"议得：除纸钱外，据纸糊房子、金银、人马并彩帛、衣服、帐幕等物，钦依圣旨事意，截日尽行禁断。咨请照验施行"[1]。至大元年（1308），袁州路录事司申："切见江南流俗，以侈靡为孝。凡有丧葬，大其棺椁，厚其衣衾，广其宅兆，备存珍宝、偶人、马车之器物，亦有将宝钞藉尸殓葬，习以存风。非惟甚失古制，于法似有未应。每厚葬之家，不发掘于不孝之子孙，则开凿于强切盗贼，令死者暴骸露尸，良可痛哉。"为此建议："今后丧葬之家，除衣食、棺椁依礼举葬外，不许辄用金银宝玉器玩装敛，违者以不孝治罪。似望无起盗心，少全孝道，惜生者有用之资，免死者无益之祸。"中书省收到报告后，重申上述至元七年圣旨，要求各地施行。[2]无锡元代钱裕夫妇墓，墓主死于延祐七年（1320），是没有官职的普通地主。随葬器物154件，有金、银、玉、玛瑙、琥珀、丝织品、漆器、木器，还有纸钞一叠。[3] 可知至大元年重申禁止厚葬的法令，并无效果。特别是纸钞的出土，证明袁州路录事司所说"将宝钞"随葬确有其事。

厚葬使"富者倾资破产，贫者负债取钱，甚者不能办给，以致丧亡不能得葬。"[4] 上述儒士杨恭懿便因丧葬去费用"为具不足，称贷益之"[5]。厚葬在当时成为严重的社会问题。但从现有考古发掘和文献记载来看，元代厚葬之风与前代相比，是逊色的。迄今没有发现伴有大量珍宝的墓葬。这或与蒙古葬礼相对简单有关。

元代盗墓之风盛行，"古之葬者，藏而已矣。自有棺椁以来，一抔之土，愈富贵者愈不能保其藏"[6]。"钜家大室，丰敛厚葬，自以为与山川相悠远，然不一再世，而其子孙弗恤，视其木思以为薪，登其垄思发其藏者，盖比比也。"[7] 盗掘墓葬，"子孙贫而自发者不少，为盗所发者尤多。发之必鬻之，未有不败者。败者卖者必受祸，夫始买者亦或遭诬。厚葬之不特为身祸，其贻祸于人若此，反不如裸葬之不及者为无祸也。……泥葬书以求福，而不顾子孙之衰微而卖之以取祸，与厚葬以自取发掘暴骨之祸者，其为愚蔽，一

---

[1] 《元典章》卷三〇《礼部三·礼制三·丧礼·禁丧葬纸房子》。
[2] 《元典章》卷三〇《礼部三·礼制三·葬礼·禁约厚葬》。
[3] 无锡市博物馆：《江苏无锡市元墓中出土一批文物》，《文物》1964年第12期。
[4] 《大德典章》，见《永乐大典》卷七三八五。
[5] 姚燧：《知太史院事杨公神道碑》，《姚燧集》卷一八。
[6] 方回：《晋新安太守程公碑》，《新安文献志》卷四五，《文渊阁四库全书》本。
[7] 俞希鲁：《报亲庵记》，《至顺镇江志》卷九《僧寺·庵·丹徒县》。

也"①。可见，厚葬是导致盗墓的主要原因。

盗墓有墓主后人自盗，亦有他人偷盗。

墓主子孙自盗有的是因贫困盗掘祖坟，盗取财物；有的则为了出卖坟地。大德七年（1303）江西临江路（治今江西清江）的一件文书中说，当地百姓因为"贫穷不能固守"，有的"图葬埋之金银，被祖宗之棺椁"；有的"发掘祖先坟墓，迁移骸骨，高价货卖穴地"②。皇庆二年（1313）三月十八日中书省的文书说："钦奉圣旨：百姓每的子孙每，将祖上的坟茔并树木卖与人的也有，更掘了骨殖将坟茔卖与人的也有。今后卖的买的并牙人每根底要罪过，行文书禁断者。"③ 至大三年（1310），吉州路（治今江西吉州）周九一，"先为家贫，掘伐祖妣沈氏坟墓"。后又纠众掘伐姑婆、伯祖坟墓。前后"三次盗掘祖宗坟墓，偷取祭品金银。事干恶逆，难与亲属相盗之比。""幸遇释免……比例合同凡人强盗，刺字。既犯恶逆，难令复居故土，迁徙辽阳肇州屯种相应。"④

发掘他人祖坟，大多为了盗取财物，也有为了挟仇报复。元朝法律："诸发冢，已开冢者同窃盗，开棺椁者同强盗，毁尸骸者同伤人，仍于犯人家属征烧埋银。诸挟仇发冢盗弃其尸者处死。诸发冢得财不伤尸，杖一百七，刺配。"⑤ 盗墓根据不同情况分别处罚，最严重的可判死刑。大德六年（1302），庆元路（治今浙江宁波）贼人王季等掘墓抓获，"追勘间，钦遇诏恩，"宽大处理。但因原有圣旨："盗贼虽会赦仍刺字。""既是例比盗贼科断，拟刺字。"⑥ 皇庆二年（1313），宁国路（治今安徽宣城）"姚德胜与男姚富、并义侄方应荣，掘发胡州判坟墓，开棺盗讫银子等物"。姚德胜、方应荣"依例刺断居役"，姚富"罪遇原免，合同首从定论，依例刺字，收充警迹相应"。"收充警迹"即充警迹人，由地方监管。⑦ 延祐四年（1317），庆元路吴新九等"赍器具到于史提刑坟内，开掘凿开棺木，盗到金银等物……合行人估计金银等物，该中统钞九十三定四十两。"首贼吴新九自杀。从犯"比同强盗，已断一百七下"。"为从发掘开棺盗财，既同强盗计赃断

---

① 陈栎：《青可墓表》，《陈定宇先生文集》卷九。
② 《元典章》卷五〇《刑部十二·诸盗二·禁治子孙发冢》。
③ 《通制条格》卷一六《田令·坟茔树株》。
④ 《元典章》卷五〇《刑部十二·诸盗二·发冢·盗掘祖宗坟墓财物》。
⑤ 《元史》卷一〇四《刑法志三·盗贼》。
⑥ 《元典章》卷五〇《刑部十二·诸盗二·发冢·发冢贼人刺断》。
⑦ 《元典章》卷五〇《刑部十二·诸盗二·发冢·子随父发冢刺断》。

讫罪犯，例不刺字，发付肇州屯种相应。"① 至顺二年（1331），清江县建安乡四会院僧人敦本率人发附近彭氏墓，"启石椁，斫棺毁尸弃河中，盗其藏器，瘞其师于上为浮图焉，且伪树小浮图旁近以为验"。地方官府查明后，"中书下之刑部，议其罪，比强盗减死，黥僧为民，隶有司充警，复墓地彭氏"②。"充警"即是充警迹人。倪谥"初试吏部之狱典，有盗发大家冢。大家误逮无罪者于狱，且重赂君欲致之死。君曰：'死不死有法在，我何忍以狱市焉！'后钩钜得真盗，其人获免。"③ 则是盗墓可判死罪的具体案例。

有元一代，灾荒和战争不断。每当社会发生动乱，所在之地的坟墓必遭严重破坏。"婺寇作，台、剡邻境，民生荼毒，三尺之坟，无不椎埋暴露。"④ 这是忽必烈时代的事。"至正乙未以后，盗贼经过之所，凡远近墓冢，无不被其发者，丧不如速朽之为愈也。因记为戒。自天历己巳年旱歉后，诸处发冢之盗，公行不禁。"⑤ 元末诗人叹道："乱兵西来人散走，青野荒荒绝鸡狗。坵坟已见遭掘伐，棺椁还闻被椎剖。锦衾绣袂颜色新，玉珥金环光照人。千年幽鬼窖中物，去作谁家富贵春。"⑥ 元末发冢，除了"盗贼"之外，还有官府为了筑城从坟茔挖掘砖石的破坏："富田筑城令期急，创起高围防外敌。南山有石采凿难，尽掘坟茔取砖甓。千夫万卒腾山丘，大斧长镵隳墓头。子孙饮泣草间望，白骨纵横谁敢收。"⑦

元代有不少人反对厚葬，主张薄葬。元末浙东儒士叶子奇说："夫葬以安遗体，遗体既安，多赀以殉，何益！"⑧ 主张薄葬的有不少官员，如伊吾庐人塔本任行省都元帅，癸卯年（1243）卒，"遗命葬以纸衣瓦棺"⑨。统军灭南宋的将领张弘范，"遗言无厚葬，甲一袭，刀一事足矣，明器以陶为之"⑩。集贤大学士史惟良，"召子铨，教以忠君孝亲之道，勿汲汲于求进，且戒以毋厚葬，曰：'石椁虽坚，不如速朽。纸衣瓦棺，足周吾身，或违吾

---

① 《元典章新集》《刑部·发冢·免刺发肇州屯种》，第2189—2190页。
② 危素：《盗发彭府君墓记》，《危太朴文集》卷二，《嘉业堂丛书》本。
③ 《转运使掾倪君太亨行状》，《春草斋集》卷五，《文渊阁四库全书》本。
④ 舒岳祥：《故孺人方氏墓志铭》，《阆风集》卷一二，《文渊阁四库全书》本。
⑤ 孔齐：《棺椁之制》，《至正直记》卷一。
⑥ 刘嵩：《后掘冢歌》，《槎翁诗集》卷四。
⑦ 刘嵩：《发冢歌》，《槎翁诗集》卷四。
⑧ 叶子奇：《杂制篇》，《草木子》卷三。
⑨ 《元史》卷一二四《塔本传》。按，伊吾庐应为今新疆哈密。但廉惇《塔本世系状》说他是别失八里（今新疆吉木萨）畏吾（畏兀儿）人，见《永乐大典》卷一三九九三。
⑩ 李谦：《张公墓志铭》，《文物》1986年第2期。

言，非吾子也。'言毕而逝。……子铨遵遗志，敛以时服"①。成都路防城总管李昱，"呼诸子付以后事，且戒之曰：'毋随俗喧哗，毋厚葬具。'……殉以瓦器，从治命"②。太原盐使司提举徐德举，"当不恙时，伐石为椁，穴地倍常有半，曰：他日无厚藏，明器用陶，无法流俗侈靡，崇事浮屠"③。也有儒生主张薄葬。江阴儒生吴方，"临终，顾其子曰：'……其无以侈靡之物敛"④。还有妇女："孺人遗命子妇，勿用簪珥金珠为饰，一用女冠衣帔为殓具，邻里人皆疑其太薄。既瘗，不为马鬣佳城之观，至今拳然块土，苍苔丛篠蔽其上，过者莫能指真处。"因而未被盗掘。⑤

① 黄溍：《史公神道碑》，《金华先生文集》卷二六。
② 赵孟頫：《李公墓志铭》，《赵孟頫文集》卷八。
③ 姚燧：《徐君神道碑》，《姚燧集》卷一八。
④ 黄溍：《江阴吴君墓志铭》，《金华先生文集》卷三九。
⑤ 舒岳祥：《故孺人王氏墓志铭》，《阆风集》卷一二。

第十章 墓地与墓室

第一节 墓地

元代墓地有严格等级之分。现存有两种记载。一种记:"一品,四面各三百步。二品,二百五十步。三品,二百步。四品、五品,一百五十步。六品下,一百步。庶人及寺观各三十步。"① 另有记载说:"一品九十步,二品八十步,三品七十步,四品六十步,五品五十步,六品四十步,七品以下二十步,庶人九步。""庶人墓田,四面去心,各九步。即是四围相去十八步。"五尺为步,合官尺四丈五尺,营造尺五丈四小尺。② 上述两种记载相差很大,可能先后有所变化。

文水(今山西文水)王氏墓和祥符县(今河南开封)白榆村杨氏墓,是高级官员坟墓中有代表性的例子。正议大夫、晋宁路总管王国器,先墓在山西文水云周里,"墓域旧惟三亩,王氏族大且盛,葬不能容。侯买地五十亩,以二十亩为葬地,余为祭田,三亩作宅,为室四楹,令冢人居之。凿井及泉,以资溉浸"。墓地有"翁仲石仪",因东距汾河数里之近,有时河水"衍溢于墓域",又"筑土四围,高十有五尺,阔八尺,水害遂息。树松柏榆柳凡八百章,郁然畅茂"③。可知王氏墓地有祭田,有"冢人"(守坟者)居住的房舍,有翁仲石仪,四周有土筑围墙。王国器官阶三品。杨氏墓墓主杨泽有二子,长子杨敬直为太中大夫(从三品)、江西行省参知政事,次子杨元直为资德大夫(正二品)、太医院使。杨泽因子官得赠荣禄大夫、大司

---

① 《至元杂令·官民坟地》,《泰定本事林广记》壬集卷一,见《事林广记》,中华书局1999年版,第492页。
② 《元典章》卷三〇《礼部三·葬礼·墓地禁步之图》。
③ 苏天爵:《文水王氏增修茔兆记》,《滋溪文稿》卷四。

徒，阶从一品。杨元直"侍禁中"，受皇太后宠信，请修父墓。"乃赐楮币万五千缗，仍督行省相其役。""丞相身率僚佐共建敕赐神道碑于墓右。……改作祠堂三楹，秦国公李孟为榜曰：'致严'。圹未有铭，集贤侍讲学士赵孟頫铭之。墓前有表，参知政事贾钧书之。墓南二丈有石门，刻御史中丞郝大挺之字曰：'杨氏先茔'。茔前石人、兽如制。又南去二百五十尺，华表双高，国子祭酒刘赓题其衡颜曰：梁国公神道。有碣路左，书曰：'大司徒梁国公坟'，则鄂国公史弼书也。中以亩计者十五，垣以甓，外以丈计者六百。缭以墙，树榆柳柏松数万，郁郁如屯云，翼翼颜颜，辽辽极目。……盖是举也，金工、石工、木工、土工凡六千有奇。其费，上赐之外，竭家之有犹不足也。"① 可知此墓占地很广，墓前有神道碑、华表、石人、石兽，墓地栽植大量树木，有供祭祀的祠堂，周围有墙。杨氏为建墓地用工六千有奇，也就是一百名工人劳动两个月以上。修墓除皇家赏赐外"竭家之有犹不足也"，其费用是很可观的。修杨氏墓，朝廷不仅赐钞，而且"督行省相其役"，实际上就是官府为之提供人力、物力。成宗大德五年（1301）七月，皇帝颁布圣旨："官人每、有气力富豪与自己父、祖修理坟茔立碑石，动军夫、官司气（力）起盖修理有。今后官人每不拣是谁，与自己父、祖起盖坟茔碑石，休动摇官司、军夫者。这（般）宣谕了，动摇军夫的每，有罪过者。"② 说明官人、富豪修墓时动用军夫和"官司气力"是很普遍的现象，以致朝廷不得不颁发圣旨禁止。但祥符杨氏墓地建于仁宗皇庆元年（1312），皇帝明令行省助役。可知上述圣旨实际上是一纸空文。王氏墓地（正三品）20 亩，而杨氏墓地（从一品）15 亩，似说明有关官员墓地标准并不严格执行。

元朝官员都以修墓为光祖耀宗的大事，见于记载者甚多。中大夫、济南路（治今山东济南）总管郭克明，"考品秩，得修翁仲羊虎及巉石，序列先世行实，如古先庙碑者。"③ 杨彦珍，副千户，子杨珪，因战功升万户。"位跻三品……伐石人兽，树列神道。"④ 正议大夫、光禄卿邢某，为仁宗"掌膳羞酒醴，日承宠光。曾无数年，致位列卿。推恩之隆，延及祖考。……念先世坟墓远在辽东子孙岁时不克展省，今买地于京城之南燕台乡契丹里，作

---

① 程钜夫：《杨氏先茔记》，《程钜夫集》卷一三。
② 《永乐大典》引《元国朝典章》，《元典章》点校本，附录一《文书补遗》，第2271页。
③ 蔡受益：《郭克明墓碣铭》，《畿辅通志》卷一六九，转引自《全元文》第58册，第206页。
④ 姚燧：《戍守邓州千户杨公神道碑》，《姚燧集》卷一八。

为茔垣，树列翁仲石像，以元统三年二月十九日举先考及先夫人之柩葬焉。"① 吏部尚书边公佐，"先是尚书在户部，以阶三品，推恩上及其祖考，既增广茔域，设置翁仲，而碑石未建。"于是请人书写碑文（阡表）。② 忙兀的斤曾任中尚卿。其子"买地于大兴县燕台乡艾村原，作为茔垣，树列翁仲石仪，举公及夫人之柩葬焉。"③ 中尚监卿正三品。鹰坊都总管赵密"先世丘陇在（奉圣州）攀山者，侯复镂石表之，列树翁仲，令子孙不忘其处。"④ 鹰坊都总管亦为正三品。以上记载说明三品官员家族墓地有"茔垣"，均建有翁仲石仪。

中国古代官员墓前树立石人、石兽，作为身份的象征，亦有等级的区别。元代沿袭了这一制度。元代文献记载《品官葬仪》："一品以上石人四事，石柱二事，石虎二事，石羊二事。三品以上石人二事，石柱二事，石虎二事，石羊二事。五品以上石人二事，石虎二事，石羊二事。"⑤ 这和金朝《泰和令》中的规定相同，应是可信的。⑥ 元初不少制度来自金朝，葬仪应亦相同或相近。据此，则一品至五品皆可立石人、石兽和石柱，但数量有别。上面所举三品以上官员的家族墓地，建有翁仲、石仪，是合乎制度的。元末诗人廼贤自江南北上，过真定县。"县北新城镇南二里许，墓林蓊蔚，羊、虎、翁仲皆白石镌凿，极为伟壮。是为岭北行中书省郎中苏君之墓。"⑦ 这位"苏君"是元末名臣苏天爵的父亲苏志道，行省郎中从五品，故亦可有羊、虎、翁仲。章丘（今山东章丘）"程氏族大以蕃，而先兆族葬至不能序昭穆"。程恭曾任句容县尹，因其母"蒋夫人卒，始卜得吉埌，去先兆西南二里，奉迁府君之柩合葬焉。周以垣墉，树之松柏，前列石仪、翁仲"，以及墓碑。"府君"即程恭之父程璧，追赠奉训大夫（从五品）、博兴知州。⑧ 则五品官员墓地亦可建石人、石兽。现存元代墓葬中时有石人、石兽。内蒙古赤峰市翁牛特旗鸡冠子山东南坡张氏家族墓地，有《大元敕赐故蓟国公张氏先茔碑》，蓟国公是鲁王王傅张应瑞的封号，墓地有文官、武将石像以及

---

① 苏天爵：《邢公神道碑》，《滋溪文稿》卷一五。
② 黄溍：《边氏崇孝阡表》，《金华先生文集》卷三〇。
③ 马祖常：《蓟国忠简公神道碑》，《石田文集》卷一三。
④ 苏天爵：《故鹰坊都总管赵侯墓碑铭》，《滋溪文稿》卷一五。
⑤ 《至元杂令》，《泰定本事林广记》壬集卷一，《事林广记》中华书局1999年版，第492页。
⑥ 苏天爵：《金进士盖公墓记》，《滋溪文稿》卷四。
⑦ 廼贤：《河朔访古记》卷上，《文渊阁四库全书》本，第27页下—28页上。
⑧ 苏天爵：《程府君墓碑铭》，《滋溪文稿》卷一八。

狮、虎、麒麟、羊等石雕。① 河北满城张弘略墓神道两侧有马、羊、虎、狮、文臣、武将等八尊石像生，现多数移存县文管所院内。② 衢州九华乡下坦村东方氏墓，墓碑书"赠中大夫太平路总管轻车都尉荥阳侯夫人方氏墓"，墓前有石人、石马、石羊等。③

总的来说，北方族葬比较普遍。上面所说官员墓葬中有不少都是族葬。著名的元初地方豪族藁城董氏、真定史氏、巩昌汪氏等都聚族而葬，至今遗址尚存。见于记载的聚族而葬如："董氏之族居真定藁城者为最盛"，董源任少中大夫、江北淮东道提刑按察使，死后"合夫人尚氏之丧葬藁城县安仁乡南董乡先茔，董氏葬是二百余年矣。"④ 易州（今河北易县）李英，为承德郎（正六品）、廉访司佥事。他的上几代殡于各地，"弗克族葬"。李英"买地为兆，定昭穆之次，自曾祖以下，为之具衣衾棺椁而葬。周以垣墉，树之松柏"。并"得立石表于其阡。"⑤ 胶水县（今山东平度）李氏家族有数人任管军百户长和地方官府的典史、司吏等职。李氏兄弟"扪心默念，父母诸族尊卑骸骨，皆安残土，不能葬之以礼，何以为人之子也"。于是"就斯年通月便岁稔时丰，令术士卜择辰，大，举葬礼于县东北。"⑥ 这个家族成员职别不高，但在地方上有一定势力，也要举行族葬。李用，上代山西文水人，祖迁晋宁（今山西临汾）。李用"服贾西来"，在咸宁县（今陕西西安）买坟地，将原在晋宁埋葬的祖父"而下十八丧"，都迁到咸宁，"与其父族葬之"⑦。这是民间商人族葬的例子。

江南族葬相对来说较少。"中原之族坟墓至今犹古也，南土之葬坟墓得聚于一处者鲜矣。盖其偏方土薄水浅之地，不得不然。虽仁人孝子之心有所甚不安，而卒亦莫能变其俗者。"⑧ "盖大江以南，拘泥于堪舆家，谓其水土浅薄，无有族葬之者。他未遑深论，虽以父子至亲，其兆域相去，近或十里，所远乃至于逾百。夫以一气所生，喘息之相通，魂神之相依，乃使之旷

---

① 王大方、张文芳：《草原金石录》，文物出版社2013年版，第118—121页。
② 《元代张弘略及其夫人墓清理报告》，《文物春秋》2013年第5期。
③ 沈华龙：《元代荥阳侯夫人方氏墓初探》，《南方文物》2004年第2期。
④ 苏天爵：《董公神道碑铭》，《滋溪文稿》卷一〇。
⑤ 苏天爵：《易州李氏角山阡表》，《滋溪文稿》卷二〇。
⑥ 郭宽：《李氏先茔碑》，《（道光）平度州志》卷二四，引自《全元文》第19册，第674页。
⑦ 同恕：《李君和甫墓志铭》，《榘庵集》卷九。
⑧ 吴澄：《跋陈氏丘陇图》，《吴文正公集》卷三一。

绝疏远如此，岂人心天理之所安哉！"① 所谓"土薄水浅"是指"江南地多沙砾水泉，藏善坏"②，说的是大江南北地理条件不同，江南多丘陵，人口密集，加上"土薄水浅"，因此不宜族葬。但这是相对而言的。理学家赵汸说："大山长谷回溪复岭之中，岂无高平深厚之地可规以为族葬者？"③ 事实上江南各地仍不乏族葬之例。如以聚族同居著称的浦江（今浙江浦江）郑氏。又如金华（今浙江金华），"赵君古愚，嗜学而好修，以其先世遭家孔艰，殁者多途殡于郊，乃与二弟古怡、古忱谋，黜衣杀食，历十年之久，始克族葬于县之庆云乡青冈山之原。"④ 畏兀儿人偰氏，是元代一个显贵的家族。移居江南后也采用族葬。偰氏内迁第二代合刺普华任广东道都转运盐使，战死，"谥忠愍"。其子偰文质，谥忠襄。"时忠襄方买地于溧阳州永成乡沙溪之上，奉忠愍以下六丧，以昭穆序葬。"偰文质之子偰哲笃，妻月伦石护笃，死后都葬溧阳州某乡某山之麓。⑤ 偰氏在溧阳（今江苏溧阳）聚族而居，绵延至今。上海青浦高家台发现任仁发家族墓地，占地面积近 20 亩。任仁发曾任都水少监、浙东道宣慰副使，阶四品。其家族成员墓严格按照宗法制度左昭右穆的原则有秩序地排列。⑥

南方官员和富户的墓地也有相当规模。有的豪民"用石墙围祖墓，以绝樵采"。⑦"薛氏世坟，在下蔡之官塘。表以石刻，缭以周垣，攻筑坚深，规制完整，复置守冢其旁，而以垣外地给之。"⑧ 下蔡今安徽凤台。江西诗人刘嵩写道："岘冈西北凫村路，近郭家家葬坟墓。富家尽裁松柏林，葬时装殓帛与金。……墓门碑石高峥嵘，界水连山谁敢争。枯枝堕地无人拾，牧竖驱牛山下行。"⑨ 可知南方富户墓地有围墙，栽种树木，有碑石，设有守墓人，都与北方相似。"富家"的墓地无人"敢争"，连樵夫、牧童都不敢靠近。

---

① 宋濂：《赵氏族葬兆域碑铭》，《宋文宪公全集》卷一四。
② 赵汸：《戴廷芳母金安人墓附葬志》，《东山存稿》卷七。
③ 赵汸：《葬书问对》，《东山存稿》卷五。
④ 宋濂：《赵氏族葬兆域碑铭》，《宋文宪公全集》卷一四。
⑤ 黄溍：《合剌普华公神道碑》，《金华先生文集》卷二五，《魏郡夫人伟吾氏墓志铭》，《金华先生文集》卷三九。
⑥ 何继英：《上海唐宋元墓》肆《元任仁发家族墓志友映的几个问题》，第 210—219 页。科学出版社 2014 年版。
⑦ 孔齐：《乡中风俗》，《至正直记》卷二。
⑧ 李祁：《薛氏世坟记》，《云阳集》卷七，清抄本，《北图古籍珍本丛刊》第 96 册，第 252 页。
⑨ 刘嵩：《后掘冢歌》，《槎翁诗集》卷四。

但南方富户墓地大多有僧道寺庵，这是北方不多见的（参见第九章第三节）。江南富户的墓地甚至还有供游玩的园林："浙河以西，俗敝久矣。而丧亲之变，又君子所不忍言。其能瘗于土者，则美田庐以崇梵释，治园囿以盛游观。岁时驾大舟，领妇子，举一觞而酹焉。"奉训大夫、延福太监之子张世华葬其母陆夫人于安吉（今浙江安吉），墓西有屋数间，"规置守者以给祀事，11 子孙岁时展省，得以止而休焉。……名曰：'永贞之庵'。""墓前地可十亩，巨竹万株，即其南为亭四楹，名曰：'云亭'。"① 这座云亭显然是供游观的。

以上所说都是官员、富户的墓地。无论南北，普通平民的墓地，都很简单，仅能容下棺木而已。至于贫民，买不起墓地，只能安葬在义冢之内，棺木亦靠官府或富人施给（见第十章第四节）。

泰定二年（1325）闰正月，"山东廉访使许师敬请颁族葬制。"② 儒家提倡族葬，认为可以加强宗族团结，有利于社会的稳定。许师敬是大理学家许衡的儿子，崇尚理学，故有此建议，意在用政府的力量，进一步推行族葬，实现儒家的理想。但朝廷对此似没有采取任何措施。

第二节　墓室的形制

就建筑材料来说，元代墓葬主要分为砖墓、石墓两类。墓室形状则有圆形、正方形、长方形、多边形等。有的除了墓室之外，还有墓门、甬道和墓道。

石墓。石墓南北均有。文献记载，武宗时和林行省丞相蒙古人哈剌哈孙薨，"敕大兴尹买葬地昌平阳山南之原……乃胥议为石冢。"③ 大德九年（乙巳，1305）国子祭酒刘敏中为其父母迁葬，"为方圹，白石为室，且为椁"④。北京元代墓葬中发现石墓颇多。北京铁可墓，为三室石椁木棺墓。墓室四壁用青石垒砌，室内用二道石板隔墙，分成三室，各置一棺。墓底用大小不等的青石板平铺，墓顶用等宽的九块青石板覆盖，每室三块。⑤ 铁哥之

---

① 赵汸：《永贞庵记》，《东山存稿》卷三。
② 《元史》卷二九《泰定帝纪一》。
③ 刘敏中：《顺德忠献王碑》，《刘敏中集》卷四。
④ 刘敏中：《先府君迁祔表》，《刘敏中集》卷一一。
⑤ 喻震、黄秀纯：《元铁可父子墓和张弘纲墓》，《考古学报》1986 年第 1 期。

父斡脱赤墓在铁可墓东，由墓室和甬道组成。墓室四壁分别用一块大理石板构筑，石板厚 25 厘米。墓底平铺石板，墓顶用青石板封盖。① 北京石景山区刘娘府元墓用卵石和大小不等的石块加灰土浆（白灰和土的混合物）砌筑而成，墓室分东、西两室，中间以隔墙分开。② 山东平阴县南李山头村元墓，墓室为全石结构，所用石料皆石灰岩质。墓室有主室及东西两侧室，主室呈方形，两侧室为长方形。主室及侧室有画像多幅，分别刻在石板上。③ 山东济南历城区埠东村石雕壁画墓，墓室平面呈圆形，墓壁由大小不等的弧形石料砌筑，计 11 行。④ 山东济南郎茂山路山代家族墓三座，M1 和 M2 均为石砌单室墓，墓室平面呈方形，用大小不一的巨石错缝砌筑而成，墓底用不规整的石板铺成。M2 顶部用雕有莲花的圆形石块封盖；M1 顶部已被破坏，应与 M2 同。M3 整体呈长方形，用大型石块砌成，用石墙分成三部分。底部用石板铺地，顶部用 20 厘米厚的石板封顶。⑤ 徐州大山头元墓墓室上圆下方，用大石条错缝顺砌而成。⑥

山西兴县红峪村元墓为石砌八角形单室墓，以较规整的石板砌筑墓室和墓顶，墓门外以条石砌拱券甬道，再以石板封门，分两层，内层由两块石板拼接成近方形，外层为一长方形石板。⑦ 山西交城裴家山元墓、文水北峪口元墓、山西兴县红峪村元墓以及陕西横山罗圪台村元墓，都是石砌八边形单室墓。

苏州张士诚父母墓，墓圹作正方形，无墓道和墓门。边长 3.79 米，比一般墓室大得多。全用大青石板构筑而成。⑧ 上海青浦任氏家族墓 6 座均为石墓圹，墓壁用大石板砌成，墓圹上盖大石板（有的已散佚）。⑨

砖墓。元代砖墓墓室以单室、双室居多，形式多样。单室常见为正方形或长方形。内蒙古赤峰沙子山先后发现两座元墓。1982 年发现的元墓墓室为

---

① 北京市文物研究所：《元铁可父子墓和张弘纲墓》，《考古学报》1986 年第 1 期。
② 北京市文物研究所：《北京石景山区刘娘府元墓发掘简报》，《考古》2014 年第 9 期。
③ 刘善沂：《山东长清平阴元代石刻壁画墓》，《文物》2008 年第 2 期。
④ 刘善沂、王惠明：《济南市历城区宋元壁画墓》，《文物》2005 年第 11 期。
⑤ 济南市考古研究所：《济南郎茂山路元代家族墓发掘简报》，《文物》2010 年第 4 期。
⑥ 邱永生、徐旭：《江苏徐州大山头元代纪年画像石墓》，《考古》1993 年第 12 期。
⑦ 《山西兴县红峪村元至大二年壁画墓》，《文物》2011 年第 2 期。
⑧ 苏州市文管会、苏州博物馆：《苏州张士诚母曹氏墓清理简报》，《考古》1965 年第 6 期。
⑨ 何继英：《上海唐宋元墓》，第 146—149 页。

方形，每边长 2.5 米。1989 年发现的元墓，墓室平面呈正方形，边长 2.3 米。① 大同冯道真墓是砖砌单室墓，由墓室、甬道、墓道组成。墓室平面为方形，南北长 2.64 米、东西宽 2.84 米、高 3.3 米。大同王青墓墓室平面呈方形，南北长 2.5 米，宽 2.10 米，高 3.2 米。面积比冯道真墓略小。② 杭州鲜于枢墓为长方形砖室墓，长 2.6 米、宽 0.92 米。墓壁用长方形砖错缝平铺叠砌，墓底不铺砖，放置两块长方形石条，可能为垫棺之用。③ 西安韩森寨元墓由墓道、甬道、墓门、方形穹隆顶墓室构成。墓室南北长 2.06 米、东西宽 1.95 米，四壁皆用条形单砖平砌而成。④（图 10 – 1 为陕西韩村元墓结构，图 10 – 2 为韩村元墓残存墓顶）

图 10 – 1　陕西韩村元墓结构

---

① 项春松：《内蒙古赤峰市元宝山元代壁画墓》，《文物》1983 年第 4 期。刘冰：《内蒙古赤峰沙子山元代壁画墓》，《文物》1992 年第 2 期。元宝山是公社名。据刘文，两墓均在沙子山东坡；为说明方便，下文分称元宝山元墓和沙子山元墓。
② 大同市文物陈列馆等：《山西省大同市元代冯道真、王青墓清理简报》，《文物》1962 年第 10 期。
③ 张玉兰：《杭州市发现元代鲜于枢墓》，《文物》1990 年第 9 期。
④ 西安市文物保护考古所：《西安韩森寨元代壁画墓》，文物出版社 2004 年版，第 9—22 页。

图 10-2　韩村元墓残存墓顶

双室砖墓如北京小红门张弘纲墓，墓室由主室、耳室组成，主室有石棺两具，耳室有木棺一具。① 福建将乐元墓为双室券顶砖墓，两室平面为相等的长方形，内长 3.9 米、宽 1.16 米、高 1.17 米。墓室用长方形青砖铺砌。② 福建南平三官堂元代刘千夫妻合葬墓，青砖砌筑，两室，形制相同，长方形，均长 3.84 米，宽 1.6 米，高 1.66 米。③ 无锡钱裕墓。青灰色长条砖砌的竖穴，墓中间有墙，分两室，东室男，西葬女，夫妇合葬墓。④ 江西抚州黄泥岗元代合葬墓，长方形，分两室，东为夫，西为妻，但两室间有甬道相通。两室均分前后两部分，中有封墙，前部放置棺木，后部放随葬品和墓志铭。⑤

已发现元代砖墓中，多室很少。湖北罗田蔡家湾元至正九年墓，平面呈方形，墓圹长 310—320 厘米、宽 300—320 厘米、墓室底至墓顶高 130 厘米。墓室分北、中、南三室，均为长方形竖穴，墓墙均用石灰、糯米汁、拌沙灌

---

① 北京市文物研究所：《元铁可父子墓和张弘纲墓》，《考古学报》1986 年第 1 期。
② 福建省博物馆等：《福建将乐元代壁画墓》，《考古》1995 年第 1 期。
③ 张文崟、林蔚起：《福建南平市三官堂元代纪年墓的清理》，《考古》1996 年第 6 期。
④ 无锡市博物馆：《江苏无锡市元墓中出土一批文物》，《文物》1964 年第 12 期。
⑤ 《江西抚州发现元代合葬墓》，《考古》1964 年第 7 期。

注而成。① 北京颐和园发现的耶律铸夫妇合葬墓，是大型多室砖墓，由墓道、墓门、前室及东西侧室、后室及两个侧室组成，后室与前室之间有甬道相通。前室 2.45 米见方，东、西侧室略小。后室南北 2.78 米，东西 2.8 米，其东侧有两个侧室，面积较小。此墓有许多珍贵的随葬品。② 赛因赤答忽曾任河南行省平章政事，后升太尉、翰林学士承旨阶银青荣禄大夫（正一品）。他的儿子扩廓帖木儿是元军统帅，在朝廷中举足轻重。赛因赤答忽死于至正二十五年（乙巳，1365），正逢元末动乱之时，但因扩廓帖木儿的身份特殊，所以他的墓葬仍是高规格的。全墓砖砌，由墓道、门楼、甬道、前室、过道和后室组成。其中前室为长方形，东西长 4.8 米、南北宽 2.53 米；过道近方形，东西宽 1.78 米、南北进深 1.53 米；后室近方形，南北长 3 米、东西宽 2.8 米。仅后室面积已与一般墓室相当或较大。特别值得注意的是，此墓墓底距地面深 19.8 米，其深度是罕见的，原因显然是惧怕动乱中被盗掘，但耗费的财力无疑是很大的。③

砖墓也有六边形或八边形。山西芮城潘德冲墓六角形，用砖砌成。④ 陕西蒲城洞耳村元墓，八边形穹隆顶，墓顶正中留小孔模仿蒙古包。⑤ 河北涿州东关村元代壁画墓呈八角八边形。⑥ 中原和北方地区发现的北宋和辽、金墓葬都有八角形和六角形的砖室墓。⑦ 元代多边形墓是前代墓型的继承。其形制可能来源于佛塔或佛幢。

元代墓葬有单人、夫妻合葬以及多人合葬等不同形式。总的说来，单人葬和夫妻合葬居多，多人合葬较少。河北徐水西黑山墓地是金元时期平民家族墓地，已清理 62 座，内单人葬 20 座，二人合葬 21 座，三人葬 11 座，不确定 10 座。⑧ 可能是有一定代表性的。

---

① 湖北省文物考古研究所等：《罗田蔡家湾元代砖室墓发掘简报》，《江汉考古》2007 年第 3 期。
② 《颐和园元代耶律铸夫妇合葬墓》，《中国文物报》1999 年 1 月 31 日。
③ 洛阳市铁路北站编组站联合考古发掘队：《元赛因赤答忽墓的发掘》，《文物》1996 年第 2 期。
④ 山西省文管会等：《山西芮城永乐宫旧址宋德方、潘德冲和"吕祖"墓发掘简报》，《考古》1960 年第 8 期。
⑤ 《陕西蒲城洞耳村元代壁画墓》，《考古与文物》2000 年第 1 期。
⑥ 河北省文物研究所等：《河北涿州元代壁画墓》，《文物》2004 年第 3 期。
⑦ 《新中国的考古发现和研究》，文物出版社 1984 年版。
⑧ 河北省文物局等：《徐水西黑山：金元时期墓地发掘报告》，文物出版社 2007 年版，第 369 页。

单人墓在南北均很普遍。杭州妇女徐妙安死，其子到处寻求佳域，最后葬于钱塘县范村之桐树坞。其夫"卒先十二年"，"其葬徐村，距桐树坞数里而近"①。则夫妻分葬两处。就考古发掘来说，浙江海宁贾椿墓葬具为一木棺，内藏贾椿遗骸（未腐）。② 山西大同东郊元代崔莹李氏墓，单人葬。③ 河北宣化元代葛法成墓，墓主为女性，单人葬。④ 夫妻合葬在南北也是常见的。在元代人物传记资料（传、墓志铭、神道碑等）中，可以看到大量夫妻合葬的记载。经常用词是"祔"或"合祔"。合葬的形式多种多样。临川（江西临川）胡仲才夫妇相继病故，只隔九天。于是"合葬于乡里之管城山乔岭。"即同时下葬。⑤ 常见的形式是先死的一方已葬，另一方去世后，打开先死者坟墓安葬。著名学者柳贯夫人去世，他在墓砖上写道："兆成先窆，俟吾他日同竁。"⑥ "窆"指穿土下棺，"竁"指穿地为墓穴，柳贯的意思是夫人棺木先葬，他死后再打开合葬。浦江（今浙江浦江）戴士垚先死，其妻刘氏，后十七年去世。"刘将属纩时，命其子思恭等曰：汝父骨已朽，我即死，汝必穿父穴以合窆。"⑦ 莆田（今福建莆田）朱文霆，任泉州路同知，其妻池氏先死，"及公卒，穿夫人之墓，合葬焉。"⑧ 嘉定（今上海嘉定）邢真，"后其夫二年而卒，卒之十有五日，穿其夫之封而葬。"⑨ 有的则是一方埋葬时，便为另一方留出生茔。王蕙，昆山（今江苏昆山）人。"初，府君之葬，（子）熊为夫人豫作寿藏……至是竟合祔焉。"⑩ 还有一种是夫、妻原来分葬（或殡）两处，其子、孙将两人尸骨埋在一起。魏榆人杜怀玉，为登封尉，卒于官。"公之卒也，羁葬他乡余五十年。至正辛巳，次子简始收取遗骸。越三年甲申五月，改葬于中杜故里先茔之侧，仍以其配赠宜人韩氏祔

---

① 柳贯：《卢氏母碣铭》，《柳贯集》卷一一。
② 海宁县博物馆：《浙江海宁元代贾椿墓》，《考古》1982 年第 2 期。
③ 大同市文化局文物科：《山西大同东郊元代崔莹李氏墓》，《文物》1987 年第 6 期
④ 张家口市宣化区文保所：《河北宣化元代葛法成墓发掘简报》，《文物》2008 年第 7 期。
⑤ 李子贵：《东溪胡公墓铭》，《江西出土墓志选编》第四编，引自《全元文》第 56 册，第 147 页。
⑥ 柳贯：《亡妻墓砖志》，《柳贯集》卷一二。
⑦ 宋濂：《戴仲积墓志铭》，《宋文宪公全集》卷五〇。
⑧ 宋濂：《朱公墓志铭》，《宋文宪公全集》卷三四。
⑨ 殷奎：《殷母圹铭》，《强斋集》卷四。
⑩ 殷奎：《故卢府君夫人王氏墓志铭》，《强斋集》卷四。

之，礼也。"①

从考古发掘来看，夫妻合葬墓有多种形式。（1）合葬于一棺之中。山东邹县李裕庵墓有大小石椁，大石椁内男女同棺，应是夫妻合葬。② 三门峡M38元墓，木棺一具，棺内有人骨架两具，一男一女。③（2）男女分两棺同埋一室，山东嘉祥曹元用夫妻合葬墓，内置二套棺椁，男右女左。④（3）夫妻遗骸各居一室。江西抚州元代墓葬，东室夫，西室妇，两墓室之间有甬道相通。⑤ 安庆范文虎墓，墓室"全长4.5米，宽5米，中有界墙一道，分为东、西两室，男棺在东，女棺在西"⑥。福建将乐元墓、福建南平三官堂元刘千六夫妻墓都是相等形制的两室，但将乐墓面积较大。⑦ 山东济宁张营村张楷墓，是长方形土圹石椁木棺双室合葬墓，墓主张楷以朝列大夫、大司农丞致仕，双室有隔墙，中间有方形小洞使两室相通。⑧

双人墓以夫妻合葬最多。此外还有父子同穴、兄弟合葬等。理学家陈栎之姐夫吴惟深与外甥吴昌"父子同穴"，其姐"袝葬冢，相去一二尺许。"⑨ 也有兄弟合葬。开化程宁，终年七十。"公与弟生同气，死不忍异穴，与弟合葬邈山之冈。"⑩ 元代墓葬壁画中常见夫妻并坐或对坐的场景，如赤峰元宝山元墓，⑪ 即是夫妻合葬的反映。

多人墓以一夫多妻和妻、妾合葬居多。浦江（今浙江浦江）郑铢死后四年，其妻吴氏、妾劳氏相继去世，均"袝葬府君之穴"⑫。长安（今陕西西安）辅明之，原配于氏，继室上官氏。辅卒于至元庚辰。"君与于氏葬长安县槐衙里先茔"。上官氏"后君三十五年……卒"。其子"举其柩，合而葬

---

① 任璟明：《登封尉杜怀玉墓志》，《乾隆榆次县志》卷九，引自《全元文》第56册，第217页。
② 《邹县元代李裕庵墓清理简报》，《文物》1978年第4期。
③ 《河南三门峡发现元代早期墓葬》，《中国文物报》2014年6月6日。
④ 山东济宁地区文物局：《山东嘉祥县元代曹元用墓清理简报》，《考古》1983年第9期。
⑤ 程应麟、彭适凡：《江西抚州发现元代合葬墓》，《考古》1964年第7期。
⑥ 白冠西：《安庆市棋盘山发现的元墓介绍》，《文物参考资料》1957年第5期。
⑦ 福建省博物馆等：《福建将乐元代壁画墓》，《考古》1995年第1期。张文崟、林蔚起：《福建南平市三官堂元代纪年墓的清理》，《考古》1996年第6期。
⑧ 济宁市博物馆：《山东济宁发现两座元代墓葬》，《考古》1994年第9期。
⑨ 陈栎：《青可墓表》，《定宇先生文集》卷九。
⑩ 鲁贞：《程道夫墓志铭》，《桐山老农集》卷三。
⑪ 项春松：《内蒙古赤峰市元宝山元代壁画》，《文物》1983年第4期。
⑫ 宋濂：《郑府君墓铭》，《宋文宪公全集》卷四二。

焉"。则一夫二妻同葬一墓。① 陈福，世家郑州密县（今河南密县），织工，后居京兆咸宁（今陕西西安）。死后"藁殡僧舍"。陈福原配李氏，早卒；继室任氏，死在陈福身后二十六年。任氏死后三人合葬在一起。② 梁大用为安西王掌膳局提举，"君凡五娶，无子。元配刘氏卒，继以王、李、王、任。前王及任亦先卒。今皆合葬焉"。则是一夫及三妻合葬。③ 从考古发掘来看，济南郎茂山路元代家族墓M3呈长方形石墓，用石板隔成中室和东、西二部分，中室最大，东、西略小，每室一棺，应是一夫二妻合葬。④ 陕西横山高镇罗圪台村元墓是单室墓，壁画中夫妻宴饮图共有六人（一夫五妻），墓内发现4具人骨和较多的烧骨。⑤

此外还有家庭或家族成员的多人墓。江苏徐州大山头元延祐七年墓发现尸骨三具，一成人二孩童，应是同一家庭成员。⑥ 山西襄汾解村元墓墓室有六具骨架，除一具侧身屈肢者外，余皆散乱堆放，显系迁葬。⑦ 山东长清王宿铺村元墓有8具骨架，5具在地面排放，头向西，仰身直肢，应同时下葬。另有3具儿童骨架。在高于棺木之上的淤土层中，未见葬具，可能是后放的。⑧ 西安小型土室墓，在一长方形木盒内盛五具人骨骼。⑨

从汉末、魏晋开始，直到南北朝，流行在墓室中设棺床，以安置棺材，或将尸体直接安置在棺床上。⑩ 元代墓葬中棺床仍相当普遍。棺床大多用砖砌成，有的呈长方形，亦有呈凹字形。赤峰元宝山元墓砌有长方形棺床，长2.5米，与墓室边长同；宽1.07米，高24厘米。床面铺方形青灰砖，男女尸体安放在棺床上。⑪ 大同冯道真墓墓室后部砌长方形平面棺床，长2.84米、宽1.10米、高15厘米。用方砖平铺。棺床上置东西横放的青石板，长1.88米，宽0.95米，厚0.2米，当是尸床。尸床上置木棺罩，内停放尸体。棺床上置尸床和棺罩，是此墓特殊之处。大同王青墓墓室后部倚东、北、西

---

① 同恕：《辅君明之墓志铭》，《榘庵集》卷七。
② 同恕：《陈君墓志铭》，《榘庵集》卷七。
③ 同恕：《提举梁君墓志铭》，《榘庵集》卷七。
④ 济南市考古所：《济南郎茂山路元代家族墓发掘简报》，《文物》2010年第4期。
⑤ 邢福来等：《陕西横山县发现珍贵元代壁画墓》，《中国文物报》2015年1月25日。
⑥ 邱永生、徐旭：《江苏徐州大山头元代纪年画像石墓》，《考古》1993年第12期。
⑦ 陶富海：《山西襄汾县的四座金元时期墓葬》，《文物》1986年第12期。
⑧ 《山东长清、平阴元代石刻壁画墓》，《文物》2008年第2期。
⑨ 《西安西郊发现元代小型土室墓》，《考古通讯》1957年第1期。
⑩ 王仲殊：《中国古代墓葬概说》，《考古》1981年第5期。
⑪ 项春松：《内蒙古赤峰市元宝山元代壁画墓》，《文物》1983年第4期。

三壁砌长方形棺床，长2.10米，宽1.80米，高0.16米，占室的三分之二。用方砖平铺。① 西安韩森寨元墓是墓室北部横置一砖砌棺床，东西长1.35米、南北宽0.92米、高0.55米，外围以砖包砌，中心填土而成。棺床与四面墙都有一定距离。棺床外表涂白灰层。山西新绛寨里村元墓设棺床，在墓室北部，砌成束腰须弥座式，棺床宽同墓室宽度，长1.14米、高0.56米。床前嵌有狮子、花卉、侏儒等雕砖。② 太原黄坡村元砖墓（瓷罐盖上文字"大德十年五月初一日魏四汉家记"），北壁下筑棺床，无棺。死者仰身直肢，并置于棺床上。③ 大同齿轮厂元墓，单室砖砌，后部有一用三层方砖砌出的棺床，依稀可辨出呈一字形横置其上的火化骨灰。其上有可能是丝织物的褐色遗痕。④ 山东临淄大武村元墓，墓内棺床呈凹字形，高0.48米，2具尸体陈放在棺床上。⑤ 以上是北方墓葬中安设棺床的一些例子。南方墓葬中亦有棺床发现。福建南平三官堂元墓为砖墓，有棺床，高0.1米。⑥ 福建将乐元墓两室，中部均有一长方形棺床，高0.06米，用长方形青砖砌成。⑦

第三节　墓室的壁画和砖雕

我国壁画墓出现于西汉早期，逐步发展。元代壁画墓见于内蒙古、辽宁、山西、河北、山东、陕西等地，南方的福建亦有发现。

墓中壁画分布于甬道两壁和券顶、墓门及其上部、墓室四壁及穹隆顶等处。通常是刷一层白灰，然后在上面绘制壁画或图案。⑧ 内蒙古赤峰沙子山元墓墓室内壁抹有1厘米厚的白灰面，灰内掺有少量细草。⑨ 山西大同冯道真墓在砖壁上先抹1厘米厚的褐色黏泥，再抹1厘米厚的白灰，并将白灰面

---

① 大同市文物陈列馆等：《山西省大同市元代冯道真、王青墓清理简报》，《文物》1962年第10期。
② 《山西新绛寨里村元墓》，《考古》1966年第1期。
③ 山西文管会：《太原西南郊清理的汉至元代墓葬》，《考古》1963年第5期。
④ 大同市博物馆：《大同元代壁画墓》，《文物季刊》1993年第2期。
⑤ 山东省文物考古所、北大中国考古学研究中心：《山东临淄大武村元墓发掘简报》，《文物》2005年第11期。
⑥ 张文崟、林蔚起：《福建南平市三官堂元代纪年墓的清理》，《考古》1996年第6期。
⑦ 福建省博物馆等：《福建将乐元代壁画墓》，《考古》1995年第1期。
⑧ 《济南市司里街元代砖雕壁画墓》，《文物》2004年第3期。
⑨ 《内蒙古赤峰沙子山元代壁画墓》，《文物》1992年第2期。

打抹光滑，然后在白灰面上绘制墨色及彩色壁画。① 内蒙古凉城后德胜元墓墓壁及墓顶之上先抹一层0.1—0.3厘米薄厚不均的草拌泥，再抹0.2—0.6厘米厚的白灰面，抹灰技术较为粗劣。② 陕西蒲洞耳村元墓，先在壁画砖面涂敷掺麻的白灰，然后抹光打匀，将画绘在白灰面上。③ 墓葬壁画绘制技法一般采取先用墨线勾勒，然后填色平涂的方法。

　　墓室壁画中常见家居生活场面。北宋中期以后，中原和华北地区不少墓葬的墓主像，明显呈现为夫妇对坐宴饮的模式，通常称为"墓主夫妇开芳宴"。蒙元时期"汉地"墓室后壁绘画常见墓主夫妇并坐模式，已经发现多处。如内蒙古赤峰元宝山（沙子山）两座元墓、赤峰三眼井元墓、凉城后德胜元墓（图10-3为凉城后德胜元墓壁画夫妻并坐图），陕西的蒲城洞耳村元墓，山西文水北峪口元墓，山东济南埠东村元墓，河南尉氏元墓，以及陕西横山罗圪台村元墓等。一般是夫妇并坐或夫与妻妾并坐，亦有夫妇在一桌

图10-3　凉城后德胜元墓壁画夫妻并坐图

---

① 大同市文物陈列馆等：《山西省大同市元代冯道真、王青墓清理简报》，《文物》1962年第10期。
② 《内蒙古凉城县后德胜元墓清理简报》，《文物》1994年第10期。
③ 陕西省考古研究所：《陕西蒲城洞耳村元代壁画墓》，《考古与文物》2000年第1期。

旁左右对坐。墓主夫妇旁有持各种物件的侍者、侍婢数人。夫妻并坐图在墓的北壁、面对墓门居多，但亦有变化。赤峰元宝山元墓北壁夫妻相对坐在椅上，旁有男、女仆人各一。①（图10-4为赤峰元宝山元墓壁画夫妻对坐图）陕西东郊元代壁画墓墓室北壁正中为砖砌假门，门西绘女主人，门东绘男主人。两人均站立。② 山东章丘青野元代壁画墓，坐北朝南，北壁为仿木结构大门，大门两侧有砖砌小门两个。东壁是墓主人生活图画，砖砌一桌二椅，男女主人分坐两旁，身边各站一男女侍者。③ 陕西横山罗圪台村元墓为八边形，墓室后部是夫妇并坐宴饮图，男主人坐中间，5位妇女分坐两侧。前有供桌，上置盖罐、玉壶春瓶等。④ 夫妇并坐图的流行，应与夫妇合葬墓有密切关系。有的壁画还有文字表明图中人物身份或生平。河北涿州元李仪夫如墓东西壁绘奉侍、备宴图，东壁7人，西壁4人，人物背后绘一立屏，屏心墨书题记墓主夫妇生平。⑤ 陕西蒲城洞耳村元代壁画墓墓室北壁屏风中是墓主男女对坐图，屏风顶部有方形顶框，上有墨书款志，顶端一横行自右至左

图 10-4　赤峰元宝山元墓壁画夫妻对坐图

① 《内蒙古赤峰市元宝山元代壁画墓》，《文物》1983年第4期。
② 《西安韩森寨元代壁画墓》，第29—30页。
③ 章丘市博物馆：《山东章丘青野元代壁画墓清理简报》，《华夏考古》1999年第4期。
④ 邢福来等：《陕西横山县发现珍贵元代壁画墓》，《中国文物报》2015年1月25日。
⑤ 《河北涿州元代壁画墓》，《文物》2004年第3期。

为："大朝国至元六年岁次己巳"，以下四列纵行从右到左分别是："娘子李氏云线系河中府人"，"张按答不花系宣德州人"，"祭主长男闰童悉妇"，"二月清明日闭穴蹑个真"①。用这种形式记录墓主和祭主姓名，并不多见。山西兴县红峪村至大二年元墓夫妇对坐图，夫妇二人身后有方形座屏，屏前长条形供桌，桌上立有牌位，上题祖父武元圭，下并列二行，分题"父武庆""母景氏"。②山东临淄大武村元墓墓室采用砖雕和壁画相结合的装饰方法，表现建筑形式。东壁用砖砌出一长方形供奉龛，龛内放置砖雕的顶部为梯形的碑，碑上墨书题记三行。中间一行："至正贰四年二月初吉日"，右边为"长男于洹"，左边为"于贤泣立□□□□"。这是用供奉龛代替常见的夫妻对（并）坐图，比较罕见。③（图10-5为临淄元墓供奉龛）

图10-5 临淄元墓供奉龛

---

① 《陕西蒲城洞耳村元代壁画墓》，《考古与文物》2000年第1期。
② 山西大学科技哲学研究中心等：《山西兴县红峪村元至大二年壁画墓》，《文物》2011年第4期。
③ 山东省文物考古研究所、北大中国考古学研究中心：《山东临淄大武村元墓发掘简报》，《文物》2005年第11期。

在夫妇并坐图左右或附近，常有备茶、备酒图。如山西大同冯道真墓、（图10-6为大同冯道真墓壁画奉茶图）赤峰元宝山元墓、蒲城洞耳村墓、山西文水北峪口墓、交城裴家山墓等。山西兴县红峪村元至大二年墓，八角形，共15幅。西壁为墓主人夫妇图，面向墓门。自墓门按顺时针方向，为第8幅。第4幅为备酒图，第12幅为备茶图。① 赤峰三眼井元墓北壁正中为主人夫妇并坐图，其东一间似为厨房，有一案，上置长瓶、碗、碟、勺等，旁有男女侍者各一，显然是为主人饮食服务。其西一间门紧闭。② 应亦属于备茶、备酒图一类。韩森寨北壁壁画为墓主夫妇图，西壁为五女（童）侍宴图，侍女送水果、酒食侍奉北壁的主人。东壁壁画残破，由现存部分推测应是四位侍女送茶等。③ 夫妇并坐图和备茶、备酒图实为一体，反映了死者生前的生活方式。

图10-6 大同冯道真墓壁画奉茶图

元墓壁画中不少表现墓主在生前的活动。元宝山元墓壁画有《行旅图》《山居图》，陕西蒲城洞耳村元墓有《行别献酒图》（图10-7为蒲城元墓行别献酒图）、《醉归乐舞图》（图10-8为蒲城元墓醉归乐舞图），赤峰三眼

---

① 《山西兴县红峪村元至大二年壁画墓》，《文物》2011年第2期。
② 项春松、王建国：《内蒙昭盟赤峰山三眼井元代壁画墓》，《文物》1982年第1期。
③ 西安市文保考古所：《西安韩森寨元代壁画墓》，第26—29页。

图 10-7　蒲城元墓行别献酒图

图 10-8　蒲城元墓醉归乐舞图

井元墓有《出猎图》等。凌源富家屯元墓 M1 墓室有多幅壁画，东壁绘《游乐图》，左侧墓主人座椅上，旁有乐师、侍从。右侧两人牵四马。后壁绘《探病图》，通幅大画，一人卧于床上，左右两侧各有女子前来探病。高 1 米，长 2.16 米。这一主题在元墓壁画中少见。[①] 赤峰元宝山元墓、赤峰三眼井元墓和凉城后德胜村元墓的壁画，墓主人都穿蒙古服装，戴圆盔帽，有些壁画还展示游牧生活习俗，但墓葬形制结构与汉人墓葬相同，不见蒙古族的殓葬方式。墓主人很可能是蒙古化的汉族官员。[②]

墓室壁画中常见孝行故事图。宋、金时期，孝子故事在墓葬的雕刻和壁画中已相当流行。元代墓葬中仍时有发现。如芮城永乐宫潘德冲墓石椁左右椁壁上用阴线雕刻二十四孝人物壁画，左右各十二幅，每幅图上都有题名。[③] 这可能是现存最早的元代二十四孝壁画。[④] 芮城永乐宫宋德方墓石椁后壁刻董永、郭巨、孟宗、王祥四幅孝子故事图。山西屯留康庄工业园区元墓 1 号和 2 号墓室有多幅人物故事图，其中可以确定的有"杨香女打虎救父""老莱子娱亲""郭巨埋儿葬父""孟宗哭竹生笋""蔡顺行孝""董永典妻"等。[⑤] 山东济南柴油机厂元墓墓室四壁上方有孝行故事图 13 幅（图 10 - 9 为山东济南柴油机厂元墓壁画郭巨埋儿图）。[⑥] 山西兴县红峪村元至大二年墓墓室壁画 15 幅，内有四个属于二十四孝的故事："孟宗哭笋""蔡顺分椹""时礼涌泉""黄香扇枕"[⑦]。河北涿州李仪夫妇墓墓门两侧东南壁和西南壁均绘孝义故事多种，每个故事均以山峦、曲线为自然相隔。[⑧]

元代绘画艺术有很大发展，其中山水画的成就最为突出，花鸟画亦有不俗的表现，涌现了许多名家和优秀作品。这两种绘画形式在元墓壁画中都有所反映。元代墓葬中有整幅壁面的水墨山水，也有山水屏风、山水挂轴等形式。大同冯道真墓北壁山水画，长 270 厘米、高 91 厘米，崇山峻岭，群峰

[①] 辽宁省博物馆凌源县文化馆：《凌源富家屯元墓》，《文物》1985 年第 6 期。
[②] 董新林：《北方地区蒙元墓葬初探》，《考古》2015 年第 9 期。
[③] 山西文管会、考古所：《山西芮城永乐宫旧址宋德方、潘德冲和"吕祖"墓发掘简报》，《考古》1960 年第 8 期。
[④] 徐苹芳：《关于宋德方和潘德冲墓的几个问题》，《考古》1960 年第 8 期。
[⑤] 山西考古所等：《山西屯留县康庄工业区元代壁画墓》，《考古》2009 年第 12 期。
[⑥] 济南市文化局文物处：《济南柴油机厂元代砖雕壁画墓》，《文物》1992 年第 2 期。
[⑦] 山西大学科技哲学研究中心等：《山西兴县红峪村元至大二年壁画墓》，《文物》2011 年第 2 期。
[⑧] 河北省文物研究所等：《河北涿州元代壁画墓》，《文物》2004 年第 3 期。

图 10-9　山东济南柴油机厂元墓壁画郭巨埋儿图

叠翠，林木蓁蓁，烟云缥缈。远处孤舟，近处茅屋。画面右上方题"疏林晚照"。山西长治郝家庄元墓壁画中有不少山水画和花鸟画的内容。西壁左侧绘一影屏，上方中部有一幅水墨《竹雀图》。影屏右侧又绘一山水画挂轴。东壁左侧为一幅有双线边框的山水画。[1] 河北涿州李仪墓北壁和东北、西北壁绘三幅一组水墨竹雀屏风画。

元墓壁画中还有伎乐图。赤峰元宝山元墓墓门东西两侧都有一幅壁画，各画三人，手持乐器演奏。[2] 运城西里庄元代壁画墓，北壁是墓主人夫妇并坐，东壁绘6人，5人手持各种乐器，是乐队。西壁亦绘6人，应是演员。为元代杂剧表演提供了很有价值的资料。[3]（图 10-10 为运城元墓伎乐图）西安韩森寨元墓甬道西壁为一幅散乐图，绘 3 个乐人手持乐器向墓室行进。东壁壁画绝大部分剥落无存。[4]

---

[1] 长治市博物馆：《山西省长治县郝家庄元墓》，《文物》1987 年第 7 期。
[2] 项春松：《内蒙古赤峰市元宝山元代壁画墓》，《文物》1983 年第 4 期。
[3] 山西省考古研究所：《山西运城西里庄元代壁画墓》，《文物》1988 年第 4 期。
[4] 西安市文保考古所：《西安韩森寨元代壁画墓》，第 24—25 页。

图 10-10　运城元墓伎乐图

北方元墓有的壁画中仿木结构，用砖雕和彩绘壁画相结合的装饰方法，繁复华丽。如济南司里街元墓[1]（图10-11为济南司里街元墓砖雕彩绘门楼）、山东历城邢村元墓、[2] 山东临淄大武村元墓[3]等。墓顶常见各种云鹤图和各种图案。济南司里街元墓穹隆顶壁上用墨线绘瑞云、仙鹤及花卉等图案。[4] 西安东郊元墓穹隆顶为祥云仙鹤图。[5] 内蒙古沙子山元墓顶部以莲花为中心，环绕彩云、仙鹤，以及太阳、月亮。[6] 山西蒲城元墓墓室的穹隆顶壁由四圈图案组成，由下而上分别为帘幔、梁枋彩画、戏花童子和火焰珠、如意云头。每种图案均绕墓顶一周。[7]

---

[1] 济南市考古研究所：《济南市司里街元代砖雕壁画墓》，《文物》2004年第3期。
[2] 刘善圻、王惠明：《济南市历城区宋元壁画墓》，《文物》2005年第11期。
[3] 山东省文物考古研究所、北大中国考古学研究中心：《山东临淄大武村元墓发掘简报》，《文物》2005年第11期。
[4] 济南市考古研究所：《济南市司里街元代砖雕壁画墓》，《文物》2004年第3期。
[5] 西安市文保所：《西安东郊元代壁画墓》，《文物》2004年第1期。
[6] 《内蒙古赤峰沙子山元代壁画墓》，《文物》1992年第2期。
[7] 陕西省考古研究所：《陕西蒲城洞耳村元代壁画墓》，《考古与文物》2000年第1期。

图 10 – 11　济南司里街元墓砖雕彩绘门楼

元墓中还有砖雕壁画和画像石。将乐舞情景制为雕砖，嵌入墓壁的不同部位，意在供墓主人死后仍能观看。金代墓葬中砖雕乐舞壁画相当流行。元代砖雕壁画在山西侯马几处元墓中都有发现，有花卉、舞乐图。① 山西新绛寨里村元墓有砖雕花卉、人物。（图 10 – 12 为山西新绛元墓砖雕人物）砖雕大部分为模制，少数是雕刻的。可知当时这一地区可能仍流行砖雕。② 山东平阴南李山头村元墓共有画像石刻 38 幅。每幅画像都有方形或长方形画框。画像内容除少量表现家居生活（妇女启门、男仆女侍）外，大部分是孝行故事。③ 徐州大山头元墓有画像石 4 块，门楣 1，拱券 1，墓室北壁镶嵌画像石 2 块。主要是花草图案，亦有人物。④ 但总的来说，元墓中砖雕壁画和画像

---

① 山西文管会侯马工作站：《侯马元代墓葬发掘简报》，《文物》1959 年第 12 期。
② 山西文管会侯马工作站：《山西新绛寨里村元墓》，《考古》1966 年第 1 期。
③ 刘善沂：《山东长清、平阴元代石刻壁画墓》，《文物》2008 年第 2 期。
④ 邱永生、徐旭：《江苏徐州大山头元代纪年画像石墓》，《考古》1993 年第 12 期。

石为数有限。

图 10 - 12　山西新绛元墓砖雕人物

第四节　义冢、普同（普济）塔、生茔（寿函）和衣冠冢

义冢或义阡，是免费的公共墓地。有的是地方官员举办的，有的则是民间人士（主要是退休官员和富户）兴办的。元军南下，"独毗陵城守不下，死者众"。毗陵即今江苏常州。到至元十八年（1281）地方官"捐俸募力，收拾瘗藏累万计，封于东门外。好义之家实相斯役，且集道释，设斋法以荐殇亡"，称为义冢。① 这可能是元代较早出现的义冢。高唐（今山东高唐）达鲁花赤斡杂忽都"置义阡以救丧葬无所归者。"② 王元恭为庆元路（今浙江宁波）总管。"捐俸买山表义阡以瘗"火葬者。③ 易州（今河北易县）达鲁花赤马可慕，"民有贫不能丧者，皆为买棺椁以葬之。"④ 元末松江官员谢礼作义阡，"得地五百亩，散在九龙山中，各垣其四周，以限刍牧之入，锄櫌之侵，使凡孤贫无依、羁旅无归者皆得葬焉。犹惧夫葬者力有不赡，则又

---

① 龚璛：《义冢记》，《泰定毗陵志辑佚》，见《大德毗陵志辑佚（外四种）》，凤凰出版社2013年版，第107页。
② 阎复：《高唐斡朵忽都政绩碑》，《（万历）东昌府志》卷二〇，引自《全元文》第9册，第275页。
③ 朱文刚：《王侯去思碑》，《两浙金石志》卷一七，清光绪浙江书局刻本。
④ 程徐：《达鲁花赤马公去思碑》，《弘治易州志》卷一八，引自《全元文》第46册，第60页。

割田五百亩，岁征其入以助之。凡敛而棺者，予地二十尺，米二石；火而函者，地五尺，米五斗。仍深其坎，崇其封，大书居里、姓名而谨志之。他日子孙或有徙瘗者，给米如葬数之半。"①松江的义冢，规模很大，而且有一套管理制度。还有专门为西域内迁居民设置的义冢："义冢者何，西域氏旅茔也。营之者谁，吉安中宪大夫达噜噶齐也。……又以余力买地方于水之东，西域客死于此皆葬焉。筑室三间，以享以祀。俾特穆尔布色董其后而世守之，庶无他族逼处，魂魄相安于九京也。"②"达噜噶齐"即达鲁花赤的异译，元朝制度，只有蒙古人、色目人可任达鲁花赤。这位吉安路达噜噶齐（达鲁花赤）无疑是色目人，很可能就是西域人的后代，故专门为"西域氏"营造义冢。江西吉安设立"西域客"的义冢，可知当地西域人不在少数。

但是地方官府兴办的义冢，实际上大多只是徒具形式。"爰及近代，民死无所于葬者，乃有义冢，然不过有司之具文而已。"③

除了地方官府，有些地方富户和退休官员以建义冢为慈善事业。大都（今北京）姚仲实以经商致富，"谓人莫悲于死无以葬，买雍庄地十余顷为义茔。岁将冬，地且冻，预为窆以备之。"④无锡（今江苏无锡）强以德"历官一品"，退休后设义冢于慧山之下，"使贫无葬地者咸葬焉。"⑤李世安是元朝大臣李恒之子，退休后居江西。"野有莩死，捐赀掩骼疗胔。龙兴郭外买地十余亩，贫无葬地者藏焉。"⑥浦江义门郑氏，"乡邻之无后者，生有义廪以赈给之，死有义冢以安厝之。"⑦王荐，福宁（今福建福宁）人。"州禁民死不葬者，时民贫未葬者众，畏令，意焚柩，弃骨野中。荐哀之，以地为义阡收瘗之。有死不能敛者，复买棺以赠。"贾进，大同（今山西大同）人。"买地为义阡，使无墓者葬之。"⑧龙泉（今浙江龙泉）章珪、章溢兄弟，购得"吉埌"，"不敢私也。凡吾宗族以及里党之人死无所葬者，俾俱

---

① 贡师泰：《义阡记》，《贡氏三家集·贡师泰集》卷七。
② 王礼：《义冢记》，《麟原前集》卷六，《文渊阁四库全书》本。清朝修《四库全书》，将"达鲁花赤"改为"达噜噶齐"。
③ 王祎：《章氏义阡记》，《王忠文公集》卷一〇。
④ 程钜夫：《姚长者碑》，《程钜夫集》卷七。
⑤ 黄溍：《仁寿庵记》，《金华先生文集》卷一五。
⑥ 吴澄：《李公墓志铭》，《吴文正公集》卷四二。
⑦ 王礼：《郑氏孝义门表》，《麟原前集》卷八。
⑧ 《元史》卷一九七《孝友传一》。

葬于兹焉。顾非敢谓义事，而咸请名之曰阡"。章氏义阡限于章氏宗族里党之人，与其他义冢又有区别。①

僧人火化后，盛行塔葬。名僧有专门的埋骨之塔，已见前述。一般僧人遗骨集体安葬之所，称为普同塔，又称普济塔。宋代已相当普遍，元代仍然如此。例如扬州正胜寺，宋元之际僧善德"又置塔基广七百余步于城北，以藏遗骨。塔南有屋五楹，以供祀事"②。衡州酃县（今湖南酃县）"有桃源山者颇险绝，邑人尝寨之以避兵"。元军"招之不服，尽歼诸。其下骸胔狼藉，自是无过之者"。铁牛禅师在当地"为大精蓝，四方禅衲踵至"，名灵云寺。又"建普济之塔，尽敛山之遗骨而瘗之，僧之终于其寺与临近之人殁而无归者皆得藏焉，其用心之慈普如此"③。奉化（今浙江奉化）僧人足翁历任各寺住持，后主镇江焦山四年，"逝既用天竺法，其徒介文，自焦山捧骨东归。余尚书之夫人魏氏捐山三亩，令介文塔藏之，是为西原"。"既而于塔之左右续二塔，以济他比丘之不忍弃其骨与诸人亦用其法者，祔穸于其间。"④ 续置左右的二塔收藏"他比丘"和"诸人"的遗骨，显然是普同塔。姑苏（今江苏苏州）慧庆禅寺，"复创塔院于寺南之莲华峰，榜曰归真。中为三塔，同室异窆，僧俗皆得以藏焉"⑤。南昌（今江西南昌）印土寺，"复增置田舍诸施者，得租五十石，作骨塔阇维之室"⑥。慧庆寺和印土寺所建藏遗骨之塔，无疑也是普济（同）塔。

道教人士亦有建普同塔者。至元二十四年（1287），三茅山宁寿观道士刘祖华"捐私泉易地十亩于西湖之赤山，为石塔曰：普同之塔。高广深各丈有二尺，界乎其内，纳凡既燎者之骨，其徒居左，余众居右。……浮图之瘗而荼毗之归，自释氏始，本非中夏之令典，自老氏者亦不得已析而从之。"⑦ 可知道教建普同塔，实际上受佛教的影响。僧、道建造的普同塔大多兼收僧、道和俗人的遗体，实际上是寺院的一种慈善事业。

生茔，又称寿藏，指活着时营造的墓穴。元代营建生茔成风。元仁宗下令为侍从曲枢"治寿藏"，"即日相地，发官帑为仞窆穴，植华表，列翁仲

---

① 王祎：《章氏义阡记》，《王忠文公集》卷一〇。
② 危素：《扬州正胜寺记》，《危太朴文集》卷五，《嘉业堂丛书》本。
③ 虞集：《铁牛禅师塔铭》，《道园学古录》卷四九。
④ 戴表元：《西原庵记》，《戴表元集》卷四。
⑤ 惟则：《吴郡慧庆禅寺记》，引自《全元文》第51册，第549页。
⑥ 释大䜣：《龙兴路南昌县印土寺记》，《蒲室集》卷九，《文渊阁四库全书》本。
⑦ 方回：《普同塔记》，《桐江续集》卷三五。

如式。薨，遂窆焉。"① 可知皇帝认同这种方式。金元之际定襄（今山西定襄）军阀樊天胜修治祖茔，又"以身后为计"，"欲作寿冢，以为他日宁神之地。"② 丁巳（宪宗七年）东平（今山东东平）药师吴辨夫六十八岁，"预作冢墓，以寄终焉之志。"得到大文学家元好问的赞赏。③ 名画家唐棣历任休宁等地官员，退休后选择风水好的"吉地"为自己营造生茔。④ 金华（今浙江金华）张荣，葬父母"于家东北一里黄坞之原"。兄死，"乃于父母之侧攻位而藏之。……又于兄之侧十步预作二窆以俟"。"作二窆"是自己夫妇的生茔。⑤ 东阳王桂迁上代两世之丧"以昭穆序葬，仍虚其左以为寿藏。"⑥ 江阴（今江苏江阴）儒生吴方，"自治寿藏"。⑦ 事实上，不少人在六十岁以前就着手经营。上海夏宗显，"初，君年未四十，即穿圹为冢于舍西北若干步。及年六十有六而卒，遂葬焉。"⑧ 著名文人昆山顾瑛"简旷不羁，年五十，预营寿藏，并自志其平生立之藏旁"。顾瑛以此表示自己的豁达。⑨ 以上是自营寿藏。还有为父母营造生茔，被认为是孝道的表现。华亭（今上海松江）唐昱，葬在"其居之北二里佛庐，曰寿宁院。盖其生时，（子）俊民预为营卜寿藏，以寓喜惧之志，亦孝道之一事也。"⑩ 山西屯留县康庄工业区元墓1号墨书题记，大德十年，屯留市泽村韩翌年六十七岁时，"有男韩瑁等发孝顺之心，撰吉祥之穴，于庚穴上刱砌墓一所"，也就是生茔。至大二年，韩翌去世后入葬。⑪ 一般来说，能够经营寿藏的大多是官员、富户，至少也是中等之家。

僧人经营寿冢亦不少。僧人塔葬，大都万寿寺住持佛心宝印大禅师，其弟子为之"凿深攻坚，豫卜藏域"。"塔成，其崇三十尺，而趾之广三分杀二，在高梁河漆园。"⑫ 台山洪福院"有大苾蒭曰文安"，"师春秋七十有四，

---

① 黄溍：《太傅文安忠宪王家传》，《金华先生文集》卷四三。
② 元好问：《樊侯寿冢记》，《元好问全集》卷三四，山西人民出版社1990年版。
③ 元好问：《尚药吴辨夫寿冢记》，《元好问全集》卷三、四。
④ 赵汸：《唐尹生茔记》，《东山存稿》卷三。
⑤ 宋濂：《慈孝庵记》，《宋文宪公全集》卷四三。
⑥ 黄溍：《外舅王公墓记》，《金华先生文集》卷四〇。
⑦ 黄溍：《江阴吴君墓志铭》，《金华先生文集》卷三九。
⑧ 宋濂：《上海夏君新圹铭》，《宋文宪公全集》卷三四。
⑨ 徐一夔：《寿藏图赞》，《始丰稿》卷一，《文渊阁四库全书》本。
⑩ 邵亨贞：《海隅唐氏先世事实状》，《野处集》卷三，《文渊阁四库全书》本。
⑪ 《山西屯留县康庄工业园区元代壁画墓》，《考古》2009年第12期。
⑫ 柳贯：《万寿长老佛心宝印大禅师生塔碑铭》，《柳贯集》卷一二。

神和气冲,语响步健。一日,慨然叹曰:'人生幻化,若水沤草露,何常之有!'口预建寿冢塔铭,以备归藏之所。"①

与寿藏相应,还有一种风气,即生前为自己备好棺木,称为寿函。元末孔齐说:"近世皆预备棺木,谓之寿函,亦必年过六十然后可作,此亦无妨也。"② 会稽东岳行祠(今浙江绍兴)有一老道士,"室横一空棺,云:'已十余年矣,未能即弃浮世而入此匣也。'"后因兵乱入城而卒,"向之棺不可得矣。"③

因各种原因尸体未能保存者,其亲属在棺木中放入死者衣冠或其他物件,葬入墓中,称为衣冠冢。藁城(今河北藁城)董俊归附蒙古,在归德之役战死,"殁后十有七日,以衣冠葬于先茔,礼也。"④ 济南(今山东济南)裴国佐从征日本,死于军中,"大德己亥之春,其子珪将奉公之衣冠,卜以是年某月某日,葬于历城东南三里莱氏之原"⑤。"薛氏世坟,在下蔡之西塘。"薛贵先世居襄邑,其祖父母"合葬襄邑,后沦于河。"其父薛青"从军云南,殁王事,未有以其丧归者"。薛贵"乃地于官塘之南而营马焉,大其兆域,而序以昭穆。始曾祖父母……次葬其祖父母之衣冠而为昭,次葬其父之衣冠而为穆,而以母杨氏、张氏祔焉。"⑥ 泰安黄宝口以丹青自业,娶左氏,遇金季兵乱,俱失所在。口子黄定,口迁邹平,为贾贩以居,且占籍焉。口孙黄晏,官至济南危山巡检。口卜兆邹平黄山之南原,为新茔,奉祖考、妣衣冠,迁考、妣、兄、嫂之柩,以二十八年九月二十有七日,咸以礼祔葬矣。口⑦尹志诚提点长春宫事,"享年八十三,门人奉其衣冠葬于五华之先茔,礼也"⑧。还有一种刻木为象代替衣冠。简州阳安县何震"以祖父之丧无所识,岁久不可知其处,七年庚申乃大为佛事以报罔极,刻木以象大父,为人衣衾棺椁,与王夫人合葬于县之东山。盖不胜哀慕,而为此变礼也"⑨。北京发现斡脱赤墓,斡脱赤是乞失迷儿(今克什米尔)人,奉蒙哥

---

① 牛诚修撰:《安公讲主寿塔记》,《定襄金石考》卷三,民国二十一年印本。
② 孔齐:《棺椁之制》,《至正直记》卷一。
③ 陶宗仪:《道士寿函》,《辍耕录》卷二四,中华书局1959年版,第294页。
④ 李冶:《太傅忠烈公神道碑》,《藁城县志》卷八,引自《全元文》第2卷,第39页。
⑤ 刘敏中:《裴公墓志铭》,《刘敏中集》卷四。
⑥ 李祁:《薛氏世坟记》,《云阳集》卷七。
⑦ 刘敏中:《梁邹黄氏先茔之记》,《中庵集》卷五。
⑧ 姬志真:《夏公道行碑记》,《正统道藏》,《全元文》第2卷,第98页。
⑨ 虞集:《何氏先茔碑》,《道园类稿》卷四五。

之命出使遇害。追封代国公，谥忠遂。斡脱赤墓在其子铁哥墓附近，石圹，平而长方形，墓内未发现木棺和人骨，仅在北立关发现一座碑，大理石制，楷书："大元忠遂国公神道之位"，可知是斡脱赤的衣冠冢。[1]

---

[1] 北京市文物研究所：《元铁可父子墓和张弘纲墓》，《考古学报》1986年第1期。

第十一章　葬具和随葬品

第一节　棺椁

棺椁之制，由来已久。椁是套在棺外的大棺。元代柳贯说："孝子之事其亲，生则有养矣，没则有丧矣。敛手足形而旋葬之，棺周于衣，椁周于棺，土周于椁，若是而已。"① 可知棺外有椁，在当时仍是很普遍的。元末孔齐说："先人与杨亲翁杨待制尝论棺椁之制，文公《家礼》所谓'棺仅使容身，椁仅可容棺，'其言信矣。后世皆不晓此义，惟务高大，殊为不根。尝见乡中荒岁盗古冢者，得棺木改造水车、粪桶之类，不知几百年也。盖杉之巨木，状如老杉，富贵之家，半先竞价以买之，高者万贯，下者千贯，以为美饰，否则讥诮之，可谓愚惑之甚。今不若止用老杉木或楠木为之，高不过四尺，厚亦不过三寸，庶免殉埋他物之患。且不广开土穴，以泄地气。椁惟用砖或柏木足矣。此论甚善。"② 由刘敏中、孔齐所说可知棺椁以木制居多。亦有石棺、石椁（椁）。也有有棺无椁。还有将棺、椁或直接将尸体安放在棺床上。

木椁木棺，比较普遍。四川重庆明玉珍墓，一棺一椁，出土时完好。椁用香樟木制，椁内置柏木棺一具，其形与椁相似。③ 无锡钱裕墓，两室分葬男女，"棺外都套有木椁"，椁的外面涂一层三合土。④ 山东嘉祥曹元用墓。曹氏木椁用整块楠木合榫而成，椁盖上盖一层苇席。木棺置于椁内，棺椁距

---

① 柳贯：《洞山如存精舍记》，《柳贯集》卷一四。
② 孔齐：《棺椁之制》，《至正直记》卷二。
③ 重庆市博物馆：《四川重庆明玉珍墓》，《考古》1986 年第 9 期。
④ 无锡市博物馆：《江苏无锡市元墓中出土一批文物》，《文物》1964 年第 12 期。

离仅0.05—0.08米。木棺盖上覆一层细绢。① 甘肃漳县汪世显家族墓四座，均以木棺为葬具，棺外大都施有绘画及雕刻的木椁，均已朽蚀塌毁。②

亦有石椁木棺。永乐宫全真道上层人物宋德方和潘德方两人的墓室都是石椁一具，石椁内有木棺一具。③ 石家庄后太保村史氏家族墓群内，M2墓中部用石板砌成石椁，石椁内置木棺。④ 山东济宁张楷夫妇合葬墓，为长方形土圹石椁木棺双室。其南有长方形土圹石椁木棺三室。⑤⑥ 山东李裕庵墓，用整块石灰岩凿成大小不同的槽形石椁两个。大石椁内有木棺。椁盖结合处，凿成子母口的齿槽，套合非常严密。大石椁长2.6米，前宽1.2米，后宽1.06米。棺木用六块楠木板合榫而成。棺长1.95米，前宽0.85米，后宽0.55米，前高0.55米，后高0.45米，棺与椁间隙仅0.05米。木棺四周用九卷素绸填塞。⑦

有的石棺或木棺无椁。北京朝阳区南豆各庄耿完者秃墓，石棺用一整块岩石凿成，平面近似方形，石棺内放置骨灰和一组陶质明器。⑧ 北京石景山金顶街元代石棺墓，石棺由6块大小不等青石板组成，棺内放置骨灰。⑨ 木棺无椁的墓葬更多。

前面说过，元代墓葬中往往建棺床，上置棺木或直接安放尸体。北京张弘纲墓，主室棺床有石棺两具。石棺用整块青石凿成，棺盖为盝顶形。棺内放置骨灰。⑩ 永乐宫潘氏墓室北端砌有棺床，石椁置于棺床之上。⑪ 大同元代崔莹李氏墓，在棺床上置长方形石棺，棺内有绢裹的骨灰。⑫ 内蒙古赤峰元宝山元墓墓室中砌有棺床，男女尸体安放在棺床上。⑬

从墓葬发掘来看，当时对棺木和遗体的保护采取有多种措施。山东邹县

---

① 山东济宁地区文物局：《山东嘉祥县元代曹元用墓清理简报》，《考古》1983年第9期。
② 甘肃省博物馆、漳县文化馆：《甘肃漳县元代汪世显家族墓葬简报之一》，《文物》1982年第2期。
③ 《山西芮城永乐宫旧址宋德方、潘德冲和"吕祖"墓发掘简报》，《考古》1960年第8期。
④ 《石家庄市后太保元代史氏墓群发掘简报》，《文物》1996年第9期。
⑤ 济宁市博物馆：《山东济宁发现两座元代墓葬》，《考古》1994年第9期。
⑥ 重庆市博物馆：《四川重庆明玉珍墓》，《考古》1986年第9期。
⑦ 《邹县元代李裕庵墓清理简报》，《考古》1978年第4期。
⑧ 北京文物研究所：《北京地区发现两座元代墓葬》，《北京文物与考古》第三辑。
⑨ 孙勐：《北京考古史·元代卷》，上海古籍出版社2012年版，第88页。
⑩ 《元铁可父子墓和张弘纲墓》，《考古学报》1986年第1期。
⑪ 《山西芮城永乐宫旧址宋德方、潘德冲和"吕祖"墓发掘简报》，《考古》1960年第8期。
⑫ 大同市文化局文物科：《山西大同东郊元代崔莹李氏墓》，《文物》1987年第6期。
⑬ 项春松：《内蒙古赤峰市元宝山元代壁画墓》，《文物》1983年第4期。

李裕庵墓，开掘深 350 厘米、长 370 厘米、宽 350 厘米的竖穴。用石灰米汁拌合花岗岩碎块、石英石及沙砾等浇浆填底，厚约 0.30 米，上放大小槽形石椁两个。在石椁四周，再用同样的灰浆浇灌，厚 0.40—0.60 米，把两个石椁凝成一个异常坚固的整体。椁内贮满棕红色液体，有浓郁的松香味。男尸保存完好穿着整齐。尸体四周填塞用黑褐色素绸包有中药材的长方形小包。木棺井启锹内亦贮满棕红色棺液，散发香味。① 嘉祥曹元用墓，土坑竖穴合葬墓，用石灰糯米汁拌和细土、白砂粒及少量石块等浇灌铺底，厚 0.5 米，放置木椁木棺后用同样灰浆将木椁包起来，顶部厚 1 米，四周 0.4 米左右。② 安庆范文虎墓，东室范文虎棺"椁与棺之间、椁与墓壁之间空处，皆用松香灌实"。西室女棺，棺四周空处均用石灰、米汁混合土灌注。③ 海宁贾椿墓，棺木外涂厚约 1 厘米的朱砂漆。棺内底部平放两根长 180 厘米、直径 10 厘米左右的垫木，其上又横放 10 根长 50 厘米的小楞木，垫木和楞木之间填放木炭约 200 斤。④ 三门峡 M36、M38 两座元墓的棺底都铺有一层木炭。⑤ 西安南郊皇子坡村两座元墓，木棺下均铺有 0.2—0.5 厘米厚的白灰层。⑥ 哈剌鲁人骚马葬其父按檀不花于济宁："备尽坚致，塞泉以炭。椁棺以石，砖垔于上。"⑦ "塞泉以炭"应是在棺椁中或墓穴内放置木炭，起到防潮吸水的作用。

第二节　墓志铭和神道碑

死者正式埋葬时，都要有墓碑。"不得铭，无以葬。"⑧ "铭"就是指墓志铭而言。墓志是安放在墓内刻有死者生平事迹的石刻。分上下两层，上层称为盖，下层称为底。上层刻标题，下层刻志和铭。标题是死者官衔、姓氏。志是记述死者生平（姓名、籍贯、经历、成就和家庭成员）的文字，铭是用韵文（通常四字一句）概括志文内容，对死者表示悼念和颂扬。"葬而

---

① 《邹县李裕庵墓清理简报》，《文物》1978 年第 4 期。
② 《山东嘉祥元代曹元用墓清理简报》，《考古》1983 年第 9 期。
③ 白冠西：《安庆市棋盘山发现的元墓介绍》，《文物参考资料》1957 年第 5 期。
④ 海宁县博物馆：《浙江海宁元代贾椿墓》，《文物》1982 年第 2 期。
⑤ 《河南三门峡发现元代早期墓葬》，《中国文物报》2014 年 6 月 6 日。
⑥ 陕西省考古院：《西安南郊皇子坡村元代墓葬发掘简报》，《考古与文物》2014 年第 3 期。
⑦ 苏若思：《乐善公墓碑》，《（道光）钜野县志》卷二〇。
⑧ 戴良：《方大年墓志铭》，《戴良集》卷一四。

不得铭，犹无葬也。"① 说明墓志是墓葬中不可缺少的随葬物品。浦江（今浙江浦江）吴直方官一品致仕，"以无大功业，不必乞铭于人，以为识者之所讪鄙。乃自序历官世第而系之以辞……人以为实录云。"② 自作墓志，这在当时是很少见的。

墓志一般是以行状为据写成的。行状是记述死者生平的文字，有的由死者亲属撰写，有的则由门人撰写。前者如乡贡进士庐陵（今江西庐陵）萧济美，"自状其父俊民甫之行"③。永丰（今江西永丰）高师文去世，"卒之三月，其孤世安撼其所见于家庭、所闻于师友者辑为行述"。④ 同知宁都州（今江西宁都）事计初死，"孤恕述其父之所行，命其弟毅走京师乞铭"⑤。后者如：婺源（今安徽婺源）汪炎昶是著名儒生，死后家属请汪炎昶的门人赵汸"辑群行为状"，"赵君乃为状"⑥。有了行状，再请求有名望的文人根据行状撰写墓志铭。墓志铭或称墓碣铭，如无铭则称墓志。墓志（碣）铭写成后，还要请书法家抄写，然后刻石。讲究的还要请名人题写碑盖。元代著名学者吴澄、姚燧、黄溍、虞集、苏天爵、宋濂等人的文集中都有大量此类作品。元代大儒吴澄曾任国子司业，有很高的声望，因而成为人们乞求的对象。在他现存的文集中，撰写的墓志铭、墓碣铭、墓志有150篇左右。萧济美遣人通过吴澄的亲属"请铭"⑦。汪炎昶之子以赵汸的行状请宋濂写墓志铭。⑧ 虞集在当时很有名望，"然碑板之文，未尝苟作。南昌富民有伍真父者，赀产甲一方，娶诸王女为妻，充本位下都总管。既卒，其子属丰城士甘悫求集文铭父墓，奉中统钞五百定准礼物，集不许，悫愧叹而去"⑨。可知请人作铭文要致送礼物或钱钞。

在已发掘的元代墓葬中，不少墓中都发现墓志铭。较早的如大同冯道真墓出土墓志。⑩ 陕西户县贺氏一号墓，出土石墓志一合，盖上阴刻隶书"大

---

① 柳贯：《刘彦明墓志铭》，《柳贯集》卷一一。
② 宋濂：《吴公行状》，《宋文宪公全集》卷四一。
③ 吴澄：《故逸士庐陵萧君墓铭》，《吴文正公集》卷四〇。
④ 吴澄：《故逸士高周佐墓志铭》《吴文正公集》卷四〇。
⑤ 吴澄：《计府君墓志铭》，《吴文正公集》卷四〇。
⑥ 宋濂：《汪先生墓铭》，《宋文宪公全集》卷三一。
⑦ 吴澄：《故逸士庐陵萧君墓铭》，《吴文正公集》卷四〇。
⑧ 宋濂：《汪先生墓铭》，《宋文宪公全集》卷三一。
⑨ 《元史》卷一八一《虞集传》。
⑩ 《山西省大同市元代冯道真、王青墓清理简报》，《文物》1962年第10期。

元故丞相开府仪同三司上柱国赠推忠宣力保德功臣太傅谥惠愍贺秦国公墓志铭",底为志、铭。可知墓主为元朝名臣贺胜。二号墓出墓志一合,阴刻篆书"太元光禄大夫平章政事商议陕西等处行中书省事贺公墓铭",底为志、铭。可知墓主为贺胜之父贺仁杰。贺氏父子是元代政坛重要人物,《元史》两人有传,墓志可作补充。① 山东嘉祥曹元用墓,墓志二合。方形青石,阴刻正楷书。河南焦作新李封村先后出土二合墓志。一是许衎墓志,一合两石,青石质。志盖正方形,正面阴刻楷书"有元故潜斋先生许仲和墓志"。志石楷书30行。另一是许衎之子许师义墓志,也是一合两石,青石质。志盖楷书"大元故承务郎新济州脱脱禾孙副使许公墓志铭",志石楷书20行。许衎是元代理学家许衡的兄弟。这二合墓志对研究许衡家族有帮助。② 河北涿州元代壁画墓出土墓志一方,大理石质,立碑式,由底座和碑身组成,碑身正背面均有楷书志文及家族世系。死者李仪,曾任大都路府判,阶承德郎。③ 西安南郊王世英墓出土墓志1件,长方形,上端横向隶书:"元故耀州同知王公墓志铭",下端是志铭全文。此碑"儒林郎国子司业同恕撰","王瓒书"。同恕是元代有名的儒生,曾任国子司业,著作有《榘庵集》。这篇墓志不见于《榘庵集》,可作补充。④ 洛阳赛因赤答忽墓,有石墓志一合,青石质,盖内阴刻篆书:"大元故太尉翰林学士承旨银青光禄大夫赛因赤答忽之墓"。志文楷书35行,前载:"翰林学士承旨荣禄大夫知制诰兼修国史张翥撰","中奉大夫国子祭酒陈祖仁书","集贤大学士光禄大夫滕国公张瀡篆"。按,张翥、陈祖仁都是著名儒生,元末都任高官,两人《元史》有传。张瀡"字公弁,保定人,官至集贤大学士,封滕国公。少而岐嶷,早以才学知名,篆书亦淳古可取。"⑤ 此碑由此三人合作,很有价值。张瀡传世书法作品罕见。北京颐和园发现耶律铸夫妇合葬墓,出土两块墓志。(图11-1为耶律铸墓志)耶律铸官至左丞相,他的墓志铭汉白玉质,高1.4米、宽0.884米、厚0.195米,题"大元故光禄大夫监修国史中书左丞相耶律公墓志铭",另一块是其夫人奇渥温氏的墓志,高0.83米、宽0.47米、厚0.22米。⑥ 有的墓志没有

---

① 咸阳地区文管会:《陕西户县贺氏墓出土大量元代俑》,《文物》1979年第4期。
② 索全星:《焦作市出土的二合元代墓志略考》,《文物》1996年第2期。
③ 《河北涿州元代壁画墓》,《文物》2004年第3期。
④ 《西安南郊元代王世英墓清理简报》,《文物》2008年第6期。
⑤ 陶宗仪:《大元》,《书史会要》卷七,上海书店影印武进陶氏景刊洪武本1984年版。
⑥ 《北京市颐和园元代耶律铸夫妇合葬墓》,《中国文物报》1999年1月31日。

图 11-1　耶律铸墓志

铭，如《宜黄谭遇妻夏氏墓志》。① 河南焦作出土元代怀孟路总管靳德茂的墓志，没有铭。② 此外还有墓表、葬志、圹志等名称。有的墓碑很简单，只有籍贯和姓氏，如北京出土的"大元国都总金局使卢公之墓"③。（图 11-2 为卢公墓碑）

墓志铭都用石。还有墓志砖，就是在砖上书写亡者生平，一般比较简单。学者柳贯作有《亡妻墓砖志》《殇孙墓砖志》。"乃洒涕濡朱，识童卒葬月日于玄砖，纳之圹中。"④ 河北满城张弘略墓出土墓志砖一方，长方形，正

---

① 吴澄：《宜黄谭遇妻夏氏墓志》，《吴文正公集》卷三八。
② 焦作市文物工作队、焦作市博物馆：《焦作中站区元代靳德茂墓道出土陶俑》，《中原文物》2008 年第 1 期。
③ 《北京元代史迹图志》，第 211 页。
④ 《亡妻墓砖志》《殇孙墓砖志》，《柳贯集》卷一二。

图 11-2　卢公墓碑

面阴刻楷书"蔡国夫人李氏"六字。① 河南郑州卷烟厂工地元墓发现墓志砖一块，青灰色，长约 30 厘米，宽 6 厘米，正面刻"晋宁路贾润僧"六字，侧面刻"至正二年四月初八日"九字。② 也有一些墓志是立碑式的，碑额是标题，下面是志文。西安曲江张达夫墓志，碑额是"元故张君达夫墓铭"，下面是直行碑文。据推测，这件墓志"应是靠墓道北壁竖立放置。"③

前面指出，墓葬时先有行状，再请人撰墓志铭。社会地位较高的人物，还有神道碑。"公之卒，有行状，有墓志，有神道碑。"④ 上层人物死亡安

---

① 河北省文物保护中心等：《元代张弘略及夫人墓清理报告》，《文物春秋》2013 年第 5 期。
② 汪旭：《郑州首次发现元代平民墓》，《中原文物》1996 年第 3 期。
③ 《西安曲江元代张达夫及其夫人墓发掘简报》，《文物》2013 年第 8 期。
④ 吴澄：《张武定公墓表》，《吴文正公集》卷三五。

葬，"墓路称为神道，自汉已然。"① 神道立碑，须奏请，五代以后再无限制。② 从元代来看，并无明确的限制。尽管如此，立神道碑的墓主一般都有较高的社会地位，作者亦有较高的名望。三品以上高官立神道碑，常须经皇帝批准并指定有名望的学者型官员执笔。于九思官至湖南道宣慰使，其子云："先公官三品，法当定谥立传，勒铭乐石。"③ 邓文原曾任国子祭酒，"今天子以邓公先朝旧臣，用臣僚奏请，特赐以神道之碑铭。"④ 英宗时，监察御史锁咬儿哈的迷失因谏阻兴建佛寺被杀，泰定帝时平反，"赐其妻子钞五百贯，良田千亩，仍诏树碑神道。"⑤ 在姚燧的文集中有《贺公神道碑》，则是为贺胜之父贺仁杰而作。这是由武宗批准指定姚燧撰写的，武宗"仍俾胜驰十五乘传入秦，身视镵立"。可见对树神道碑的重视。⑥ 集贤大学士史惟良去世，"故事：大臣之葬，必著石章，载其世系官职，行能劳烈。于是宰相、执政以闻于上，命臣潛为之文，仍敕河南江北等处行中书省左丞王守诚、翰林学士承旨张起岩书篆，以赐其嗣子铨，俾揭于墓之原。"黄潛依据的是"河东山西道宣慰使辛钧之状。"⑦ 也就是说，神道碑和墓志铭一样，都是以行状为基础写成的。应该提到的是，在虞集的文集中，既有《贺丞相墓志铭》，又有《贺丞相神道碑》，都为贺胜作，墓志铭和神道碑出于同一作者之手，是很罕见的。⑧

神道碑执笔者大都是当时有声望并在朝中任职的文人，如元代中期的元明善、姚燧、虞集，后期的欧阳玄。姚燧的文集《牧庵集》中有神道碑四十余篇，在元人文集中居于首位。"当时孝子顺孙，欲发挥其先德，必得燧文，始可传信，其不得者，每为愧耻。故三十年间，国朝名臣世勋、显行盛德，皆燧所书。每来谒文，必其行业可嘉，然后许可，辞无溢美。又稍广置燕乐，燧则为之喜而援笔大书，否则弗易得也。"⑨ 可见撰神道碑，即使有朝廷

---

① 《能改斋漫录》。
② 《陔余丛考》卷三二《碑表、志铭之别》，栾保群、吕宗力校点，河北人民出版社1990年版。
③ 黄潛：《于公行状》，《金华先生文集》卷二三。
④ 黄潛：《倪公墓志铭》，《金华先生文集》卷三二。
⑤ 《元史》卷一二四《塔本附锁咬儿哈的迷失传》。
⑥ 姚燧：《贺公神道碑》，《牧庵集》卷一七。
⑦ 黄潛：《史公神道碑》，《金华先生文集》卷二六。
⑧ 虞集：《贺丞相墓志铭》《贺丞相神道碑》，《道园学古录》卷一八、一三。
⑨ 《元史》卷一七四《姚燧传》。

的诏令，家属还需盛情款待，送礼更是免不了的。欧阳玄也是神道碑的重要作者，"海内名山大川，释老之宫，王公贵人墓隧之碑铭，得玄文辞以为荣。"①

存世的元代神道碑为数不多。如杨琼神道碑。杨琼曲阳（今河北曲阳）人，"以石工进"，官至武略将军，判大都留守司，兼少府少监，阶从五品。杨琼对大都城的修建做出很大贡献。他的神道碑是其次子请求姚燧写的，此碑现存河北曲阳北岳庙。又有窦默神道碑（已断），在河北肥乡县城东。窦默曾任翰林侍讲学士。姚天福神道碑，在山西稷山马村青龙寺博物馆。②（图11-3为姚天福神道碑碑额）姚天福曾任参知政事、大都路总管。张弘略曾任宣慰使、行省参知政事，其墓在河北满城，墓中有墓志铭，神道碑立于神道西侧。③（图11-4为张弘略神道碑）

图 11-3　姚天福神道碑碑额

以上所述，都是汉字撰写的碑铭。元朝通行多种文字，除汉字外，还有畏兀儿字、畏兀儿字书写的蒙古文以及八思巴字等。著名学者虞集撰《亦都护高昌王世勋碑》，亦都护是畏兀儿人首领的称号，元朝封亦都护为高昌王。此碑是元文宗命虞集撰写的，记叙畏兀儿历史、历代亦都护的功绩，竖立在

---

① 《元史》卷一八二《欧阳玄传》。
② 郑祥林：《古碑为鉴》，《中国文物报》2001年10月12日。
③ 河北省文物保护中心等：《元代张弘略及夫人墓清理报告》，《文物春秋》2013年第5期。

图 11-4　张弘略神道碑

永昌（今甘肃永昌）亦都护纽林的斤墓前。① 此碑仅存半段，刻有汉文、畏兀儿文两种文字，畏兀儿文内容大体相同，有一些区别。② 内蒙古翁牛特旗国公村有《大元敕赐故蓟国公张氏先茔碑》，表彰张应瑞功绩。此碑是元顺帝命奎章阁学士尚师简、翰林侍讲学士张起岩共同撰文，奎章阁承制学士巎巎书，翰林学士许师敬篆额的。保存完好。碑身正面为汉文，背面为畏兀儿字蒙古文。③《世勋碑》《先茔碑》记述祖先功业，性质与《神道碑》相近。而且以上两碑都是"奉敕"撰写的。另有《大元敕赐诸色人匠府达鲁花赤竹公神道碑》，亦刻两种文字。汉文是揭傒斯撰，巎巎书，尚师敬篆额，咬

---

① 虞集：《高昌王世勋之碑》，《道园类稿》卷三九。
② 耿世民：《回鹘文亦都护高昌王世勋碑研究》，《考古学报》1980 年第 4 期。
③ 王大方、张文芳：《草原金石录》，文物出版社 2013 年版，第 118—142 页。

住译成畏兀儿字蒙古文。原碑不存，但有拓本传世。①

元世祖忽必烈命藏传佛教领袖八思巴创造新字，指定为官方文字，主要用来拼写蒙古语，兼用以音写汉语。元代有些墓碑，就是用八思巴字书写的。现存有一件兖州达鲁花赤墓碑拓片，碑文汉译是"济宁路前兖州达鲁花赤兼管本州诸军奥鲁劝农事拜都之墓记"。"拜都之墓记"为蒙古语，前面20余字为汉语音译。②

第三节 基督教徒、伊斯兰教徒墓碑

上一节说的是元代通行的汉字和其他文字的墓碑。元代还有域外各种文字的墓碑，有拉丁文、叙利亚文、波斯文、阿拉伯文等。主要是基督教徒和伊斯兰教徒使用的。

扬州、泉州和内蒙古的很多地区都有基督教信徒的墓碑。1952年，扬州发现两块拉丁文墓碑。第一块碑身为长方形，碑面上半为天主教中殉教者的故事图，下半为老式哥特字书写的拉丁文墓志，共五行。由碑文可知，墓主女性，名喀德邻，死于1342年。第二块碑与前碑大体相同而略小，上半为末日审判图，下半为拉丁文墓志，共六行。由碑文可知，墓主男性，名安东尼，死于1340年。喀德邻与安东尼的父亲维利翁尼，来自意大利的威尼斯或热那亚。元代扬州有来自欧洲的商人，当地有也里可温十字寺（基督教堂），可能是景教，也可能是其他教派。两碑主人同属一家，两碑应出于同一墓地。③ 1981年扬州又发现基督教徒墓碑一通。通高29.3厘米，宽24.5厘米，上圆下方，一面单刻。上段画面中间是双线勾成的十字，字下一朵莲花，两旁各有一天使，头戴双耳冠，冠顶立十字架，肩部、腰部有翅膀。两天使双手前伸，守护十字架。下段有13行文字，右为汉字3行："岁次丁巳，延祐四年三月初九日，三十三岁身故。五月十六日明吉。大的都忻都妻也里世八之墓。"左为古叙利亚文12行，其中第1行和第12行为叙利亚文记叙利亚语，其余各行为叙利亚文记突厥—回鹘语。大意亦是记死者姓名、

---

① 《草原金石录》，第142—152页。
② 蔡美彪：《兖州一达鲁花赤墓碑》，《八思巴字碑刻文物集释》（19），中国社会科学出版社2011年版，第257—259页。
③ 耿鉴庭：《扬州城根里的元代拉丁文墓碑》，《考古》1963年第8期；夏鼐：《扬州拉丁文墓碑和广州威尼斯银币》，《考古》1979年第6期；牛汝极：《十字莲花》，第121—123页。

死亡时间，和一些宗教语言。①

泉州是海外交通的主要港口，居住着许多海外商人、教士。泉州发现大量基督教徒的墓碑。这些墓碑一般用辉绿岩石琢成。碑上大多有十字架和莲花，花旁有密云，以及带羽翼的天使像。有些碑上书写的有叙利亚文、回鹘文和拉丁文，有的同一块碑上还有汉文。内容一般是叙述死者生平、生卒年月，以及一些宗教语言。②（图11-5为泉州基督教徒墓碑）其中一块是叙利亚文回鹘语—汉语双语景教碑铭，汉文两行位于墓碑左边，叙利亚文两行位于墓碑右边，叙利亚文的译文是："这是事可家族的主教大人马里失里门阿必斯古八之墓，牛儿年八月十五白扫马领（队）来此并题铭。"汉文是：

图11-5 泉州基督教徒墓碑

---

① 朱江：《扬州发现元代基督教徒墓碑》，《文物》1986年第3期；耿世民：《扬州景教碑研究》，《西域文史论稿》，兰州大学出版社2012年版，第322—330页；牛汝极：《十字莲花》，上海古籍出版社2013年版，第114—121页。

② 吴文良原著，吴幼雄增订：《泉州宗教石刻》，科学出版社2006年版，第365—420页。

"管领江南诸路明教秦教等也里可温马里失里门阿必斯古塔八马里哈昔牙,皇庆二年岁在癸丑八月十五白帖迷答扫马等泣血谨志。"这件碑文对研究中国基督教史有很高的价值。① 1984 年,内蒙古赤峰松山区城子乡出土景教徒墓碑,瓷质。碑体外缘勾勒边框,框内绘十字架,将碑面分成四部分。十字架中心绘有一圆环,内有一朵六瓣莲花,十字架底部绘一朵九瓣莲花。十字架上部两个空区竖写两行古叙利亚文,下部两区为八行畏兀体蒙古文。叙利亚文的译文是:"仰之,信之"(出于《圣经·旧约全书》),畏兀体蒙古文的译文是:"亚历山大帝王纪年一千五百六十四年,桃花石纪年牛年正月二十日,这位军帐首领药难部队的将军在他七十一岁时完成了上帝的使命。愿这位大人的灵魂永久地在天堂安息吧。"② "桃花石"是中亚民族对汉人的称呼。(图 11-6 为赤峰出土瓷质景教徒墓碑)内蒙古百灵庙之敖伦苏木古城、

图 11-6 赤峰出土瓷质景教徒墓碑

---

① 夏鼐:《两种文字合璧的泉州也里可温(景教)墓碑》,《考古》1981 年第 1 期;牛汝极:《十字莲花》,第 150—152 页。
② 牛汝极:《十字莲花》,第 106—113 页。

四子王旗王墓梁耶律氏家族陵园等处都有基督教墓碑发现，碑上有十字架、莲花图案、花草缠枝纹，大多用叙利亚文，个别同一碑上有汉字题记。① 泉州还发现有八思巴文的基督徒墓志和墓道碑。②

海港城市泉州有大量伊斯兰教徒。近百年来伊斯兰教徒的墓碑不断发现。这些墓碑碑顶作尖拱形状用辉绿岩石、白花岗石琢成，碑上刻古阿拉伯文。有的正面，有的正、背两面都有文字，也有正面刻古阿拉伯文，背面刻汉文。内容大多是死者名字，来自何处，死亡年月以及宗教的语言（《古兰经》的文字）。碑文中有一块上半部为六行阿拉伯文，汉译："地。'不论以前还是以后，凡事只有安拉知道。'死者阿卜杜拉阿里穆罕默德本哈桑。墓"。下有"蕃客墓"三个汉字。"蕃客"一词成为海外来客的代名词。③ 另有一碑，正面阴刻古阿拉伯文六行，译文是："'我们确属于安拉，并将回归于他。'这是祈求真主怜悯、宽恕的罪人尼纳穆罕默德本阿卜杜拉之墓，卒于（回历）704 年斋月一个星期六的白天。"碑的背面阴刻汉字五行，"先君生于戊辰十二月初九日，卒于癸卯二月初七日，享年三十六岁，安葬于此。时大德七年七月初一日，孤子吴应斗泣血谨志"④。墓主是来自海外的伊斯兰教徒，立碑者是采用汉名汉姓的第二代蕃客。伊斯兰教徒碑文都记录了死者的家乡。还有一块墓碑，形制与普通阿拉伯文墓碑有些不同，中间部分刻古阿拉伯文四行，下部两翼刻汉字："潘总领四月初一日身亡"。碑主的身份有待考证。⑤（图 11-7 为泉州出土伊斯兰教徒墓碑图；图 11-8 为潘总领墓碑）这些对于海上丝绸之路和民族史的研究都有很高的价值。

元代杭州是江浙行省的首府，江南最繁华的都市。许多域外人士居留之地。杭州的聚景园是回回的公共墓地。杭州伊斯兰教古寺凤凰寺迄今仍保存一批元代伊斯兰教徒的墓碑。最近问世的由中外学者协作完成的《杭州凤凰寺藏阿拉伯文、波斯文碑铭释读译注》⑥，公布了 20 方元代阿拉伯文古墓碑。"铭文显示，在这些墓主中基本为波斯人，或波斯化的中亚人和突厥人；其职业，有商人、行省高官、军事官员，以及纯粹的宗教人士；从宗教派别

---

① 牛汝极：《十字莲花》，第 67—102 页。
② 《泉州宗教石刻》，第 406—410 页。
③ 同上书，第 95—97、343—344 页。
④ 同上书，第 69、331 页。
⑤ 同上书，第 111—113 页。
⑥ ［英］亚历山大·莫尔顿英译：《杭州凤凰寺藏阿拉伯文、波斯文碑铭释读译注》，周思成校注，中译；乌苏吉释读校；王一丹波斯文校，中华书局 2015 年版。

看，有什叶派、逊尼派、苏菲派；他们多从陆路而来，有一位墓主甚至就来自汗八里，即大都（今北京）。也有个别通过海路而来。[①]

图 11-7　泉州出土伊斯兰教徒墓碑图

图 11-8　潘总领墓碑

[①] 刘迎胜：《序》，《杭州凤凰寺藏阿拉伯文、波斯文碑铭释读释注》，第 6 页。

第四节　随葬品

墓葬的随葬品，称为明器。元代墓葬大多有随葬品，种类繁多。主要有金银珠宝、陶瓷、铁器铜器木器、化妆品、钱币以及买地券等。但贫富之家差别很大。

历代上层人物为了夸耀富贵，都以金银珠宝为殉，尤以帝室为甚，有的墓中珍宝之多令人咋舌。元代虽有厚葬之风，但与前代相比，大为逊色。迄今为止在已经发掘的元代墓葬中，出土的金银珠宝为数有限，质量也不很高。张士诚是元末地方割据政权的首领，其父母合葬墓出土物品比较丰富，有金冠两项、钗、簪、耳环、镯、戒指等金器，以及银奁、玉带等物。① 石家庄后太保元代史氏墓群 M4 系长方形多室墓，其中 A 室墓主是女性，应是湖广行省左丞史杠的夫人。头发尚存，上插有金簪、金钗、铜簪、玉簪、玻璃簪计 15 件。尸骨腹部以上发现金镯 2、金戒指 2、金耳坠 2 件和铜钱 50 余枚。② 无锡钱裕夫妻墓有金器 6 件（杯、簪、箍形饰品、带饰），各种银器 40 件。③ 甘肃漳县汪世显家族墓四座，出土金银首饰 15 件，有金耳坠、戒指等。④

富贵人家的墓葬中大多有丝织品。四川地方割据势力首领明玉珍墓出土大量丝织品，有被褥、衣物、缎料等，其中有龙袍五件。⑤ 张士诚父母墓男尸衣服腐烂，女尸衣服有袍、袄、裙等，质地有缎、绫、绸，还有绸料五匹。李裕庵等出土丝麻棉织品衣物共 55 件，以丝织品为主，有绸、罗、缎。⑥ 无锡钱裕墓有各类丝织品 28 件。元代墓葬中有少量棉织品。海宁贾椿墓发现一块裹身用的棉布，长 182 厘米，宽 62 厘米，色白，纺织精细。⑦ 山东嘉祥曹元用墓有棉布衬衣一件，又有棉质菱形花纹织锦 2 件，织造精细，图案匀称。⑧ 山东邹县李裕庵墓死者上身穿六层长袍，最内一层为素白棉布

---

① 苏州市文管会、苏州博物馆：《苏州张士诚母曹氏墓清理简报》，《考古》1965 年第 6 期。
② 河北省文物研究所：《石家庄市后太保元代史氏墓群发掘简报》，《文物》1996 年第 9 期。
③ 无锡市博物馆：《江苏无锡市元墓中出土一批文物》，《文物》1964 年第 12 期。
④ 甘肃省博物馆、漳县文化馆：《甘肃漳县元代汪世显家族墓葬》，《文物》1982 年第 2 期。
⑤ 重庆市博物馆：《四川重庆明玉珍墓》，《考古》1985 年第 4 期。
⑥ 山东邹县文物保管所：《邹县元代李裕庵墓清理简报》，《文物》1978 年第 4 期。
⑦ 海宁县博物馆：《浙江海宁元代贾椿墓》，《文物》1982 年第 2 期。
⑧ 《山东嘉祥县元代曹元用墓清理简报》，《考古》1983 年第 9 期。

短袖夹袍。① 可知当时棉织品已开始应用，这是很值得重视的。

元代墓葬的随葬品中以陶瓷器最多。瓷器多见于富裕人家。常见有瓶、碗、盘、杯、盅、盏、壶、匜等。北京铁可父子墓，出土瓷器 21 件，有青瓷、影青瓷、黑白花瓷和褐瓷，玉壶春瓶、罐、碗、洗、盘等。西安曲江张达夫与夫人合葬墓出土瓷器 14 件（套），有青花瓷匜，青瓷碗、碟，白瓷瓶、杯、盏等。② 上海青浦任仁发家族墓出土瓷器，内官窑瓷器 8 件，枢府釉瓷器 16 件，龙泉窑瓷器 7 件。③ 高足杯是元代瓷器中流行的新品种，在墓葬中时有发现。北京耶律铸合葬墓中出土一件带"王白"铭文的卵白釉高足杯。一件枢府卵白釉高足碗出于青浦任氏家族墓。④ 漳县元代汪氏墓区中发现有 4 件高足瓷杯和多件瓷碗。⑤（图 11-9 为甘肃汪氏墓葬出土高足杯；图 11-10 为甘肃汪氏墓葬出土莲花托盘）大同齿轮厂元墓出土影青连珠纹像生高足莲花杯。⑥ 徐州大山头元代纪年画像石墓出土高足瓷杯 1 件，属"枢府窑类型"，胎质极薄，制作规整，质重堪称上乘。⑦

图 11-9　甘肃汪氏墓葬出土高足杯

---

① 《邹县元代李裕庵墓清理简报》，《文物》1978 年第 4 期。
② 西安市文保考古研究院：《西安曲江元代张达夫及其夫人墓发掘简报》，《文物》2013 年第 8 期。
③ 何继英：《上海唐宋元墓》，第 149—157 页。
④ 同上书，第 151—152 页，图版 142。
⑤ 漳县文化馆：《甘肃漳县元代汪世显家族墓葬·简报之二》，《考古》1982 年第 2 期。
⑥ 大同市博物馆：《大同元代壁画墓》，《文物季刊》1993 年第 2 期。
⑦ 邱永生、徐旭：《江苏徐州大山头元代纪年画像石墓》，《考古》1993 年第 12 期，

图11-10　甘肃汪氏墓葬出土莲花托盘

　　元代墓葬中随葬品中陶器所占比重很大，内蒙古、山西、河南、北京等地尤为突出。随葬的陶器有灰陶、黑陶。陶器种类繁多，可分为：（1）生活用品：罐、壶、碗、碟、盆、盏、筒、釜、灶、仓等。西安元墓带圆形陶仓，有灶一，灶上有锅，锅上有蒸笼，蒸笼上有盖。[①] 西安曲江张达夫夫妇墓有陶仓5件，5号仓内有粟，3号仓内有碳化的黑色粉末物。[②] 北京铁可父子墓和张弘纲墓出土明器多灰陶，器形有罐、盆，普遍缩小，北京元墓中，小型陶明器的组合主要是罐、盆、釜、杯、钵、灯。这是北京元墓的特点。[③]（2）起居用品：椅、桌、凳、架、烛台等。山西大同崔莹李氏墓随葬品40余件，主要为陶质器物（灰陶），多为明器及供器。王青墓随葬品亦多为陶质，其中太师椅、巾架、影屏、长供桌、蜡台、带座瓶、带座碗不仅形状相似，大小也极为接近。（3）礼器。洛阳至正九年王述墓出土鼎、敦、罍、尊、爵等20余件仿古礼器。[④] 甘肃漳县汪氏墓葬群中出现多种陶制礼器，有陶鼎、陶豆、陶尊、陶簋、陶钟等。[⑤] 元赛因赤答墓有黑色陶器58件，主要是仿古礼器，有陶鼎（2件）、陶豆（10件）、陶敦（4件）、陶簋（5件）、陶壶（6件）、陶罐（4件）、陶尊（1件）、陶爵（1件）、陶案（8件）、陶熏炉（1件）、象尊（2件）、驹尊（1件）等。陶器有各种模印纹饰，制作

[①]　《西安玉祥门外元代砖墓清理简报》，《文物参考资料》1956年第1期。
[②]　西安市文保考古研究院：《西安曲江元代张达夫及其夫人墓发掘简报》，《文物》2013年第8期。
[③]　《元铁可父子墓和张弘纲墓》，《考古学报》1986年第1期。
[④]　《洛阳元王述墓清理》，《考古》1979年第6期。
[⑤]　甘肃省博物馆、漳县文化馆：《甘肃漳县元代汪世显家族墓葬》，《文物》1982年第2期。

精致，选型古朴，堪称精品。① 赛因赤答忽官居一品，故随葬品中有成组礼器，这是其他墓葬中罕见的。(4) 陶俑，从汉代起，木俑、陶俑作为奴婢的替身放置在贵族官僚的墓中。从两晋南北朝时期起，墓葬中俑的数量和种类越来越多。元代陶俑主要见于陕西墓葬（图 11 - 11 为西安博物院藏元墓出土陶俑），四川、河南和其他地区亦有发现。陕西户县贺胜墓，出土陶俑 131 件（骑马俑、牵马俑、骑驼俑、牵驼俑、持盆俑、卫士俑、立俑、武士俑等）。动物模型 21 件（骆驼、马、牛、羊、狗、鸭、鸡、龟等）。② 西安电子城元墓出土陶俑 16 件，内男卫士俑 8 件，分 4 式；女侍俑 2 件，分 2 式；骆驼 1，鞍马 2，驮行囊马 2。西安南郊王世英墓有陶俑（女骑马俑 2，站立俑 10，男、女各 5。马 6，内鞍马 1，载物马 2，拉车马 3。牛 2，羊 2，鸡 1，狗 1，豕 1，龙 1）。③ 王世英官至忠勇校尉、同知耀州事，阶正七品。西安曲江张达夫夫妇合葬墓，男俑 2 件，女俑 2 件，陶鞍马、陶羊、陶狗、陶牛、陶豕、陶鸡、陶龙各 1 件。据墓志，张达夫没有出仕，是普通地主，亦

图 11 - 11　西安博物院藏元墓出土陶俑

① 洛阳市铁路北站编组站联合考古发掘队：《元赛因赤答忽墓的发掘》，《文物》1996 年第 2 期。
② 咸阳地区文管会：《陕西户县贺氏墓出土大量元代俑》，《文物》1979 年第 4 期。
③ 《西安南郊元代王世英墓清理简报》，《文物》2008 年第 6 期。

可用俑。① 在南方，四川华阳元墓有陶俑 10 件。② 成都郊区元墓有陶俑 8 件。③ 福建南平三官堂元代刘千六墓，有木俑两件，存 1 件，脚部残，残高 12.5 厘米。④ 河南焦作中站区发现元怀孟路总管靳德茂墓，出土 80 件彩绘陶车马及人物俑，组成一支庞大的车马出行方阵。两辆陶车居中，四周排列陶马、驭马俑、男女侍俑及仪仗俑。人物俑均为彩绘，高约 27—36.9 厘米，规模宏大，制作精细。⑤

一般平民墓葬的随葬品，以瓷、陶生活用品居多。河北徐水西黑山墓地是平民家族墓地，"随葬品以民窑烧造的粗瓷器和陶器为主"，"主要随葬的是日常生活中的实用器，大多都还有锔补痕迹。……西黑山墓地所出瓷器都是出自民窑的粗瓷器"⑥。山西襄汾三座元代普通平民墓葬，共发现随葬品 11 件，内黑瓷罐 3 件，白瓷枕、黑瓷钵、提梁陶罐、小碗各一件，另有铜镜、铁灯和绑扎竹篦 2 件，不知何物。⑦ 这些陶瓷器物都很简陋。

元墓中出土随葬物还有铜器、铁器、漆器、木器、玻璃器。铜器以铜镜居多，有多种形状。铜镜常悬挂于墓顶。甘肃漳县元代汪氏家族墓葬四座（M8、M9、M11、M13），M11 和 M13 墓室顶部施方砖一块，中间悬挂铜镜一面。M8 出一件，M13 女尸锦囊包内有一件。⑧ 山东临淄大武村元墓，墓室穹隆顶正中悬挂铜镜，圆钮，素缘，纹饰为高逸图。⑨ 凌源富家屯元墓 M1 顶部浮雕莲花的石板中心凿一横孔，当为悬挂铜镜用。⑩ 大同王真墓，墓室中部有一件大铜镜，圆形，形体厚重，铜质较好，直径 26.3 厘米。背面镜心有半圆钮，其上穿有铁环已残缺。可能是悬挂墓顶上的。⑪ 墓顶悬挂铜镜，是辽金墓葬风俗的延续。汪氏家族墓出土铜器，还有铜爵、铜盘、铜鼎、铜

---

① 《西安曲江元代张达夫及其夫人墓发掘简报》，《文物》2013 年第 8 期。
② 张才俊等：《四川华阳县发现元代墓葬》，《考古通讯》1957 年第 5 期。
③ 匡远滢：《四川成都西郊元墓的清理》，《考古通讯》1958 年第 3 期。
④ 张文崟、林蔚起：《福建南平市三官堂元代纪年墓的清理》，《考古》1996 年第 6 期。
⑤ 焦作市文物工作队等：《焦作中站区元代靳德茂墓道出土陶俑》，《中原文物》2008 年第 1 期。
⑥ 《徐水西黑山金元时期墓地发掘报告》，第 376、374 页。
⑦ 《山西襄汾县的四座金元时期墓葬》，《文物》1986 年第 12 期。
⑧ 甘肃省博物馆、漳县文化馆：《甘肃漳县元代汪世显家族墓葬》，《文物》1982 年第 2 期。
⑨ 《山东临淄大武村元墓发掘简报》，《文物》2005 年第 11 期。
⑩ 辽宁省博物馆、凌源县文化馆：《凌源富家屯元墓》，《文物》1985 年第 6 期。
⑪ 大同市文物陈列馆等：《山西省大同市元代冯道真、王真墓清理简报》，《文物》1962 年第 10 期。

洗等。北京张弘纲墓出土铜杯1件，高3.7厘米，底刻："子子孙孙永宝用"。① 石家庄史氏墓群中出土有铜香炉、铜簪等物。② 山西大同王青墓出土有铜镜、铜钵、铜盘、铜盏、铜簪等。③ 出土的铁器主要是动物造型。内蒙古凉城后德胜元墓M3有铁犁铧。④ 安庆范文虎墓，男棺棺底有大木板1块，大木板下面4角有铁牛1只，均俯足北向。前面两铁牛之间有铁豕1只。⑤ 西安韩森寨元墓有铁牛1件，铁豕1件。⑥ 西安东郊元代壁画墓有铁牛2件。⑦ 山西长治捉马村元代壁画墓有铁牛1件，铁豕1件。⑧ 山西长治郝家庄元墓有铁豕二件，铁牛二件。⑨ 洛阳赛因赤答忽墓有铁牛1件，铁豕1件。⑩ 铁牛、铁豕，唐宋墓中时常发现，皆为厌胜之物。元代墓葬，继续了这一习俗。⑪ 漆器在元墓中亦有出土，但为数不多。青浦任氏墓群出土《陶渊明东篱赏菊图》漆盒1件，是元代漆雕中的上乘之作。又有漆奁一件，朱漆，木胎，通体为八瓣莲花形，分五层。通高38.1厘米，直径27.2厘米，底径20.4厘米，"目前所知，宋元时期同类型的漆奁，当以此最大，而底部附有圈足，是这件奁的又一特色"。另外还有4件圆漆盒、1件漆瓶。⑫ 无锡钱裕墓出土漆器10件，有漆奁一件，葵花八瓣形，分三格。通高22.5厘米、直径16.5厘米、底径12.3厘米。漆盒3件，放在奁中格。⑬ 山东嘉祥曹元用夫妻合葬墓出土有漆奁盒，圆桶形，盖上作描金双凤牡丹纹，内置铜镜、角梳等物。⑭ 元墓随葬品中木器不多。大同冯道真墓出土木器较多，有棺罩、

---

① 《元铁可父子墓和张弘纲墓》，《考古学报》1986年第1期。
② 河北省文物研究所：《石家庄市后太保元代史氏墓群发掘简报》，《文物》1996年第9期。
③ 《山西省大同市元代冯道真、王青墓清理简报》，《文物》1962年第10期。
④ 内蒙古文化厅文物处、乌兰察布盟文物工作站：《内蒙古凉城县后德胜元墓清理简报》，《文物》1994年第10期。
⑤ 《安庆市棋盘山发现的元墓介绍》，《文物参考资料》1957年第5期。
⑥ 西安市文物保护研究所：《西安韩森寨元代壁画墓》，文物出版社2004年版，第35—36页。
⑦ 《西安东郊元代壁画墓》，《文物》2004年第1期。
⑧ 王进先：《山西长治市捉马村元代壁画墓》，《文物》1987年第7期。
⑨ 长治市博物馆：《山西省长治县郝家庄元墓》，《文物》1987年第7期。
⑩ 洛阳市铁路北站编组站联合考古发掘队：《元赛因赤答忽墓的发掘》，《文物》1996年第2期。
⑪ 徐苹芳：《唐宋墓葬中的"明器神煞"与"墓仪"制度》，《考古》1963年第2期。
⑫ 何继英：《上海唐宋元墓》，第159—161页。
⑬ 无锡市博物馆：《江苏无锡市元墓中出土一批文物》，《文物》1964年第12期。
⑭ 山东省济宁地区文物局：《山东嘉祥县元代曹元用墓清理简报》，《考古》1983年第9期。

房屋、牌位、影屏、巾架、盆座、蜡台、瓶等。比较丰富。① 甘肃漳县汪氏墓群出土有木衣架、木屋、木蜡台、木案、木奁等。② 漳县汪氏墓葬中发现玻璃莲花杯、托各 1 件，这在出土物中是很罕见的。

钱币用作随葬品由来已久。元代墓葬中时有铜钱发现，以宋钱为主，元钱少见。徐水西黑山金元墓葬 60 余座，共有铜钱 406 枚，内唐钱 32 枚，金钱 41 枚，五铢 1 枚，大泉 501 枚，元钱仅 1 枚（至大通宝），其余均为北宋钱。③ 邹县李裕庵有铜钱 69 枚。男尸口内含用银片加工的素面钱四枚。范文虎墓有宋钱，金钱 38 枚、银钱 96 枚、金十字 8 个。金钱上有"天下太平""金玉满堂""早升天界"等字。济南郎茂山路元代家族墓三座均有铜钱出土，以唐、宋为主，金钱 1 枚（正隆通宝）；元钱 1 枚（至大通宝）。④ 无锡钱裕墓出土至元宝钞五百文 15 张，至元宝钞二百文 18 张，装在胸部上绸钱袋中。以现行宝钞随葬，这在已发现的元代墓葬中是唯一的。

元代很多墓葬中都发现有买地券，例如西安韩森寨元代壁画墓有买地券 1 方，为方形青砖。上以朱砂楷书。⑤ 西安东郊元代壁画墓有买地券一方，为方形青砖，朱砂楷书 322 字。⑥ 山西大同崔莹李氏墓有铁地券一件。河北宣化元代葛法成墓有买地券一块，板瓦，朱砂书写。13 行，满行 27 字。⑦ 江西永丰元延祐七年墓，有地券一方，青石质，长方形，券首为半圆形，前题："故吴母孺人陈氏地券"。⑧ 三门峡市发现的元墓 M36 墓室底部西北角有一块合同券，质地为灰砖，方形，券文乃朱砂书写，一侧书有半字"合同券"。背面正中模印一右手手印。⑨ 值得注意的是，一般平民墓葬亦有买地券，如山西襄汾的丁村 1 号元墓和解村元墓，墓室结构简单，随葬品有限，却都有买地券。⑩

买地券是随葬明器，并非实在的土地买卖文书，它是给死者带往冥界

---

① 《山西省大同市元代冯道真、王青墓清理简报》，《文物》1962 年第 10 期。
② 乔今同：《甘肃漳县元代汪世显家族墓葬》，《文物》1982 年第 2 期。
③ 《徐水西黑山金元时期墓地发掘报告》，第 364—365 页。
④ 《济南郎茂山路元代家族墓发掘简报》，《文物》2010 年第 4 期。
⑤ 《西安韩森寨元代壁画墓》，第 37—38 页。
⑥ 《西安东郊元代壁画墓》，《文物》2004 年第 1 期。
⑦ 宣化区文物保护所：《河北宣化元代葛法成墓发掘简报》，《文物》2008 年第 7 期。
⑧ 杨启礼：《江西永丰县元代延祐六年墓》，《文物》1987 年第 7 期。
⑨ 《河南三门峡发现元代早期墓葬》，《中国文物报》2014 年 6 月 6 日。
⑩ 陶富海：《山西襄汾县的四座金元时期墓葬》，《文物》1986 年第 12 期。

的模仿地契的物品，内容是虚拟的，旨在使死者有所凭恃，确保对墓地的所有权不受侵犯。元代买地券的格式和前代的买地券是一样的，通常先写时间、地点和死者姓名，墓地四至，然后向地下鬼神通告死者之殁亡，祈求得到他们的接纳与保佑。除时间、地点和死者姓名外，其他内容（墓地四至，买地价钱，各路神仙，知见人、代保人等）一般是虚拟的，文字充满道教的神秘色彩。元代学者周密说："今人造墓，必用买地券，以梓木为之，朱书云：'用钱九万九千九百九十九文，买到某地'云云，此村巫风俗如此，殊为可笑。"① 但从考古发掘来看，买地券以砖居多，亦有铁质或石质、瓦质。江西铅山八水源村元墓发现"新故明达省元赵公"墓契一方，方形，灰陶质，墨韦楷体，中有符录一行。从契文内容来看，实际上是虚拟的买地券。②

但是也有例外。山西大同冯道真墓内有石碑一通，正面为墓志铭，背面为买地契。契文如下：③

城西祖师坟买地契

西京刘宣差下武官福今为要银使用，别无所得，遂将本户下宋家庄村西南地一段南北畛记地二十五亩，东至韩老地，南至官道，西至韩大地，北至小道，其地四至，立契出卖与本京龙翔观冯大师永远为主，两议定价银二十五两，立契日各交分付讫。如日后但有诸般违碍，有人争占卖，地主武官福一面代当无词。一定已后，各不番悔。如有先番悔者罚银一十两。恐人无信，故立此文字为凭。

　　乙巳年九月二十八日　　　　卖地人武官福　　押
　　同卖地母阿贾　押　　　　　邻人韩老　　　押
　　邻人韩大　　　押　　　　　见人王贞　　　押
　　西京都税使司给年月日同使　　　　押

这是民间交易并得到官方批准的地契，刻在墓碑上，用来证明坟地的所

---

① 《癸辛杂识》别集卷下《买地券》，吴企明点校，中华书局1988年版，第277页。
② 李育远、钟文良：《江西铅山元代纪年墓发掘简报》，《中国国家博物馆馆刊》2012年第4期。
③ 大同市文物陈列馆等：《山西省大同市元代冯道真、王青墓清理简报》，《文物》1962年第10期。

有权。地契是民间土地交易的凭证,是真实的,和买地券的性质不同。但这种情况不多见。

1983 年发掘的三门峡市上村岭元墓,墓室棺床中间斜靠一块买地券,陶质,方形,正反两面都有朱书文字。反面一行,竖行,书在边沿,每字只余半截。正面文字 10 行,竖行,177 字。其文如下:

> 维大元国元贞二年岁次丙申正月庚午朔二十一日庚寅,陕州在城丰庆坊住坐祭主冯兴男冯进、冯百户男冯亨,欲葬祖父冯政,祖母吕氏、王氏,父百户冯禧,母李氏,父冯兴,母兰氏,于陕州陕县州东尚村姚四嫂处立契,用价钱中统宝钞七十五两买到坟地一所,南北长一十七步伍分,东西阔一十七步二分,计地一亩一分。又坟前赡坟地二分半,通计一亩五分。安厝宅兆。伏愿本处地祇,分掌四城诸神,共垂祐护,子孙后裔,永保宁吉。元贞二年正月日给。①

这是以地契为基础,加上买地券的内容。可以说是两者的混合。

还有一种地券是向地方神祇报告死者生卒时辰:

> 维大元后至元五年岁次己卯十一月乙卯朔越三十日甲申,抚州临川县长乐里湖南保居,孤哀子胡周孙、媳万氏、婿吴宗正、女二娘孝眷等,谨昭告于管城山后土之神而言曰:先考东溪公讳仲才,生于宋咸淳壬申年八月初三亥时,殁于是年二月二十七戌时。母静庵道姑熊氏妙寿,丁卯年五月二十四日辰时生,先翁九日卒。涓吉是日合葬于斯乔岭,龙脉坐丑向未,四水回环,藏风聚气,前塘汪洋,远山呈贵,允为幽宅。阴阳佳处,灵兮安妥。子孙昌炽,春秋祭祀,神其同与。谨券。②

元代墓葬中常见镇墓石。在墓中置镇石的习俗,应是受道教的影响,由来已久,北宋有五精石镇墓法,五精石是以五色代表五方。"镇墓古法有以竹为六尺弓度之者,亦有用尺量者。今但以五色石镇之于冢堂内,东北角安青石,东南角安赤石,西南角安白石,西北角安黑石,中央安黄石,皆须完

---

① 洛阳地区文化局文物科:《三门峡市上村岭发现元代墓葬》,《考古》1983 年第 11 期。
② 胡周孙:《地券文》,《江西出土墓志选编》附录,《全元文》第 56 册,第 156—157 页。

净，大小等，不限轻重。"① 1983 年发掘的三门峡上村岭元墓，墓室棺床中间有一块买地券，券前和墓室四角各放一块色泽不同的卵石。东北角为绿色，东南角为红色，西北角为黑色，西南角为白色，中间券前卵石为浅灰色。② 2013 年，三门峡市发掘元墓 M36 亦有五色镇墓石，西北角为黑色，东北角为青色卵石，东南为红色，西南为白色，北部偏中为黄色卵石。与《地理新书》相合。③ 西安东郊元代壁画墓在墓室 4 角及中部发现有 5 枚未经加工的天然鹅卵石。④ 西安韩森寨元墓出土 5 件镇墓石，均为天然鹅卵石，形状不甚规则，大致呈圆形或椭圆形，长 7—10 厘米。发现时分别置于墓室四角和中央。⑤ 西安曲江张达夫及其前三位夫人合葬墓有镇墓石 5 块，卵石，白色或青灰色，分东、西侧偏南、西侧偏北、南、北安置。张达夫第四夫人墓亦有镇墓石 5 块，卵石，白色或青灰色，分置东、西、南、北、中部。⑥ 山东济宁张营村元墓 M2 中室有 5 件加工粗糙的石球，分别置放在石室的东北、西北、西南、东南角和中间部位。⑦ 此外，1983 年辽宁凌源富家屯二号、三号元墓各出 4 件涂色砾石。⑧

---

① 《重校正地理新书》卷一四，转引自徐苹芳《唐宋墓葬中的"明器神煞"与"墓仪"制度》，《考古》1963 年第 2 期。
② 《三门峡市上村岭发现元代墓葬》，《考古》1983 年第 11 期。
③ 《河南三门峡发现元代早期墓葬》，《中国文物报》2014 年 6 月 6 日第 8 版。
④ 《西安东郊元代壁画墓》，《文物》2004 年第 1 期。
⑤ 《西安韩森寨元代壁画墓》，第 36—37 页。
⑥ 《西安曲江元代张达夫及其夫人墓发掘简报》，《文物》2013 年第 8 期。
⑦ 济宁市博物馆：《山东济宁发现两座元代墓葬》，《考古》1994 年第 9 期。
⑧ 辽宁博物馆、凌源县文化馆：《凌源富家屯元墓》，《文物》1985 年第 4 期。

第三编

元代的信仰

第三章
北朝的佛教

第十二章　元代的天妃崇拜

天妃是中国古代影响最大的海上保护神。天妃传说，肇始于北宋。原来限于福建一地，逐渐向沿海其他地区传播。到了元代，天妃成为全国性的崇拜对象，受到了民间和官府的普遍尊奉。可以认为，在天妃崇拜的发展过程中，元代是极其重要的一个时代。

第一节　元代天妃庙宇的分布

《元史》卷七六《祭祀志五》载：

> 凡名山大川、忠臣义士在祀典者，所在有司主之。惟南海女神灵惠夫人，至元中，以护海运有奇应，加封天妃神号，积至十字，庙曰灵慈。直沽、平江、周泾、泉、福、兴化等处，皆有庙。

元顺帝元统元年（1333），翰林修撰宋褧，奉命"祀天妃于闽海"[①]，他亲笔作《天妃庙代祀祝文六道》，其中一道用于直沽，一道用于平江，一道用于周泾，一道用于路漕、庆元、温州、台州，一道用于延平、福州、泉州、漳州，一道用于兴化、湄洲岛，计十三处[②]。

综合以上两者记载，证以其他文献，元代官方祭祀的天妃庙宇有以下各处：

直沽。直沽即今天津市，是元代北方的主要港口。元朝经由海道从南方

[①]　苏天爵：《宋公（宋褧）墓志》，《滋溪文摘》卷一三。
[②]　宋褧：《天妃庙代祀祝文六道》，《燕石集》卷一一。

运往大都的粮食，即由直沽登陆上岸，直沽亦因此繁荣起来。"晓日三叉口，连樯集万艘。"① 仁宗延祐三年（1316），改名海津镇。当地天妃庙创始时间缺乏记载，但英宗至治元年（1321）已有"海漕运粮至直沽，遣使祀海神天妃"的记载，则至迟到此时直沽已有天妃庙存在②。泰定初年，"弗戒于火"③；三年（1326）八月，"作天后宫于海津镇"④，由朝廷出钱重修。元文宗天历年间（1328—1329），赐天妃庙额。顺帝至正十一年（1351）后又一次重修⑤。

平江。平江即唐代的苏州。平江天妃祭祀原来"因前代之旧，寓祠于报国寺庑下"。规模狭小。泰定四年（1327），"得地九亩，购地营之"，"初建天妃庙"⑥，位置"在吴城西北陬"。⑦

昆山。昆山在宋代设县，元代升为州，属平江路。太仓是昆山属下的一个地方，靠近长江，"旧本墟落，居民鲜少"。元初，昆山成为海道漕运的基地，因而"不数年间，凑集成市，番、汉间处，闽、广混居"⑧。元代中叶，昆山州治也迁到太仓。太仓刘家港是当时一个新兴的重要港口。昆山（太仓）天妃庙宇称为灵慈宫，"经始于至元壬辰（至元二十九年，1292），郡人朱旭捐周泾之私地五十二亩，以基构焉。阅三年而栋宇以完。"⑨ 上引《元史·祭祀志五》中之周泾，即指此⑩。刘家港亦有天妃庙，又称路漕庙。"盖海舟岁当春、夏运，毕集刘家港，而路漕实当港之冲。故天妃宫之在路漕者，显敞华丽，实甲它祠。"它建于至元二十八年（1291），位于海岸，时间一久，"波涛浸淫"，"日就亏圮"。至正二年（1342）在原址稍西地势高平之处重建⑪。原来路漕天妃宫前，便是海船聚会的场所。武宗至大四年（1311），元朝政府"立标指浅"，指引航道，"画到图本，备榜太仓周泾桥、路漕宫前聚船处所，晓谕运粮船户"。这里所说的就是太仓城内和刘家港两

---

① 张翥：《代祀湄洲天妃庙次直沽》，《蜕庵诗集》卷一。
② 《元史》卷二七《英宗纪一》。
③ 张翥：《河东大直沽天妃宫碑记》，正德《天津卫志》卷四《艺文》。
④ 《元史》卷三〇《泰定帝纪二》。
⑤ 张翥：《河东大直沽天妃宫碑记》，《蜕庵诗集》卷一。
⑥ 黄向：《天妃庙迎送神曲》，《江苏通志稿·金石》卷二一。
⑦ 柳贯：《敕赐天妃庙新祭器记》，《柳待制文集》卷一四。
⑧ 至正《昆山郡志》卷一《风俗》。
⑨ 舍利性古：《昆山灵慈宫原庙记》，弘治《太仓州志》卷一〇。
⑩ 太仓城中有周泾，"天妃宫在周泾桥东"，见弘治《太仓州志》卷四。
⑪ 郑元祐：《重修路漕天妃宫碑》，《侨吴集》卷一一。

处天妃庙①。每年漕运开始前，都要在这两处天妃庙前举行仪式。

庆元。庆元即现在的宁波，历来是一个重要的港口。"鄞之有庙，自宋绍熙二年（1191）。"元仁宗皇庆元年（1312）"海运千户范忠暨漕户倪天泽等，复建后殿廊庑斋宿。"② 庆元天妃庙在"县东三里东渡门外"③。

台州。元台州路治今浙江临海。"郡旧有庙在城东五里而近，延祐中（1314—1320）庙圮，遂为废墟。"神像暂寄他处。至正十三年（1353），在旧址重建④。

兴化。元置兴化路，治莆田。莆田是天妃传说的发祥地，有多处天妃庙宇。宋襞代祀祝文中有一篇用于兴化、湄洲岛两处。用于兴化时称："莆田为郡，灵迹所由。"用于湄洲岛时，则称："湄洲之岛，灵迹所由。"其他文字均同。元朝官方祭祀的兴化天妃庙在何处，尚待进一步研究。元顺帝至正九年（1349），张翥奉命"遍礼祀所"，曾"留题蒲禧、湄洲岛天妃庙"，据此似可认为元朝政府正式祭祀的是湄洲岛与蒲禧两处天妃庙⑤。湄洲岛天妃宫历来被视为祖庙，地位最重要。

上面记述的是比较重要的几处官方祭祀的天妃庙宇。此外尚有杭州、泉州、福州、漳州、延平、淮安、温州等处天妃庙宇，亦在官方祭祀之列。

还有一些地方，也建有天妃庙宇，但不在官方祭祀范围之内。例如：

镇江路丹徒县有天妃庙，"在竖土山之东。旧东潮闸之西，宋淳祐间，贡士翁戴翼迁创于此"。此庙始创时间不可考，南宋末重建，迁至新址，元代依旧存在。至顺三年（1332）重修⑥。

上海。上海本华亭县地，至元二十七年（1290）始建县，属松江府。上海天妃庙始建时间不详，南宋末重建，"自辛未（1271）至庚寅（1290），庙成"。庚寅是世祖至元二十七年。可知此庙重修落成时已入元⑦。

成山。今名同。在山东半岛东端，属荣成县。成山是南北航线必经之地。元朝皇帝曾命海运千户张光祖"函香祀天妃于成山"⑧。可知当地有天

---

① 《经世大典·海运》，见《永乐大典》卷一五九五〇。
② 程端学：《灵济庙事迹记》，《积斋集》卷四。
③ 成化《宁波郡志》卷六《祠祀考》。
④ 周伯琦：《台州路重建天妃庙碑》，《台州金石录》卷一二。
⑤ 此诗载顾瑛《草堂雅集》卷六，传世张翥诗集《蜕庵诗集》未收。
⑥ 至顺《镇江志》卷八《神庙》。
⑦ 宋渤：《顺济圣妃庙记略》，嘉庆《上海县志》卷七。
⑧ 黄溍：《张公墓志铭》，《金华先生文集》卷三五。

妃庙。但中央政府派遣使节祭祀成山天妃庙似是临时性的，不在"遍祀"之列。

广州。南宋刘克庄说："广人事妃，无异于莆。"① 说明当时广东天妃庙已很普遍。入元以后应无大变化，但缺乏文献记载。元代诗人王沂有诗，题为《咏天妃庙马援铜鼓》，首句云："南海天妃庙，今存马援铜。"② 可见元代广州有天妃庙存在。

海南。元在海南设乾宁安抚司，治琼山（今海南海口）。琼山在元代建有天妃庙。崖州（海南三亚）、感恩（海南昌感）、万州（海南万宁），也都有元代建造的天妃庙③。

从以上列举的事实，可以看出，元代天妃庙宇，分布甚广，遍及沿海各地，南起海南，北至直沽。丹徒天妃庙的存在，说明已扩展到长江沿岸。各地的天妃庙宇，有的始建于宋，在元代得到重修；有不少则是元代开始建造的。这些情况，足以说明元代天妃崇拜比前代更为普遍。

第二节 元朝政府尊崇天妃的措施

在元代，天妃既受到群众的膜拜，又为官方所尊崇。元朝政府尊崇天妃，主要表现在两个方面，一是加封号，一是举行祭祀仪式。

元朝政府多次加封天妃，根据《元史》各本纪记载，先后有：

"（至元十五年八月，辛未），制封泉州神女号护国明著灵惠协正善庆显济天妃。"④

"（至元二十五年六月），癸酉，诏加封南海明著天妃为广祐明著天妃。"⑤

"（大德三年二月），壬申，加……泉州海神曰护国庇民明著天妃。"⑥

"（天历二年十月），己亥，加封天妃为护国庇民广济福惠明著天妃，赐庙额曰灵慈，遣使致祭。"⑦

---

① 刘克庄：《祝文·谒圣妃庙》，《后村居士集》卷三六。
② 王沂：《咏天妃庙马援铜鼓》，《伊滨集》卷一〇。
③ 正德《琼台志》卷一六《坛庙》。
④ 《元史》卷一〇《世祖纪七》。
⑤ 《元史》卷一五《世祖纪十二》。
⑥ 《元史》卷二〇《成宗纪三》。
⑦ 《元史》卷三三《文宗纪三》。

"（至正十四年十月），甲辰，诏加号海神为辅国护圣庇民广济福惠明著天妃。"①

以上共有五次，需要作两点说明。

（一）至元十五年（1278）八月的封号，有可疑之处。李献璋教授指出，有些文献将元代首封列于至元十八年，而且封号应是护国明著天妃②。按，有元一代加封天妃神号最多不过十二字，而且逐步递加，线索清楚。《元史·世祖本纪》载初封便为十二字，似不合情理；而且这十二字与至正时加封的十二字大不相同，这更令人难以理解。但是，《元史》中本纪部分的记事，均以各朝实录为据写成，似难轻易否定。而且，至元十四年（1277）元朝政府便在泉州、庆元等处设市舶司，至元十五年八月又诏福建行中书省官员通过"蕃舶"向"诸蕃国"传达："诚能来朝，朕将宠礼之。其往来互市，各从所欲。"③ 在这种形势下，加封天妃是完全可能的。也许可以认为，至元十五年确有加封之事，但是临时性的，至元十八年起，则正式加封。

我们还可作进一步分析。根据元人程端学的记载，南宋宝祐时，曾封林氏女神为灵惠协正嘉应善庆妃；景定时，加封灵惠显济嘉应善庆妃④。以此对照，可知至元十五年的十二字封号中，有八字（灵惠协正善庆显济）为宋代原有，元朝不过加以重申，另加"护国明著"四字。各种记载（如程端学文）说至元十八年封护国明著天妃，不过是将宋代原有的八字封号删去以示与南宋有别而已。由此亦可看出，至元十五年的加封是完全有可能的。

（二）成宗大德三年（1299），加封二字，为护国庇民明著天妃；文宗天历二年（1329）封为护国庇民广济福惠明著天妃；顺帝至正十四年（1354）加封为辅国护圣庇民广济福惠明著天妃。其间《元史》本纪漏记加封一次，即仁宗延祐元年（1314）加封为护国庇民广济明著天妃⑤。每一次都是加封二字，到至正十四年积至十二字。

泰定四年（1327），黄向作《天妃庙迎送神曲》，其中说："累封护国庇

---

① 《元史》卷四三《顺帝纪八》。
② 李献璋：《妈祖信仰的研究》，郑彭年译，澳门海事博物馆1995年版，第231—235页。
③ 《元史》卷一〇《世祖纪七》。
④ 程端学：《灵济庙事迹记》，《积斋集》卷四。
⑤ 程端学：《灵济庙事迹记》。按，至顺《镇江志》卷八《神庙》载："大德三年，加庇民，延祐元年，加广济福惠。"似有误。但可说明延祐元年确有加封之举。

民广济明著天妃"，这正是延祐元年的封号。钱大昕据此指出："大德加封六字之后，天历加封十字之前，必有加封八字一节。本纪漏落，赖有此碑可以校补，而加封在何年月则不可考矣。"①钱大昕大概没有看到程端学文，故有"不可考"之说。前引《元史·祭祀志五》说："加封天妃神号，积至十字"，而未及十二字。这是因为《元史·祭祀志》一至五，均据《经世大典·礼典》改写而成。《经世大典》作于文宗至顺二年（1331），故只提到十字封号。《元史·祭祀志六》则记顺帝时各种祭典，但较简略，没有关于天妃封号的记载。

按照宋代礼仪，"妇人之神封夫人，再封妃"。林氏女神在南宋时先封为夫人，后晋封为妃。到了元代，改封天妃。这是一个重大的变化。自此以后，林氏女神与"天"结下了不解之缘，到了清代，更由天妃进而成为天后。为什么元代要晋封林氏女神为天妃，历代有不少文献加以解释，说法不一。其实，天妃与岳、镇、海、渎神属于同一类，可以称之为自然神崇拜。元代文献说："故褒功锡命，岁时遣使致祭，牲币礼秩，与岳、渎并隆，著在祀典。"②也就是说，元朝祭祀天妃的规格，与祭祀岳、渎神相当。天上神的王国是人间社会的曲折反映，中国历代王朝对神的祭祀崇拜亦分等级，高者为帝，次者王、公。元朝以五岳神为帝，封号中都有"天"字，如东岳神为天齐大生仁皇帝，南岳神为司化大天昭圣帝等。四海、四渎、五镇神则为王，如东海神为广德灵会王、江渎神（长江之神）为广源顺济王，东镇沂山神为元德东安王等③。王的封号中均无"天"字。林氏女神被封为妃，显然与王属同一等级，而妃上加"天"，则又表明其地位比海、渎、镇神略高一些，接近五岳神了。

元朝政府举行的天妃祭典，主要有两种。一种是海道漕运开始前由地方官员举行的祭祀仪式，另一种是海道漕运结束后皇帝派遣官员到各地天妃庙致祭。前者祈祷海运的平安进行，后者答谢天妃的保佑。

先说前一种。地方官员在海运开始前要举行祭典。元代漕运，"常以春三月、夏五月上旬之吉开樯刘家港"④。"国家致重漕饟，既开漕府（海道都漕运万户府），岁每分江浙省宰臣一人督运。当转漕之际，宰臣必躬率漕臣、

---

① 《天妃庙迎送神曲》，《潜研堂金石文跋尾》卷一九。
② 程端学：《灵济庙事迹记》，《积斋集》卷四。
③ 《元史》卷七六《祭祀志五·岳镇海渎》。
④ 柳贯：《敕赐天妃庙新祭器记》，《柳待制文集》卷一四。

守臣，成集祠下，卜吉于妃。既得吉卜，然后敢于港次发舟。仍即妃之宫刑马椎牛，致大享礼，牺牲肥，醇酹甕鬺，庶羞毕陈。丝声在弦，金石间奏，咽轧箫管，繁吹入云。舞既歌阕，冷风肃然。"①"自执政大臣以下，盛服将事，合乐曲，列舞队，牲号祝币，视岳渎有加焉。"②"岁两运卜吉，每先期祀天妃于郡城、昆山、路漕庙所，官属具集，公（岳石术）帅执事斋被宿庙下。……奉币享神之旦，五鼓，乐既奏，公率椽属、漕府官以下，恪虔致祷，拜兴肃然，罔敢怠诈。由是两运既发，海无惊涛，舟行如履坦途。"③ 由以上记载可知，海运开始前的祭典，由行省大臣主持，漕臣（海道都漕运万户府官员）、守臣（平江路官员）参加。参加祭祀的官员事先要斋戒沐浴，住在庙中。祭祀仪式在五更开始，主祭官员行跪拜礼，并举行占卜。选定开船的吉日。仪式进行时有乐队伴奏，并有歌舞表演。仪式结束后就在宫中举行盛大的宴会。从各种记载看来，海运开始前的祭典主要在路漕天妃庙举行，但同时也在平江路治所在地和昆山州治所在地的天妃庙举行，三处时间应有先后④。

再说第二种。皇帝"岁遣使斋香遍祭"。据上引《元史》记载，是从"皇庆以来"才有的。《元史》本纪中有不少海漕到达直沽后"遣使祀海神天妃"的记载。所遣使者一般均为文臣，可考的有天历二年（1329）的翰林直学士本雅实理、艺文太监宋本⑤，元统元年（1333）中书省断事官床兀儿和翰林修撰宋褧⑥，至正九年（1349）的张翥、直省舍人彰实⑦，至正十二年（1353）的崇文太监周伯琦等。宋本等"遍历闽、浙"，"往返半岁"⑧。宋褧等历经江浙，直至闽海⑨。前已述及，根据他撰写的祝文，可知他奉命代祀的共十三处，除直沽外，计江浙六处，福建六处。张翥等"遍礼祠所，

---

① 郑元祐：《重修路漕天妃宫碑》，《侨吴集》卷一一。
② 黄向：《天妃庙迎送神曲》，《江苏通志稿·金石》卷二一。
③ 朱德润：《江浙行省右丞岳石木公提调海漕政绩碑》，《存复斋文集》卷一。
④ 朱德润的《敕赐天妃庙新祭器记》（《存复斋续集》）记述在"吴城西北隅"天妃庙举行祭典事。郑东的《重修灵慈宫碑》则记述在昆山周泾天妃宫举行祭典事（《名迹录》卷二）。
⑤ 虞集：《送祠天妃两使者序》，《道园学古录》卷六；宋褧：《宋公（宋本）行状》，《燕石集》卷一五。
⑥ 宋褧：《平江天妃庙题名记》，《燕石集》卷一二。
⑦ 张翥：《寄题顾仲瑛玉山诗一百韵》，《草堂雅集》卷六。
⑧ 虞集：《送祠天妃两使者序》，《道园学古录》卷六；宋褧：《宋公（宋本）行状》，《燕石集》卷一五。
⑨ 苏天爵：《宋公墓志》，《滋溪文稿》卷一三。

卒事于漳",应与宋褧相同①。周伯琦奉命代祀,"始直沽,道淮安,历镇江……至姑苏"。他先在平江治所的天妃庙举行仪式,"越三日丙戌,东至属境昆山州庙。又二日戊子,南至海口路漕庙,礼皆如之"②。周伯琦此次的整个行程,是"循江淮,道闽越,抵南海,南北几及万里"③。也就是说,他还前往浙东、福建、广东等处,代祀天妃,所到之处,超过了在此以前的宋本、宋褧等人。

这些奉皇帝之命代祀的官员,都携带宫廷中颁发的香和其他祭品。周伯琦记,他奉命时,"上御水晶殿,以白金奁封香手额致敬,以授臣伯琦"④。《元史·祭祀志六》记,"金幡一合,银一锭,付平江官、漕司及本府官,用柔毛酒醴,便服行事。祝文曰:'维年月日,皇帝特遣某官等,致祭于护国庇民广济福惠明著天妃。'"这条记载显然是有脱漏的,"金幡一合"是不对的,参照岳镇渎海的祭物,应是组(或织、销)金幡二、银香合一。祭典"具祝版奉香,以少牢祀"⑤。

除了以上两种祭祀仪式外,海道都漕运万户府的长官到任时,要到平江天妃庙举行仪式⑥。皇帝有时指定专人前往某处天妃宫祭祀,如前举张光祖去成山,这是不在使者"遍祀"之列的。上面我们说天妃在国家祭典中与岳、渎、海、镇的规格相当,但事实上祭祀的规模、次数都远在岳、渎、海、镇之上,确实是"视岳、渎有加焉"⑦。

第三节　元代天妃崇拜兴盛的原因

有元一代,天妃庙宇遍及沿海各地,元朝政府迭加天妃封号,举行隆重祭典。总之,在元代,天妃崇拜是很兴盛的。

元代天妃崇拜的兴盛,与海道漕运有着极其密切的关系,这是大家公认的。元朝都城大都(今北京)在华北平原,北方粮食产量低,每年必须由江南经海道运输大批粮食到直沽,再转运到大都,元朝的统治才能维持下去。

---

① 张翥:《寄题顾钟瑛玉山诗一百韵》,《草堂雅集》卷六。
② 《供祀记》。按惯例使者应是二人,但周伯琦没有记下同行者名字,也可能至此时有所变化。
③ 周伯琦:《供祀记》,《全元文》第44册,第552页。
④ 同上。
⑤ 朱德润:《海道都漕运万户府达鲁花赤买公惠政之碑》,《存复斋续集》。
⑥ 黄向:《天妃庙迎送神曲》,《江苏通志稿·金石》卷二一。
⑦ 周伯琦:《供祀记》,《全元文》第44册,第553页。

"内自土宫戚里之卫士百执事,外至都邑之兵戍编户,上自公卿大夫士,下至府史青徒,岁以海漕之迟疾丰俭顺阻为忧喜休戚之分。"① 可以说,海运是元朝统治的生命线。天妃被官方和民间尊为海运的保护神,沿着海运航线,从江浙到成山②,以至直沽的天妃庙,主要是适应海运需要建立的。官方的种种祭典,也是围绕着海运举行的,"京师臣民,仰食东南。转输孔艰,慄慄巨浸。岁恒无虞,神功实大"。"神佑国家,食我京邑。漕舟岁发,卜吉于兹。"这些祝文中的字句,都道出了天妃崇拜与海运的密不可分的关系。"至正九年秋,海道粮舶毕达京师,皇上嘉天妃之灵",于是命张翥,彰实"遍礼祠所"。便是表示天妃崇拜与漕运关系的一个典型例子③。

但应该指出的是,元代天妃崇拜的兴盛,和海外交通的发展亦有密切的关系。元朝政府尊称天妃,始于至元十五年或十八年,已见前述。而元代开创海道漕运,始于至元十九年。首次粮船于二十年二月到达直沽。这一年冬天,忽必烈下决心命朱清、张瑄组织海运。因此,至元十五年或十八年,元朝政府关心的是海外贸易,而不是海运。在至元十五年或十八年加封天妃,只能是为了适应开展海外贸易的需要。况且,福建一地没有海运的任务,而这一带历来与海外诸国多有往来,福建各处的天妃庙宇,显然也是为了保佑当地百姓到海外谋生而设的,前文曾指出,海南在元代出现了若干天妃庙宇。海南是我国通向南海诸国的门户,海南天妃庙与国内海道漕运更不会有什么关系,应是海外交通发展的结果。

元代是我国历史上航海事业大发展的时代。元代的航海事业,主要包括两个方面,一是海外交通,二是国内的南北海运。这两个方面航海事业的发展,都对天妃崇拜的兴盛起了促进的作用。天妃是广泛意义上的航海保护神,受到中国航海者的共同崇拜。须知,航海是带有很大冒险性的事业。"然风涛有所不测,虽河渠之细犹不免,况于海乎!设使飓风鼓涛,鲸呿鳌抃,天跳地摇,万斛之舟,轻于一掷。当此之时,虽有绝伦智力,亦必拱手待毙,哀号吁天,叫呼神明,救死瞬息。"④ 在难以抗拒的大自然力量面前,人们只能把生的希望寄托在神的身上。传说中的天妃,能够拯救航海者于狂

---

① 江浙行省的庆元、台州、温州等处,亦与海运有关,见《经世大典·海运·艘数装泊》,《永乐大典》卷一五五〇。重修庆元天妃庙的便是海运千户和漕户(政府指派从事海运的人户)。
② 宋褧:《天妃庙代祀祝文六道》,《燕石集》卷一一。
③ 张翥:《寄题顾玉山诗一百韵》,《草堂雅集》卷六。
④ 郑元祐:《重修路漕天妃宫碑》,《侨吴集》卷一一。

风怒涛之中，因而也就能增强他们从事海上航行的勇气："舟入汪洋大海之中，上天下海，四无畔涯。彼以眇然之身，谈笑而往，无少怖畏疑虑之心，以神赖也。"[1]"运舟冒险以出，常赖祷词以安人心。"[2] 这就是航海者崇拜天妃而元朝政府积极加以提倡的原因所在。

---

[1] 郑东：《重修灵慈宫碑》，《名迹录》卷二。
[2] 虞集：《黄头公墓碑》，《道园学古录》卷四一。

第十三章 元代的东岳崇拜

元代社会存在多种神祇崇拜，其中以东岳崇拜影响最大。

第一节 泰安东岳庙及庙会

位于山东境内的泰山，称为东岳，是五岳之首，历代皇帝封禅之地。唐玄宗封东岳神为天齐王，宋真宗时封为仁圣天齐王，后又改封东岳天齐神圣大帝。元朝至元二十八年（1291）封五岳四渎，"加上东岳为天齐大生仁圣帝"，比起前代来，尊崇的程度又有所提高。皇帝每年都要派官员和道士携带礼物前去祭祀。①

汉族民间传说，人死后"魂归于岱山"②。岱山即泰山，被认为是鬼神所在之地，"旧说岱宗上有金箧五策，能知人年寿修短"③。泰山神"主治死生，百鬼之主帅也"④。因此，泰山神受到特殊的尊奉。元代的记载说："夫山川之神，五岳最大，而岱为之宗。"⑤ "以神司命万类，死生祸福，幽明会归，故所在骏奔奉祀，惟恐居后。"⑥

从现存的记载来看，泰山岱庙（东岳庙）的修建，大概是从唐代开始

---

① 柳贯：《东岳泰山加封大生制》，《柳待制文集》卷七；《元史》卷七六《祭祀志五·岳镇海渎》。
② 《后汉书》卷八〇《乌桓传》。一种意见认为，人死后灵魂归山的观念起源于古代的东夷族，泰山所在地区正是东夷活动之地。见李炳海《东夷族灵魂归山观念及相关文学事象》，《社会科学战线》1994 年第 3 期。
③ 《太平御览》卷三九引《风俗通》。
④ 《云笈七籖》卷七九《五岳真形图序》。
⑤ 苏天爵：《新城镇东岳祠记》，《滋溪文稿》卷三。
⑥ 王恽：《平阳路景行里新修岱岳行祠记》，《秋涧文集》卷三七。

的。而现今泰山脚下规模宏大的岱庙,其始建年代,可以追溯到宋朝。金、元之际,山东迭经战乱,泰安的各种庙宇,"百不存一",岱庙亦遭严重破坏。归附于蒙古的东平军阀严实、严忠济父子责成道士张志伟(号天倪子)修葺,逐渐得以恢复,但离原貌尚远。① 元世祖忽必烈即位后,积极推行"汉法",措施之一,便是推行中原传统的各种祭祀活动,包括江河岳渎神祇的祭祀,并整修有关庙宇。岱庙亦在其列。"岳渎庙貌,罹金季兵火之余,率多摧毁。内府出元宝钞十万缗付师(全真掌教张志敬)雇工缮修。师择道门中廉洁有干局者,量工役多寡,给以钱币,使各任其事。……凡再易寒暑,四岳一渎,五庙完成,尽复旧观。"② 其中泰安岱庙,便是委托张志伟继续修葺的。"中统四年,蒙燕都大长春宫掌教诚明真人专使赍奉圣训,委师(张志伟)提举修饰东岳庙事。""掌教诚明真人"就是全真派掌教张志敬。

在泰安岱庙附近,有一座蒿里山。传说进入阴曹地府的漆(奈)何桥便在蒿里山旁的漆河上。③ 蒿里山上建有供奉阴间鬼神的庙宇。"蒿里者,古之挽章名。……后代以为人死精魂归于蒿里,其山有神主之,因立七十五司,以为追逮收捕出入死生之所也。""其祠距泰岳之庙西南五里许,建于社首坛之左。自唐至宋,香火不绝,□之者入则肃然,近则威然,出则怖然,若有追之者,岂非世人如见真鬼神而然欤!""金季兵烽四起,玉焚石烬",也是严实、严忠济父子命张志伟加以修葺,后又得到祁志诚的赞助,"旧祠百二十楹,近已完缮,次第落成,其塑像辉耀,比旧有加焉。"④ "世传蒿里摄灵魂,庙宇烧残弊复新。七十五司阴断事,数千余里远祠人。"⑤ 蒿里神祠就是阴曹地府,民间所说的森罗殿,它与东岳庙(岱庙)实际上是一体密不可分的。

修复后的泰安岱庙,受到种种优遇。元朝皇帝曾为此发布护持圣旨:"这的每庙宇房院里,使臣休安下者,铺马祇应休拿者,商税、地税休与者,但属他们的水土、园林、碾磨、铺席,不拣什么他每的休倚气力夺要者。每年烧香的上头得来的香钱物件,只教先生每收掌者,庙宇损坏了可修理整治

---

① 杜仁杰:《泰安阜上张氏先茔碑》,陈垣编纂,陈智超、曾庆瑛校补《道家金石略》。
② 王磐:《诚明真人道行碑》,《道家金石略》。
③ 徐世隆:《重修东岳蒿里山神祠记》,《道家金石略》。古代帝王有封禅仪式,封于泰山禅于梁父,封是祭天禅是祭地,后改在社首山行禅礼。社首山与蒿里山相连,"社首坛"即帝王祭地之坛。
④ 徐世隆:《蒿里山神祠诗》,《道家金石略》。
⑤ 《泰山东岳庙圣旨碑》,《道家金石略》。

者。这的每其间里，不拣是谁，休入来休沮坏者。"① 在人们心目中，泰山是东岳大帝所在地，因而泰山东岳庙最为灵验。前往礼拜和还愿的信徒最多。特别是每年三月二十八日，传说中东岳大帝的生日，信徒从四面八方赶来，烧香礼拜，举行各种娱神活动，同时开展各种物品贸易。神的生日集会成了群众狂欢的节庆。元世祖末年，赵天麟向朝廷上《太平金镜策》言时政，其中说道："夫东岳者，太平天子告成之地，东方藩侯当祀之山，今乃有倡优戏谑之流，货殖屠沽之子，每年春季，四方云聚，有不远千里而来者，有提挈全家而至者。干越邦典，渫渎神明，停废产业，靡费食货，亦已甚矣。"②

到了仁宗皇庆二年（1313），元朝山东东西道廉访司的一件文书中说："本道封内，有泰山东岳，已有皇朝颁降祀典，岁时致祭，殊非细民谄渎之事。今士农工商，至于走卒、相扑、俳优、娼妓之徒，不谙礼体，每至三月，多以祈福赛还口愿，废弃生理，聚敛钱物、金银、器皿、鞍马、衣服、匹段，不以远近，四方辐辏，百万余人，连日纷闹。……岳镇海渎，圣帝明王，如蒙官破钱物，令有司岁时致祭，民间一切赛祈，并宜禁绝。"

元朝政府经过研究，认为："岳镇名山，国家致祭，况泰山乃五岳之尊。今此下民，不知典礼，每岁孟春，延及四月，或因父母，或为己身，或称祈福以烧香，或托赛神而酬愿，拜集奔趋，道路旁午，工商妓艺，远近咸集，投醮舍身，无所不至。愚惑之人既众，奸恶之徒岂无，不惟亵渎神灵，诚恐别生事端。以此参详，合准本道廉访司所言，行移合属，钦依禁治相应。"③ 从这两件文献可以看出，泰山东岳庙有两种祭祀活动，一种是官方的，一种是民间的。官方祭祀每年由朝廷派官携带礼物，"至则守臣奉诏使行礼"。民间的祭祀是自发的，各行各业人员，数以"百万"计（这应是夸大了的数字），在三四月间，聚集在泰山东岳庙。祈福还愿，同时有各种娱乐活动，包括戏剧演出（俳优）和相扑比赛等。三月二十八日前后的东岳庙，"连日纷闹"，"道路旁午"，充满了节日的气氛。元朝政府认为这种群众性的活动"亵渎神灵"，而且容易"别生事端"，实际担心聚众闹事，所以要加以取缔，但实际效果如何，是很可怀疑的。

元代杂剧中有不少关于泰山东岳庙会的描写，可以和上述文献记载相互

---

① 赵天麟：《太平金镜策》卷四，《四库存目丛书》本。
② 《元典章》卷五七《刑部十九·杂禁·禁投醮舍身烧死赛愿》。
③ 《元史》卷七六《祭祀志五·岳镇海渎》。

印证。在《看钱奴买冤家债主》中,东岳神被说成"掌管人间生死贵贱",下辖"十八地狱,七十四司"。"赛五岳灵神,为一人圣慈。总四海神州,受千年祭祀。护百姓二十河,掌七十四司。献香钱,火醮纸,积善的长生,造恶的便死。"该剧描写曹州人贾仁穷困潦倒,"埋天怨地"。东岳神将周荣祖家的福力"权且借与他二十年"。贾仁因而"暴富起来",周荣祖家且败落下去。贾仁无子,买了周荣祖的儿子为子,改名贾长寿。二十年后,贾仁死去,周荣祖与贾长寿父子相见,财产又回到周家。此剧旨在说明"贫与富前定不能移",而掌管民间贫富贵贱的就是东岳神。该剧第三折中东岳庙的庙祝出场时说:"小道是东岳泰安州庙祝,明日三月二十八日,是东岳圣帝诞辰,多有远方人来烧香。"周荣祖夫妇来到"东岳爷爷的庙",向庙祝请求:"庙官哥哥,俺两口儿一径儿来还愿的,赶烧往儿头香。"和他一样为赶烧头炷香而歇在庙中的"人好不多哩","那前面早下的满了也"①。这出杂剧中,关于人们对东岳大帝的崇拜以及诞辰集会的描写,都是符合元代实际的,而人们争着在诞辰时烧头炷香,亦应是当时流行的风俗。

杂剧《黑旋风双献功》中,宋江的"八拜交的兄弟"孙孔目,"许了泰安神州三年香愿,今年第三年也"。他上梁山向宋江"告一个护臂来"。黑旋风李逵自愿充当护臂,保护孙孔目夫妇前去泰安烧香,由此引出了一段故事。② 而在另一出杂剧《鲁智深喜赏黄花峪》中,济州书生刘庆甫夫妻"许了泰安神州烧香三年,今年已第三年也,烧香已回",途中遇到蔡衙内,抢走妻子,后为梁山英雄解救。③ 此外,在南戏《小孙屠》中,孙屠母亲说:"曾许下东岳三年香愿,以还二年了,今年一年便还足。"要孙屠伴同一起前去。④ 可见三年香愿在当时是颇为流行的。

杂剧《小张屠焚儿救母》,说的是张屠因母亲病重,向"东岳爷"许愿,只要母亲病愈,便以儿子作祭品。母亲果然病痊,张屠便在三月二十八日到东岳庙还愿,将孩儿"火焚在焦盆"。幸有东岳神搭救,将孩儿送回家中,全家团圆。⑤ 这个故事并非凭空捏造,据记载,元代确曾发生过在东岳

---

① 高文秀:《看钱奴买冤家债主》,《元曲选》。
② 佚名:《黑旋风双献功》,《元曲选外编》。
③ 佚名:《鲁智深喜赏黄花峪》,见《近代汉语语法资料汇编·元代明代卷》,商务印书馆1995年版,第140—180页。
④ 佚名:《小孙屠》,《元曲选外编》,第716—724页。
⑤ 高文秀:《小张屠焚儿救母》,《元曲选》。

庙焚儿酬愿之事。据山东东西道廉访司报告："近为刘信酬愿,将伊三岁痴男,抛投醮纸火池,以至伤残骨肉,灭绝天理。"① 这是极端愚昧造成的悲剧,在剧作者笔下竟成了歌颂东岳帝神圣贤明的喜剧。剧中还有一个"家中有万贯钱财"的王员外,"每一年三月二十八,去太安神州做一遭买卖"②。这是以经商营利为目的前往泰山东岳庙的。

前引元朝官府文书中提到泰山东岳庙庙会上有"相扑"之徒。"相扑"就是摔跤,庙会上要举行"相扑"比赛。杂剧《黑旋风双献功》中,李逵愿意护送孙孔目去泰安还愿,宋江说:"这泰安山神州庙,有一等打擂台赌本事的,要与人厮打,你见他山棚上摆着许多利物,只怕你忍不过,就要厮打起来。"③"擂台"就是擂台,相扑比赛的场所。杂剧《刘千病打独角牛》就以此为题材。"祖传三辈""擂家出身"的独角牛,"每年三月二十八日上东岳泰安神州争交赌筹,劈排定对,比并高低",二年无对手,第三年遇到刘千。两人在"露台上""赌擂",刘千打倒独角牛,赢得了银碗花红表里段匹,还被授予深州饶阳县令之职。剧中降香大使说:"今日是三月二十八日,乃是东岳天齐大生仁圣帝圣诞之辰,小官奉命降香一遭,端的是人稠物穰,社火喧哗。""社火"就是民间组织的各种娱乐表演,"跌打相搏"正是"社火"的内容之一。

中国古典名著《水浒传》中亦有关于东岳崇拜的描写。吴用为了让卢俊义上山,假扮相士,推算卢俊义有血光之灾,只有到东南千里之外,方可免难。卢俊义对手下人说:"我想东南方有个去处,是泰安州,那里有东岳泰山天齐仁圣帝金殿,管天下人民生死灾厄。我一者去那里烧炷香,消灾灭罪;二者躲过这场灾晦;三者做些买卖,观看外方景致。"④ 他前往泰安东岳庙,既为了烧香还愿,又做买卖。梁山英雄大聚义以后,有一伙人从梁山泊经过,上泰安州烧香。他们说:"目今三月二十八日天齐圣降诞之辰,我们都去台上使棒,一连三日,何止有千百对在那里。"并说有个扑手好汉任原,在庙上争交,两年无敌手。浪子燕青闻知,便赶往泰安东岳庙,"原来庙上好生热闹,不算一百二十行经商买卖,只客店也有一千四五百家,延接天下香官。到菩萨圣节之时,也没安着人处,许多客店,都歇满了"。圣诞之日,

---

① 《元典章》卷五七《刑部十九·诸禁·禁投醮舍身烧死赛愿》。
② 高文秀:《小张屠焚儿救母》,《元曲选》。
③ 佚名:《黑旋风双献功》,《元曲选外编》。
④ 《水浒全传》第六一回,上海人民出版社1975年版。

"三更前后，听得一派鼓乐响，乃是庙上众香官与圣帝上寿"。"那日烧香的人，真乃并肩迭背，偌大一个东岳庙，一涌便满了，屋脊梁上都是看的人。"燕青与任原在献台上相扑，由部署裁判，经过几个回合，燕青将任原摔下台去，取得胜利。①《水浒传》中这些描写，都可以和上述元代文献和杂剧中有关记载互相印证，但叙述更为具体、生动。《水浒传》故事应形成于南宋、元代，有关东岳崇拜的描写为此提供了很好的例证。

第二节 北京东岳庙

泰山东岳庙可以称为东岳的祖庙，其他各地的东岳庙是别庙。在各地的别庙中，大都的东岳庙影响最大。

据元代方志《析津志》记，"岳庙，南北二京有四处。一在燕京阳春门，即今朝枝庙，无碑。一在长春宫东，有礼部尚书元明善所撰碑文。一在燕京太庙寺西，有王澹游所撰碑文。一在北城齐化门外二里许，天师宫张上卿创起，后俱是吴宗师闲闲一力完成，有翰林学士赵孟𫖯子昂奉敕撰张上卿道行碑，在街南大园内树立"②。吴全节（1269—1346）号闲闲，是张留孙的弟子，张留孙死后，嗣为玄教大宗师，同样得到统治者的优遇。《析津志》原书已佚，现在整理的《析津志辑佚》不少内容由传世钞本辑得，颇多错漏，此条"岳庙"上应漏"东"字。元朝都城大都有南、北二城。南城是金中都（燕京）旧址，北城是元代新建的城市。文中所说四处东岳庙，前三处均在南城，后一处在北城。四处中两处已不可考，两处（长春宫东、齐化门外）都另有记载。长春宫是道教全真派的根本之地，今白云观的前身。元代中期，"大都南城长春宫都提点冯道颐始作东岳庙于宫之东"，庙中神像出自当时最杰出的雕塑艺术家刘元之手。这座东岳庙便以塑像精美名闻京都。③但是，关于这座东岳庙没有很多的记载。齐化门外的东岳庙，在当时名声最大。它创始于张上卿（张留孙），完成于吴宗师（吴全节），是大都的一大名胜。

张留孙（1248—1321）是江西龙虎山道教正一派掌门张宗演的弟子。南

---

① 《水浒全传》第七三回、七四回。
② 《析津志辑佚·祠庙·仪祭》，北京古籍出版社1983年版，第54页。
③ 虞集：《刘正奉塑记》，《道园学古录》卷七。《析津志》所说元明善碑文已佚。

宋灭亡后，张宗演应忽必烈之召到大都，留孙随行。张宗演不久南还，留孙留在大都，忽必烈授以江南诸路道教都提点之职。后来，他又经历成宗、武宗、仁宗、英宗四朝，备受宠遇，屡次加封为特进、上卿、玄教大宗师、开府仪同三司。他出身正一道，受封为玄教大宗师，实际上是得到统治者的允许，自立门户，成为道教中一个独立派别的开山祖师。在元代中期，玄教是道教中最显赫的派别，其地位不但超过了北方原有的全真、大道等派，而且也在南方的正一道之上。

元仁宗延祐年间（1314—1320），张留孙"买地于大都齐化门外，规以为宫，奉祠东岳天齐仁圣帝。仁宗皇帝闻之，给以大农之财，辞不拜，第降诏书护作。方鸠工而留孙殁。"张留孙提出了在齐化门（今朝阳门）外建造东岳庙的设想，收购了土地，并得到皇帝的支持，但没有开工便已去世。吴全节嗣位后，完成了他的志愿，"大发累朝赐金，以成其先师之志。至治壬戌，作大殿，作大门，殿以祀大生帝，前作露台以设乐，门有卫神。明年作东西庑……筑馆于东以居奉祀之士，总名之曰东岳仁圣宫。"① 也就是说，这座东岳庙在至治癸亥（1323）已大体落成。新东岳庙建成以后，很快便成为大都北城的名胜。东岳庙会亦成为一大景观。"其庙宇神像，翚飞伟冠，实为都城之具赡。致其巧思，特出意表，真一代绝艺也。每岁自二月起，烧香者不绝。至三月烧香酬福者，日盛一日。比及廿日以后，道涂男人□□赛愿者填塞。廿八日，齐化门内外居民，咸以水流道以迎御香，香自东华门降，遣官函香迎入庙庭，道众乡老甚盛。是日，沿道有诸色妇人，服男子衣，酬步拜，多是年少艳妇，前有二妇人以手帕相牵闾道，以手捧窨炉，或捧茶、酒、汤水之类，男子亦然。都城北，数日，诸般小买卖，花朵小儿戏剧之物，比次填道。妇人女子牵挽儿童，以为赛愿之荣。道旁盲瞽老弱列坐，诸般揖丐不一。沿街又有摊地凳槃卖香纸者，不以数计。显官与怯薛官人，行香甚众。车马填街，最为盛都。"②"[三月]二十八日，乃[东]岳帝王生辰，自二月起，倾城士庶官员，诸色妇人，酹还步拜与烧香者不绝，尤莫盛于是三日。道途买卖，诸般花果、饼食、酒饭、香纸，填塞街道，亦盛会也。"③ 大都三月二十八日东岳大帝诞辰庆典，就其规模和影响来说，都可以

---

① 虞集：《东岳仁圣宫碑》，《道园学古录》卷二三。
② 《析津志辑佚·祠庙·仪祭》。
③ 《析津志辑佚·岁纪》。

与二月十五日的"游皇城"相提并论，两者都是宗教的活动，但又是各阶层人士娱神和自娱的盛大节日。

三月二十八日东岳大帝诞辰，各座东岳庙都要举行庆典，为什么新建的齐化门外东岳庙的庙会特别盛大，能够吸引众多的群众？原因是多种多样的。从根本上说，当然是东岳崇拜在当时深入人心所致。玄教领袖在政治上的特殊地位，使这座东岳庙受到皇室、贵族的种种优遇，也使它得以名声大振。此外还应归功于它的地理位置。大都南、北两城，南城是辽、金时的旧城，人口较少，北城是新建的都城，人口稠密，而在北城，这是唯一的一座东岳庙。齐化门外又是交通的要道，漕运的码头。众多的因素加在一起，使东岳庙庙会在很短时间内便家喻户晓，成为各阶层人士普遍参与的热点。

元代有人说："今郡县有庙以祠东岳之神者十六、七。"① 又有人说："今东岳之祠遍四方，穷陬下邑，往往而有，田夫里媪，日报援叫号，以祷以禬，不惧其黩。"② 这些说法并非夸大。从现存的记载来看，除上面所说泰安祖庙、大都数处东岳庙以外，大江南北，到处可以看到东岳庙的存在。在北方，真定（今河北真定）新城镇、沔州（今陕西略阳）、同州澄城县（今陕西澄城）、③ 安西路华阴（今陕西华阴）、④ 平阳（今山西临汾）、隰州蒲县（今山西蒲县）、滕州（今山东滕县）等地，⑤ 均有东岳庙。在南方，东岳庙更加普遍。江浙行省的庆元路（路治今浙江宁波）下辖一司（录事司，管理路治所在城市事务）、四县（象山、慈溪、定海、鄞县）、二州（昌国、奉化）七处都有东岳庙。⑥ 镇江路（路治今江苏镇江）下辖一司、三县（丹徒、丹阳、金坛），除丹徒外，一司二县共有东岳庙四处。⑦ 嘉兴路（路治今浙江嘉兴）辖一司、一府（松江府）、三县（嘉兴、海盐、崇德），除嘉

---

① 虞集：《滕州新修东岳庙记》，《道园学古录》卷四六。
② 牟𪩘：《绍兴嵊县新建东岳行祠记》，《全元文》卷二四一，江苏古籍出版社1998年版。
③ 以上各处东岳庙见苏天爵《新城镇东岳祠记》（《滋溪文稿》卷三）、严震《东岳行祠碑》（《全元文》卷三五五）、《岱岳庙醮盆题字》（《道家金石略》，第1125页）。
④ 《一二八二年东岳庙令旨碑》，见蔡美彪编《元代白话碑集录》（科学出版社1955年版，第30页），按原文作"华阳"，疑误，元代安西路下属只有华阴县。
⑤ 王恽：《平阳路景行里新修岱岳行祠记》《隰州蒲县新修岳庙台门疏》，《秋涧文集》卷六九；虞集：《滕州新修东岳庙记》，《道园学古录》卷四六。
⑥ 延祐《四明志》卷一五《祠祀志》；大德《昌国州志》卷七《宫观》。
⑦ 至顺《镇江志》卷八《神庙》。

兴县外，其余均有东岳别庙或行宫。① 集庆（今江苏南京）有东岳庙。② 平江（今江苏苏州）有东岳行宫，是城内道教祠宇玄妙观的一部分。③ 常熟州（今江苏常熟）福山的东岳庙，远近闻名。④ 江西的南丰（今江西南丰）、安福（今江西安福）、丰城（今江西丰城）等处亦都有东岳庙。⑤ 以上是初步检索所得，实际上应有更多。

从元代的有关记载来看，各地方东岳庙的兴建，大概起于唐末五代，盛于宋时，"东岳泰山之庙遍天下，则肇于宋时之中叶。"⑥ 元代各地的东岳庙，多数是前代建造，到元代又重新修葺的。但也有不少则是元代新建的，因为当时东岳庙已很普遍，以致"今郡县不置庙则以为阙"。⑦ 元代修葺或新建东岳庙发起者大多是地方官员，但有一些则由民间人士经营，例如镇江路金坛县东岳别庙，创始于北宋，"归附后，至治二年，邑士吕桂子重修"⑧。丰城东岳行祠，"元至正庚寅，邑人熊世宏以己资施建也。"⑨ 平阳景行里的岱岳行祠，是"平阳故族张士信等"修造的。⑩

分布在各地的规模大小不等的东岳庙，也都受到尊奉。既有官方祭典，更多的是民间的祭祀活动。上面提到的常熟州福山东岳庙是比较突出的，在宋代，"东南士民奔走祠下乞灵祈福，于是福山岳庙遂为泰岱行祠之甲"⑪。到了元代，据昆山（今江苏昆山）地方志记载，"其朝岳祠者比屋举家岁往常熟之福山。"⑫ 可见盛况依旧。杂剧《相国寺公孙合汗衫》中，有人说道："我那徐州东岳庙至灵至圣，有个玉杯珓儿，掷个上上大吉，便是小厮儿。掷个中平，便是个女儿。掷个不合神道，便是个鬼胎。"南京（今河南开

---

① 至元《嘉禾志》卷一〇《祠庙》。松江府后直辖于行省。
② 至正《金陵新志》卷一一上《祠祀志》。
③ 《东岳行宫香炉记》，《道家金石略》。
④ 郑元祐：《福山东岳庙兴造记》，《侨吴集》卷九。
⑤ 刘埙：《南丰州重修东岳行宫记》，《全元文》卷三四八；揭傒斯：《安福州东岳庙记》，《揭傒斯全集·文集》卷五，上海古籍出版社1985年版；林弼：《丰城县改建东岳庙记》，《林登州集》卷一五。
⑥ 吴澄：《大都东岳仁圣宫碑》，《吴文正公集》卷二六。
⑦ 揭傒斯：《安福州东岳庙记》，《揭傒斯全集·文集》卷五。
⑧ 至顺《镇江志》卷八《神庙》。
⑨ 林弼：《丰城县改建东岳庙记》，《林登州集》卷一五。
⑩ 王恽：《平阳路景行里新修岱岳行祠记》，《秋涧文集》卷六九。
⑪ 郑元祐：《福山东岳庙兴造记》，《侨吴集》卷九。
⑫ 至正《昆山郡志》卷一《风俗》。

封）人张孝友便携妻前去，"一来掷杯珓，二来就做买卖。"① 徐州东岳庙应该也是比较有名的。

第三节　东岳庙的神祇

元代的神祇崇拜，名目众多。未经官方认可的神祇崇拜，称为"淫祀"，大多与巫觋有关。经官方认可的，有自然神崇拜，亦有英雄神崇拜，其中影响较大的有东岳崇拜、城隍崇拜、天后崇拜、关圣（关羽）崇拜等，东岳崇拜和城隍崇拜居于各种神祇崇拜的前列，最为普遍。但城隍神各地均不相同，而东岳崇拜所尊奉的都是同一个东岳大帝。从这个意义上说，东岳崇拜是元代神祇崇拜中影响最广的。

据记载，大都南城长春宫旁东岳庙"正殿仁圣帝，两侍女，两中侍，四丞相，两介士。其西炳灵公，两侍女，两侍臣；其东司命君，两道士，两仙官，两武士，两将军"。此外"廊庑"亦塑各种人物。② 大都齐化门外东岳庙，"作大殿，作大门，殿以祀大生帝，"又有"东西庑之间特起如殿者四，以奉其佐神之尊贵者"。在大殿后有"神寝，象帝与其妃夫人娰寺之容"③。根据后代的记载，庙中有"仁圣帝、炳灵公、司命君、四丞相"塑像，清康熙年间毁于火。④ 显然，齐化门外东岳庙的主要神祇，亦应是仁圣帝（东岳神）、炳灵公和司命君。当时的东岳庙一般都应是如此，这从《水浒传》中的描写可以得到证实。燕青来到泰安岱岳庙时，"遥观圣像，九旒冕舜目尧眉；近睹神颜，衮龙袍汤肩禹背。九天司命，芙蓉冠掩映绛纱衣；炳灵圣公，赭黄袍偏称蓝田带"⑤。前二句描写仁圣帝，后二句分别描写炳灵君和司命君。北宋大中祥符元年（1008），宋真宗封禅泰山，加封泰山三郎为炳灵公。泰山三郎就是传说中东岳神的第三子。在东岳神诸子中地位最为突出。⑥ 元代杂剧《小张屠焚儿报母》中，起作用的就是炳灵公。⑦ 司命君是女性，

---

① 张国宾：《相国寺公孙合汗衫》，《元曲选》。
② 虞集：《刘正奉塑记》，《道园学古录》卷七。
③ 虞集：《东岳仁圣宫碑》，《道园学古录》卷二三。
④ 王士禛：《香祖笔记》，转引自《日下旧闻考》卷八八《郊坰》。
⑤ 《水浒全传》第七四回。
⑥ 后唐长兴三年（932），封泰山三郎为威雄将军（《日下旧闻考》卷八八《郊坰》引《五代会要》），可见东岳神第三子灵异的传说发生很早。
⑦ 《元曲选外编》，第720—721页。

很可能就是传说中东岳神的女儿，也就是后代在很多地方受到尊奉的碧霞元君。①

传说中东岳神司人间生死，阴曹地府亦在其管辖之下。杂剧《朱砂担滴水浮沤记》中，东岳太尉"掌管善恶生死文簿，到森罗殿上对策走一遭去来"。地曹判定的案件要由他审核。② 泰安的岱庙和表现阴间地府的蒿里神祠分在两处，实为一体。蒿里神祠有七十五司，已见前述。③ 杂剧中则记，在岳神掌管下有"十八地狱，七十四司"，④ 大都齐化门外东岳庙，有东西庑，"列庑如官舍，各有职掌，皆肖人而位之"⑤。证之于后代的东岳庙形制，就是阴曹地府各司所在。⑥ 也就是说，在齐化门外东岳庙，东岳神及有关神祇与阴曹地府已合在一座建筑之中。江西安福州的东岳庙建成后，"重门复殿，高广丽深，翼以列祠七十有二"⑦。可知当地的东岳庙中亦有地曹阴府之设。平阳路景行里东岳行祠，"中设冥府诸像"⑧。抚州的东岳庙，"像肖之设，狞威惠慈，各当其状，祸福惊动，稽首畏服"。所谓"狞威"等等，显然也是指庙中有阴曹地府种种形象而言的。可以认为，当时的很多东岳庙，除了供奉东岳大帝及有关神祇外，还有阴曹地府诸司的塑像，这是东岳庙不同于其他神庙的一大特色。

东岳神是道教的神祇。元代的东岳庙通常亦被纳入道教系统，由道士掌管。修葺泰安岱庙的张志伟，"礼真静崔先生为师"⑨。崔先生名道演，号真静，"师东海刘长生"⑩。刘长生即刘处玄，是道教全真派开山祖师王重阳的七大弟子（号称七真）之一。⑪ 可知张志伟是全真派的道士。全真掌教张志敬选他来提举修饰东岳庙事，应亦与此有关。杂剧《看钱奴买冤家债主》中，泰安州东岳庙庙祝（庙官）是个道士。大都南城长春宫附近的东岳庙，

---

① 刘侗、于奕正：《城南内外·弘仁桥》，《帝京景物略》卷三。
② 佚名：《元曲选》。
③ 《水浒全传》第七四回说："蒿里山下，判官分七十二司。"数字有出入。
④ 《看钱奴买冤家债主》，第1584—1585页。
⑤ 虞集：《东岳仁圣宫碑》，《道园学古录》卷七。
⑥ 明代文献说，朝阳门（齐化门）外东岳庙"环以廊庑，作置如宫司者八十有一，各有职掌"。（《日下旧闻考》卷八八《郊坰》引明英宗碑）近代东岳庙廊庑七十二间，供奉地狱七十六司。
⑦ 揭傒斯：《安福州东岳庙记》。
⑧ 王恽：《平阳路景行里新修岱行祠记》，《秋涧文集》卷六九。
⑨ 杜仁杰：《泰安阜上张氏先茔碑》。
⑩ 杜仁杰：《真静崔先生传》，《道家金石略》。
⑪ 秦志安：《长生真人刘宗师道行碑》，《道家金石略》。

是由长春宫提点冯道颐策划修建的。① 众所周知，长春宫是全真派的根本之地。大都北城齐化门外的东岳庙，则是道教正一派的支系玄教主持建造的，后来成为北方正一派的中心。安福州新建东岳庙，"命道士姚某守之"②。安西华阴县东岳庙是以"先生"为头的，"先生"是当时对道士的习惯称呼。③以上这些记载都说明了东岳崇拜与道教的密切关系，无论全真或是正一，都尊奉东岳神。

东岳崇拜原来是一种民俗信仰，但在发展过程中发生了许多变化。从元代的东岳崇拜来看，有些现象是值得注意的。（1）东岳崇拜原来是自然现象崇拜，发展过程中逐渐人格化。元代的东岳神，有大帝的称号，有妻有子有女，有官府，神的形象完全按人间帝王的面貌来塑造。（2）东岳崇拜在发展过程中被归纳入道教系统之内。但东岳崇拜与道教信仰既有联系，又不完全相同。在许多地方，东岳庙的规模、活动，都在一般道教庙宇之上。特别是泰山岱庙和大都齐化门外东岳庙的庙会，其规模之盛大，参与群众之众多，更是其他道教活动所无法比拟的。它应视为民间神祇崇拜之一种，不能与道教信仰完全等同起来。（3）三月二十八日东岳神诞辰庙会，既是祭神、娱神的活动，又是群众自娱的形式。古代巫觋的祭祀活动常与歌舞联系在一起，金元各种神祇的祭祀常常同时举行各种表演，正是巫活动的继续和发展。④

---

① 虞集：《刘正奉塑记》，《道园学古录》卷七。
② 揭傒斯：《安福州东岳庙记》，《文安集》卷五。
③ 《一二八二年东岳庙令旨碑》。
④ 现在发现金元时期的戏台，一般都与民间各种神庙有关系。

第十四章　元代的禳灾活动

禳灾是在各种自然灾害发生时，官府和民众举行一定的仪式，祈求上天和各种神祇减灾、消灾。历史上由于社会生产力的低下，人们在自然灾害面前是软弱无力的，除了采取一些赈济措施之外，只能把希望寄托于超自然力量的恩赐。禳灾活动的研究，既是灾害史不可缺少的环节，又是社会风俗史的重要组成部分。迄今为止，元代的禳灾活动仍是很少有人注意的课题。本章就此做初步的探讨，希望有助于这一时期灾害史和社会风俗史的研究。

第一节　旱灾

有元一代各种自然灾害多发，其中旱灾发生的次数最多，涉及的地区最广。旱灾对农业生产和百姓生活造成的破坏是巨大的。每当旱灾发生，人们便向神灵祈祷，请求降雨。祈祷的对象很广泛，有龙神、山神及其他各种神祇。重大的禳灾活动由朝廷主办，多数禳灾的祈祷活动由地方官员主持，也有一些由民间人士主办。

龙是传说中一种神奇的动物，"善变化屈伸……能御大灾，捍大患"[1]。有水就有龙，大江南北，到处都有祭祀龙的祠宇。每遇旱灾，龙祠便是祈雨的首选。李䇂为淇州（今河南淇州）知州，"河朔大旱，侯祷于灵山龙祠者七，每祷辄雨，岁用丰稔"[2]。潞州（今山西长治）东南有五龙山，上有龙祠，每遇夏、秋无雨，冬季不雪，当地官员就要到龙祠祈祷，"屡祷屡应，

---

[1]　刘贯：《龙王感应之记》，《山右石刻丛编》卷四〇。
[2]　苏天爵：《李府君神道碑》，《滋溪文稿》卷一六。

捷如桴鼓"。龙祠中许多碑刻记载祷雨灵验的事迹。① 以上是北方的例子。在南方，吴江州（今江苏吴江）"东行涉江湖而为桥者相望，独第四桥之下水最深，味最甘，色湛寒碧。……世传有龙居之，州人即其桥之北，水之中沚，建祠以享龙，谓之甘泉龙王祠，其来盖甚久矣"。顺帝至正二年（1342），"夏大旱，田禾焦然就槁，民心皇皇无赖"。州达鲁花赤雅实理"率僚幕胥吏之属悉徒跣谒龙于祠下，再拜稽首，为民请命"。同时又命道士行法，"役神召龙"，两相配合，果然"雨即随至"②。"壬戌之岁"（至治二年，1322）江阴州（今江苏江阴）"夏仲不雨，秧苗渐槁，里农皇皇"，州同知理伯雍前往城东数十里的"龙湫"焚香祈祷，果然"雷雨交作"，"甘泽涌然"③。庚戌（至大三年，1310）"秋，旱，田禾将槁"，常州路（治今江苏常州）达鲁花赤达尔玛吉尔迪"访知魏村之金牛山有龙祠，晨，冒暑途走数十里，抵湫上，焚香未退，云气郁然……未及郭，雨骤至"④。丹阳（今江苏丹阳）东北嘉山有龙祠，称为善利庙。"山有龙池，遇旱不涸。池甚灵异，每祷雨时，以祭状掷水上，诚之至者则龟鱼衔曳而没于水中。"⑤ 许多地方水深的湫、池、潭常被认为龙的藏身之所，往往在其旁建有龙祠，遇旱时便成为祈祷的场所。

与龙的崇拜有关，还有某些水中生物的崇拜。鄞县（今浙江鄞县）有石奥庙，"在县西四十里，燠有灵鳗，能兴云雨"。又有显济庙，"在县西南六十里，即四明山之天井。其井有二，有多线蜥蜴，能显灵，兴云雨，郡旱祷之即应"⑥。平定州（今山西平定）蒲台山有灵瞻王庙，天旱祈祷，"有黑蛇蜿蜒而出，金睛紫舌，盘绕几筵"，"随行下雨云雷合……枯槁须臾起生意"⑦。刘秉直为卫辉路（路治今河南汲县）总管，"天不雨，禾将槁，秉直诣城北太行之苍峪神祠，具词祈祝，有青蛇蜿蜒而出，观者异之。辞神而

---

① 杨仁风：《重修五龙庙记》，《山右石刻丛编》卷二八；李章：《五龙庙祷雨感应记》，《山右石刻丛编》，卷三三；曹太素：《会应五龙王感应之记》，《山右石刻丛编》，卷三三；李庭遹：《有元潞州知州张公创建观稼轩记》，《山右石刻丛编》，卷三六；全仝：《五龙神像记》，《山右石刻丛编》，卷三六。
② 郑元祐：《吴江甘泉祠祷雨记》，《侨吴集》卷九。
③ 陆文圭：《喜雨诗序》，《墙东类稿》卷五。
④ 陆文圭：《常州路达噜噶齐大中大夫德政碑》，《墙东类稿》卷九。
⑤ 至顺《镇江志》卷八《神庙·丹阳县》。
⑥ 延祐《四明志》卷一五《祠祀考》。
⑦ 吕思诚：《蒲台山灵瞻王·庙碑》，《山右石刻丛编》卷三八。

还，行及数里，雷雨大至"①。鳗、蛇等水中动物，实际上被视为是龙的化身，② 东阳（今浙江东阳）"西鄙有石潭，在崇山上，相传有龙居焉。凡蛇虺蛙龟蜥蜴之出其间者，人皆谓为龙也"③。它们在祈祷时出现，表示神（龙）已答应祈祷者的要求，带来风雨，消除旱象。

不少名山也是祈雨的对象。"山川薮泽，鬼神之所伏也。故风雨雪霜之不时，则岁有饥馑，人有疾病，祷于山川薮泽而除之。"④ 元代名山以五岳、五镇为首，西岳华山在祈雨方面最为突出。关陕有灾，必祷华山，成为惯例。元成宗时，许滋为陕西行省参知政事，"时陕西不雨三年，道过西岳，因祷曰：'滋奉命来参省事，而安西不雨者三年，民饥而死，滋将何归！愿神降甘泽，以福黎庶。'到官，果大雨"⑤。元文宗天历二年（1329）"关中大旱，饥民相食"，元朝任命张养浩为陕西行台御史中丞，筹措救灾事宜。"道经华山，祷雨于岳祠，泣拜不能起，天忽阴翳，一雨二日。"⑥ 东岳泰山、北岳恒山，在这方面也有不少记载。⑦ 五岳之外，各地的名山也有这方面的功能。大德四年（1300），平遥（今山西平遥）春夏无雨，"二麦干槁，草木焦卷"，县达鲁花赤完颜大帖木儿"躬诣灵山，谒神宇"，诚心祷雨。"不旋踵而玄云四合，洪雨河注。""灵山"即当地的超山，"神雨"指超山山神庙，称为应润侯庙。⑧ 至正二年（1342），江西抚州路（治临川，今江西抚州）"春夏之雨不阙，六月蕴旱，监郡倅贰参佐皆以为己忧。华山、相山皆二百四五十里，自昔吏民之所同祷也"，于是分遣官员，"各陟山巅"，"祝告之词方宣，精神之敷已感，云瀚兴于川谷，雨遥注于郡城。……合郡内外，无不告足"⑨。名山上的潭、泉，是灵气所钟，"鬼神之所伏"，在祈雨时受到重视。济南城东南有禹登山，"中有潭，时出云气，旱祷即雨"⑩。元统乙亥（1335），兴元（今陕西兴元）夏旱，当地官员"闻南山之阳，几

---

① 《元史》卷一九二《良吏二·刘秉直传》。
② 《元史》卷一八五《吕思诚传》记：吕思诚为景州蓨县尹。
③ 王祎：《谕龙文》，《王忠文公集》卷二三。
④ 姚拜延普华：《大同感应碑》，《山右石刻丛编》卷四〇。
⑤ 《元史》卷一九一《良吏一·田滋传》。
⑥ 《元史》卷一七五《张养浩传》。
⑦ 例如，王恽的文集中便有《岱岳庙祷雨文》《北岳祷雪文》（《秋涧文集》卷六四）。
⑧ 武亮：《应润庙祈雨灵应记》，《山右石刻丛编》卷二九。
⑨ 虞集：《抚州路经历赵师舜祀雨有感序》，《道园学古录》卷三四。
⑩ 张养浩：《游龙洞山记》，《归田类稿》卷一六。

及绝顶,有灵泉焉"。于是前去"恳于神",果然得雨。①

除了龙祠、名山之外,其他多种神祠和前代圣贤庙宇都可祈雨。绛州(今山西新绛)有圣母祠,"岁凡水旱疾疫,有祷必应"。至正乙未(十五年,1355)当地大旱,地方官员到圣母祠祈祷,"大雨滂沛三日乃止"②。阳城(今山西阳城)析城山有汤王庙,传说商王成汤在天旱时祈雨于此,后人立庙纪念,每遇天旱,就成为祈雨的场所。宁乡(今山西中阳)的南山上有大帝庙,"庙无刻以记,漫不可省始于何代,距今几何年"。"大帝"是谁,亦不可考。大德甲辰(八年,1304)宁乡"夏四月,不雨,禾将槁"。当地百姓"宿斋戒相与祷于斯,不旋踵澍雨霑足,岁亦有秋"③。其他如城隍庙、关王庙、社稷坛等,无论是官方或民间祭祀的庙、坛,都可用来求雨。

"祈泽于道观、僧寺",在元代是很普遍的现象④。道士、僧人在各地祈雨过程中扮演重要角色,道士尤为突出。道教的祭祀仪式中有专门用于祷雨的斋醮,如雷霆斋、碧玉斋、灵宝斋、洞渊斋、孚泽斋、祈雨九龙醮等。⑤现在传世元代文人有不少《祈雨青词》,即是为道士举行祷雨斋醮之用。⑥朝廷和地方官员每遇天旱,常请道士举行斋醮求雨。元代道教派别甚多,南方有正一(龙虎山)、上清(茅山)、灵宝(阁皂山)等,北方有全真、大道、真大等,以正一和全真声势最盛。但北方亦有正一,南方亦有全真。南方诸派都讲究用符箓驱神弄鬼,呼风唤雨,江南各地干旱祈雨时经常可以看到这些派别道士的活动。正一派领袖江西龙虎山张天师多次受朝廷之命作法禳灾。⑦ 正一派道士陈日新,"尝道杭,杭方旱,遍祷弗应。行省丞相答剌罕候公以为请,公坐为致,雨告足,杭人至今道之"⑧。另一位正一派道士邓仲修"习召雷役鬼神之术"。"岁丙申,钱浦大旱,土毛尽焦。县大夫遍走群望,日愈赤如火。仲修仗剑登八卦坛,叩齿集神,飞符空蒙中,云胈寸而起。"立刻"大雨如泻"。此后两浙、江西各地每遇天旱,地方官员必请仲修,"仲修出而应之,其致雨咸如钱浦时。人奇仲修,谓有弭灾之功云"。入

---

① 蒲道源:《李泉事祈雨有感诗序》,《顺斋闲居丛稿》卷二〇。
② 赵恒:《绛州同知虎公圣母庙祷雨灵应记》,《山右石刻丛编》卷三九。
③ 霍章:《重修大帝庙碑》,《山右石刻丛编》卷三〇。
④ 吴澄:《抚州路达鲁花赤祷雨记》,《吴文正公集》卷一九。
⑤ 张泽洪:《道教斋醮符咒仪式》,巴蜀书社1999年版,第269页。
⑥ 如王恽《祈雨青词》三篇(《秋涧文集》卷六八),李庭《祈雨青词》(《寓庵集》卷七)。
⑦ 宋濂:《汉天师世家序》,《宋文宪公全集》卷一七。
⑧ 虞集:《陈真人道行碑》,《道园学古录》卷五〇。

明以后，邓仲修还因祷雨有功受到朱元璋的奖励。① 北方全真道以个人修炼为主，但亦行斋醮祈祷之法。全真道领袖邱处机曾奉命到中亚谒见成吉思汗，此后定居燕京（今北京）。丙戌年（太祖二十一年，1226），"京师大旱，农不下种，人以为忧。有司移市立坛，前后数旬，无应。行省差官赍疏请师（邱处机）为祈雨"。果然一举斋醮，大雨立至。丁亥年（1227）春夏又旱，邱处机应官员之请举行祈雨醮，"雨乃作"②。北方太一道五祖李居寿居汲县（今河南汲县），"时卫大旱，守匠致祷于师，师即书太一灵符，浸巨盎中，腾咒未毕"，便降大雨。③ 佛教亦有祷雨之法，"凡有祈祷，须如法严治坛场，铺陈供养……如祈晴祈雨，则轮僧十员廿员，或三、五十员，分作几引，接续讽诵，每引讽大悲咒、消灾咒、大云咒各三、五、七遍，谓之不断轮。终日讽诵，必期感应。方可蒲散忏谢"④。至元元年（1264），"东平、太原、平阳旱"，朝廷命"西僧祷雨"⑤。"西僧"即来自藏区的藏传佛教僧人。关于"西僧"有很多传说，被认为神通广大。但"西僧"在内地祈雨的记载很少。总的来说，佛教僧人在各地祈雨活动中，不如道士活跃。此外自称能够在神人之间起沟通作用的民间巫觋，也是各地祈雨行列中的积极参与者，如至正二十一年（1361）泽州（今山西晋城）求雨时，便有"神巫"参加⑥。

各地祈雨时往往多种方式兼用。既有官员、百姓到各种神庙祈祷，又有道士、僧人举行各种仪式，有的同时举行，有的则轮流举办，一种无效再换一种。文宗至顺三年（1332）抚州路六七月不雨，"民情惶惶"，地方官"祈泽于道观、僧寺"，俱未应验，于是到以"高峻"著称的华盖山和相山祈祷，果然得雨。但因"远近旱甚，犹未霑足"，于是又"祭于社稷坛"，祭毕大雨滂沛。⑦ 也是在文宗朝，关陕大旱，地方官祈祷无效，于是要求朝廷派"专使持玉币以礼其山川"，以为提高祈祷者的级别，方能见效。朝廷便选派翰林直学士普颜实立前去，先"祈西岳"，继到奉元（今陕西西安），"与行省、台臣共祷于城中之群祀"，又与"左丞亦邻真祷于太一元君庙"，

---

① 宋濂：《赠云林道士邓君序》，《宋文宪公全集》卷八。
② 李志常：《长春真人西游记》卷下。
③ 王恽：《太一五祖演化贞常真人行状》，《秋涧文集》卷四七。
④ 德辉：《报恩章第二·祈祷》，《百丈清规》卷上。
⑤ 《元史》卷五〇《五行志一》。
⑥ 桂童：《忽都帖木儿求雨获应记》，《山右石刻丛编》卷四〇。
⑦ 吴澄：《抚州路达鲁花赤祷雨记》，《吴文正公集》卷一九。

"又诣高山太白峡灵湫庙，湫在绝顶"。果然见效，"大澍连日"。接着又到凤翔（今陕西凤翔），"与宪使、郡守祀于雅腊蛮神之庙。雅腊蛮者，高昌部大山有神，高昌人留关中者，移祀于此云。既祠又雨"。最后，"祀西镇之吴岳，亦雨。竣事乃还"①。"西镇吴岳"即吴山，在今陕西陇县境内。可知这次朝廷使者辗转数地，到多处庙宇祈祷，其中还包括高昌（畏兀儿人）的神庙。以上二例，一是地方官员的祈雨，一是朝廷使者的祈雨，都采用了多种途径祈雨的方式。

第二节　水灾及其他

　　旱灾之外，元代发生的自然灾害还有水灾、蝗灾、大疫和地震等。对于其他各种灾害，官府和民间禳灾的方式，与旱灾大体相同。在当时人们心目中，各种庙宇中供奉的神祇和前代圣贤，都有祛除一切自然灾害的功能。著名官员刘敏中文集中有两篇《祈晴祝文》，一篇题为《后土皇地祇》，一篇题为《东岳天齐仁圣帝》，应是他为地方官时所作。前者是在土地神庙中祈晴，后者是在东岳庙中祈晴。寿阳（今山西寿阳）的龙王庙，"岁有水旱疾病，祈无不应"②。和顺（今山西和顺）崔府君庙，"水旱愆期，祷于斯；寒暑乖候，祷于斯；崇殃厉疾，祷于斯；咸若有答焉"。后至元三年（1337）"岁值大疫"，当地百姓重修崔府君庙，"是岁千灾殄灭，百谷丰登，神意感而宣灵，人心悦而致和"③。安庆（今安徽安庆）居民信奉城隍，"出必祈，反必报，水旱疾疫必祷"④。丹徒县（今江苏丹徒）有关王庙，大德三年（1299）秋旱时"祷而有应。飞蝗渡江，又祷于神，禾稼无伤"⑤。

　　应该指出的是，多数神祠是各种灾害都可以祈祷的，只有一种仅限于虫（蝗）灾，这便是八蜡庙。八蜡原是古代祭祀的名称，每年农事结束后要举行八种祭祀，第八种祭昆虫，以免虫害。后来八蜡成为虫的代名词，民间建八蜡庙，供奉虫王，又称虫王庙。每遇虫（蝗）灾，官员和百姓就到八蜡庙祈祷，求神消除害虫（蝗）。刘秉直为卫辉路总管。"秋七月，虫螟生。秉

---

① 虞集：《诏使祷雨诗序》，《道园学古录》卷六。
② 顾士安：《重修寿阳县北山龙王庙记》，《山右石刻丛编》卷三八。
③ 王仲安：《重修府君庙记》，《山右石刻丛编》卷三五。
④ 余阙：《安庆城隍显忠灵祐王碑》，《青阳集》卷二。
⑤ 至顺《镇江志》卷八《神庙·丹徒县》。

直祷于八蜡祠，虫皆自死。"① 李註为淇州（今河南淇县）知州，"明年夏，大蝗，淇之西北乡有蝗生焉。侯（李註）斋沐祷于浮山八蜡祠，至暮有群鸦飞集，食蝗皆尽，郡人神之"②。咬住为怀庆路（治今河南沁阳）达鲁花赤，"郡尝有蝗大至，守臣咬住出郡百余里，祷于古蜡神之祠。一夕，大雨，蝗尽去"③。

水、蝗、疫灾发生时，道教、佛教的祈祷活动，也是必不可少的。道教斋醮中有祈晴斋、祈晴设醮仪、禳蝗斋、禳蝗设醮仪等。④ "大都辛丑夏仲暑，雨大作，霖淫不辍，至五旬之久。……小民咨怨，农民告病。""辛丑"是大德五年（1301）。奉正一法以祈禳为业的崇真万寿宫道士冯石泉率众"致斋洁，肃仪物，吁告穹苍，飞檄诸部，恳以七日为开霁之度。及期，果六丁敛虐，曦驭腾光，士庶获睹天日晴明之快，免昏垫陷溺之苦"⑤。至正甲辰（十四年，1364）平江（今江苏苏州）自春至夏，阴雨连绵，"上下原隰，漫涌白波，而农告悴，秋将失望矣"。当地"精于道家法"的玄妙观道士周玄初"能嘘呵雷风，策役将吏，若有神物从之者"。地方官请周玄初"用其法祷于天"，官员们"躬致香币伏俯坛下"，"由是顽云倏消，长空一碧"⑥。这是道士祈晴的两个例子，前者是道观的自发行为，后者则是应地方官员请求而采取的活动。庆元（今浙江宁波）文人任士林有《省府祈晴青词》《省府祈晴意旨》，是为江浙行省官员起草供道士举行祈晴仪式时使用的文本。道士禳蝗之例亦有之。至元八年（1271），"螟蝗为灾"，忽必烈命北方太一道五代祖李居寿"即岱宗、汾、睢设驱屏法供，秋乃大熟"⑦。大德七年（1303），"淮南蝗"，宣慰使礼请江南茅山派宗师许道孟"醮而禳焉，俄而未羽者殪于雨，羽者有鹜蔽空而至啄食之，食而复吐，吐而复啄，

---

① 《元史》卷一九二《良吏二·刘秉直传》。
② 苏天爵：《李府君神道碑》，《滋溪文稿》卷一六。
③ 虞集：《跋咬住学士孝友卷》，《道园学古录》卷一〇。按，据释大䜣《岳柱留守捕蝗诗》（《蒲室集》卷二），岳柱（即咬柱，同名异译），任怀庆路达鲁花赤，"谷将登，而蝗至"，岳柱"祷之唐太宗庙，一夕大雨，蝗尽死。"很可能咬住为虫灾同时向八蜡祠和唐太宗祠祈祷，大䜣认为八蜡祠是民间的"淫祠"，故只提唐太宗祠。
④ 张泽洪：《道教斋醮符咒仪式》，第 268—274 页。
⑤ 王恽：《崇真万寿宫都监冯君祈晴诗序》，《秋涧文集》卷四三。
⑥ 郑元祐：《祈晴有应序》，《侨吴集》卷八。
⑦ 王恽：《太一五祖演化员常真人行状》，《秋涧文集》卷四七。

如是连日，蝗不为灾"①。佛教僧人祈晴禳蝗的方式与祈雨同，有祈晴、遣蝗的疏文传世。②荆门州当阳（今湖北当阳）玉泉景德禅寺住持广铸道行高深，"设有水旱虫蝗之萹，师默祷辄应，环寺百数十里间，未尝有凶岁"③。

祈晴还有一些特殊的习俗。官府祈晴有祭城门之法，称为"禜门"。此法由来已久，流传不衰，"历代典制，州郡县苦雨，各禜其城门。雨而禜门，古礼也"。"至元后戊寅，杜侯来守彰德，方旱，祷而雨，槁苗而苏。秋，大雨乃不止，田将没，洹之涨且及城。八月四日，侯禜于城东门，雨俄息，翼日遂霁。"④"至元后戊寅"是顺帝至元四年（1338），彰德今河南安阳，"洹"指洹水，今河南安阳河。当时因大雨洹水暴涨，逼近城墙。地方官紧急禜门，大雨立即停息。上述平江祈晴，地方官在请道士作法，同时还"每旦即东门以拜日旸"。至正己丑（九年，1349），潞州（今山西长治）一常，"淫雨作沴，自夏六月至于秋九月，朝夕涝沛，坏垣墉，漂庐舍，渐没禾麻黍菽，薪米涌贵，民不聊生"。郡邑官员采取多种方式祈祷，其中之一是"禜于门"，但都"冥然罔应"，于是只好转而祈祷五龙山会应王庙（龙王庙），立刻见效。⑤从以上数例看来，"禜门"祈晴，在南北多地都曾应用。但有时灵验，有的无效。"禜门"时有祝文祭文，如蒲道源《祈晴禜城东门神祝文》四篇。⑥王恽有《祭平阳府东城门文》，其中说："惟神职司，启闭气，积阴凝。今者淫雨为祟，已及浃旬，害役粢盛，动妨民作。伏望道迪阳和，速成开霁。尚享。"⑦为祈晴祭东门，无疑也是一篇"禜门"的文字。从以上这些记载看来，这种仪式似仅限于城的东门。民间还有一种称为"扫晴妇"的祈晴风俗。每逢久雨连阴，剪纸为女形，手持一帚，悬于屋檐下，可以致晴。此女像便称为"扫晴妇"。"卷袖搴裳手持帚，挂向阴空便遥手。"⑧"淡妆乌髻绿衣衫，一线高悬舞画檐。笑着茗枝挥素手，尽驱云影入

---

① 元明善：《华阳道院碑》，《清河集》卷七。按，大德三年（1299）扬州、淮安等地曾发生秃鹜啄食蝗虫之事，除时间有差异外，其他情节均相同，见《通制条格》卷二七《杂令·禁捕秃鹜》。

② 《百丈清规》卷上《报恩章第二·祈祷》。

③ 虞集：《广铸禅师塔铭》，《道园学古录》卷四九。

④ 许有壬：《禜门记》，《至正集》卷四一。

⑤ 李庭遹：《灵应记》，《山右石刻丛编》卷三七。

⑥ 蒲道源：《祈晴禜城东门神祝文》，《顺斋闲居丛稿》卷二二。

⑦ 王恽：《祭平阳府东城门文》，《秋涧文集》卷六三。

⑧ 李俊民：《扫晴妇》，《庄靖先生集》卷二。

苍岩。"① 以上两首都是关于扫晴妇的诗。后一首作者王恽在诗序中说，夏六月有雨不止，"儿子辈戏作扫晴悬之前檐，明日开霁，因作是诗"。这当然是巧合，但可见此法是颇为流行的。

元代是地震多发的时代，有几次震级很高，造成很大破坏，在社会上引起很大的震动。每当震级较高的地震发生时，朝廷便会出面举行祈祷活动，祈求上天消弭灾害。例如，大德七年（1303）太原、平阳发生大地震，波及陕西、河北、山东等地，连续数年不息。朝廷为"地震不止上头"，在大德七年、八年和至大元年（1308）三次派遣使节致祭霍山山神。② 霍山是朝廷钦封的"五镇"中之中镇。霍山山神受封崇德应灵王。由于它地处山西中部，邻近平遥、太原，所以地震发生后，朝廷便向霍山山神致祭，指望能使地震平息。蒲道源有《地震祈禳醮意》两篇，③ 则应是地震发生后为道士斋醮而作。

第三节 禳灾活动

上面对元代农业地区的各种禳灾活动作了简要的说明。需要指出的是，元代的禳灾活动总的来说都是前代的延续，又为明、清两代所沿袭。禳灾活动是中国历史上积久而成的社会习俗。

农业生产的好坏，关系国计民生。而农业生产又与自然灾害有密不可分的联系。禳灾活动，便是为了减少自然灾害对农业生产的破坏，因此受到官、民上下的重视。禳灾主要是官府的行为，但也是百姓关心并积极参与的大事。传统的天人感应观念是禳灾活动的思想基础。按照这种观念，各种自然灾害之所以发生，主要由于朝廷、官员乃至百姓行为失当所致。灾害是上天、神祇对失当行为的惩罚，而禳灾则是祈求者表示悔改之意，用以得到上天、神祇的谅解和宽恕。当然，也有一些灾害，则是各种精灵鬼怪为虐，需要请求上天、神祇加以惩治。禳灾活动如何能真正见效呢？这就需要祈祷者有诚意，"惟至诚能动之，祷祈之法，一以诚为主，求之则应"④。"苟神之

---

① 王恽：《扫晴妇》，《秋涧文集》卷二○。
② 关于这次地震和三次致祭，见闻黎明《大德七年平阳太原的地震》，《元史论丛》第4辑，中华书局1992年版。
③ 蒲道源：《地震祈禳醮意》，《顺斋闲居丛稿》卷一一。
④ 陆文圭：《求雨诗序》，《墙东类稿》卷五。

灵，非诚之至不感也。苟诚之至，非神之灵不应也。神之灵矣，（诚）之至矣。"① 只要有诚意，上天、神祇就会觉察，就会答应弭灾的请求。

诚意要落实在具体行动上。主要有几个方面。一是"祈祷谢过"②。官员对施政中的过失要认真反省，请求宽恕。元代中期，张养浩为县令时作《牧民忠告》，在书中《救荒》门列有"祈祷"条，他说："凡有祈祷，不必劳众，斋居三日，以思己愆。民有冤欤？己有赃欤？政事有未善欤？报国之心有未诚欤？无则如仪行事有则必俟追改而后祷焉。夫动天地，感鬼神，非至诚不可。纤毫之慝未除，则彼此邈然矣。"在祈祷的祝文中，常有自我谴责和表示悔过的言语，如："顾天灾之洊降，皆吏政之不臧。敢馨哀衷，仰祈灵岳，仗神威而迅扫，庶日稚之无伤。"③ "此者时雨愆常，秋种不下。重念无辜之者，将罹饥馑之灾。用是罢造作而黜土木，禁市酤而重堆粮，循省自修，冀回哀眷。"④ 二是沐浴斋戒，甚至采取某些自虐行为，如跣足、叩首出血等，以示虔诚。至正乙未（十五年，1355），五六月，绛州（今山西新绛）不雨，"民用大恐"。州同知虎笃达尔率人到圣母祠祈雨。第一日无动静，第二日虎笃达尔"徒跣手香而出，众戚曰：'山磴萦回，石龃龉齿植锋利，非足所堪。'公曰：'吾自责耳，若等第履，勿我恤。'时烈日亭午，地肤焚如，行数匝，众汗汤若气馈，若殆，不能立。复首地以请。公曰：'我非矫情以干誉，必雨乃履。'众泣，公亦泣。……是夕大雨，霡霂三日洒止，阖境交贺有秋"⑤。至正己亥（十九年，1359），上党（今山西长治）自春至夏雨旸不时，县达鲁花赤忽都帖木儿"斋沐积诚，呼天祷神，往复露跣，昼夜数请城南五龙祠下，哀泣叩头，至于出血。天悯其衷，澍雨大降，秋成虽晚，而民无饥色，军食且足"⑥。三是采取某些具体改正措施，如平反冤狱，便会迅速见效。朝廷以"录囚"（审查囚犯的档案，意在发现有无冤狱）来禳灾，地方官员亦有此类行为。元贞元年（1295），姚天福为真定路总管，"郡人集众象龙祝雨，公曰：'无益'。令撤去，乃虑狱囚，底平允，雨大霈"⑦。"虑狱囚"即"录囚"，但此事影响大，多数地方官是不敢做的。

---

① 揭傒斯：《护国显应王庙祈雨感应记》，《山右石刻丛编》卷三七。
② 萧㪺：《地震问答》，《勤斋集》卷四。
③ 李庭：《祭飞蝗文》，《寓庵集》卷八。
④ 王恽：《祈雨青词》，《秋涧文集》卷六八。
⑤ 赵恒：《绛州同知虎介圣母祠祈雨灵应碑》，《山右石刻丛编》卷三九。
⑥ 晋鹏：《前上党县达鲁花赤忽都帖木儿德政记》，《山右石刻丛编》卷三九。
⑦ 孛术鲁翀：《姚公神道碑》，《国朝文类》卷六八。

对于禳灾，当时朝野大多数都是支持的，认为这是救荒的不可缺少的环节。但是有些儒士对道士、僧人和巫觋参与禳灾持保留甚至反对的态度。著名儒士虞集认为，禳灾对象主要应限于山神和社神（土地神），"郡邑之间，不幸有水旱之事，则有祷于神莒。社者，民之主也；高山，地之望也。民之主则其神萃焉，故祷于社为合礼，为足以尽诚。高山能出云雨，民心之望，亦神之所萃也，故祷之亦合礼，亦可以尽其诚"。而道观、佛寺、巫觋等则不应在祈祷之列："今夫浮图、老子之宫，土木偶人之祀，群聚而号呼之。吏人或出于谩率财用，或出于措克，或妖人术士鼓舞吁呼，其间或未必无所验者。然以为能尽其心而无愧于理，则不敢以为然也。"① 著名理学家吴澄态度更为鲜明："先儒尝论祷雨之事，其言曰：'名山大川能兴云致雨，今却不理会，却去土木人身上讨雨，土木人身果有雨乎！'世俗之弊政在乎此。至于道流建醮，此乃前代亡国君臣作此儿戏之举，亵渎甚矣。循习至今不改，良可叹恨。青词之类，皆矫诬僭乱之词，适足以获罪于天耳，岂足以感格哉！若欲致祷，当用祭文于山川之神，罪己哀吁，庶乎其可。"② 还有人根本否定禳灾活动的作用。赵孟頫说："凶年饥岁，老弱将转乎沟壑矣。当此之时，为民父母，不以由己饥之、由己溺之之心处之，而泛泛然迎请观音大士，有同儿戏。具文之祈祷，安能召和气而回天意哉。为今之计，莫若讲行救荒之政，平籴价以宽民力，行赈济以救饥贫，放商税以通行旅，清狱讼以雪冤枉，察吏奸以禁贿赂，抑小人以扶君子，通下情以求民瘼，凡可以弭灾异、召和气者，尽心力而为之。忧国愿丰，出于一念之诚，则大士不须祈祷，而慧日自呈祥矣。"③ 但是，持这样见解的人是少数，他们的声音是微弱的。

上面列举的许多事例，言之凿凿，似乎禳灾的活动能够发生效果，大有助于减灾、消灾。其实，这些事例不是夸大了的偶然的巧合，就是精心制造的谎言。元代中期，盐官州（今浙江海宁）多次"海溢"，造成很大破坏。朝廷"遣使祀海神"，又请正一派张天师和江南佛教界很多领袖人物出面，诵经祈祷。后来甚至"诏帝师命僧作佛事于盐官州"，但都未能见效。最后还是地方官员设计将土塘改为石塘，暂时解决问题。④ 又如下面两个地方禳

---

① 虞集：《书吴文正公所撰郡监塔不台祷雨后》，《道园类稿》卷三五。
② 《复崇仁申县尹书》，《吴文正公集》卷八。
③ 《上官府祈晴书》，光绪《川沙厅志》卷一五，转引自《全元文》第17册，第57页。
④ 《元史》卷三〇《泰定帝纪二》，卷六五《河渠志二·盐官州海塘》。

灾的例子：

> （吕思诚）改景州蓨县尹。……天旱，道士持青蛇，曰："卢师谷小青"，谓龙也，祷之即雨。思诚以其惑人，杀蛇，逐道士，雨亦随至，遂有年。①

> 丙子岁，松江亢旱。闻方士沈雷伯道术高妙，府官遣吏赍香币过嘉兴，迎请以来。骄傲已甚，以为雨可立致，结坛仙鹤观，行月孛法，下铁简于湖泖潭井，日取蛇、燕焚之，了无应验。羞赧，宵遁。僧栢子庭有诗，其一联云："谁呼蓬岛青头鸭，来杀松江赤练蛇。"闻者绝倒。②

前一起禳灾活动中，吕思诚反对道士行法祈雨，反而降雨有年。后一起禳灾活动中，道士行多种法均无验，只好在夜间逃走了事。这两个例子完全可以说明禳灾活动的荒唐和可笑。

---

① 《元史》卷一八五《吕思诚传》。
② 陶宗仪：《讥方士》，《南村辍耕录》卷二七。

第十五章 元代的巫觋与巫术

巫觋信仰起源很早，可以追溯到原始社会。巫觋被认为是人与神鬼之间的媒介。充当这类媒介的女性称为巫，男性则是觋，在氏族部落中有很高的地位。进入阶级社会以后，各种宗教信仰兴起，巫觋信仰逐渐失去原有的崇高地位。但是在中国历史上，巫觋不仅一直存在，而且在社会生活各个方面有着不容忽视的影响。

本章拟就元代的巫觋与巫术作一些讨论。据笔者所知，还没有人对此作过研究。这里的看法，是初步的，不成熟的，衷心希望得到批评。蒙古的萨满信仰，实际上是巫觋信仰的一种，但对此问题以往的研究颇多，此处不再涉及。

第一节 以巫为医

元代的大量记载说明，这一时期，无论南北，到处存在巫觋信仰。在北方，"大都街上都有……跳神师婆""跳神师人"。这些便是巫师[1]。宁陵（今河南宁陵）发生土地纠纷，地方官令双方"同就崔府君神祠质之"。无理的一方，"惧神之灵，先期以羊酒浼巫嘱神勿泄其事"[2]。显然，巫在当地生活中扮演颇为奇特的角色。镇江路（路治今江苏镇江）"第以世降俗薄，视史巫觋，惑世诬民，增益土偶，妖形怪状，违越典礼，非一而足"[3]。在松江，"娄俗尚淫祀，祠庙遍村墟。疾病罔医药，奔走讯群巫"[4]。镇江、娄

---

[1] 《元典章》卷五七《刑部十九·诸禁·禁跳神师婆》。
[2] 《元史》卷一九二《良吏二·观音奴传》。
[3] 至顺《镇江志》卷八《神庙》。
[4] 袁华：《娄侯庙》，《耕学斋诗集》卷四。

(松江)在元代属于浙西,是当时经济、文化最发达的地区之一,巫觋甚多,其他地区可想而知。溧水州(今江苏溧水)"民信巫鬼,重淫祀"①。湘乡州(今湖南湘乡)"有巫至其州,称神降",当地官民均深信不疑。在南方少数民族聚居的地区,巫觋更盛。郁林州(今广西玉林)"男勤耕,女勤织,惟信巫祝,重淫祀"。播州(今贵州遵义)"信巫鬼,重淫祀"②。云南的罗罗人(今彝族的先民)"有疾不识医药,惟用男巫,号曰大奚婆,以鸡骨占吉凶。"③

上面引文中常提到"淫祀""淫祠",其含义颇广。一般说来,凡是不列入国家祀典,或所祀之神无功于民,都可以归入"淫祀""淫祠"之列。但"淫祀""淫祠"的主要部分,应是指与巫觋有关的祭祀或庙宇而言的。元文宗至治元年(1321)的一件官方文书中说:"江淮迤南风俗,酷事淫祠,其庙祝师巫之徒,或呼太保,或呼总管,妄为尊大,称为生神,惶惑民众。"④便说明了巫觋与"淫祠"的关系。此外又有"妖祠"。"饶之为俗尚鬼,有觉山庙者,自昔为妖以祸福人,为盗贼者事之尤至,将为盗,必卜之。"⑤"饶"指饶州路(路治今江西波阳)。"赣之俗(尚)鬼,宁都城外有妖祠,像设极魔怪,人莫敢侧目。土人类缚生口以祭,甚神之。"⑥宁都即今江西宁都县。"妖祠"崇奉的是令人"莫敢侧目"的妖,是与这些地方"尚鬼"的习俗密切相关的。又有"魔庵",亦应与"妖祠"同类。清湘(今广西全州)是"峒、僚错居"的地方,清湘县丞陈远大曾"撤淫祠魔庵又数十区,取其材瓦葺新学宫"⑦。总之,淫祠、妖祠、魔庵性质近似,都是尊奉妖魔鬼怪邪神的地方,而它们通常又都是与巫觋的活动联系在一起的。

巫觋流行的一个重要原因,是因为他们能治病。生病是鬼神作祟,这是当时人们心目中普遍存在的观念,因此必须请求巫觋出面,与鬼神沟通,祈求鬼神降福消灾。为此还必须向鬼神(实际上是向巫觋)献上各种祭品。"娄氓"得病求助于"群巫",于是便"椎牛酾酒醅,婆娑乐神虞"⑧。不但

---

① 至正《金陵新志》卷八《风俗》。
② 《元一统志》卷一〇《湖广行省》。
③ 李京:《云南志略》。
④ 《元典章新集》之《刑部·刑禁·禁庙祝称总管太保》。
⑤ 《元史》卷一八五《韩镛传》。
⑥ 陈谟:《王氏近代族谱序》,《海桑集》卷五。
⑦ 柳贯:《陈君墓志铭》,《柳待制文集》卷一一。
⑧ 袁华:《娄侯庙》,《耕学斋诗集》卷四。

杀牛致祭，而且还要举行舞蹈（由巫觋表演）娱神。昆山（今江苏昆山）"其信神鬼又加昔，病或不事医药，惟听命于神，祈赛施舍，竭产不悔"①。在镇江，"土俗尚礼，病者多不服药，唯事巫祝"②。以上数例是汉族地区的情况。少数民族聚居地区，缺医少药的情况更加严重，生病求助于巫觋的现象更加普遍。容州（今广西容县）居民"病不事医药，尚巫谄鬼"。藤州（今广西藤县）"病者求巫祀"。思州（今贵州凤冈）居民"疾病则信巫屏医，专事祭鬼"。东北的女真人"患病宰杀牛羊祷祝，贫者至卖男女以买牛羊"③。

巫觋之所以盛行，还因为他们能预言吉凶祸福，为民间所崇信。这可以称之为预知功能。有一个很有趣的例子。虞槃为湘乡州（今湖南湘乡）判官，"有巫至其州，称神降。告其人曰：'某方火'。即火。又曰：'明日某方火'。民以火告者，槃皆赴救，至达昼夜，告者数十，寝食尽废。县长吏以下皆迎巫至家，厚礼之。又曰：'将有大水，且兵至'。州大家皆尽室逃。槃得劫火卒一人，讯之，尽得巫党所为。坐捕盗司，召巫至，鞫之，无敢施鞭箠者。槃谓卒曰：'此将为大乱，安有神乎！急治之，尽得党与数十人，罗络内外，果将为变者。同僚皆不敢出视，曰：'君自为之'。槃乃断巫并其党如法，一时吏民始服儒者为政如此。"④ 这个巫便以预言者的面目出现，欺骗当地官民，制造谣言，目的是想浑水摸鱼，抢劫财物。当地的官民深信不疑，甚至在骗局被揭露后还"不敢出视"，可见对巫的迷信达到何等程度。这个事例说明，当时人们普遍对巫的预言是深信不疑的，正是这种迷信使得巫觋肆无忌惮。

上面所说："娄氓"祈祷鬼神时"婆娑"起舞，其实是相当普遍的现象。陈州（今河南淮阳）"俗尚鬼，当岁时之隙，往往斩羊豕为牲，使巫觋歌舞以乐鬼。比屋相仿，以为不若是则厉气将作"⑤。"娄氓"是在得病以后，陈州居民则把祭祀歌舞作为预防措施，都是想以此娱神乐神，使神降福消灾。也就是说，带有神秘色彩、旨在娱神乐神的歌舞表演，在元代仍是巫觋的一种功能。

---

① 至正《昆山郡志》卷一《风俗》。
② 至顺《镇江志》卷三《风俗》。
③ 《通制条格》卷二八《禁令·祈赛等事》。
④ 《元史》卷一八一《虞集附虞传》。
⑤ 宋濂：《李府君墓铭》，《宋文宪公全集》卷五。

第二节　以巫为害

　　元代巫觋活动还有另一面，那便是施行以害人为目的的巫术，常见的有以下几种。

　　一是厌镇，又称厌魅。这是一种模仿或相似巫术，即以相似的事物代替当事人或事，作为施行巫术的对象。常见的是以木偶或纸人代替当事人，对之施行巫术，据说可使当事人生病或死亡。至元七年（1270），河东（今山西）"民有魏氏发得木偶，持告其妻挟左道厌胜，谋杀己，经数狱，服词皆具"。后来查明是其妾所为，旨在陷害其妻①。又如，"王鹏举因与马阇阇通奸，有刘显引领前去冯珪处，厌魅马阇阇夫耿天祐，欲令身死。王鹏举一百七下，刘显四十七下，冯珪系脱赚钱物厌魅，决七十七下"②。从以上例子看，厌魅之术在民间颇为流行，而后一例中的冯珪，专门从事厌魅，显然本人是个巫觋。杂剧《桃花女破法嫁周公》以神仙鬼怪为题材。剧中描写桃花女与周公斗法，周公屡败，便派人去砍一棵小桃树。这棵桃树是"桃花女的本命"，只要砍倒，桃花女便会"板僵身死"。用剧中人的话来说，这是一种"厌镇事"，以桃树作为桃花女的替身，行使巫术。元朝统治集团中亦有厌镇之事。忽必烈统治时期，有人对权臣阿合马施加"厌镇"之术③。而在阿合马后，忽必烈追查他的问题，"籍其藏，得二熟人皮于柜中，两耳具存，一阉竖专掌其肩镴，讯问莫知为何人，但云'诅咒时置神座其上，应验甚速'"④。可知社会各个阶层，都有人相信厌魅之术。元朝政府的法令中对此有专门的规定："诸厌魅大臣者，处死。诸妻厌魅其夫，子厌魅其父，会大赦者，子流远，妻从其夫嫁卖。"⑤ 可知这种现象不是个别的。

　　二是造蛊毒。这是以某种毒物害人的巫术。蛊指人工培育的毒虫，通常置于饮食中，可置人于死地。清湘（今广西全州）"介湖北穷徼豀□，峒、僚错居其壤。山有毒蛇，储之为蛊以中人，立死"。明朝初年，张理为漳浦（今福建漳浦）知县，当地"俗尚妖术，咒物食人，久则成形于腹中，物动

---

① 姚燧：《李忠宣公行状》，《牧庵集》卷三〇。
② 《元典章》卷四一《刑部三·不道·厌镇》。
③ 同上。
④ 《元史》卷二〇五《奸臣·阿合马传》。
⑤ 柳贯：《陈君墓志铭》，《柳待制文集》卷一一。

人辄死，云役其魂为奴。府君（张理）廉知之，毁其淫祠数十区，其害遂息"①。明初此风才"息"，可知元代曾经流行。这种"咒物食人"、致人于死的"妖术"正是和"淫祠"联系在一起的，其中间环节，不言而喻是巫觋。元朝湖北道廉访司的一件文书中说："常、澧等处人民，多有采生祭鬼、蛊毒杀人之家。""常"指常德路（今湖南常德），"澧"指澧州路（路治今湖南澧县）。峡州路（路治今湖北宜昌）亦有"采生蛊毒"之事②。元朝政府的法令中规定："诸造蛊毒中人者，处死。"③

三是采生。采生就是残害他人生命以祭祀神鬼。从上引文献中可以看出，常德、澧州、峡州等路均有"采生"之事，与"蛊毒"同样普遍。至元二十九年（1292）的一件官方文书中说：

> 行台准御史台咨，据监察御史呈，近至荆湖，访问常、澧、辰、沅（沅）、峡等处，地连溪洞，俗习蛮淫。土人每遇闰岁，纠合凶愚，潜伏草莽，采取生人，非理屠戮。彩画邪鬼，买觅师巫祭赛，名曰采生。所祭之神，能使猖鬼，但有求索，不劳而得。日逐祈祷，相扇成风。……除已移牒山南湖北道廉访司照验，行移合属，排门粉壁，严行禁治，画工人等毋得彩画一切邪神，百姓之家亦不得非理祭祷。仍禁止师巫人等不得似前崇奉妖怪鬼神。如有违犯之人，捉拿到官，依条断罪。或有使唤猖鬼之家，两邻知而不首，即与犯人同罪，却不致因而扰民生事。外据南方阴淫之地，似此淫祀极多，亦合通行禁止。具呈照详事。呈奉中书省札付，都省移咨各处行省，遍行禁治施行。④

这是一件有关元代巫术的重要文献。采生这种巫术是与"师巫"有密切关系的，是极其野蛮、极其残酷的。文书中称，"南方""似此淫祀极多"，也就是说，采生的现象不是个别的。在此以后，元朝政府在元贞元年（1295）、延祐三年（1316）继续下令严行禁治"采生蛊毒"，并加重了对采生的刑罚，说明此类活动仍顽固地存在。

以上所说是元代湖广行省北部（常、澧、沅、辰）和河南行省西南部

---

① 宋濂：《张府君新墓碣铭》，《宋文宪公全集》卷一〇。
② 《元典章》卷四一《刑部三·不道·采生蛊毒》。
③ 《元史》卷一〇四《刑法志三·大恶》。
④ 《元典章》卷四一《刑部三·不道·禁采生祭鬼》。

（归、峡）的情况，这些地区"地连溪洞"，是少数民族聚居的地方。此外，汉族聚居地区亦有采生之事发生。至正二年（1342），"吉（吉安路，路治今江西吉安）巫王万里与从子尚贤卖卜龙沙（察罕脑儿，今河北张北境内）市"，与当地医人王弼发生冲突。"万里恚甚，驱鬼物惧弼"。但"鬼物"向王弼吐露真情：自己原是十六岁少女，小字月西，为王万里禁咒杀害，"复束纸作人形，以咒劫制使为奴"，驱使害人。王弼告发到官，官府审理，王万里供认，自己是"庐陵（即吉安）人，售术至兴元（今陕西兴元），逢刘炼师，授以采生法"。"刘于囊间解五色帛，中贮发如弹丸，指曰：'此咸宁李延奴，天历二年春二月为吾所录，尔能归钱七十五缗，当令给侍左右'。万里欣然诺……并尽受其术。"复经房州（今湖北房县），遇邝生者，与语意合，又获奉元耿顽童奴之，其归钱数如刘，今与月西三人矣。刘戒万里终身勿近牛犬肉，近忘之，因啖牛心炙，事遂败。"这起案子在当时颇为轰动，不少人加以记载[1]。撇开一些荒诞不经的内容，可以看出汉族地区也有从事采生的巫，而且不是个别的。同时还可看出，采生的目的，除了作为鬼神祭品外，还想控制死者的灵魂，以供驱使。前引文书中少数民族地区"使唤猖鬼之家"，显然也属于此类。

第三节　算命相面占卜

汉族地区盛行的算命、相面、占卜等，实际上都是巫觋的预言功能发展演变而成的。

算命一般是根据生辰八字推断一个人的命运。由于算命主要根据《周易》八卦之说，故又称为算卦。算命的术士在元代称为算命（卦）先生或打（卖）卦先生。元代文献中有中有不少关于算命的记载，如："有一少年子，放纵不羁，尝以所生年月日时就日者问平生富贵寿夭。有告曰：汝之寿莫能逾三旬。及遍叩它日者，言亦多同。于是意谓非久于人世，乃不娶妻，不事生产作业，每以轻财仗义为志。"后来活人性命，竟"以寿终"[2]。前引采生案件中的王万里，称为"算卦王先生"，他"于襄阳周先生处习会阴阳

---

[1] 宋濂：《王弼传》，《宋文宪公全集》卷九；又见陶宗仪《中书鬼案》，《辍耕录》卷一三。
[2] 《辍耕录》卷八《飞云渡》。

课命",他的"课命"方法便是将"八字看算"①。大都"枢密院东有术者,设肆算命,谈人休咎多奇中"。有一军官因无子要求推算"有子与否"。"术者怒曰:君年四十当有子,今年五十六矣,非给我而何!"②"术者"知道对方的年龄,显然是推算生辰八字的缘故。

元代杂剧中有不少关于算命的描写。比较具体的是《桃花女破法嫁周公》。此剧主人公之一周公"自幼攻习《周易》一书,颇通八卦之理","在城中开个卦铺","真个阴阳有准,祸福无差"。前来算卦的只要一报生年八字,他便可以算出祸福寿夭③。其他如《包待制智赚生金阁》(武汉臣作)、《朱砂担滴水浮沤记》(作者佚名),都是因打卦说百日之内有血光之灾引起的故事④。这几出杂剧故事情节有雷同之处,反映出当时人们每遇疑难求助于算命(打卦)的普遍心态。

14世纪中叶,高丽出现了两部汉语教科书,一部叫作《老乞大》,是以高丽商人来中国经商作为全书线索,介绍元朝的风土人情,旨在使读者学习汉语的同时,对中国的情况有所了解。此书和另一部教科书《朴通事》对研究元代社会和语言有很高的价值。《老乞大》的末尾记高丽商人的买卖告一段落,准备回国:

这些货物都买了也,我拣个好日头回去。我一发待算一卦去。这里有五虎先生,最算的好,咱们那里算去来。到那卦铺里坐定,问先生:"你与我看命"。

"你说将年月日生时来"。"我是属牛儿的,今年四十也,七月十七日寅时生"。"你这八字十分好,一生不小衣禄不受贫,官身没有,只宜做买卖。出入通达,今年交大运,丙戌巳后,财帛大聚,强如巳前数倍。"

"这们时,我待近日回程,几日好?""且住。我与你选个好日头。甲乙丙丁戊己庚辛壬癸是天干,子丑寅卯辰巳午未申酉戌亥是地支,建除满平,定轨破危,成收开闭,你则这二十五日起去,寅时往东迎喜神

---

① 《辍耕录》卷一三《中书鬼案》。
② 《辍耕录》卷二二《算命得子》。
③ 《元典选》,第1015页。
④ 《元曲选》。

去，大吉利。"五分卦钱留下看，各自散了。①

这则记载把算命的情况写得具体生动，可以使我们有更多的了解。

相面是根据人的面貌推断其祸福寿夭。从事这种职业的术士称为相士。杭州"有挟姑布子之术曰鬼眼者，设肆省前，言皆奇中，故门常如市"。有一商人"方坐下方，忽指之曰：'公大富人也，惜乎中秋前后三日内数不可逃'"。但商人行善救人，因而得免②。"姑布子"姓姑布，字子卿，是春秋时赵国的相士，曾给孔子、赵襄子看过相。杭州这位相士号称"鬼眼"，可知善于以眼力相人，故商人入门未曾与他交谈，他就能判断对方死生。又如，"国初有李国用者，自北来杭，能望气占休咎，能相人。其人崖岸倨傲，而时贵咸敬之。谢后诸孙字退乐者，设早馔延致。至则据中位，省幕官皆坐下座，不得其一言以及祸福。时赵文敏公谓之七司户，与谢渊戚，屈来同饭。文敏公风疮满面，李遥见，即起迎，谓坐客曰：'我过江仅见此人耳，疮愈即面君，公辈记取，异日官至一品，名闻四海'。"③

"谢后"指南宋亡国时的太皇太后，"文敏公"即元代最享盛名的文学家赵孟𫖯。李国用能以面相知人祸福，在当时有很高的声誉。杂剧《施仁义刘弘嫁婢》中，太白金星"化做一云游货卜的先生"，自称"善能风鉴"，一看财主刘弘的容貌，便断定他"夭寿""乏嗣"④。杂剧《山神庙裴度还带》中，"货卜为生"的赵野鹤，"睹物观容知祸福，相形风鉴辨低高"。他观察人的相貌，便可知贵贱死生⑤。"卜"原来专指占卜而言，但后来一切预测未来之术均可称之为"卜"。这里的"货卜"即指预测未来而言。

古代用火灼龟甲，根据裂纹（兆）判断吉凶，称为"占卜"。后来用其他物品判断吉凶，亦称占卜。就元代而言，比较常见的是蓍草和金钱。蓍草是一种多年生草本植物，很早就被用来作为占卜的工具。用蓍草占卜，称为"筮"，元代依然流行。最有名的是仁宗爱育黎拔力八达夺取皇位事件。元成宗去世，无子，各系宗王都觊觎皇位，爱育黎拔力八达是其中有竞争力的一方，李孟是他的谋士。斗争日趋激烈，李孟主张立即行动，爱育黎拔力八达

---

① 《朴通事谚解》卷下，奎章阁丛书本。
② 《阴德延寿》，《辍耕录》卷一二。
③ 陶宗仪：《相术》，《辍耕录》卷四。
④ 佚名：《施仁义刘弘嫁婢》，《元曲选外编》，第809页。
⑤ 关汉卿：《山神庙裴度还带》，《元曲选外编》，第23—24页。

心存犹豫：

> 仁宗曰："当以卜决之"。命召卜人。有儒服持囊游于市者，召之至。孟出迎，语之曰："大事待汝而决，但言其吉。"乃入筮，遇乾三五皆九。……孟曰："筮不违人，是谓大同，时不可以失。"仁宗喜，振袖而起。①

占卜得吉，仁宗下定决心，采取行动，果然夺得了帝位。皇位的争夺取决于"筮"的结果，可见这种占卜在当时是很受重视的。金钱卜卦与"筮"有密切关系，"今人卜卦以铜钱代蓍，便于用也"②。此法在妇女中特别流行。"暗掷金钱卜远人"③，"漫教人暗卜金钱"④，等等，都是写闺房中妇女的行为。散曲中还有"蓍草金钱徒自检"之句⑤，更将两种占卜方法并提。

元代还流行扶乩（箕），又称扶鸾。即以箕插笔，二人挟之，作法以后，便会召来神鬼，写出文字，可卜吉凶。一般认为，扶箕始于唐代，宋元二代相当流行，特别是在文人中间。"悬箕扶鸾招仙，往往皆古名人来格，所作诗文，间有绝佳者。"⑥ 著名文学家虞集"布衣时，落落不偶"，请求一练师（道士）"召鬼仙，以卜行藏。练师即置箕悬笔，书符作法。有顷，箕动笔运，而附降云：某非仙，乃当境神也。练师叱曰：'吾不汝召，汝神何来？'神附云：'某欲乞虞公撰一保文，申达上帝，用求升迁耳。'"虞集为之撰文"火于湖滨。逾旬，再诣练师祷卜，神复降云：'某已获授城隍，谨候竭谢。公必贵显，幸毋自忽。'"⑦ 故事虽然荒诞，但可看出，扶乩是作为神鬼与人间交往的工具出现的，实际上也是一种巫术。

南方一些少数民族中也盛行占卜之术。博白（今广西博白）"俗重卜，吉凶取决于鸡髀"⑧。邕州路（治今广西南宁）"俗……尚鸡卜及卵卜"⑨。

---

① 《元史》卷一五七《李孟传》。
② 《辍耕录》卷二八《铜钱代蓍》。
③ 杨果：《［仙吕］赏花时》，《全元散曲》，第9页。
④ 阚志学：《［仙吕］赏花时》，《全元散曲》，第58页。
⑤ 佚名：《［商调］忆佳人》，《全元散曲》，第1833页。
⑥ 《箕仙咏史》，《辍耕录》卷二〇。
⑦ 陶宗仪：《箕仙有验》，《辍耕录》卷一六。
⑧ 《元一统志》卷一〇《湖广行省》。
⑨ 同上。

云南罗罗人以鸡骨占吉凶。鸡卜、鸡骨卜与鸡髀卜是一回事，都以雄鸡的腿骨卜吉凶。卵卜又称鸡卵卜，"取鸡卵墨画，祝而煮之，剖为二片，以验其黄，然后决嫌疑，定祸福"①。这两种占卜方法在南方民族中由来已久。

算命、相面、占卜、扶乩之类，在社会各阶层中都有影响，信从者甚多。但是也有人对之抱怀疑的态度。元末宋濂便说："同时而生者不少，何其吉凶不相同哉！""命则付之于天，道则责成于己，吾之所知者如斯而已矣。不然，委命而废人，白昼攫人之金而陷于桎梏，则曰：我之命当尔也；怠窳偷生而不嗜学，至老死而无闻，则曰：我之命当尔也；刚愎自任操刃而杀人，柔暗无识投缳而绝命，则又曰：我之命当尔也。其可乎哉！其可乎哉！"② 他认为出生的时辰相同，但各人的遭遇可能很不一样，以八字来断人休咎吉凶，当然是靠不住的。元代民间的谚语说："阴阳不可信，信了一肚闷"③，"打卦打卦，只会说话"④，也都反映出人们对算命之类预测是有看法的。

---

① 段公路：《北户录》卷二；周去非：《鸡卜》，《岭外代答》卷一〇。
② 宋濂：《禄命辨》，《宋文宪公全集》卷八。
③ 佚名：《玎玎盆儿鬼》，《元曲选》。
④ 佚名：《朱砂担滴水浮沤记》，《元曲选》。

后　记

　　本书收集了我关于元代风俗历史的部分作品。第一编《元代饮食简史》，原载《中国饮食史》第四卷（华夏出版社1999年版；杭州出版社2014年版）。第二编《元代殡葬史》，原载《中国殡葬史》第六卷（社会科学文献出版社2016年版）。第三编《元代的信仰》中，《元代的天妃崇拜》，载《元史论丛》第7辑，1999年；《元代的东岳崇拜》，载《首都博物馆丛刊》，2000年；《元代的禳灾活动》，载《揖芬集：张政烺先生九十华诞纪念文集》，社会科学文献出版社2002年版；《元代的巫觋与巫术》，载《浙江社会科学》2000年第3期。

　　我和史卫民同志为《中国风俗通史》合写了元代部分（上海文艺出版社2001年版）及《全彩插图本中国风俗通史丛书·元代风俗》（上海文艺出版社2017年版），和本书互有详略。婚姻和家庭是社会风俗的重要内容，"元代专门史六种"中的《元代妇女史》中有较详细论述，亦可参看。